Die Simpsons – Subversion zur Prime-Time

W0105277

Michael Gruteser/Thomas Klein
Andreas Rauscher (Hrsg.)

Die Simpsons –
Subversion zur Prime-Time

SCHÜREN

Die Deutsche Bibliothek – CIP-Einheitsaufnahme
Ein Titeldatensatz für diese Publikation ist
bei Der Deutschen Bibliothek erhältlich

Schüren Presseverlag
Deutschhausstr. 31· 35037 Marburg
www.schueren-verlag.de
© Schüren 2001
Alle Rechte vorbehalten
Druck: WB-Druck Rieden
Abbildungen aus dem Archiv der Autoren; Videostills: Verlag
Printed in Germany
ISBN 3-89472-332-7

Inhalt

Vorwort

„Fat bottomed girls you make the rockin´world
go ´round"
Queen

Natürlich ist die Versuchung groß, ein ganzes Buch allein der Beziehung Homer Simpsons zu Queen resp. seinem Verständnis von Rockmusik zu widmen. Wie Pink Floyd und Grand Funk Railroad, sind Queen eine jener Gruppen deren Platten die Postpunk-Generation zu einem gewissen Zeitpunkt der Sozialisation von sich stoßen mußte (was Homer als Protagonist der PrePunk-Generation nicht wußte). Peter Frampton als Headliner des Lollapalooza-Festivals? Der Spaß über den Ernst, mit dem Popkultur verwaltet wird, trifft auf ein popsozialisiertes Publikum, das im Gegenteil gar nicht böse darüber ist, sondern sich freut als einzelne Pop-Typen überhaupt thematisiert zu werden.

„Oh, wie schön das endlich mal jemand an uns denkt."
Die Stärke der SIMPSONS besteht darin, ein bisher geschlossenes Format so offen wie möglich zu gestalten. Im vollen Bewußtsein, daß man an einer kommerziell exponierten Stelle – der *Prime Time* – produziert, versuchte das Autorenkollektiv der SIMPSONS gemeinsam mit ihrem Schöpfer Matt Groening, so weit wie möglich zu gehen. Das bedeutet nicht zuletzt, das Verständnis von Kommerz zu dehnen. Im Verlauf der Serie mußten sich real existierende Medienpersönlichkeiten und Produkte da-

ran gewöhnen, nicht unbedingt werbewirksam reflektiert zu werden. Das Recht auf diese Reflexion haben sich die Autoren der SIMPSONS inzwischen mit einer gewissen Narrenfreiheit erworben und der amerikanische Volkssport sueing scheint an dieser Produktion vorüberzugehen. Vielleicht hat man sich inzwischen aber auch an ein Popularitätskonzept gewöhnt, in dem *any news good news* sind.

Das offene Format der SIMPSONS hat uns dazu inspiriert, einen gleichfalls offenen *Reader* zu gestalten, in dem wir das Fernsehprodukt SIMPSONS unter verschiedenen sozialen, politischen und medialen Gesichtspunkten betrachten. Es erschien uns am sinnfälligsten an einem *cultural studies* betreibenden Gegenstand selbst *cultural studies* zu betreiben – D´Oh!

Doch zunächst wollen wir all jenen danken, die zur Entstehung dieses Buches beigetragen haben: den Autoren Emanuel Ernst, Christian Hißnauer, Jörg C. Kachel, Devrim Tuncel, Sven Werkmeister und ganz besonders Diedrich Diederichsen, dessen *Simpsons der Gesellschaft* zunächst eine wertvolle theoretische Hilfe leistete, um dann zu unserer großen Freude auch noch den Weg in den Reader zu finden; Annette Schüren für ihr Interesse und ihre Geduld; und den unzähligen Diskussionspartnern in unzähligen Videonächten.

Mainz im Juni 2001
Die Herausgeber

Michael Gruteser/Thomas Klein/Andreas Rauscher

Die gelben Seiten von Springfield: Eine Einführung

„Ich kann eine Flutwelle nicht aufhalten, aber ich kann sehr wohl auf ihr surfen."
Matt Groening[1]

„Im Zerfall in die Mikroprozesse wird die Welt gleichzeitig unitarisch, und auf ihnen müssen wir surfen. Wir können nicht mehr in die Tiefe dringen, sondern müssen uns auf der Oberfläche dieses einheitlichen Prozesses bewegen, eine Welle in der Welle sein."
Jean Baudrillard[2]

Das ZDF, so will es die Legende, soll Anfang der 90er Jahre gedacht haben: „Da haben wir den neuen ALF gekauft." Ein anderer Sender freute sich einige Jahre später, dass es sich bei bejubeltem Produkt eben nicht um den neuen ALF handelte, sondern um einen Dauerbrenner. Eine Zeichentrickserie, nach deutschem Verständnis also ein Kinderformat, das man, zehn Jahre nach dem allzu schüchternen Jubel des ZDF, sogar in der Prime Time platzieren konnte.

Viele Menschen begannen jenes Produkt für die eigene Ewigkeit auf vier Stunden-Tapes zu archivieren und mit zunehmender Freude in eigengestalteten Wiederholungen zu rezipieren. Manche hatten gar noch Aufnahmen aus der Anfangszeit beim ZDF. Es entstand eine Art Schwarzmarkt der Wiederholung, ein Wort, das im Verlauf der sisyphosschen Suche des Fernsehens nach dem perfekten Programm tabuisiert worden ist. Inzwischen war „der neue ALF" beim Sender Pro7 in die *Daily*-Rotation gegangen,

aber auch das war noch nicht genug. Den Gipfel der Nutzbarkeit bildete bisher vielleicht die Saison 2000/2001, da die *Daily*-Rotation als *Double Feature* in der Wiederholung und jeden Montag die deutsche Erstausstrahlung zur Prime Time (21:15 Uhr) platziert waren – bis zu 80 Minuten SIMPSONS pro Tag. 1998 entstand bei der Filmzeitschrift SCREENSHOT ein Schwerpunktthema zu den SIMPSONS, in der Jahresrückblickausgabe der Zeitschrift SPEX stürzte ein kleiner Homer vom unteren Rand des Covers. Die SIMPSONS begannen im deutschsprachigen Raum nun endlich der Hype zu werden, als der sie seit Beginn der 90er aus den USA importiert wurden. Das Ressentiment gegen die Wiederholung aus der Zeit des dreifaltigen Fernsehens wurde im Verlauf der Rotationszeit der SIMPSONS zum Jubelruf. Selten ist eine Folge nach einmaligem Sehen in ihren verschachtelten, versteckten und sprunghaften Gags und Anspielungen vollständig erschließbar oder gar verbraucht.

Die SIMPSONS sind selbst als zu rezipierendes Produkt identifizierbar und somit zumindest doppelt codiert. Sie präsentieren sich als Fiktion, als erfundene Geschichte, reflektieren aber gleichzeitig die Methode der Erfindung, die sie darstellen. Und sie erfinden eine Rezeption von Erfundenem, was die Banalität ihrer eigenen Erfindung über sich selbst hinaushebt. In Amerika ist vor kurzem ein philosophischer Reader zu den SIMPSONS erschienen

---

1   Zitiert nach Strauß 1996, S. 23.
2   Baudrillard 1991, S. 87.

und international finden an Universitäten immer wieder Seminare zu den SIMPSONS statt. Die interessierten wissenschaftlichen Disziplinen sind breit gefächert, nur auf eine *Physik der Simpsons* werden wir wohl verzichten müssen.

Was die SIMPSONS für die (unpopuläre) Wissenschaft interessant macht, ist, dass sie als Objekt der Kritik selbst kritisch sind, also selbst (populäre) Wissenschaft betreiben. Das versuchten auch schon Oscar Wilde oder Joris K. Huysmanns. Diese arbeiteten jedoch mit einem geheimen Wissen, das eine breite Schicht von Nichtwissenden nur anerkennungsvoll nickend zur Kenntnis nehmen konnte.

Die SIMPSONS operieren hingegen mit öffentlichem Wissen, bzw. machen Wissen öffentlich. Das für konventionelle Sitcoms konstituierende Set des überschaubaren *American Standard Home*, ausgestattet mit Couch, Kühlschrank und Fernseher, diente lediglich als Ausgangsbasis für einen schillernden Kosmos, in dem der gesellschaftliche Alltag unter den Bedingungen der Postmoderne verhandelt wurde. Die anfänglichen Routineplots um das gerade noch gerettete Weihnachtsfest, den von Bart Simpson geklauten Statuenkopf des Stadtgründers Jebediah, und Marges Versuchung durch den „schönen Jacques" wichen einer reflektierten Erzählhaltung. Damit verließen die SIMPSONS auch das sichere Terrain der handelsüblichen Sitcoms. Im Gegensatz zur hermetisch abgeriegelten kleinen Welt der gnadenlosen guten Laune zeichneten sie sich durch einen gezielten Cartoon-Realismus aus. Matt Groening gab immer wieder als Devise aus, weniger cartoonesk zu zeichnen. Stattdessen standen jene detailgenau beobachteten Widrigkeiten des Alltags im Mittelpunkt, deren markantes Synonym inzwischen seinen Weg ins „Oxford English Dictionary" gefunden hat. Dort findet man als Definition für Homer Simpsons favorisierte Catchphrase „D´Oh!":

„Expressing frustration at the realization that things have turned out badly or not as planned, or that one has just said or done something foolish."[3] Die *Working Class* eroberte in Form einer Zeichentrickserie die Prime Time. Mit dem anarchischen Elan der frühen Warner-Cartoons überschritten die SIMPSONS eine der letzten Grenzen der klassischen Zeichentrickserien und schufen ein realistisches Cartoon-Abbild der heutigen Gesellschaft.

Das *American Standard Home* verwandelte sich in ein Fenster zur Welt mit dem Fernseher an exponierter Stelle. Wenn das Außen in die Welt der Familie eindrang, bedeutete dies nicht mehr, dass einfach nur der verhasste Nachbar (im Fall der SIMPSONS der moralisch überambitionierte Ned Flanders) vor der Tür stand. Seit dem Besuch Michael Jacksons als *Geburtstagsüberraschung (Stark Raving Dad)* für Lisa tummeln sich immer wieder Stars in Springfield, die in der Serie ihre Cartoon-Abbilder selbst synchronisieren. Die

drei überlebenden Beatles, John Waters, Leonard Nimoy, Stephen Hawking, Jasper Johns und zahlreiche andere Celebrities geben sich seit einigen Jahren bei den SIMPSONS gegenseitig die Klinke in die Hand. Mit Hilfe des Zeichentrickformats konnten auch Präsidenten wie George Bush und Bill Clinton, die sich nicht an der Produktion der Serie beteiligen wollten, in die Welt der Simpsons einbezogen

werden. Die Interaktion mit der cartoonisierten Realität außerhalb Springfields beschränkte sich nicht einfach auf einen amüsanten Insider-Gag. Die ständig erweiterte, imaginäre und dennoch stets auf äußere Realitäten und Fiktionen verweisende Landkarte der SIMPSONS umfasst eine *education sentimentale* in Sachen Gesellschafts- und Medienkunde, ohne dabei belehrend zu wirken. Die Simpsons unter-

3   Oxford English Dictionary Online –
     www.oed.com

nehmen Ausflüge nach Frankreich, Australien, New York, Florida und Japan. Außerhalb Springfields erleben sie jedoch keine exotischen Abenteuer, sondern entdecken in erster Linie weitere Mythen des Alltags. In Tokio müssen sie an einer riskanten Spielshow teilnehmen. Die begehrten Tickets für den Heimflug hängen als Gewinn über einem Vulkan, dessen brodelnde Lava sich im entscheidenden Moment dann doch als Orangensaft des Sponsors entpuppt. Bart Simpson droht in Australien die rituelle Bestrafung durch eine „Stiefelung" und in Frankreich steht das Euro-„Itchy & Scratchy"-Land kurz vor dem Bankrott.

Die SIMPSONS erklären parallel zur entsprechenden Referenz, was es damit auf sich hat und bereiten auch auf eine eventuelle spätere Konfrontation vor, zum Beispiel mit einer ALF-Wiederholung aus den Abgründen der Fernseharchive.

Dass ALF nur begrenzt witzig ist, kann man sich spätestens dann denken, wenn Bart Simpson feststellen muss, dass seine Seele für einen Packen alter ALF-Sammelbilder an den örtlichen Comichändler verkauft wurde. Neben diesem fragwürdigen Lohn eines unheimlichen Teufelspakts, ist ALF als Phantom seiner vergangenen fünfzehn Minuten Ruhm in der Serie omnipräsent. Diese ungewöhnliche Form des intertextuellen coolen Wissens über uncoole (und coole) Dinge erschließt sich auch Zuschauern, die nicht mit den Eskapaden des katzenverschlingenden Gute Laune-Aliens vertraut sind.

Im Unterschied zu den geschlossenen Räumen der klassischen Sitcoms erfolgt bei den SIMPSONS die Referenz auf die, das American Standard Home umgebende, Medienwelt nicht nur über die Nennung eines Namens, einer Sendung oder eines Films. Der Zeichentrickrahmen überschreitet die formalen Grenzen der studiogebundenen Sitcom und bleibt trotzdem den Gesetzen des Simpsonschen Cartoon-Realismus verhaftet. In einem museum Alptraum über seine mangelhaften Qualitäten als Outsider-Artist wird Homer Simpson im wörtlichen Sinne von der Kunstgeschichte überwältigt: Eine anatomische Zeichnung Leonardo Da Vincis attackiert ihn mit Kung Fu-Schlägen, Dalis Uhren schmelzen über seinem Kopf und Andy Warhol wirft mit Campbells Suppendosen nach ihm. Der Einschub funktioniert sowohl als surrealer Gag, wie auch als Ausflug in die Kunstgeschichte. Eine der zahlreichen gesellschaftlichen, kunst-, literatur-, medien- oder pophistorischen Anspielungen aus den SIMPSONS richtig zu erkennen, bietet einen attraktiven Bonus – ähnlich dem Gewinn eines Tortenstücks beim *Trivial Pursuit*-Spiel. Es ist jedoch nicht essentiell notwendig für das Verständnis und den Genuss der Serie.

Die SIMPSONS sprengen den selbstreferentiellen Fernseh-Kosmos und offenbaren Blicke in die nächsten und entlegensten Kultur-Monaden: Pop-Musik und -Art, Comics, Film, Politik ... Die Liste der Referenzen, das ist Prinzip, kann nicht vervollständigt werden. Auf ihr finden sich sogar ironische Seitenhiebe auf die eigenen ökonomischen Bedingungen – von den Marketing-Lizenzen und Sponsoren bis hin zur Sendezeit und FOX-Besitzer Rupert Murdoch.

Dem ausgedehnten inhaltlichen Spektrum an Themen und verhandelten Gegenständen entspricht das umfangreiche Ensemble, über das Holm Friebe in der Wochenzeitung *Jungle World* anmerkte: „Mittlerweile über dreißig elaborierte Charaktere – mehr als in jeder realen Sitcom – interagieren in Springfield und sorgen für eine angemessene Repräsentanz auch der kleinsten Minderheit, und seien dies jüdische Fernsehclowns."[4] – Die Ensemblestrategien der SIMPSONS erinnern nicht von

ungefähr an die Inszenierungsformen Robert Altmans, an dessen SHORT CUTS (USA 1993) sie nicht nur in den *22 Short Films About Springfield (22 Kurzfilme über Springfield)* geschickt anknüpfen. Ähnlich wie der US-amerikanische Regisseur mit europäischem Einschlag, erklären sie den Ensemble-Film zum Arbeitsprinzip. Darüber

---

4   Friebe, Jungle World 5/2000.

gelingt den SIMPSONS und Altman sowohl die Dokumentation, als auch die Dekonstruktion amerikanischer Mythen: von Country-Pop als proletarischem Identifikationsmodell (*Colonel Homer*/ NASHVILLE, USA 1975), über Sport als gesellschaftlich gezähmte Form des Krieges (*Homer at the Bat*/M*A*S*H, USA 1969) bis hin zur Show als Generator nationaler Mythen (*Lisa the Iconoclast/BUFFALO BILL AND THE INDI- ANS OR SITTING BULL´S HISTORY LES- SON*, USA 1976). Dieser Vorgang funktioniert in beiden Fällen nicht über die Etablierung eines Hauptcharakters, der die zu verhandelnden *Issues* alle in einer Person vereint, sondern über ein ganzes, vom Ensemble herausgebildetes Patchwork, das auch widersprüchliche Positionen verbinden und gegenüberstellen kann.

Als serielles Produkt operieren die SIMPSONS als eine Art fiktionaler Autor, im Gegensatz dazu sind Altmans Filme geschlossene Sinneinheiten. Die SIMPSONS hingegen liefern einen kontinuierlichen Kommentar in Serie. Die *22 Short Films About Springfield* geben nicht nur einen gezielten Einblick in den sozialen Alltag von dramaturgischen Randexistenzen, wie dem mexikanischen Bumblebee-Man oder dem Trailer Park-Bewohner Cletus. Elegant reiht sich in die von zehn SIMPSONS-Autoren verfasste Folge eine Persiflage auf klassische Sitcom-Situationen ein, in deren Verlauf ein ganzes Haus in Flammen aufgeht. Wie beiläufig liefert eine der 22 in der Episode enthaltenen Geschichten ihre eigene Variante der berüchtigten Kellerszene aus PULP FICTION (USA 1994) – *siehe Illustrationen* – inklusive eines originellen Re-Writes des berühmten „Royal with Cheese"-Dialogs, übertragen auf McDonald´s und den serieneigenen Krusty-Burger. Nach dem Prinzip des Zusammenspiels funktioniert nicht nur diese Collage aus der Sozialromantik des späten Altman und Kommentar zu den Pop-Mythen Tarantinos. Es bestimmt die Arbeit des gesamten SIMPSONS-Ensembles, sowohl auf der inhaltlichen und dramaturgischen Ebene, als auch hinsichtlich des Produktionsprozesses.

Was bei einem real existierenden Regisseur einen möglichen Bezugsrahmen darstellt – sein Stil, seine Themen, seine Perspektive – ist bei den SIMPSONS zusätzlich und kontinuierlich durch das Frame-Setting der originären Fiktion präsent. Die Geschichte wird ihrer Autonomie enthoben, dafür erhält sie eine neue Kontinuität. Entgegen den kulturellen Monaden, wie MICKEY MOUSE, ALF sowie des *American Standard Home* 'Sitcom', sind die SIMPSONS *Popkultur with Attitude* und hinterlassen unter den Gegenwartsfiktionen einen der lebendigsten Eindrücke. Nicht zuletzt diese Tatsache hat uns dazu verführt, einen Reader über die SIMPSONS zusammenzustellen, in dem verschiedene Autoren sich dem Objekt der allgemeinen Begierde von verschiedenen Seiten nähern.

Mit den nicht nur von Bart und Lisa favorisierten „Itchy & Scratchy"-Kurzfilmen, die regelmäßig im Herzstück des *American Standard Home* – dem Fernsehen – zu sehen sind, liefert die Serie eine umfassende Geschichte des Zeichentrickfilms. Diesen selbstreflexiven Diskurs und den langen Weg des animierten Anticharakters von Donald und Daffy Duck zu Homer und Bart Simpson zeichnet das Kapitel „Prügelviehzeug ..." nach. Die hermetische Welt der Kinder und die eigenen Familienbande der SIMPSONS, ihre Abgrenzung gegenüber klassischen Zeichentrickfamilien wie den FLINTSTONES und die Unterschiede zu den parallelen Welten der PEANUTS stehen im Mittelpunkt des Artikels „Family Ties".

Eine Einführung in das komplexe Referenzsystem der SIMPSONS, das gleichsam eine eigene postmoderne Medientheorie herausgebildet hat, bietet „Method Acting im Kwik-E-Mart". Nicht selten entstehen im Mikrokosmos der *all american*-Town Springfield, deren Landkarte Jörg C. Kachel in „Topographia Americana" erkundet, ganze Genrewelten. Diese lösen sich jedoch nie von den gesellschaftlichen Realitäten. Die Mechanismen der repräsentierten Fiktionen und Wirklichkeiten werden aufgedeckt. „Die Mythen des Springfield Alltags" nehmen konkret Bezug auf das politische Tagesgeschehen. Allein die Plots um den Emigranten und Supermarkt-Besitzer Apu eröffnen einen umfassenden Diskurs um die derzeitige Immigrationspolitik in der westlichen Welt. Einen weiteren wesentlichen politischen Diskurs, die „temporären Brüche in den Geschlechterbildern" der Serie, analysiert Christian Hißnauer in dem Artikel „Von Bier trinkenden Männern und Blut saugenden Hausfrauen".

Der Hintergrund des durch ein „ständiges laterales Apropos" verbundenen SIMPSONS-Patchworks heißt nicht *l´art pour l´art*, sondern „postmoderne Aufklärung", wie Diedrich Diederichsen in „Die Simpsons der Gesellschaft" die wesentliche Strategie der Serie präzise benennt. Wel-

lenreiter Groening und das Autorenkollektiv verstehen es seit über zehn Jahren immer wieder, die Mechanismen und Strukturen des medialen Alltags aufzudecken. Ihre Subversion zur Prime Time vollzieht sich im Bewusstsein, selbst ein lukrativer Bestandteil der Kulturindustrie zu sein, wie Emanuel Ernst und Sven Werkmeister im „Little Shop of Homers" aufzeigen. Durch die gezielte Unterwanderung des Mainstreams mit dessen eigenen Mitteln operieren die SIMPSONS als globales Pop-Phänomen. Sie erklären nicht nur auf allgemein verständliche Weise, wie Hitchcocksche *Suspense*, politischer Populismus und Outsider-Pop-Art funktionieren und weshalb man Autoritäten nicht trauen darf, sie haben auch ein ausbaufähiges Modell entwickelt, in dem sich die *condition postmoderne* detailliert widerspiegelt. Mit der auf den Strategien der SIMPSONS aufbauenden Science Fiction-Satire FUTURAMA zeigt sich erneut, worauf es den Autoren ankommt – ein „Hitchhiker´s Guide to Society" als kontinuierlicher *work-in-progress* zwischen Dekonstruktion und Donuts.

Diedrich Diederichsen

Die Simpsons der Gesellschaft[1]

Bands sind nun wirklich nicht mehr von Belang. Einst haben Bands Familien ersetzt und dabei geholfen, das Heim zu verlassen. Heute ersetzen Familien und Familienähnliche Verbünde die Bands, um wenigstens ein bißchen Wärme zu produzieren. (Vgl. Holert, SPEX 9/98) Familien scharen sich um Label, Galerien, Projekträume und kleine Verlage. Sie wahren Disziplin, besetzen Vater und Mutter und andere wichtige Rollen und retten ausgerechnet das als Konstante in die Unendlichkeit nach der Postmoderne, was David Cooper und andere schon um 1973 endgültig abgeschafft hatten. In diesem Sinne können nur Familien, nicht Bands, als Zusammenschlüsse für diese Jahre so stehen wie früher die *Beatles, Roxy Music, The Smiths* und *Public Enemy* für andere Jahre. Die beste Familie während der letzten zehn Jahre waren aber die Simpsons.

Das kompletteste postmoderne Kunstwerk. Das einzige, das formulierte, was die Postmoderne für alle bedeutete und noch bedeutet. Eben die Beatles im zeitgemäßen Medium nicht einer blöden Band, sondern einer animierten Fernsehserie. Man hört, dass sie jetzt auch ihr „Weißes Album" herausbringen wollen, das natürlich ein gelbes sein wird. Und weil damit nicht genug ist, sieht es nochmal aus wie „Sgt. Pepper". Auf der Ebene des Aktuellen kann man damit rechnen, dass die Simpsons noch einige Jahre zeitgemäß sein werden. Auf der größeren Ebene der gültigen Beschreibungen einer Epoche, die auch spätere Epochen ständig als Bezugsort brauchen und

aufsuchen müssen, werden sie so lange halten wie – genau, die Beatles. Matt Groening arbeitet derweil schon lange an der Nachfolgeserie FUTURAMA, die am Ende des nächsten Jahrtausends spielt. Doch auch FUTURAMA funktioniert nur über ein Anspielungspanorama, das so eindeutig aus dieser Zeit ist, dass die Serie sich meistens auf den nicht so prickelnden Witztypus beschränkt, der von der Umkehrung lebt, dass die Zukunft nicht – wie gemeinhin angenommen – unverständlich, sondern nur allzu verständlich sein wird. Da ist mir das Konzept der SIMPSONS lieber, die Gegenwart als ein Universum darstellen, in dem nichts nichtsprachlich ist, nichts ohne Zeichen- und Verweischarakter, ohne festumrissene und abrufbare Bedeutung – und dennoch komplett unverständlich (oder: unendlich verständlich).

Postmoderne Aufklärung. In den SIMPSONS-Episoden wird als Alltag ausgetragen, was in den letzten 20 Jahren so gerne als Gegensatz aufgebaut wurde: postmoderne Aufklärung. Sie unterscheidet sich von anderer Aufklärung dadurch, dass sie endlos ist. Sie führt auf kein Ziel, kein Original, keinen Grundtatbestand, keine Basis und auf keine letzte Instanz zu. Ein ewiges laterales Apropos verknüpft alle Gegenstände der Welt als immer schon Kunstgegenstände und Kunstwerke und Bedeutungsspeicher endlos miteinander. Zu allem fällt uns eine andere Fernsehserie, ein anderes Kunstwerk, eine berühmte Kameraperspektive, ein abgehalfterter Star, ein berühmter

---

1   Überarbeitete Fassung eines in der Zeitschrift SPEX (Nr. 1/99, S. 41ff.) erschienenen Beitrags.

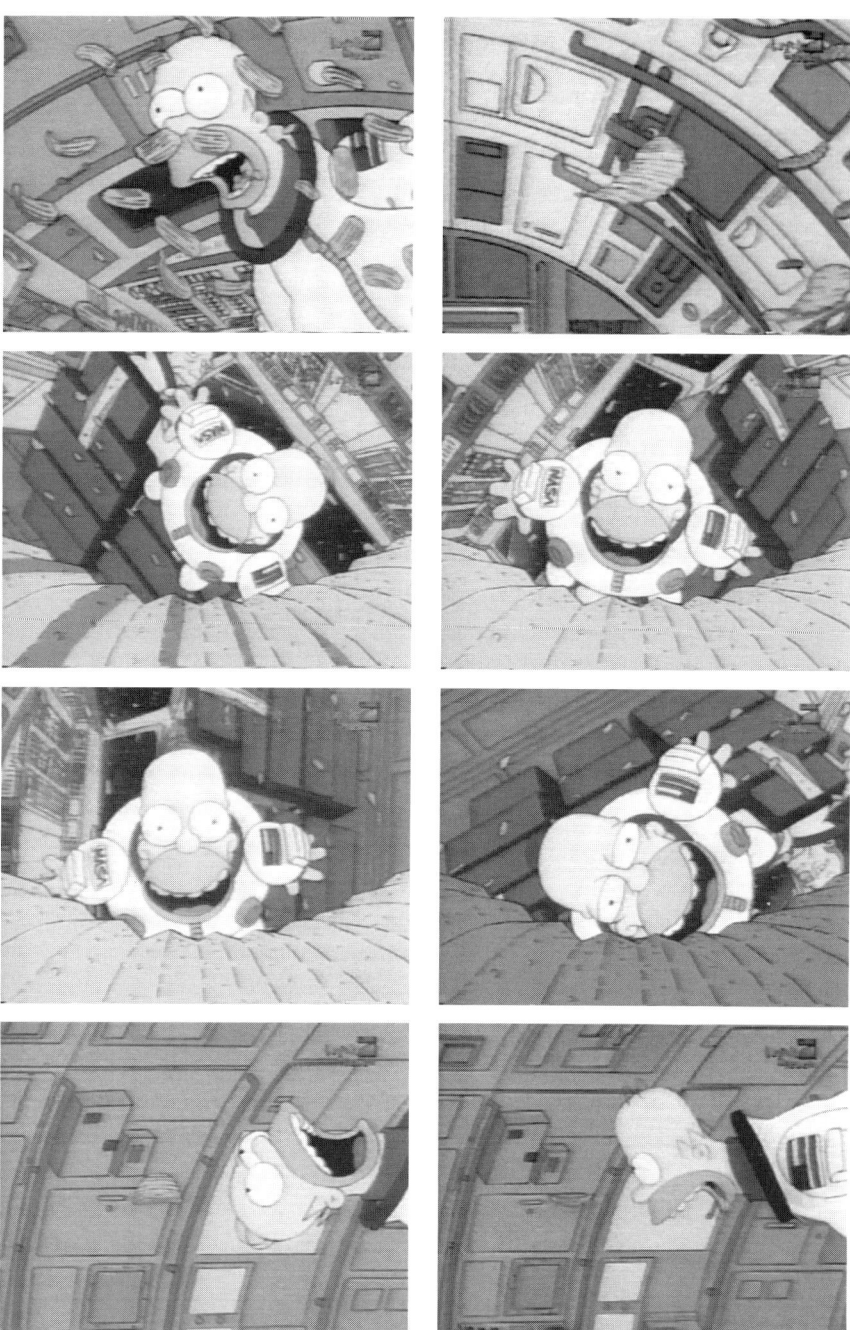

Deep Space Homer/Homer der Weltraumheld ... knabbert Chips im Dreivierteltakt

Satz sowie deren Verkehrungen, Verdichtungen Verfremdungen etc. ein und die Kette unserer Verknüpfungen nimmt kein Ende. Postmoderner Alltag ist eine hermeneutische und interpretative Sisyphos-Arbeit und diese Arbeit ist nie getan. Die Welt der Zeichen und Verweise wird nie ordentlicher. Heldenhaft stemmen wir uns gegen die Entropie, indem wir, wir Simpsons, immer wieder deuten, einsortieren, bewerten, gegenbewerten, Schätze heben. (Die uns dann deutsche Yuppies stehlen und nach Stuttgart entführen!)

Der Calderón des Springfield. Aber dann ist es auch gar keine Hermeneutik. Kein Sinn wird hervorgepopelt, sondern sowas wie Traumarbeit wird geleistet. Jedoch: dies Leben ist eben nicht nur postmodern, nicht nur ein Traum, nicht nur Verschiebung und Verdichtung. Es ist postmoderne Aufklärung: Alle diese Verknüpfungen geschehen durchaus im Lichte politischer, ethnischer, generationeller, kultureller, klassenspezifischer Interessen und Kämpfe. Bullen sind rechts, zivile Bürgermeister liberal, sehr korrupt, ganz nett und sexbesessen, Kapitalisten böse, Migranten müssen sehen, wie sie sich helfen (Apu!), alle müssen ständig verschiedene Fiktionen miteinander abgleichen. Die SIMPSONS waren die erste Fernsehsendung, die seit den mittleren 70ern das Wort „Working Class" wieder ins Hauptabendprogramm der USA brachte. Und alle Irrwege durch Zitate von anderen Serien, Pop-Videos, angloamerikanischer Weltliteratur, von Kubrick – der schwerelose Homer knabbert Chips im Dreivierteltakt von „An der schönen blauen Donau!" – , Welles, Michelangelo, Scorsese, Stephen King, Rubens, Nathanael West, um nur einige sehr bekannte Beispiele zu nennen, haben immer mindestens ein weiches und ein hartes Element. Es wird bei der Lektüre immer ein aufklärerischer Gewinn erzielt, es gibt eine Lüge und eine Wahrheit. Nur sind beide immer in oft kleinsten und manchmal größeren Rahmen geframet. Und es gibt, wenn auch keine letztinstanzlichen, so doch ziemlich unerschütterte Werte in der Serie: mindestens Sex und eigentlich auch Liebe.

Die harte und die weiche Seite der jeweils durchschrittenen Bedeutungswelten wird u.a. dadurch indiziert, dass vieles, was als hart gelten könnte, Straftaten, kaputte Autos, körperliche Pein folgenlos bleibt, andere durchaus konventionell als weich geltende kulturelle oder psychologische Tatsachen, sich als äußerst folgenreich erweisen: etwa der Verkauf der eigenen Seele. Der ständige Metakommentar durch die Serie in der Serie „Itchy & Scratchy" (die der eindimensionale Hans Mentz in der *titanic* nur als *„Parodie"* auf TOM & JERRY begreifen kann: Um was es wirklich geht, erfahren wir, als die teure Serie von dem bankrotte Sender in einer Folge nur noch durch ihr expressionistisches osteuropäisches Schwarzweiß-Äquivalent ersetzt wird und das heißt „Arbeiter & Parasit"), berührt ja auch zentral den ewigen Vorwurf der Folgenlosigkeit der Gewaltdarstellung, der der Animation von Kinderschützern seit Menschengedenken gemacht wird. Doch dem modernen Einklagen der harten Folgen harter Dinge setzen die SIMPSONS nicht die totale Folgenlosigkeit entgegen. Sie legen nur neu fest, was Folgen hat und was nicht.

Die SIMPSONS liefern auch eine neue Vorlage für den langsam nervenden Cultural-Studies-Streit. Nicht weil man mit diesen die Uni aufpeppen könnte, sind sie an derselben überfällig, sondern weil alle Menschen unausgesetzt Cultural Studies betreiben, gehören sie dabei beobachtet, wenn es sowas wie Humanwissenschaften weiter geben soll. Und davon handelt diese Serie. Wie mittendrin in der abgebrühten allgemeinen Informiertheit ein Musiker – Bleeding Gums Murphy – dann doch einen anderen Menschen zu Tränen rührt – Lisa Simpson; wie man sich orientiert,

The Second Best Band in the World

wenn man nichts weiß: Homer Simpson blättert zwecks Verbesserung des ehelichen Liebeslebens in einer Buchhandlung im „Kama Sutra": „Die sehen ja alle aus wie Apu" (Apu ist der indische Besitzer des Lebensmittelladens, der übrigens zu einer Kette gehört, die von einem Guru aus dem Himalaja geführt wird). Und das auch noch politisch: Homer hört einen rechtsradikalen Radiosprecher, und obwohl alle (Familie, Kollegen) ihm sagen, dass der übel und reaktionär sei, ist er ihm irgendwie sympathisch. Mit einem leicht regredierten Gesichtsausdruck schmachtet Homer Donuts mampfend das Transistorradio an. Dann sieht man, dass der Rush-Limbaugh-Typ in seinem Sender mit genau dem gleichen Gesichtsausdruck ebenfalls Donuts mampft, während er seine Tiraden loslässt. Die Verständigung war gar nicht politisch, aber es ist eben auch

kein Zufall, welche Form des Genusses zu welcher Orientierung führt.

Die Tatsache, dass in Springfield ständig die *Postmoderne für alle* gegeben wird, dass jeder medientheoretische und kulturpolitische Einwand, der zu irgendeinem gegebenen Thema denkbar ist, auch mit Sicherheit vorkommt (neben dem des sexuellen Missbrauchs angeklagten Krusty The Klown agiert in dessen Nachmittagskindersendung eine Miss Nomeansno als Bewährungshelferin) und zwar noch auf eine besondere Weise dadurch subtil akzentuiert, dass er aus einem bestimmten Mund kommt, führt dazu, dass eine Fülle von exprominenten Personal anfällt, dass nach einem kurzen Einsatz nicht mehr gebraucht wird. Die Welt der SIMPSONS ist voller abgehalfterter und gar nicht so ganz abgehalfterter Stars, aus der Sendung wie aus dem wirklichen Leben. Da in der Postmoderne bekanntlich ... nun ihr wisst schon (Andy Warhol) ..., widmet sich diese Sendung ausführlich dem Leben nach den 15 Minuten. Dass Leute wie Sting, U2, Mel Brooks, George Harrison und viele mehr durch großzügiges Verfügungstellen ihrer Stimme dabei mitmachen, zeigt auch, dass man sich so als Star lieber als abgehalfterter Star verarschen lässt als gar nicht. Einmal wird die in allem immer geniale Lisa in der Schule von einer Klassenkameradin im Saxophonspielen, Smartsein und Diorama-Basteln übertroffen: während einer Lebenskrise stellt sie sich ihre Zukunft als Zweitbeste vor. Eine Band tritt auf, „Ladies and Gentleman, the second best band in the world: Garfunkel, Oates, Messina und Lisa Simpson! Natürlich mit Originalstimmen. (Alle diese Namen gehören der jeweils unwichtigeren oder nur als zweiter genannten Hälfte eines Duos). Oder: der Anonyme-Alkoholiker-Anwalt von Marge – lange Geschichte – kriegt wegen des Beweisstücks Whiskeyflasche einen Fast-Rückfall und ruft mitten im Prozess seinen AA-Kontaktmann an und David Crosby ist dran, der gerade auf einem Wasserbett liegend, „4-Way-Street" hörend, Dienst hat, schwach werdenden AA-Kumpels zu helfen (wieder mit Originalstimme). Aber auch die Funktion Star selbst wird ständig durch Leute wie Troy McClure erschüttert, der sich stets neu einführt als „bekannt aus Filmen wie ..." Und dann kommt immer etwas ganz klar Unbekanntes. Alle sind bekannt, auch alle Simpsons waren schon mal Superstars, Erlöser, Golf-

Champions und Pop-Stars (Homer hatte sogar mal eine Doo-Wop-Gesangsgruppe, die Grammys gewann und deren Sänger, der begabte Alkoholiker Barney, schließlich *künstlerisch* drauf kommt, sich schwarz anzieht und eine japanische Freundin hat).

Weil jeder bekannt ist, und ständig die Star-Inflation und das dazugehörige außer Kontrolle zu geraten drohende Verweis-Potential innerhalb wie außerhalb Springfields gemanagt werden muß, gibt es mehrere andere Ebenen und Nebengeschichten, die, könnte man denken, nur Gags produzieren, Witze erzählen und konventionelle Erwartungen enttäuschen sollen: doch auch sie sind miteinander und den verschlungenen Fäden des Gesamtkunstwerks verknüpft. Nicht allerdings durch bloßes Verknüpfen um des Verknüpfen willens, Marvel-mäßiges „Vergleiche Heft 7721, S. 139", sondern um letzten Endes noch mehr durchaus konturiertes Wissen und Zusammenhänge rund um die fiktiven oder aus anderen Fiktionen (AKTE X) oder der Geschichte (Richard Nixon) bekannten Personen und damit in erster Instanz Ordnung schaffen, den Wahnsinnstrom in das Flussbett der Geschichte leiten – um in letzter Instanz dann doch noch mehr Verweispotential zu produzieren. Die scheinbar entlastenden „Itchy & Scratchy"-Inserts und die anderen unmotivierten Nebengeschichten entlasten nicht wirklich durch Kontingenz-Spritzer, sondern türmen noch mehr Welt und System und Weltsystem auf.

Die enormen Wissensmassen, die hier durchprozessiert werden, lassen die Sendung dennoch nicht elitär werden. Die SIMPSONS werden von Kindern, die weder Jim Messina noch Jacques Derrida noch Richard Nixon kennen, noch den OMEGA MANN, THE SHINING oder BROTHER FROM ANOTHER PLANET gesehen haben, durchaus bis ins Detail verstanden und auswendig gekonnt. Ich hatte daran auch nie einen Zweifel. Sie erinnern mich an mein altes, geerbtes Sachkunde-Buch „Wege in die Welt", das einfach die Namen nannte, so dass man immer wusste, man kann noch viel mehr wissen, aber das muss nicht jetzt sein. Gerade das nie Erschöpfende des laxen Verweises macht ihn ja so wissenserotisch. Wege in die Postmoderne. Die Welt, in der alles Natürliche über ein Vorkommen in einem Künstlichen erklärt werden kann und trotzdem alles in der Wirklichkeit immer anders ist als in dem alles erklärenden Zitat. Man hätte die Welt schon immer so erklären können: Was ist Regen? Nun, da gibt es eine Stelle in der „Aeneis", wo Dido und Aeneas ... Und dann nass werden! Der Unterschied zwischen diesen beiden Beschreibungen von Regen steht übrigens bei Van Morrison („And It Stoned Me").

Erübrigt sich damit auch die Frage, ob die SIMPSONS kritisch oder affirmativ sind? Die einzelnen Protagonisten oder die Sendung? Die Sendung sympathisiert mit der Aufklärung, mit der Freilegung von Verknüpfungen, die sich politisch deuten lassen. Aber sie fühlt sich auch der Realität des durchschnittlichen postmodernen zwangsassoziativen Alltagskulturwissenschaftlers verbunden, mit seinen sisyphoiden Zwischenschritten, die immer nur in neue Verwirrungen und Zwangsassoziationen führen. Man muß sich Homer Simpson als einen glücklichen Menschen vorstellen. Von ihrer Geschichte her sind die Eltern Simpsons 68er, Homers Mutter stand bekanntlich dem Weather Under-

ground nahe. Und nur der freundliche Frömmler Flanders ist doch recht weit von dem Stamm seiner Beatnik-Eltern gefallen. Doch in der Beurteilung dessen, was von 68ern geblieben ist, ist Groening – vermutlich selber einer, wie man von seinen anderen großen Figuren, dem identischen arabisch-amerikanischen Schwulenpaar Akbar & Jeff oder den Hasen aus „Life in Hell" weiß – äußerst realistisch: klassisch zerfallen die beiden Elemente von 68 – sinnlich-triebhafte Befreiung und politische Umwertung der Werte – auf die stereotype Seite der Geschlechterrollen und regredieren von ihrem ergänzenden Anteil getrennt entsprechend zum infantilen Hedonismus (as in Homer) und zum Moralismus (as in Marge), jeweils aber immer mit dem Potential versehen, auch in frühere Stadien zurückzuspringen und sie neu zu mobilisieren (was man ja auch von echten 68ern kennt). Die Kinder Bart und Lisa entwickeln das nur weiter und unterscheiden sich von ihren Eltern nur darin, dass sie in den entsprechenden Disziplinen besser und zeitgemäßer sind. Und aus der Folge *Lisas Wedding* (*Lisas Hochzeit*), die in der Zukunft spielt, wissen wir, dass aus Maggie eine Art Punk werden wird, während ansonsten die Zukunft vor allem aus noch kühneren und abgedrehteren Wiederentdeckungen der Vergangenheit bestehen wird, nicht aus Zukunft (das FUTURAMA-Motiv, das den Hintergrund einer einzigen Folge eben auch besser trägt als eine ganze Serie): Die Verkehrsflugzeuge werden wieder wie die „charmanten" Tripeldecker aus den TOLLKÜHNEN MÄNNERN IN IHREN FLIEGENDEN KISTEN (GB 1964) aussehen. Ansonsten wird es Roboter geben, die sich leicht rühren lassen und dann erst weinen und sich dann auflösen.

Überhaupt Kitsch. Die Einführung einer härteren Ebene, einer höheren, privilegierteren Wirklichkeit braucht natürlich immer das Aufrufen eines amerikanischen

Hippie-Wertes: Tiere, Liebe, Demokratie, Umweltschutz, Antirassismus und Antisexismus. Ist ein solcher in Sicht, besteht immer die Möglichkeit, die postmodernen Relativismen in ihre Schranken zu verweisen. Natürlich entstehen so nur Inseln aus Sinn in einem Meer von Verweisströmen, und auch diese sind meistens zitiert und geliehen und auf Phrasen gebaut, aber dennoch: Plötzlich haben Charaktere eine Wahl, Positionen entstehen, Entscheidungen werden gefällt, Homer ist rehabilitiert. Oder Marge schließt sich ihrer gefährlichen Freundin an und startet einen Thelma & Louise-Kreuzzug gegen die Männer und in die Badlands.

Die Mechanik des schönen linken Kitsches entspricht indes der des geilen Stereotyps. Indem man es genießt, zerfällt es auch – und wird unwirksam. Ah, Franzosenwitze! Als das Itchyundscratchyland von außer Rand und Band geratenen Robotern zerstört wird, fragt sich ein Offizieller, ob denn wenigstens Euro-Itchyundscratchyland überleben wird. Schneller Schnitt ins gähnend leere Euro-Itchyundscratchyland, ein französelnder Ticketverkäufer jammert über geplatzte Gehaltschecks: „Meine Kinder schreien nach Wein!"

Zu den literarischen und narrativen Stereotypen und Zitaten gehören die visuellen. Jede zweite Einstellung ist ein filmgeschichtlicher Kommentar, Paraphrase einer berühmten Parallelmontage, einer epochemachenden Actionsequenz. Meine alte Lieblingsidee wäre es ja, es könne eine Aufgabe der aktuellen bildenden Kunst werden, komplexe und technisch-avancierte, womöglich elektronische Bildproduktionen der Gegenwart durch Zuspitzung und Übertreibung als Idealtypen kenntlich, diskutierbar und kritisierbar zu machen, die Grammatik filmischer Effekte zu schreiben und Überwältigungsangriffe so kritisch von wirklich Überwältigendem zu trennen. Diese Idee haben die SIMPSONS

längst übernommen und erledigen sie zu unserer aller Zufriedenheit. Dabei sind sie so vollständig, dass es oft umgekehrt läuft: man erkennt in einem SIMPSONS-Bild, dass es eine solche Zuspitzung eines Film-Bildes ist, ohne den Film oder die Fernsehserie zu kennen. Später sieht man dann in der echten AKTE X-Folge, was man schon aus den *Springfield-Files (Die Akte Springfield)* kannte.

Wer an einem Pro-7-Nachmittag sich während der letzten Jahre pünktlich um 16 Uhr 55, 17 Uhr 55 oder 18 Uhr 55 in die Ausläufer der Arztserien (CHICAGO HOPE oder EMERGENCY ROOM – von Michael Crichton!), von CYBIL (ziemlich empfehlenswert!) oder EINE SCHRECKLICH NETTE FAMILIE (trotz immer wieder großer surrealer Momente am absoluten Nadir der Aufmerksamkeit angelangt) einklinkt, sich durch einen gruseligen Comedy-Vorspann oder eine hässliche Synthese aus Lounge-Ästhetik und Kleinkunst gequält hat, wird von den in den letzten zwei Jahren immer später beginnenden SIMPSONS jeden Tag mit einem Reichtum und einer Dichte an Gedanken und Bildern belohnt, die ihresgleichen nicht nur im Fernsehen sucht. Man vergleiche Komplexität, Durchdachtheit, Summe der sichtbaren Entscheidungen pro Sekunde des Gesehenen nur mit einer hochgelobten Kunstausstellung, einer vielrezensierten Theater-Inszenierung oder einem neuen deutschsprachigen Roman dieser Tage. Schnell abschalten bevor ALF oder GALILEO kommt!

Auch die Übersetzungen sind fast immer großartig: Als der stadtbekannte Alkoholiker Barney bei dem von Marge organisierten Filmfestival einen sensiblen Schwarzweißfilm mit visuellen Zitaten aus Billy Wilders LOST WEEKEND (DAS VERLORENE WOCHENENDE, USA 1945) einreicht (und schließlich gegen die von Mr. Burns eingereichte Großproduktion mit einem gekauften Señor Spielbergo – „Steven Spielbergs non-union Mexican equivalent!" – gewinnt), nennt er dieses zarte Porträt eines Alkoholikers „Pukahontas". Die deutsche Fassung nennt es genial kongenial „Kotztausendundeins". Dass die Übersetzung des von Bart an die Tafel zwangsgeschriebenen „I am not the inspiration for „Kramer" mit „Denkanstoß" statt „Vorbild für Kramer" danebengeht, liegt wohl daran, dass SEINFELD als die SIMPSONS-Synchronisierung in Auftrag gegeben wurde, noch nicht im Pro-7-Nachmittagsprogramm lief, und jetzt, wo die SIMPSONS sich darauf beziehen könnten, schon wieder ins Spätnachtprogramm abgesetzt ist. Wohl deswegen, wie ich von Clara Drechsler höre, weil die Leute sich im Fernsehen alles ansehen und verstehen können, wenn es als Familie deklariert ist, sogar die SIMPSONS. Die Abstraktionsleistung, die SEINFELD-Truppe als Postfamilie im oben beschriebenen Sinne zu erkennen, ist in Deutschland noch nicht möglich. Deswegen müssen sich die Simpsons, die doch die ganze Zeit versuchen, Ordnung in den Zeichensalat zu bringen, auch von Pro 7 gegen alle Evidenz penetranterweise jeden Nachmittag als „gelbe Chaoten" beschmunzeln lassen.

Thomas Klein

Prügelviehzeug – zur Entwicklung des soziopathischen Anticharakters im Cartoon

Bart: Lisa, wenn ich jemals aufhöre, Gewalt zu lieben, musst du mich erschießen.
Lisa: Das mach ich.

Der schöne Schein des Fernsehbildes flackert noch auf ihren zufriedenen Gesichtern, als Bart und Lisa diese sonderbare Abmachung treffen. Die Rede ist von der Zeichentrickserie „Itchy & Scratchy", deren Jubiläumsfolge die beiden Kinder gerade gesehen haben. Dem 75. Geburtstag ihres heißgeliebten Fernsehcartoons huldigen sie mit einer bekennenden Verkleidung: eine blutige Axt, die in einer Mütze steckt.

Am darauffolgenden Tag sind Bart und Lisa bei einem feierlichen Umzug zugegen, der nächsten Attraktion zu Ehren von „Itchy & Scratchy". Bart lässt seiner Begeisterung freien Lauf und schließt sich den vorüber fahrenden Wagen und kostümierten Gruppen an. Überraschend verläuft die Route des Zuges auch durch die Slums von Springfield. Der Wechsel des städtischen Milieus führt zum Wendepunkt der Geschichte. Bart begegnet einem Clochard, der sichtbar verärgert die letzten Wagen

des Zuges mit Tomaten bewirft. Zuerst erntet er damit nur die Missgunst Barts, doch dann erklärt er den Grund seiner Tat, und der neugierige Junge ist ganz Ohr. Der Clochard behauptet, er, Chester J. Lampwick, sei der wahre Erfinder von „Itchy und Scratchy" und damit der Begründer des gewalttätigen Zeichentrickfilms. Roger Meyers jr. ließe sich zu Unrecht feiern, denn dessen Vater Roger Meyers habe 1928 Itchy Lampwick geklaut. Ein Cartoon aus dem Jahre 1919, mit einer an Itchy erinnernden Maus als Hauptfigur, den der alte Mann Bart und seinem Freund Milhouse vorführt, beweist die Wahrheit der Behauptung. Bart sieht Lampwick um seinen wohlverdienten Reichtum gebracht und verhilft ihm zu seinem Recht. Zwar verbrennt der uralte, nicht ausreichend konservierte Film als wichtigstes Beweisstück bei seiner Vorführung für Bart und Milhouse, doch ein altes Foto, das Bart zuvor im Comicladen gesehen hatte, zeigt eben jene Maus des verkohlten Films. Eine datierte Widmung Lampwicks befördert die Wahrheit ans Licht und Chester J. Lampwick mit 800 Millionen Dollar Abfindung aus dem Gerichtssaal.

Originale und Vor-Bilder

Die SIMPSONS-Episode *Wer erfand Itchy und Scratchy? (The Day the Violence Died)* hat bereits nach der Hälfte ihrer Dauer eine kleine Geschichte des amerikanischen Zeichentrickcartoons erzählt, dessen wichtigste Strömungen von den 20er bis zu den 50er Jahren gar zu einem Diskurs über den Zeichentrickfilm verwoben. Einerseits

Lampwicks Cartoon aus dem Jahre 1919 mit der an Itchy erinnernden Maus

steht „Itchy & Scratchy" für eine besonders gewalttätige Form des Cartoons und damit eher in der Tradition der Warner Bros. und der MGM-Studios. Doch Vater und Sohn Roger Meyers verkörpern als Schöpfer des „Itchy & Scratchy"-Imperiums den Mogul der industrialisierten Kinderunterhaltung schlechthin: Walt Disney. In *Wer erfand Itchy und Scratchy?* finden sich die Bezüge auf Disney vor allem im Detail. So wird die zentrale Frage nach der Urheberschaft der Itchy-Figur mit dem Anteil Disneys an den in seinen Studios entwickelten Cartoonfiguren in Bezug gesetzt. Es ist schon lange kein Geheimnis mehr, dass Disney nur Mickey Mouse erfunden hat, alle anderen Figuren hingegen dem Einfallsreichtum der für ihn arbeitenden Zeichner zu verdanken sind. Doch Disney verschleierte die Wahrheit, indem er das Copyright der Filme und damit auch die künstlerische Kreativität für seinen Namen vereinnahmte. Mit der Begründung, dadurch das gemeinschaftliche Arbeiten zu unterstreichen und für den Zuschauer die Illusion der gezeichneten Welt und ihrer Figuren nicht zu zerstören, wurden die Namen der Zeichner in den Credits lediglich aufgelistet, ohne dass man sie in Bezug zu den jeweiligen Figuren setzen konnte. Walt Disney war ein nur mittelmäßiger Künstler, seine Profession war eher die perfekte kulturindustrielle Führung seines stetig wachsenden Studios.

Er professionalisierte die Arbeitsabläufe, so dass seine Angestellten ein Maximum an Effektivität erreichten; er besaß ein Gespür für Neuerungen etwa in der Filmtechnik, die er mit Lizenzen und Exklusivverträgen sofort für seine Produktionen in Beschlag nahm.

Auf diese Fähigkeiten Disneys könnte die Widmung Bezug nehmen, die sich auf der alten Zeichnung Itchys befindet, die Bart als entscheidendes Beweismaterial vor Gericht präsentiert. Lampwick ergänzte seine Signatur unter der Zeichnung um die an Roger Meyers gerichteten Worte: „Schreib nur weiter – deine Energie macht deinen Mangel an Talent wieder wett." Roger Meyers hatte vor allem die Energie, aus zwei Zeichentrickfiguren einen Großkonzern aufzubauen, genauso wie Disney aus Mickey Mouse ein Imperium aufbaute, das bis heute in der Filmbranche seinesgleichen sucht.

Auch Disneys endgültiger Schritt zum *Magic Kingdom*, die Schaffung von „Disneyland" und weiterer Themenparks, die seine Phantasiewelten auf der Leinwand zu einem theatralen Erlebnisparcours erweiterten, findet seine Entsprechung bei den SIMPSONS. Roger Meyers Disneyland ist „Itchy & Scratchy Land", dessen Topographie in der gleichnamigen SIMPSONS-Folge allerdings durch die spezifische sich von Disney unterscheidende Qualität von „Itchy & Scratchy"

DIE DREI CABALLEROS (USA 1945)

eine groteske Note erhält, indem die Attraktionen paradigmatische Gewalttaten der Serie beinhalten. Die Balance von Gemeinsamkeiten und Unterschieden zwischen dem fiktiven und dem historischen Zeichentrickmogul wird in einem kleinen Kino auf die Spitze getrieben, wo Bart und Lisa eine Dokumentation über die Roger Meyers Studios sehen. Die Ausschnitte der frühen Klassiker „Scratchtasia" und „Penicchio", mit Itchy in der Rolle der ‚Marionette', zeigen zunächst das zu erwartende Gemetzel im Gewand der Disney-Klassiker. Roger Meyers wird sodann als kinderfreundlicher Mann präsentiert, dessen einwandfreies Image nur einmal getrübt worden sei: als er 1938 den Zeichentrickfilm „Nazi-Supermenschen sind uns überlegen" produzieren ließ. Disneys oscarprämierter Film DER FUEHRERS FACE (USA 1943) stand hier Pate. In diesem hat Donald Duck den Alptraum, in einer Munitionsfabrik des Deutschen Reiches zu arbeiten. Die offensichtliche anti-nationalsozialistische Intention des Films erweist sich am Ende auch als Loblied auf Amerika, wenn Donald aus dem Alptraum erwacht und erleichtert feststellt, wie schön es doch sei, ein Bürger der Vereinigten Staaten zu sein. Letztendlich war DER FUEHRERS FACE Teil einer hervorragend funktionieren-

den US-amerikanischen Propagandamaschine, die Disney im gleichen Jahr SALUDOS AMIGOS und zwei Jahre später DIE DREI CABALLEROS (THE THREE CABALLEROS) drehen ließ, zwei abendfüllende Spielfilme, die – im offiziellen Auftrag der amerikanischen Regierung – dazu dienten, die Beziehungen zu südamerikanischen Ländern aufzufrischen. In DIE DREI CABALLEROS führt Donald Duck, begleitet von dem Papagei Joe Carioca und dem Hahn Panchito, die jeweils Brasilien und Mexiko verkörpern, den Zuschauer in lateinamerikanische Sitten und Gebräuche ein. Die perfekte Verbindung von Real- und Trickfilm erweist sich bei genauem Hinsehen als pseudo-ethnografische Touristiktour, in der Donald Duck zum Protagonisten einer subtilen kulturimperialistischen Strategie verkommt. Die vielfach behauptete ‚Unschuld' des Formats Zeichentrickfilm wird geschickt benutzt, um unterschwellig die Vorherrschaft der USA über den südamerikanischen Kontinent zu inszenieren. Etwas vereinfacht ausgedrückt wird weniger Donald Duck in die südamerikanische Kultur eingeführt, denn das Markenprodukt ‚Donald Duck' in den südamerikanischen Markt importiert. Von den Reizen Lateinamerikas verlagert sich der Fokus auf die lustige weiße US-Ente, deren Qualitäten durch eine stereotype Darstellung lateinamerikanischer Geschlechterbilder (die exotische Schönheit der Frauen und der latin-lover-machismo) ins rechte Licht gerückt werden.[1] Für Walt Disney bedeutete die Ablehnung des Nazi-Supermenschen nicht automatisch die Ablehnung anderer zweifelhafter Bilder von ‚Supermenschen'.

Die Qualität der „Itchy & Scratchy"-Cartoons besteht vor allem darin, immer neue Variationen von Gewaltdarstellungen zu erproben. Wenn Chester J. Lampwick davon spricht, den „gewalttätigen

1   Zu dieser Lesart der beiden Filme vgl. Julianne Burton-Carvajal: „Surprise Package": Looking Southward with Disney; José Piedra: Pato Donald's Gender Ducking. In: Smoodin (Hg.) 1994, S. 131-147; S. 148-168.

Zeichentrickfilm" erfunden zu haben, so wird damit insofern auf Disney Bezug genommen, als dessen Filme gerade für das Gegenteil standen und heute noch stehen. Freilich sind selbst Disney-Filme nicht frei von Beschwerden solcher Organisationen geblieben, die auch heute noch die Seele des Kindes zu schützen vorgeben, eigentlich aber erschreckend puritanisches Gedankengut verbreiten. Selbst Disneys SCHNEEWITTCHEN UND DIE SIEBEN ZWERGE (SNOWHITE AND THE SEVEN DWARFS, USA 1937) wurde wegen angsteinflößender Momente als für Kinder untauglich erklärt. Disney hat nichtsdestotrotz vorbildlich darauf geachtet, ein möglichst großes Publikum zu erreichen.

Der „gewalttätige Zeichentrickfilm" erreichte in der sogenannten ‚schwarzen Serie' der Warner Cartoons den ersten Höhepunkt seiner Geschichte, die untrennbar mit dem Namen Tex Avery verbunden ist. Tex Avery arbeitete in den 30er Jahren für Warner Bros. und ab 1941 bei MGM. Er hatte entscheidenden Anteil an der Entwicklung Bugs Bunnys und war bei MGM am Erfolg einer Zeichentrickserie beteiligt, die für „Itchy & Scratchy" ganz offensichtlich Pate stand: TOM & JERRY. Will man Roger Meyers' jr. Formulierung im Gerichtssaal übernehmen, wenn er zugibt, die Figur Itchy zwar geklaut, damit aber lediglich der unausweichlichen Tendenz des Zeichentrickfilms zum Plagiat entsprochen zu haben, so wäre „Itchy & Scratchy"

das Plagiat des MGM Cartoons TOM & JERRY. William (Bill) Hanna und Joseph (Joe) Barbera konzentrierten sich in TOM & JERRY ganz auf das Katz-und-Maus-Prinzip. Der daraus abgeleitete dominante Plot ist denkbar einfach: Jerry, die Maus, gibt die Rolle des Gejagten zwar nicht ab, wehrt sich aber erfolgreich dagegen. Tom, der Kater, avanciert vom ewigen Jäger zum ewigen Verlierer, weil der ihn bestimmende Jagdtrieb ihn zwar allerhand Pläne entwickeln lässt, er gegen die wesentlich intelligenter und sozial kompetenter vorgehende Maus Jerry jedoch keine Chance hat. Toms bemerkenswerte Ausdauer, die ihn immer wieder aufs Neue den Versuch starten lässt, Jerry zu fangen und im günstigsten Fall zu verspeisen, ist die Basis der Serialität des Cartoons, die Möglichkeit immer neue Konstellationen, stets neue Angriffsstrategien Toms und stets neue Abwehrmechanismen Jerrys durchzuspielen. TOM & JERRY verwendet dergestalt durchgängig die Struktur der Verfolgungsjagd, die als eine der wichtigsten Standardsituationen des Films überhaupt gilt, weil ihr zentrales Element die Bewegung ist. Kaum ein anderes Medium kann mit Bewegung und Raum so flexibel umgehen, wie der Film. Die Verfolgungsjagd erwies sich als ideales dramaturgisches Muster für den Cartoon, weil sie dessen Drang nach Bewegung, nach aberwitzigen Situationen und einer einfachen, aber höchst effektiven, Konfliktstruktur entgegenkam. Die

 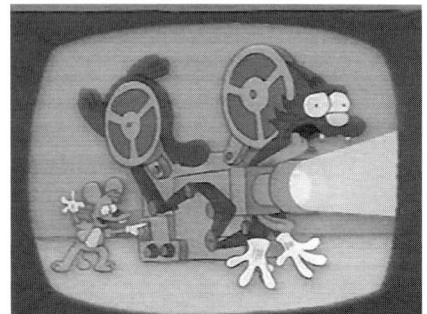

reduzierteste und zugleich subtilste Form der Verfolgungsjagd wurde bei Warner Bros. erfunden: Wile E. Coyote versus Road Runner. De facto findet hier eigentlich nie eine Verfolgung statt. Jede Episode setzt sich aus Nummern zusammen, deren Pointe darin besteht, dass Coyote der Geschwindigkeit des Road Runner nicht gewachsen ist. Alle Versuche Coyotes, den Road Runner in seiner Bewegung zu unterbrechen oder sich selbst durch allerhand Tricks und Kniffe eine entsprechende Geschwindigkeit zu verleihen, schlagen fehl. Den aus dem Widerstand Jerrys gegen seinen Rivalen resultierenden Körperdestruktionen wird ein schier unerschöpflicher Ideenreichtum gewidmet. Tatsächlich besteht der Reiz von TOM & JERRY insbesondere in den grotesken Verformungen von Tom, der mit allen nur erdenklichen Gegenständen Amalgame bildet. Diese pointierten Momente sind selten von längerer Dauer. Ist Tom zum Schluss der einen Szene noch in tausend Einzelteile auf dem Boden zerstreut, so jagt er in der nächsten Einstellung bereits wieder geschlossen hinter Jerry her. Die Körperdestruktion wird dadurch von einer realen Gewalttätigkeit losgelöst und avanciert zum spielerisch komischen Effekt. Hin und wieder

zeigt das Schlussbild einen mit Pflastern übersäten Tom, der resignierend Jerrys Wünsche erfüllt. Nie behält Tom die Oberhand, selten verbrüdert er sich mit Jerry gegen äußere Einflüsse. Tom fungiert als Projektionsfläche für die spezifische Befriedigung des Zuschauers. Die Lust, die wir beim Anblick des scheiternden Tom verspüren, ist die der Schadenfreude. Wir lachen über Tom, weil er die Rolle des Prügelviehzeugs vorbildlich ausfüllt.

In „Itchy und Scratchy" spielt die Standardsituation der Verfolgungsjagd keine Rolle mehr. Während Tom agierte und Jerry reagierte, ist Scratchy stets passiv den Aktionen Itchys ausgeliefert. Er fungiert als permanentes Opfer für den durch Itchy personifizierten Sadismus. Die Zerstörung Scratchys ist der kontinuierliche Plot, jede Folge ein neuer Akt der Destruktion, mal in schneller spontaner Tat, meist jedoch von Itchy mit ebenso bemerkenswerter wie erschreckender Kaltblütigkeit vorbereitet. Die Inszenierung der Gewalt ist dabei expliziter als in TOM & JERRY, Blut fließt allenthalben und Körperinnereien oder -auslagerungen sind ebenfalls nicht tabu.[2] Scratchys Körper wird auf jede nur vorstellbare Weise destruiert, durch- und zerstochen, perforiert, zerteilt, zer-

---

2   Helga Theunert hat „Itchy & Scratchy" wohl übersehen, wenn sie in ihrer empirischen Studie über die Rezeption von Cartoons durch Kinder feststellt: „Allen Gewaltdarstellungen der Zeichentrickserien ist gemein, dass sie ohne Blutvergießen geschehen und folgenlos sind." Theunert 1993, S. 113.

sägt, verbrannt oder gesprengt. Der Wahl der Waffen ist keine Grenze gesetzt, von der Guillotine bis zum Atomsprengkopf reicht die Palette. „Itchy & Scratchy"-Episoden enden meist mit einem Höhepunkt der Geschmacklosigkeit. So kann Itchy durchaus mit einem Löffel genüsslich Scratchys Hirnmasse schlürfen oder einen Cocktail trinken, in dem die gefrorenen Augen Scratchys schwimmen.

In *Itchy & Scratchy Land* wird die reduzierte Dramaturgie der Gewalt mit Verweisen auf Disney-Filme kombiniert, allerdings nicht als reines Zitatspiel, sondern zur Parallelisierung der fiktiven Geschichte der Roger Meyers Studios und der realen des Disney-Studios. Mit „Scratchtasia" wird Disneys ambitioniertes Werk FANTASIA (USA 1940), das durch die Verbindung von klassischer Musik, literarischem Bezug (Goethes „Zauberlehrling") und Zeichentrick die Trennung von E- und U-Kultur aufheben sollte, zu einem Horror-Trip. Das

bei Disney noch nicht ins Explizite sich bewegende Böse, wird hier zur Slasher-Geschichte par excellence. Scratchy spielt den Zauberlehrling, der Itchy, den bösen Geist, den er beschwor, mit einer Axt in Stücke hackt. Doch aus der zerstückelten Maus setzt sich eine Armee von Mäusen zusammen. Auch diese kann Scratchy noch überwältigen. Ekstatisch zerkleinert er die unzähligen Angreifer mit seiner Axt, bis nur noch eine breiige Masse übrig bleibt. Doch aus der Masse steigen Gase empor, nisten sich durch die Atmungsorgane in Scratchys Körper ein, um ihm von innen mit unzähligen kleinen Äxten den Garaus zu machen. In „Pennichio" reagiert Itchy auf die Fürsorglichkeit des bei Disney Gepetto genannten Schöpfer Pinocchios, indem er Scratchys Schädel mit der wachsenden Nase durchbohrt und das Auge aufspießt.

Wie in den SIMPSONS überhaupt finden sich in „Itchy & Scratchy" zahlreiche Be-

züge auf die Film- und Mediengeschichte. In „Reservoir Cats, with Special Guest Director Quentin Tarantino" (*Das magische Kindermädchen/Simpsoncalifragilisticexpiala [ANNOYED GRUNT]cious*) wird das für „Itchy & Scratchy" charakteristische Spiel mit extremer Gewalt als Zitat aus Quentin Tarantinos RESERVOIR DOGS (USA 1992) inszeniert. Scratchy befindet sich, an einen Stuhl gefesselt, in einer Fabrikhalle. Itchy tanzt auf ihn zu und schneidet ihm schließlich ein Ohr ab. Da erscheint Tarantino und erklärt: „What I' m trying to say in this cartoon is that violence is everywhere in our society, you know, it's like even in breakfast cereals, man ...". Itchy köpft sodann Tarantino und tanzt mit Scratchy zu einem PULP FICTION-Gitarren-Riff. Der Cartoon-Tarantino spürt am eigenen, wenn auch animierten Leib, die Allgegenwärtigkeit von Gewalt.

Obwohl „Itchy & Scratchy" als Anhäufung sadistischer Gewaltakte daherkommt, sind in einigen Folgen subtile Bezugnahmen auf den Stellenwert von Gewalt in der außerfilmischen Realität zu erkennen, in der Realität der SIMPSONS und in der des SIMPSONS-Rezipienten. So setzt Itchy in „Deaf Comedy Blam!" (*Marge als Seelsorgerin/In Marge we trust*) dem in der Klinik für Gehör-Traumatisierte liegenden Scratchy ein Stethoskop auf, verlängert die Schnur bis zu einer Pazifikinsel, wo ein französischer Atombombentest stattfindet, dessen Explosion geradewegs in Scratchys Ohren geleitet

wird. Scratchys Kopf explodiert. Itchys Sadismus besteht hier nicht nur im puren cartoonesken Sadismus, sondern auch darin, Scratchy in radikalisierter Form spüren zu lassen, was die außercartooneske Realität ohnehin an Gewalttätigkeiten enthält.

Die für „Itchy & Scratchy" so wichtige Zweierkonstellation wird in der Folge *Homer als Poochie der Hund* (*The Itchy & Scratchy & Poochie Show*) aufgehoben, als der Erfolg der Sendung nachzulassen droht. Die Erfrischungskur besteht in der Einführung einer neuen Figur: Poochie, der Hund. Am Casting der Stimme für Poochie nimmt Homer teil und – wird genommen. Das Konzept der Figur sieht vor, eine größere Nähe zum juvenilen Zielpublikum herzustellen. Poochie rapt, fährt Skateboard und spielt Basketball. Doch das Konzept geht nicht auf: Es wird zu viel geredet und die konstruierte Nähe zum Zielpublikum harmoniert nicht mit dem antagonistischen Verhältnis zwischen Itchy und Scratchy. Sobald eine gewohnt gewalttätige Handlung Itchys stattfinden soll, tritt Poochie in Aktion und markiert den coolen Typen. Die Zuschauer können sich damit nicht identifizieren, weder die Kinder noch das erwachsene Publikum (mit Ausnahme von Ned Flanders natürlich). Bart tröstet seinen Vater: „I guess people just weren't ready for Poochie. Maybe in a few years." Das Konzept von „Itchy & Scratchy" ist nun mal auf den gewalttätigen, sadistischen Akt Itchys fokussiert und damit zu geschlossen für eine weitere Hauptfigur.

Offensichtlich wird mit dieser Folge auf TOM & JERRY angespielt. Jerry erhielt in mehreren Folgen von dem Hund Spike Unterstützung, wodurch sich die Dramaturgie insofern änderte, als Tom zuerst den Hund außer Gefecht setzen musste, um dann freie Bahn für Jerry zu haben. Wie zu erwarten zieht Tom trotz gelegentlicher Erfolge letztendlich doch immer den Kürzeren. Eine weitere Figur war Nibbles, eine

Sentimentalisierung des Cartoons.[3] Mit *Homer als Poochie der Hund* erzählen die SIMPSONS einmal mehr von Konventionen und typischen Dramaturgien des Zeichentrickfilms, die nur schwer variierbar sind. Letztendlich stehen die SIMPSONS selbst jedoch gerade für ein neues Konzept, das eine unmittelbare Beziehung zur Erlebniswelt von Kindern und Jugendlichen herzustellen in der Lage ist.

In *Bart wird bestraft (Itchy & Scratchy – The Movie)* wird in einem von Kent Brockman moderierten Fernsehbeitrag der erste gemeinsame Film Itchys und Scratchys gezeigt: „Steamboat Itchy". Der Bezug auf Disneys ersten Mickey-Mouse-Tonfilm STEAMBOAT WILLIE (USA 1928) ist abermals kein simpler Rekurs. Während Mickey Mouse von seinem bösartigen Gegenspieler Pegleg Pete drangsaliert wird, macht Itchy mit Scratchy kurzen Prozess. Andererseits wird deutlich, dass die frühe Mickey Mouse durchaus noch Körperdeformierungen über sich ergehen lassen konnte. Auch die allgemeine äußere Erscheinung ist der Itchys nicht ganz unähnlich. Die Augen waren zunächst noch kleine schwarze Ovale, Arme und Beine einfache Schläuche, die Bekleidung war noch spärlich, nur Hose und Schuhe, vergleichbar mit anderen Mausfiguren der 20er Jahre, wie FELIX DER KATER von Pat Sullivan oder den Mausfiguren in Disneys ALICE-Serie. Mickey Mouse war in den späten 20er und frühen 30er Jahren zwar einfach und noch unvollkommen gezeichnet, doch sie besaß Ecken und Kanten, die sie auch für ambivalente Rollen besetzbar machte. Nach und nach erhielt sie detailliertere zeichnerische Attribute, die letztendlich zu Merkmalen der Vermenschlichung wurden: weiße Augen mit schwarzer Pupille, später gar Augenbrauen, wechselnde Kleidung als charakteristisches Outfit der jeweiligen

ebenso naive wie gefräßige Baby-Maus, die sich einerseits durch die aufopferungsvolle Hilfe Jerrys, andererseits durch eine gehörige Portion Gerissenheit hinter der Fassade der Naivität gegen Tom zur Wehr setzen konnte. Zumal diese Variationen im Personal von TOM & JERRY führten nach Michael Barrier Ende der 40er Jahre zu einer

---

3   Barrier 1999, S. 423.

Itchy (oben); Mickey (unten)

Rolle und ein runderes, dem Kindchenschema entsprechendes Gesicht. Mit wachsender Professionalität der Disney Studios und einer steigenden Orientierung an einem möglichst großen Markt, wandelte sich Mickey Mouse zu einem Superstar der Anständigkeit und moralischen Unantastbarkeit. Damit entwickelte sie sich aber auch zur langweiligsten Figur Disneys und wurde konsequenterweise von einer anderen Figur in der Gunst der Zuschauer abgelöst, der sich zum ersten bedeutenden Anticharakter der Zeichentrick-Filmgeschichte entwickeln sollte: Donald Duck.

Donalds Auftritt in BAND CONCERT (USA 1935), dem ersten Mickey Mouse-Farbfilm, zeigt ihn in der Rolle des Störenfrieds. Ein von Mickey Mouse dirigiertes Konzert stört Donald zunächst, indem er lauthals Snacks anbietet. Anschließend ergänzt er die Instrumente des Orchesters um eine Querflöte, spielt allerdings eine andere Melodie. Mickeys Interventionen haben keine nachhaltige Wirkung. Donald zieht immer wieder eine neue Flöte hervor, um die von Mickey zerbrochene zu ersetzen. Schließlich zieht ein Tornado auf. Das Orchester wird durch die Luft gewirbelt, spielt jedoch beharrlich weiter. Auch Donald muß sich gegen das Unwetter zur Wehr setzen. Als der Tornado vorübergezogen ist und das Orchester unter normalen Verhältnissen weiterspielen will, zieht Donald erneut eine Flöte hervor. Donald ist die Inkarnation des Störenfrieds. Während die Naturgewalten das Konzert und die Disziplin von Mickey Mouse nicht aufhalten konnten, ist gegen Donald kein Kraut gewachsen.

Vergleichbar mit Mickey Mouse in ihrer frühen Phase, besaß auch Donald zu diesem Zeitpunkt noch nicht seine end-

Moving Day (USA 1936)

gültige, charakteristische äußere Erscheinung. Zumal der Schnabel war noch sehr lang. Die Rolle des Störenfrieds sollte er in dieser aktiven Form in Zukunft nur noch selten einnehmen. Sein Markenzeichen wurde das unentwegte Aufbegehren, meckern, sich ärgern darüber, dass seine Welt aus dem Gleichgewicht gebracht wird. So avancierte er zum Gegenpol der braven, tapferen Mickey Mouse. Während Mickey in Situationen gerät, in denen er sich in der Regel zu bewähren weiß, erleben wir Donald als Anti-Helden, der seine Probleme selten zu meistern imstande ist. Wenn Donald sich mit der Tücke des Objekts konfrontiert sieht, so z.B. mit einer an seinem Gesäß festsitzenden Saugglocke (MOVING DAY, USA 1936), zeigt sich ein weiteres wichtiges Merkmal des Enterichs. In seinem nachhaltigen, aber unglücklichen

und von Pech verfolgten Bemühen, seine Situation zu verbessern, verliert er alsbald die Geduld und sein Verhalten schlägt in Wut und Jähzorn um. Donald ist im Gegensatz zum ruhigen, beherrschten, in Konfliktsituationen stets die Contenance wahrenden Mickey, der Choleriker, der seine Hilflosigkeit offen zum Ausdruck bringt.

Donalds Vorgehen gegen Chip 'n' Dale ist hingegen meist von zwanghaftem Dominanz-Gehabe und Bösartigkeit geprägt, und wenn er in den Konflikten mit den beiden Pelztierchen den kürzeren zieht, wird er zum Objekt unserer Schadenfreude. Er spielt ein ums andere Mal seine Macht aus, die insbesondere aus seiner körperlichen Überlegenheit resultiert (z.B. DIE POPCORN EXPLOSION/CORN CHIPS 1951), doch dem Witz und Einfallsreichtum Chip 'n' Dales ist er nicht gewachsen. Andererseits erhält Donald dann außerordentlich sympathische Züge, wenn er als *Underachiever* und auf der Suche nach einem neuen Job mit unsympathischen Vorgesetzten konfrontiert wird. So etwa in DONALD, DIE NIETE (THE RIVETER, USA 1940), wenn er in schwindelnder Höhe Nieten am Baugerüst eines Hochhauses anbringen soll. Donalds Unbeholfenheit – die ja immer eine merkwürdige Mischung mit überraschender Geschicklichkeit eingeht – steht konträr zu einer Arbeitswelt, die männlichen Mut propagiert und Angst

DONALD, DIE NIETE (USA 1940)

untersagt. Donalds destruktives Verhalten erscheint daher geradezu als Protest.

Im Bereich des Kurzfilms liefen die Warner Studios ab den späten 30er Jahren Walt Disney den Rang ab. Mit Bugs Bunny, Daffy Duck, Elmer Fudd, Sylvester, Tweety und zuletzt Speedy Gonzales schufen sie eine eindrucksvolle Starriege. Die Figurenkonzeption orientierte sich genauso wie bei Disney an den traditionellen Rollen, die aus Mythen und Fabeln kommend bestimmten Tieren beigemessen werden. So ist Bugs Bunny als listiger Hase konzipiert, der Kater Sylvester als der ewige Jäger, der gegen das nur vordergründig naiv wirkende Vögelchen Tweety am Ende den kürzeren zieht. Daffy Duck wurde in Anlehnung an seinen Übervater Donald zum neurotischen Pechvogel vom Dienst. Doch im Unterschied zu Disney bewegen sich Warners Figuren weit aus dem Fabelhaften hinaus und werden gezielt für karnevaleske Darstellungen von Gewalt eingesetzt, mitunter im Rahmen einer herben Kritik an amerikanischen Mythen. So meinte der Warner-Cartoonist und -regisseur Frank Tashlin (später drehte er zahlreiche Jerry-Lewis-Filme), die Warner-Filme sähen nicht aus wie ein „Scheiß-Kinderbuch".[4] Mit Elmer Fudd liegt eine menschliche Figur vor, die die archetypische amerikanische Typologie des Jägers mit der des Spießbürgers kombiniert: der Jäger zum Freizeitvergnügen. In der stetigen Konfrontation mit Bugs Bunny und auch Daffy Duck zieht Elmer Fudd stets den kürzeren. Der Mythos von der bezwungenen Wildnis, der so zentral im amerikanischen Selbstverständnis verankert ist, wird zum Gegenstand des Verlachens, ja zu einem grotesken Versuch sich auf einen Mythos zu beziehen, der längst seine Berechtigung verloren hat, wenn er sie denn je besaß.

Die Jagd existiert nurmehr als Nachahmung; die wilde Natur ist bereits domestiziert und zumal mit Bugs Bunny zu einem intelligenten Gegenspieler geworden. Hier liegt das geniale Konzept verborgen: Mit den ureigenen Mitteln des Zeichentrickfilms die Welt nicht nur verkehren, d. h. nicht Tiere sprechen, vernünftig und intelligent handeln lassen, sondern vielmehr zu zeigen, dass die Domestikation der Wildnis zum Selbstläufer geworden ist. So wie die Nationalparks der USA als Inszenierungen von Natur und damit als Kulturlandschaften oder Monumente eines ehemalig Natürlichen bezeichnet werden können, so ist Bugs Bunny das kultivierte Kaninchen. Während Mickey Mouse' Ruhe und Zurückhaltung vor allem seine Anständigkeit zum Ausdruck bringt, zeigt sich Bugs Bunny jeder Situation durch eine hintergründige und mitunter gerissene Intelligenz gewachsen: Er ist die „personifizierte Gelassenheit"[5] und verkörpert damit durchaus ein Ideal vernünftigen menschlichen Handelns. Daher konnte er auch zum „Maskottchen nationaler Unbeugsamkeit"[6] in der US-amerikanischen Nachkriegsgesellschaft avancieren. So sind viele tierische Wesen der Warner Cartoons weniger Vermenschlichungen denn Mutationen, ge-

---

4   Hoffmann/Schobert 1997, S. 9.
5   Hofmann/Schobert 1997, S. 20.
6   Hofmann/Schobert 1997, S. 20.

zeichnete Zuspitzungen tatsächlicher Phänome.

Im Unterschied zu Bugs Bunny vereinigt Daffy Duck in sich so ziemlich alle vorstellbaren, negativen menschlichen Eigenschaften. Bereits sein äußeres Erscheinungsbild wirkt wenig vertrauenerweckend. Daffy ist unbekleidet, sein Federkleid glänzt schwarz, was fast den Eindruck erweckt, er sei einer Ölpest zum Opfer gefallen. Dieser Lesart seiner Körperfarbe folgend wäre er vom damals noch präsenten Inbegriff des amerikanischen und vor allem texanischen Kapitalismus verseucht. Daffys omnipräsente Gier nach Geld und Sex diene als Indiz dafür. Durch das Fehlen eines ihn charakterisierenden Kostüms vermag er eher als Donald, in variable Kostüme zu schlüpfen, sei es nun ein Badeanzug oder ein Western-Outfit. Es ist bemerkenswert wie z.B. die Wahl des Hutes die Rolle Daffys bereits trefflich

YANKEE DOODLE DAFFY

kennzeichnet. Seine Stimme komplettiert den negativen Gesamteindruck, oft weist sie ihn als Zwangsentertainer aus. Wo Clarence Nash Donald Duck eine zwar schnatternde, aber durchaus sympathische Stimme verleiht, die überwiegend der Artikulation von Lauten dient, spricht Mel Blanc Daffy Duck mit geradezu vulgärer Intonation und penetranter Eloquenz. Mel Blanc gab auch Bugs Bunny und Porky Pig, dem Warner Bros.-Star der 30er Jahre und anschließenden Antagonisten von Daffy Duck, seine Stimme. Daffys Beredsamkeit als Zwangsentertainer wird besonders deutlich in YANKEE DOODLE DAFFY, wenn Daffy Porky, der in die Rolle eines Hollywood Producers schlüpft, von seiner schauspielerischen Eignung für den Film überzeugen will. Porky muß ein nervtötendes Casting über sich ergehen lassen. Alle Versuche Porkys, sich der Situation zu entziehen, scheitern. Daffy ist allgegenwärtig, singt und plappert in einem fort. Letztendlich kehrt er aber nur die dem Hollywood-Casting eigene Struktur um, sich unbedingt verkaufen zu müssen, um einen Fuß in die Tür des auf Erfolg getrimmten Systems zu stellen.

Wie Donald machte auch Daffy Duck eine Entwicklung durch. 1938 von Tex Avery zum ersten Mal in DAFFY DUCK & EGGHEAD als Daffy Duck genannt, machte Chuck Jones die Ente Ende der 40er Jahre zu jenem „allzu menschlichen Verlierer, zu jenem ‚Underduck', der sein großer Entenkonkurrent Carl Barks' Donald Duck, inmitten des wohlfeil-sterilen Disney-Paradieses nur in Ansätzen werden durfte. Bei Jones gründet die nach wie vor vorhandene Verrücktheit Daffys in einer schon psychotischen Selbstüberschätzung, die ihre Wurzel in einer atavistischen Existenzangst hat. Ob Boshaftigkeit, Geltungssucht, Hass oder blanke Gier: kaum eine der niedrigen menschlichen Emotionen ist Daffy fremd. Daffy wird eine Ente mit Minderwertigkeitskomplex – und damit der tragikomische Musterfall menschlichen Größenwahns."[7]

Daffy hat die in Donald bereits angelegte Figur des Anticharakters um Nuancen erweitert, die die Trennschärfe zwischen Sympathie und Antipathie aufheben. Ein moralisches Bewusstsein scheint Daffy Duck kaum noch zu besitzen. Er folgt seinen Trieben, die allerdings weniger tierischer denn menschlicher Art sind. Er ist zwar noch ein Enterich, doch seine Eigenschaften rücken ihn in die Nähe dessen, was in den SIMPSONS auf einer realistischeren, aber auch vielschichtigeren Ebene an Figuren auftaucht. In den SIMPSONS wird die Entwicklung des Cartoons vom tierischen Wesen mit menschlichen Eigenschaften hin zum menschlichen Wesen mit menschlichen Eigenschaften durch Barts und Lisas Rezeption von „Itchy & Scratchy" zu einem zentralen autoreflexiven Diskurs. Der *Underduck* wird durch neue *Underachiever* ersetzt, die neue Dimensionen des Anticharakters repräsentieren, indem sie der vielfältigen sozialen Realität sehr viel näher stehen.

„Dad, soll ich mit einem scharfen Gegenstand auf meinen Bruder einstechen, so wie die Maus hier?"

Die Geschichte des Zeichentrickfilms ist von den gesellschaftlichen Reaktionen auf dessen jeweilige Werke und Schulen kaum zu trennen. Fast immer kreisen die Diskussionen – auch hierzulande – um die Eignung des Formats für Kinder, in Bezug auf Gewaltdarstellungen. Gewalt im Zeichentrickfilm erschien durch die von Disney vorgegebene Spur immer verdächtig, weil offenbar nur Kinder als mögliche Rezipienten von Cartoons in Frage kamen. Der Zeichentrickfilm für Erwachsene musste deutlich gekennzeichnet sein, oder um es anders auszudrücken: Zeichentrick sollte nur von Erwachsenen *oder* von Kindern gemocht werden, jener, den Erwachsene mochten und Kinder liebten, war von vornherein in Frage zu stellen. Als die Warner-Cartoons wegen der ihnen immanenten Gewalt diskutiert wurden, meinte Bill Hanna gegen jene die seinen Filmen ablehnend begegneten:

„Was ich gegen unsere Kritiker anführe, ist, dass man zwischen zweierlei Art von Gewalt unterscheiden muß. Zum einen gibt es Gewalt nur um ihrer selbst willen, in einer realistischen Verpackung – zum anderen Phantasiegewalt, in komischer Form. Ich pflichte Kritikern bei, die meinen, Imitation von Gewalt sei schlecht. Inzwischen aber lassen die Psychologen von uns ab, weil sie erkannt haben, dass unsere Art von Phantasiegewalt nur zum Spaß da ist und keine Imitation darstellt."[8]

Was Hanna als seine Art von Phantasiegewalt bezeichnet, ist entscheidend in den Möglichkeiten des Formats ‚Zeichentrickfilm' begründet. Die Film-Burlesken der 20er und auch noch 30er Jahre sind

7   Hoffmann/Schobert 1996, S. 19.
8   Zit. nach Hoffmann/Schobert 1986, S. 18.

FALSCHES SPIEL MIT ROGER RABBIT (USA 1988)

den Cartoons sehr ähnlich, benutzen allerdings nicht diese extreme Form der körperlichen Deformierung. In den 90er Jahren haben Komödien wie KEVIN ALLEIN ZU HAUS (HOME ALONE, USA 1990) diese Form der Komik in den Realfilm übernommen, nachdem Robert Zemeckis bereits zwei Jahre zuvor mit FALSCHES SPIEL MIT ROGER RABBIT (WHO FRAMED ROGER RABBIT?, USA 1988) einen Real-Trickfilm inszeniert hatte, in dem reale Personen durch ausgefeilte Tricktechnik cartooneske Körperdeformierungen über sich ergehen lassen konnten. ROGER RABBIT war vor den SIMPSONS wohl der einzige selbstreflexive Film über die Geschichte des Cartoons.

Trotz aller Tricktechnik ermöglicht der Zeichentrickfilm weiterhin einen wesentlich hemmungsloseren Umgang mit Körpern. Nur die Phantasie setzt Grenzen. Ein weiterer Verfremdungseffekt der Cartoons, von denen bisher die Rede war, besteht zweifelsfrei in der tendenziellen Wahl von Tieren als Protagonisten. Nun hat zwar Disney umfangreich von Tierfiguren Gebrauch gemacht, jedoch ohne diese allzu grotesken Verformungen zu unterziehen. Disneys Anliegen zumal in den abendfüllenden Spielfilmen war die perfekte, sich präzise an der Realität orientierende Schaffung einer homogenen Zeichentrickwelt. Siegfried Kracauer kritisierte daran, dass der Zeichentrickfilm gerade „nicht die Verfestigung, sondern die Auflösung der konventionellen Realität anstrebt" und nicht die Funktion habe, „eine Wirklichkeit zu vergegenwärtigen, die zu ihrer Darstellung den Zeichenfilm gar nicht benötigt."[9] Die Warner- und MGM-Cartoons haben beispielhaft vorgeführt, dass ein cartoonesker Realismus nicht die Imitation von Realität und Realfilm bedeuten muß; dass stattdessen die Abstraktion des animierten Bildes erst spezifische, gesellschaftskritische Bedeutungen herzustellen in der Lage ist. Den Tierfiguren wurde die Niedlichkeit radikal entzogen, sie wurden zu mitunter ins Irreale driftenden Spiegelbildern des Menschen. Die damit einhergehende Intensivierung überwiegend physischer Gewalt, erhält gerade dadurch, dass sie sich in einer abstrakten Illusion und nicht als eine annähernd lückenlose Mimesis zeigt, einen ganz spezifischen Schauwert. In ihrem Text über Gewaltwahrnehmung im Kino am Beispiel von Steven Spielbergs JURASSIC PARK (USA 1993) meint Miriam Bratze-Hansen, dass das Medium Film die „strukturelle Möglichkeit" besitze, „Phänomene zur unmittelbaren Darstellung zu bringen, bzw. dem Zuschauer zum sinnlichen Genuss anzubieten, die in realen Situationen das wahrnehmende Subjekt zertrümmern oder verschlingen würden."[10] Davon ausgehend liegt der Schauwert der

9   Kracauer 1974, S. 59.

Warner Cartoons, von TOM & JERRY und schließlich auch „Itchy & Scratchy" weniger in einer Art Anästhesierung des „Chockerlebnisses" (Walter Benjamin) der Gewalt begründet – also darin, intensivere ästhetische Mittel anwenden zu müssen, um ein alltäglich gewordenes Schockerlebnis zu übertreffen – denn ausschließlich in der Entladung „sadistischer Phantasien und Wahnvorstellungen".[11] Für Benjamin war es vor allem die kollektive Rezeptionssituation im Kino, die es ermöglichte, Massenpsychosen im gemeinsamen Gelächter ausbrechen zu lassen. Für „Itchy & Scratchy" – und damit auch die SIMPSONS – gilt hingegen die überwiegend private Rezeptionssituation des Mediums Fernsehen. Die Faszination von „Itchy & Scratchy" mehr noch als die von Mickey Mouse (Kracauers und Benjamins Bezugspunkt), sollte darin zu finden sein, dass der Cartoon, ohne dass es eines Kollektivs von Zuschauern bedarf, „den Körper ins Spiel bringt", d.h. Gewalt in einer spezifischen Regeln (filmischen Strukturen) folgenden Spielform zur Darstellung bringt, die ein „Probehandeln im Geiste" (Benjamin) ermöglicht. Die Entladung vollzieht sich als ein dem Sadismus des Cartoons gerecht werdendes Lachen von Bart oder Lisa. Ein „Ausagieren der Gewalt in der Praxis erübrigt"[12] sich.

Durch die mit „Itchy & Scratchy" vorliegende ‚Film im Film'-Struktur gelingt es den SIMPSONS, gerade bezüglich der Rezeption von Gewalt im Zeichentrickfilm exemplarische Situationen durchzuspielen. In diesen Episoden geht es gerade nicht mehr nur um die Gewalt an sich, sondern darum, dass und wie sie erlebt wird und durchaus auch, welche Konsequenzen sie auf die Alltagspraxis haben kann. Die paradigmatischen Rezipienten sind Bart und Lisa. Beide Kinder werden – neben ihrem das Fernsehgerät sicherlich ins Grab mitnehmenden Vater Homer – am häufigsten im Moment des Fernsehkonsums gezeigt. Ihre Reaktionen auf „Itchy & Scratchy"-Cartoons sind überaus homogen: die gewalttätige Pointe jeder Folge lässt sie in ein Gelächter der Schadenfreude ausbrechen. Ihre Reaktionen ändern sich, wenn „Itchy & Scratchy" sich ändert. Mit Bart und Lisa im Mittelpunkt des Interesses, wird in vielfältiger Weise durchgespielt, welche Auswirkungen die Gewalt des Cartoons auf sie und ihre Altersgruppe haben kann. Die entsprechenden Episoden sind durchdachte selbstreflexive Studien über Medien und Gewalt. Die Serialität der SIMPSONS wird optimal genutzt, eine Vielfalt an Optionen zur Ansicht zu bieten und dadurch

10   Bratze Hansen 1995, S. 251.
11   Benjamin 1989, S. 377.
12   Bratze Hansen 1995, S. 263.

nicht in eindimensionale Erklärungen zu verfallen.

Als in *Wer erfand Itchy und Scratchy*? die Roger Meyers Studios schließen müssen, präsentiert Krusty der Clown im Fernsehen anstelle von „Itchy und Scratchy" einen Zeichentrickfilm, den Lisa als aus den 70er Jahren stammend identifiziert. Die Hauptfigur ist ein Amendment, ein Änderungsantrag für ein neues Gesetz, das mal sprechend, mal in seichtem Blues singend, einen wissbegierigen Jungen belehrt, dass Gewalt, wie das Verbrennen der amerikanischen Flagge, nicht mit dem derzeitigen Gesetz belangt werden könne.[13] Auf die Frage des Jungen, ob durch die Ratifizierung des einen Antrages nicht Tür und Angel für weitere eher fragwürdige Gesetze geöffnet würden, antwortet das Amendment, die Gefahr bestehe nicht. Es wird nun weiter die missliche Lage beklagt, bis schließlich jemand aus dem Gerichtshof stürmt, mit der Nachricht das Gesetz sei ratifiziert. Das Amendment freut sich und ruft nun zahlreiche weitere Amendments, die mit Revolvern und Granaten bewaffnet das Gebäude stürmen. Bart

und Lisa können dem Cartoon herzlich wenig abgewinnen. Die gebildete Lisa weiß, dass derartige propagandistische Lehrfilme eingesetzt wurden, um das Aufbegehren gegen den Vietnam-Krieg zu bekämpfen. Verärgert konstatiert sie: „Ja, es ist tatsächlich wahr. Manche Zeichentrickfilme fordern wirklich zur Gewalt auf" und boxt Bart an den Arm. Im abstrakten Gewand des Cartoons kann zwar spielerisch die Abschaffung der Legitimität des zivilen Widerstands gegen eine fragwürdige Politik des kalten Krieges transportiert werden, doch die reflexiv rezipierende Lisa erkennt die Verlogenheit der Botschaft des Cartoons und weist gleichzeitig, indem sie unmittelbar Gewalt ausübt, darauf hin, dass weniger die körperliche Gewalt eines Cartoons denn die langweilige Ächtung jeglicher Form der Gewalt als Mittel zivilen Ungehorsams zur Gewalthandlung auffordert. Hier zeigt sich exemplarisch, was Michael Gruteser in seinem Text dieses Buches meint, wenn er von Lisa als „reflektiert-kritischem Filter" spricht.[14]

Die letzte Szene der Episode *Itchy & Scratchy Land* – die Simpsons haben sich im

---

13   The intent driving many allusions is for the audience to bring to mind certain things and to let other connections flow freely. For example, the episode titled „The Day the Violence Died" not only alludes to an allegorical and allusive Don McLean dittie, but includes „Amendment To Be", a parody of „I´m Just a Bill". In this case, not only is intended that we recognize that this cynical political commentary is poking fun at the sweet and sincere Schoolhouse Rock classic, but we are to recall the pleasant memories and sugared cereal highs of Saturday mornings long since gone. If there was any doubt about this at the beginning of „Amendment To Be", it is quickly erased when Lisa explains to Bart, „It´s one of those crappy seventies throwbacks that appeals to Generation Xers", William/Conard/Skoble 2001, S. 82-83.

14   Vgl. Seite 71 im Artikel „Family Ties" in diesem Buch.

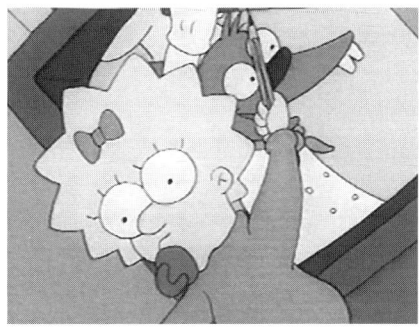

Marges Liste der Gewalttaten in „Itchy & Scratchy (oben rechts)

Themenpark gerade gegen außer Kontrolle geratene Roboter erfolgreich zur Wehr setzen können – beginnt mit einer Totalen auf das Haus der Simpsons. Der Abspann von „Itchy & Scratchy" ist zu hören. Das nächste Bild zeigt Marge, Bart und Lisa vor dem Fernseher. Bart sitzt unmittelbar davor – er und Lisa nehmen bei „Itchy & Scratchy" meist diese Entfernung zum Bildschirm ein – Lisa und Marge auf dem Sofa. Die Kinder lachen, die Mutter beginnt mit einer pädagogischen Maßnahme: „Ich hoffe, euch beiden ist klar geworden, dass Gewalt im Fernsehen zwar lustig ist, aber der Spaß hört auf, wenn einem so etwas tatsächlich widerfährt." Damit spielt sie auf den Kampf mit den Robotern in „Itchy & Scratchy"-Land an. Bart entgegnet: „Zumindest wär es lustig für den, der uns beobachtet". Woraufhin Marge einen grimmigen Laut von sich gibt, um damit zum Ausdruck zu bringen, dass ihre pädagogische Maßnahme wieder ein-

mal auf taube Ohren gestoßen ist. Nun reagiert Lisa: „Nein Mum, er hat recht. Pass mal auf!" Sie zieht einen Schuh aus und wirft ihn Bart an den Kopf. Marge beginnt zu lachen, allerdings hinter vorgehaltener Hand. Plötzlich wird ihr bewusst, dass sie Bart bestätigt hat: „Oh, was mach ich denn da." Energischen Tones schickt sie Lisa auf ihr Zimmer und greift damit zum letzten erzieherischen Mittel, indem sie ihre mütterliche Autorität ausspielt. Wollte sie ihre Kinder noch belehren, wie mit Gewalt umgegangen werden soll, so erhielt sie letztendlich eine Lehrstunde, indem der Dogmatismus ihres scheinbaren Wissens über menschliches Verhalten in ihrem eigenen Verhalten unterminiert wurde. Die ganze Diskussion um Gewalt in den Medien wird ad absurdum geführt, indem Marge über eine ‚Gewalttat' lacht, die unmittelbar vor ihren Augen live stattfindet und zudem nicht inszeniert ist, sondern spontan und ohne Ab-

sprache den ‚Darsteller' Bart trifft. Während die Filmtheorie gerade die Rezeptionssituation im Kino als Indiz für die Möglichkeit der Schaulust und des kathartischen Effekts sieht, zeigt Lisas Tat, dass die Faszination, die „Itchy & Scratchy" auf sie und Bart ausübt, auf dem Gefühl der Schadenfreude basiert, das losgelöst von einem zwischengeschalteten Medium funktionieren und sogar die Person treffen kann, die eine entsprechende Wirkung in Abrede stellt. Schadenfreude wird so als triebhaftes Bedürfnis jedes Menschen inszeniert. Der Unterschied zwischen „Itchy & Scratchy" und Lisas Tat besteht im Grad des Angriffes auf einen Körper, in der Intensität seiner Verletzung. Die grundsätzliche Funktion und Wirkung der Gewaltakte sind nahezu identisch.

In *Itchy und Scratchy und Marge (Itchy & Scratchy & Marge)* wird hingegen explizit auf die fernsehimmanente Rezeption des Cartoons durch Kinder eingegangen und der Vorwurf, Fernsehgewalt führe zu realer Ge-

walt, zunächst einmal ernst genommen. Die Episode beginnt damit, dass die Auswirkung von „Itchy & Scratchy" auf eine Altersgruppe thematisiert wird, die der Fernsehgewalt eher hilflos ausgeliefert ist. Maggie, das Baby, kann die gespielte und die reale Gewalt nicht unterscheiden. Sie sieht „Itchy & Scratchy" und schlägt daraufhin dem im Keller mit dem Bau eines Gewürzregals beschäftigten und damit gleichsam überforderten Homer mit einem Hammer bewusstlos. Kurz darauf kommt es im Wohnzimmer zu einem weiteren Zwischenfall. Homer liegt mit verbundenem Kopf auf dem Fernsehsofa, als eine weitere „Itchy & Scratchy"-Folge ausgestrahlt wird. Soeben hat sich die Familie noch gefragt, was Maggie zu der Tat bewogen haben könnte, als sie einen Bleistift ergreift und damit erhobenen Armes auf Homer zugeht. Nun steht der Grund für Maggies Verhalten fest. Marge, die Mutter, geht nun gegen die Gewalt des Fernsehcartoons aktiv vor, schreibt Beschwerdebriefe und organisiert Demos vor den „Itchy & Scratchy"-Studios. Roger Meyers jr. gerät auf Dauer unter zu großen gesellschaftlichen Druck. Seine Sendung wird vom Publikum boykottiert, d.h. die Eltern sorgen dafür, dass ihre Kinder sie nicht mehr sehen. Um „Itchy & Scratchy" nicht aus dem Programm nehmen zu müssen, fragt er Marge um Rat. Der lautet Harmonie und Liebe zwischen Maus und Kater. Das Ergebnis ist eine ebenso gewaltfreie wie langweilige „Itchy & Scratchy"-Folge. Die ehemaligen Antagonisten sitzen einträchtig auf einer Veranda und trinken Limonade.

Die Kinder Springfields interessiert ein solcher Cartoon nicht sonderlich. Statt fernzusehen, verlassen sie ihre vier Wände. Ein Mädchen tritt durch die Haustür nach draußen und reibt sich die Augen, als bekäme sie zum ersten Mal die Sonne zu Gesicht. In einer weiteren, perspektivisch raffinierten Einstellung treten viele Kinder gleichzeitig auf die Straße hinaus. Unser Blick wird sodann durch die Wohngebiete der Stadt geführt, und begleitet von einer getragenen barocken Musik sehen wir Kinder harmonisch miteinander und mit sich selbst spielen. Längst obsolet geglaubte Spiele und Spielsachen treten zutage. Doch es ist keine positive Utopie wie sie Aldous Huxley mit „Eiland" 1962 seiner Anti-Utopie „Brave New World" folgen ließ. Die Szenerie ist eine paradiesische Illusion von gefährlicher Künstlichkeit. *Alle* Kinder spielen nun draußen, bilden gleichsam eine gleichgeschaltete Masse und wirken apathisch, ja geradezu autistisch, als würde eine übergeordnete Macht ihr Tun kontrollieren. Die übertrieben inszenierte Harmonie und Friedfertigkeit dieser post-cartoonesken Kinderwelt macht sie so beängstigend und die Satire so perfekt. Der Schritt zurück in eine von gewalttätigen Fernsehcartoons befreite Welt erweist sich letztendlich als Ergebnis einer indirekten Konditionierung der Kinder, geboren aus der Phantasmagorie puritanischer Medienkritiker, die vorgeben, zum Wohl des Kindes zu handeln, eigentlich jedoch zu verhindern trachten, Anteile am Einfluss auf den Zögling an das Fernsehen abzugeben. Doch wie so oft bei den SIMPSONS kommt es, durch die Serialität bedingt, zum Happy-End. „Itchy & Scratchy" *comes back* und die Kinder sitzen wieder wahrhaftig zufrieden und ihrer Kindheit keineswegs beraubt vor der Mattscheibe.

In der „Treehouse of Horror"-Episode *Die Schreckensherrschaft: Tiny Toon* (*Treehouse of Horror #9*) wird das Spiel mit den Realitäten in Bezug auf die von „Itchy & Scratchy" ausgehende Gewalt diametral entgegengesetzt durchgespielt. Lisa und Bart zappen sich mit der durch Plutoniumreste manipulierten Fernbedienung in die fiktive Welt von Itchy und Scratchy. Alles beginnt damit, dass Marge Bart und Lisa verbietet, die „Itchy und Scratchy"-Folge zu Halloween wegen der zu erwartenden, das gewöhnliche Maß noch übersteigenden Gewalt zu sehen. Zur Sicherheit entfernt Marge die Batterien aus der Fernbedienung. Der väterliche Werkzeugkasten wird nach Batterien durchsucht, gefunden wird allerdings nur ein Stück radioaktives Material von Homers Dienststelle, das der experimentierfreudige Bart in die Fernbedienung implantiert. Sofort geschieht absonderliches. Der Fernsehbildschirm glüht in grüner Farbe. Mit einem Tastendruck wird Lisa rot eingefärbt, die Taste ‚Enter' zieht die Kinder schließlich geradewegs in das Fernsehgerät und hinein in die Welt von „Itchy und Scratchy". Unmittelbar anwesend sehen die beiden nun, wie Itchy Scratchy köpft. Blut spritzt auf ihre Gesichter, doch ihre Reaktion ist ein Lachen, ganz als befänden sie sich immer noch vor dem Fernseher. Dann werden Itchy und Scratchy auf die Besucher aufmerksam. Sie verbünden sich spontan gegen die Eindringlinge. Eine Axt landet am oberen Haaransatz Barts in der Wand. Zuerst lacht er noch, doch dann tritt Blut auf seine Stirn. Ein lauter Schrei zeigt die endgültige Erkenntnis Barts, dass er sich nicht mehr in der passiven, gemütlichen und ungefährlichen Position im heimischen Wohnzimmer vor dem Fernseher befindet, sondern in einer face-to-face-Interaktion innerhalb der Fiktion. Bart und Lisa sind Teil des Cartoons und damit auch Teil der darin vorkommenden Gewalt. Hier wird demnach das live Erleben der mittelbaren Rezeption entgegengesetzt. Die Kinder werden zu Gejagten ihrer geliebten Cartoon-Figuren. Die Geschichte endet damit, dass zumindest Bart ein Schicksal erleidet, das Scratchys tagtäglichen Erlebnissen sehr ähnlich ist: Von Itchy und Scratchy losgelassene Piranhas verspeisen ihn bis auf die Knochen kurz bevor er und Lisa sich wieder in die Realität zurückzappen können. Im heimischen Wohnzimmer sehen Homer und Marge sich zu ihrem Entsetzen mit einem zwar lebendigen, aber skelettierten Sohn konfrontiert. Da kommt Lisa auf die Idee, auf der Fernbedienung die Rückspultaste zu bedienen bis zu dem Zeitpunkt, da die Piranhas angreifen. Nun kann Bart rechtzeitig die Flucht ergreifen.

Indem die „Treehouse of Horror"-Reihe den SIMPSONS-Kosmos um die Genres Science-Fiction und Horror erweitert, steigern sich die dramaturgischen und diskursiven Möglichkeiten der Serie. Die Episode *Die Schreckensherrschaft: Tiny Toon* harmoniert mit der grundsätzlichen Vorgehensweise der SIMPSONS, indem das autoreflexive Spiel mit fiktionalen Erzähleben um die Dimension des Phantastischen ergänzt und das Angebot an reflexiven Modellen zur Medien- und Populärkultur nahezu komplettiert wird. Die Genres Horror und Science Fiction forcieren eine im Irrealis erzählte Variante des Gewaltdiskurses, die nicht die Auswirkung von „Itchy & Scratchy" auf Kinder zum Inhalt hat, sondern die Auswirkung sich ins Fernsehen zappender Kinder auf „Itchy & Scratchy", woraus sich dann wiederum Konsequenzen

für das kindliche Empfinden cartoonesker Gewalt herleiten lassen.

Als extremes Gegenbeispiel im Umgang mit Gewalt im Fernsehen fungieren die Nachbarn der Simpsons, die Familie Flanders. Von ausgesprochen großer Religiosität, die Fanatismus sehr nahe kommt, sehen sie im Fernsehen *das* Zeichen einer dem Menschen den Glauben entziehenden Konsumkultur. Als Bart und Lisa und auch Baby Maggie in der Folge *Bei Simpsons stimmt was nicht!* (Home Sweet Home-diddly-Dum-Doodily) für kurze Zeit bei den Flanders wohnen müssen, weil Homer und Marge nicht ihren elterlichen Pflichten nachgekommen sein sollen, lässt Ned Flanders den unzufriedenen Bart einen Wunsch zur Gestaltung des Tages äußern. Bart wünscht sich Fernsehen mit „Itchy und Scratchy". In der Folge („Foster Pussycat! Kill! Kill!") wird der gemütlich in seinem Schaukelstuhl ein Buch lesende Scratchy durch die Türklingel gestört. Er nimmt ein Gewehr, öffnet die Tür und siehe da, ein Korb mit einem Baby steht vor ihm. Scratchy erkennt natürlich nicht, was der Zuschauer sofort ahnt: das Baby ist Itchy im Schafspelz. Herzen tanzen um den Kopf des schnell zur Sentimentalität neigenden Scratchy, entzückt hebt er den Korb. Doch Itchy schlägt der Zuneigung ins Gesicht, hat rasch den Kopf der Babyflasche abgeschlagen und Scratchy die scharfen Kanten des Flaschenglases in die Brust gestoßen, dabei zwei blutrote Kreise hinterlassen. Scratchy sinkt zu Boden, Itchy sticht noch einmal zu, springt dann ins Haus, schnappt sich das Fernsehgerät und sucht das Weite.

Die „Itchy & Scratchy"-Folge ist präzise auf den Kontext ihrer Rezeptionssituation zugeschnitten. Itchys Auftritt als *Home Invader* spiegelt die zumal in der US-amerikanischen Wohlstandsfamilie verbreitete latente Angst vor dem plötzlichen Eindringen von Gewalt in den häuslichen Frieden. Die Flanders verkörpern diese

Form der amerikanischen Familie par excellence. Die Eltern bekämpfen das Böse
mit fanatischer Gläubigkeit. Die Kinder
werden vor allem bewahrt, was sie zu verderben droht. Daher ist das Fernsehen tendenziell tabu, was daran zu erkennen ist,
dass Ned Flanders den Staub von der Fernbedienung bläst, bevor er das Gerät ein-
schaltet. Bart und Lisa lachen über „Itchy
& Scratchy" wie gewohnt mit nahezu sar-
donischer Lust; die Augen sind mal weit
geöffnet, mal zu gefährlichen Schlitzen

verkleinert. Die Flanders-Kinder sind zu
Tode geängstigt, zittern am ganzen Leib,
ihre Gesichter sind aus den Fugen geraten:
Sie haben Ringe unter den Augen, die Ränder des Mundes sind nur noch Schlangen-
linien, eben jene zeichnerische Darstellung emotionaler Bewegtheit wie sie auch
immer wieder in den PEANUTS auftaucht.
Der größere der beiden Flanders-Söhne
fragt daraufhin den Vater: „Daddy, was ist
denn das für ein rotes Zeug, das dem Kätz-
chen aus den Ohren läuft?" Ned Flanders,
der seine Kinder vor allem Bösen bewahren will und ihnen wie auch seinen anderen Nächsten daher die Hucke voll lügt,
antwortet: „Ach, das ist nur Himbeermar-
melade." Der jüngere Sohn Tod schaltet
sich sodann in das Gespräch ein, indem er
die ganze Diskussion um Gewalt im Fernsehen, Gewalt und Kinder, Gewalt im
Fernsehen für Kinder auf den Punkt
bringt: „Dad, soll ich mit einem scharfen
Gegenstand auf Rod einstechen, so wie die
Maus hier?"

Bart ist ein Junge, der, wo es nur geht,
Regeln zu brechen versucht, für den die
Schule kein Ort zum Lernen ist, sondern
eine Institution, an der er die Ablehnung
aller Normen und Zwänge praktizieren
kann. Er ist ein Loser, der nach Charlie
Brown zweite Junge in der Rolle des *Underachiever* im Verlauf der Geschichte des Zeichentrickfilms. Bart hat keine Zukunft.
Lisa dagegen steht die Welt offen, sie ist
eine mustergültige Schülerin, musisch ver-

anlagt und zeigt sich interessiert an den
Künsten und der Politik. In Bezug auf den
Fernsehkonsum nimmt sie in einem gewissen Sinne eine postadornitische Haltung ein. Sie verteufelt das Fernsehen
nicht, „Itchy & Scratchy" liebt sie mit glei-
cher Hingabe wie Bart. Darüber hinaus
wird sie jedoch als friedfertiges Mädchen
inszeniert, was unter anderem darin begründet sein mag, dass ihre Bezugsperson
die Mutter, diejenige Barts hingegen der
Vater ist. Lisas Gewaltaktionen – wie die
bereits erwähnten gegenüber Bart – sagen
in der Regel etwas über das Funktionieren
von Gewalt aus, sie besitzen selbstreflexiven Charakter. Bart neigt durchaus zu gewalttätigen Handlungen, doch bleiben
auch diese im Rahmen jungenhaften Er-
probens von Gewalt. Wenn er gelegentlich diesbezügliche Grenzen überschreitet, so bleibt der Unterschied zwischen der
fiktiven Gewalttätigkeit im Fernsehen und
derjenigen in der Realität gewahrt oder
sein Verhalten reflektiert, vergleichbar
mit Lisa, gesellschaftliche Inszenierungen
von Gewalt. Womit wir wieder bei „Itchy
& Scratchy" sind: Wenn Bart beim Besuch
in „Itchy & Scratchy"-Land einen als Itchy
verkleideten Bediensteten wiederholt pie-
sackt, indem er Stinkbomben-Geschosse
von seiner Schleuder in das am Kopf geöff-
nete Kostüm befördert oder ihm einfach
ans Schienbein tritt, so zeigt er damit
nicht, dass die Gewalt des Cartoons und
des Themenparks einen unmittelbaren

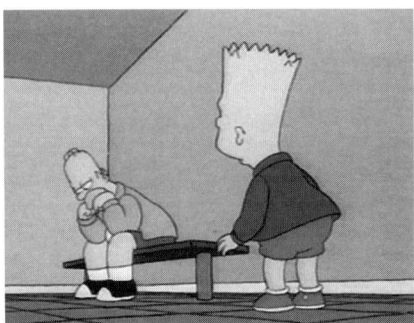

Underachievers, der sich mit Familie, Arbeit und Haus in die Gesellschaft eingefügt hat, um letztendlich immer wieder aus der Tristesse des Alltags ausbrechen zu wollen und sei es nur mit einer oder mehreren Dosen Duff-Bier. Im Unterschied zu Bart affirmiert Homer Gewalt oft – so weit es seine eigene Existenz als erwachsener und geistig beschränkter *Underachiever* zulässt. Marge, die Mutter, hingegen lehnt Gewalt entschieden ab. Sie ist besorgt über die möglichen Auswirkungen von „Itchy & Scratchy", verbietet Bart und Lisa die Sendung jedoch nicht. Sie ist sich bewusst, dass es zur Ausgrenzung ihrer Kinder in deren Freundeskreisen und in der Schule führen würde, wenn sie ihnen Itchy & Scratchy vorenthalten würde. „Itchy und Scratchy" ist eben Kult und auch Marge Simpson versteht zwar nicht warum, aber weiß, wie viel ihren Kindern die Sendung bedeutet. Deshalb ermutigt sie die beiden auch in *Wer erfand Itchy und Scratchy?*, sich für die Fortexistenz des Studios einzusetzen. Auch in der Episode *Itchy und Scratchy The Movie* schließt sie sich Lisa an, als diese Homer davon überzeugen will, dass die gegen Bart ausgesprochene Strafe, den endlich erschienenen „Itchy & Scratchy"-Kinofilm nicht sehen zu dürfen, zu weit ginge, weil dadurch die Sozialisation Barts einen entscheidenden Bruch erhielte. Doch in einem verzweifelten Versuch, das eigene Versagen als Vater doch noch abwenden zu können, beharrt Homer auf

Einfluss auf ihn ausübt. Vielmehr praktiziert er nur das, was der Themenpark verspricht, aber einzulösen nicht in der Lage ist. So interaktiv einige Attraktionen auch sind – wenn etwa die Wildwasserfahrt damit endet, dass das Boot in der Mitte durchgeschnitten wird und die Simpsons aus ziemlich großer Höhe auf vorbereitete Matratzen fallen – so eindeutig steht fest, dass alles inszeniert ist und zur Unterhaltung des Publikums dient. Bart unterminiert diese Struktur, indem er auf der interaktiven Bösartigkeit beharrt. Doch das kann nicht lange gut gehen, denn ein Unterhaltungspark wird gut bewacht. Und so wird Bart festgenommen und in eine Zelle gesperrt, in der sein Vater bereits sitzt.

Dass Homer in der Überschreitung von Regeln seinem Sohn zuvorkam, kann weder Bart noch uns Zuschauer überraschen. Im Unterschied zu seinem Sohn spricht Homer auf alles an, was er wahrnimmt. Er reagiert auf jede Werbung, auf jede mediale Botschaft und auf nahezu alle Angebote, die, ohne viel Aufwand und Arbeit, seinen zwanghaften Drang nach Konsum zu sättigen versprechen. Homer ist als Familienvater und als Anticharakter eine andere Generation Cartoon-Figur. In seinem gierigen und sozial inkompetenten Verhalten erinnert er an Daffy Duck. Homer ist ein Mensch gewordener, um Aspekte der vielfältigen sozialen Realität angereicherter Epigone der frühen Cartoon-Versager, die Fortführung des klassischen

dem Verbot. So darf das Cartoon-Kind, das eine neue Spielart des *Underachievers* repräsentiert, seine eigenen Ursprünge in Gestalt von „Itchy & Scratchy" nicht im Kino – dort, wo der Cartoon geboren wurde – sehen, weil der Cartoon-Vater es ihm verbietet. In einem Zeitsprung werden die fatalen Konsequenzen offenbar: Dem Wunsch des Vaters gemäß Bundesrichter gewor-

den, sieht Bart viele Jahre später zusammen mit Homer „Itchy & Scratchy" im Kino. Müde und entfremdet von seiner cartoonesken Identität bedeutet das Geschehen auf der Leinwand für Bart nahezu nichts mehr, vielleicht noch ein nostalgisches Erinnern. *Der Underachiever* in ihm ist gestorben.

Michael Gruteser

Family Ties

Ich heirate eine Familie …

Die Familiensoap ist ein integraler Bestandteil unserer Alltagskultur. Die Zeiten der Straßenfeger in der damaligen Bundesrepublik sind endgültig vorbei, und die Medienkompetenz des Alltagsmenschen verlangt umsichtige Einsicht in diverse parallele soziale Mikrokosmen, zuletzt natürlich in das Konstrukt der Zwangsfamilien aus dem Big Brother Haus. Die Namen des agierenden Personals werden immer vertrauter, so dass der übergreifende Name des Sendeformats beliebig wird. Es wird von Jürgen, Zlatko und Al Bundy gesprochen. Titel wie BIG BROTHER oder EINE SCHRECKLICH NETTE FAMILIE, werden lediglich verächtlich der ungebildeten Existenz, die nicht weiß, worum es gerade geht, als kleine Erinnerungsstütze hingeworfen. Doch solche Vorfälle sind selten.

Diese Alltagsfiktionen haben mal komischen, mal tragischen Charakter, allerdings niemals mit dem kathartischen Effekt des Dramas oder in Form einer abgeschlossenen Geschichte. Sie ähneln mehr dem Bauerntheater oder Schwank, der als provinzielle Volkskunst das Regionale über die breiteren gesellschaftlichen Dimensionen der Komödie stellte. Im Schwank ist das Personal als Persiflage definierbar, regionale Qualitäten über die Mundart und das Milieu wiedererkennbar. So ist der Motor der Soap entweder eine komische (Bundy) oder bösartige (J.R. Ewing) Figur, deren Weg nicht tragisch vorbestimmt ist, also nicht auf eine Läuterung oder einen Untergang hinweist, sondern eine statische Größe im Rhythmus der Serialität darstellt. Die Soap-Explosion, die in Deutschland erst Ende des 20. Jahr-

hunderts in US-amerikanischen Ausmaßen spürbar wird, verdankt ihre Popularität einer virtuellen Intimität, die vor der Revolution der unterhaltungselektronischen Infrastruktur nur der Schwank (resp. die Volkskunst) zu vermitteln wusste. Diese virtuelle Intimität ist in der Zeit vor der Straffung der Konkurrenz auf dem Fernsehmarkt durch die ‚Privaten‘, vor allem bei jenem Publikum zu bemerken, an das sich das öffentlich-rechtliche Fernsehen auch heute noch verzweifelt richtet: der spießbürgerlichen Eltern-Generation der 68er, die durchaus auch über ihre physische Elternschaft hinaus nachwachsen kann. Wenn sich der charmante Dauerbub Peter Alexander überschwänglich am Ende seiner Shows bei seinem ‚bezaubernden‘ Publikum bedankte, so waren weniger die inzwischen volltrunkenen Honoratioren im Saal gemeint als die ewig Daheimgebliebenen vor den Bildschirmen. Die Idee der ‚Ersatz‘-Familie mit dem 60jährigen Enkelsohn ist eine alte, aber durchaus die wirksamste und verachtenswerteste, die das Fernsehen zu einer politischen Macht macht. So sagt ein Rigelianer im SIMPSONS-Comic TREEHOUSE OF HORROR # 5, zu Apu, der sich wundert, dass auch die Außerirdischen demokratische Wahlen kennen: „Well, it isn´t exactly democratic. Ours is not a legitimate democracy like your United States. Our elections are bought by special interest groups who flood the media with inflammatory and exaggerated advertising to influence a poorly informed public."

Auch nicht explizit politisch formulierte Botschaften schaffen dennoch eine politische Stimmung, und nicht zuletzt

wirken sie auf das Klima in dem sich gesellschaftliche Diskurse vollziehen. So wird in
der   nationalsexistischen   Konsens-
Sendung WETTEN DASS ... die Größe von Sabrina Setlurs Brüsten verhandelt, und auf
den öffentlich-rechtlichen ist die Prime-
Time erfüllt von nationalen Landschafts-
porträts und volkstümlichem Lied- und
Trachtengut. Wenn Peter Alexander seinerzeit von der „teuren Heimat" oder „der
Zeit" [dem Feierabend] da auch „der Pedro
deutsch versteht" sang, verband sich mit

dieser ‚gutgemeinten' humorigen ‚Unterhaltung' auch eine politische Haltung, die

**Schlingensief beschimpft das virtuelle Familien-
mitglied Friedrich Merz**

viele Deutsche teilten. Wo im Fernsehfie-
ber der fünfziger und sechziger Jahre noch
bewusst Kontra-Punkte zu jenem histo-
risch nicht korrekten Schwelgen in der eigenen Vergangenheit gesetzt wurden, verschiebt sich heute jegliches aufklärerische
Bestreben auf Programmplätze, die früher
der Sendeschluss inne hatte. Wie von einem ordentlichen Familienmitglied, so
wird auch vom Fernsehen erwartet, dass es
keine unangenehmen Themen anspricht.
Das glückselige Abfeiern der nationalen
Identität haben folgende Generationen
durch das Spaßdogma ersetzt, die unangenehmen Themen haben einen Namen erhalten: den „moralischen Zeigefinger",
den darf der gutgelaunte Kumpel Fernsehen nicht erheben.

Dieses provinzielle Machtgefüge Fernsehen bietet inzwischen täglich mehrere
Ersatz-Familien, deren fiktive oder impro-
visierte Abenteuer eine parallele virtuelle
Erlebniswelt als mögliche Ergänzung zum
Alltagsleben eines jeden menschlichen Individuums bieten. Grund genug, an dieser
Stelle aufzuschreien: „Macht Schluss mit
dem Wahnsinn!"

Mit seiner agitativen Unterhaltungs-
show U 3000 versucht Christoph Schlingensief im Herbst 2000 aus dem „herrenzyni-
schen" (Sloterdijk) System Fernsehen heraus
die herrenzynische Gesellschaft gegen sich
selbst zu mobilisieren. Schlingensief gibt die

Sendung bewusst als Familiensendung, das
bunt zusammengewürfelte Personal aus
prominenten, nicht prominenten Gästen
und einem agitativen Ensemble als Wahlfa-
milie aus. Der hysterische Ton dieser real-
realpolitischen Sendung auf dem Sparten-
sender MTV impliziert das Wissen darum,
dass das Individuum, oder in diesem Fall
eine kleine Gruppe von Individuen, gegen
die Super-Familie Staat/Fernsehen keine
Chance hat.

Die virtuelle Familie hat sich mit grö-
ßerer Halbwertszeit als familiäre oder qua-
si-familiäre Beziehungen in der realen
Welt etabliert. Wobei die übergeordnete
Instanz immer noch die Bezugs*person*, das
Fernsehen ist, nicht der Sender, nicht die
Sendung und noch weniger deren Botschaft, deren Redundanz das Medium
über inflationäres Senden impliziert. Aufgrund der bedürfnislosen einseitigen
Kommunikationsstruktur des Formats ist
es möglich, dass ein alter Bekannter, sagen
wir ALF wiederkehrt und sich konfliktlos in
das Familienleben re-integriert. Natürlich
ist dieser Fall durch den dominanten
Wunsch nach dem frischen, neuen, vor allem täglich geteilten Leben recht unwahr-
scheinlich, aber unter dem Vorwand eines
(vorrangig privaten) Revivals durchaus
möglich.

Die Frequenz der Sendung verdeutlicht ein Bedürfnis nach akutem Mit-

 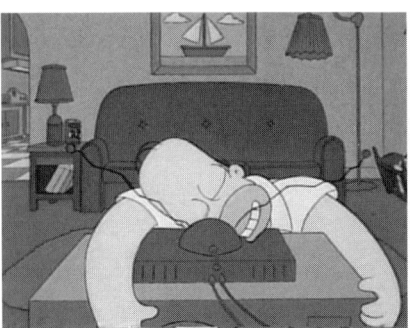

Erleben, was das Bedürfnis nach einem dramatischen Filter (die zielgerichtete Verarbeitung von Information, von, wie auch immer gearteten Autoren) mindert. Die Familienserie in ihrem narrativen Redundanz-Schema und das Familienmodell Fernsehen bedingen einander. Das Format der Fiktion, ob Spielfilm, Serie, Show oder Käfig, ist aber innerhalb des Mediums Fernsehen offen. Eine Familienserie im Theater wäre absurd, aber den Mythos Familie transportiert das Fernsehen in vielen unterschiedlichen Variationen und zuletzt immer in sich selbst.

Die SIMPSONS definieren als Zeichentrick- und Familiensoap eine Grenze in der Produktion von Fernsehformaten; zum einen bilden sie als *Crossover* aus zwei redundanten Genres innovative und zugleich kritisch reflexive Erzählmuster, und zum anderen erfolgt parallel zu den SIMPSONS und nach ihnen die Sintflut der *Dailys*, der zynisch inflationäre Blitzkrieg des Fernsehens, indem es sich, als die totale Familie, den hart umkämpften Markt der Unterhaltungsmedien zurückerobert. Das ursprüngliche Konzept des Formats SIMPSONS kollidiert dabei auch mit seiner Verwendung als Sendung. Denn letzteres geschieht in der *heavy rotation* auch als *daily*, im Jahr 2000 sogar zweimal täglich auf dem Sender Pro7. Die SIMPSONS lassen keinen Zweifel darüber, dass sie dem Medium gegenüber, über das sie so virtuos zu unterhalten wissen, eine kritische Position beziehen. Wenn Homer nach einer 25-minütigen Krise das Fernsehgerät in inniger Liebe umarmt und ihm zuflüstert, „ich möchte mich nie wieder streiten", dann ist diese Kritik nur ein wenig raffinierter, als die von Peter Lustig, der die Kinder in den frühen 80er Jahren regelmäßig am Ende seiner Sendung zum Abschalten nötigte. Es ist die indirekte Kritik, die über die Absurdität des Gags die sodomistische Beziehung zu einem virtuellen Familienmitglied dem Familienmitglied am anderen Ende der Röhre verdeutlicht.

Die hermetische Welt der Kinder
Pre-Life Crisis

Im Cartoon bedingt die Simplizität die Strenge der Form: drei bis vier Panels, die Figuren der Tuschfederzeichnung neigen mehr zur Kurve als zur Kante, eine schwarze Linie auf einer weißen Fläche. Die verengte Weltsicht kippt den Humor fast zwangsläufig in Depression. Der Witz vollzieht sich selten in der Pointe des letzten Panels, sondern vielmehr schon in dem melancholischen Establishing-Shot des Ersten.[1] Der Rhythmus der wenigen Bilder

---

1   In den 80er Jahren ist dies besonders in den manisch-depressiven GARFIELD-Cartoons von Jon Davis zu bemerken, natürlich auch in den wenig – von Woody Allen inspirierten WOODY-Cartoons der 70er Jahre und vor allem in Schulz´ PEANUTS.

verharrt in Bewegungslosigkeit, oft sind sie deckungsgleich, und die Veränderungen vollziehen sich nur im Detail oder im Text der Sprechblase. Der Cartoon ist die Simulation eines ereignislosen Lebens.

Die melancholische Aura des *lesser than life* von Charles M. Schulz' PEANUTS-Universum wird in der gleichnamigen Animations-Serie kongenial fortgeführt. Bewegte Bilder der Bewegungslosigkeit, untermalt vom statischen Jazz des Vince Guaraldi-Trios. Der hypnotische Bass-Riff von Guaraldis Piano simuliert den Groove einer hängenden Schallplatte. Selten mehr als ein einzeln hinein-*funkender* Ton schafft die Illusion von Bewegung und Aktion. Ebenso funktioniert das visuelle und kinetische Konzept der Serie. Die Füße der Figuren treten auf der Stelle, während der Hintergrund an der Folie, auf der die Figur gezeichnet ist, vorbeizuscrollen scheint – die Figuren schweben im Stadium der Bewegungslosigkeit. Am deutlichsten wird dies bei *Pig Pen*, der Figur, die von einer beständig ausdünstenden Staubwolke begleitet wird.

Der Widerspruch des bewegten Mediums zur statischen Fiktion verstärkt den narrativen Effekt der PEANUTS. Die Erzählung der Kindheit als Dauerzustand, der für jede einzelne Figur mit der Horrorvision der Vorbestimmung versehen ist, nimmt diesem Lebensabschnitt die Illusion der Unschuld. Über all diesen kleinen Menschen schwebt die Angst der Unveränderlichkeit; die Angst sie seien für immer auf ihre Rolle festgelegt.

Die ewige Dauer dieses Zustands funktioniert im Zeitungsstrip (ein Œuvre, das inzwischen mehrere hundert Taschenbuch-Sammelbände umfasst) zusätzlich über die regelmäßige Veröffentlichung, die allsonntägliche Rückkehr in eine unveränderte Welt, in dem auf drei bis vier Panels reduzierten Einblick in das Alltagsgeschehen. „...[W]obei man freilich den Zauber dieser ‚poésie ininterrompue' niemals wahrnähme, wenn man nur eine, zwei oder zehn Folgen läse ...". [2] Seine Wirkung erhält das PEANUTS-Universum erst über das beständige Fortschreiben.

Das Spiel mit dem Medium des Zeichentricks erweitert gleichzeitig die Verengungsmöglichkeiten des schulzschen Universums. Auch wenn der Name *Charlie Brown* in der populären Ikonografie des 20. Jahrhunderts mit dem Bild eines depressiven Losers verknüpft wird, so ist das Grundschul-Soziotop PEANUTS erfüllt von anachronistischen und weltvergessenen Versagern und lässt gleichzeitig den Umkehrschluss auf eine zutiefst kinderfeindliche Welt außerhalb dieser Fiktion, jenseits der Ränder der Panels und Einstellungen, zu. Im Cartoon wie in der Serie sind Erwachsene vollständig ausgeblendet, wenn überhaupt, werden nur indirekte Aussagen von den Kindern wiedergegeben. Wenn sie ihre Eltern erwähnen, beschränkt sich das auf diffuse Informationen über deren Besitztümer, ihr Milieu oder ihre Phantasie(losigkeit) in der Namengebung. So heißt das jüngste Kind der van Pelts, ein verkleinerter Linus, *Rerun*, der englische Begriff für eine Wiederholung im Fernsehen. Das Kind wurde nach der Gelegenheit seiner Entstehung benannt. Die Namensgebung bezeichnet den Stellenwert des Kindes in Familie und Gesellschaft und verdeutlicht somit dessen Isolation. So ist Rerun auch der desillusionierte Philosoph, der die Welt vom Buggy oder aus dem Kindersitz eines Einkaufswagens heraus kommentiert. Die Stimme der Lehrerin ist in der Serie konsequent aus dem *Off* zu vernehmen. Sie ist eine *talking Trombone*, eine redende Posaune, ein Phänomen aus dem Jazz. *Talking all*

---

2   Eco 1986, S.227.

Fiktives FOX-Merchandise mit Bart, der einen Charlie-Brown-Spruch von sich gibt.

that Jazz bedeutet im Slang unverständliches Zeug reden, und der Einsatz der Posaune, der von den Kindern zwar verstanden wird, suggeriert aber dennoch, dass der Gehalt der Rede ihrer erwachsenen Bezugspersonen an den kommunikativen Bedürfnissen der Kinder vorbeigeht.

In ihrem Wesen simulieren die Kinder, wie das Kinder nun einmal tun, Erwachsene. Wenn Linus van Pelt seine Reden über die Ankunft des großen Kürbis schwingt, tut er das mit dem gestischen und mimischen Inventar eines Politikers. Schroeder hat sich in einer Welt der Kulturbanausen in ein intimes Verhältnis zu seinem musikalischen Idol Beethoven geflüchtet – er kann mit den Bedürfnissen der anderen Kinder ebenso wenig anfangen, wie die anderen mit den seinen. Ausgerechnet in ihn, den selbstgenügsam in seine Welt Verflüchtigten, ist die tyrannische Lucy van Pelt verliebt. Entgegen der Dominanz, die sie gegenüber anderen Kindern ausübt, ist ihr Anliegen an Schroeder hoffnungslos, denn sie kann seine Aufmerksamkeit nicht erzwingen. Die kulturellen Plaudereien, denen sie an sein Piano gelehnt frönt, provozieren mit zuverlässiger Regelmäßigkeit Schroeders Wutausbrüche. Das *Allround*-Kind Peppermint Patty, deren kurzsichtige Freundin Marcy ihr androgynes Wesen beständig unterstreicht, indem sie sie mit *Sir* anredet, ist in den hoffnungslos

entrückten kindlichen Woody Allen Charlie Brown verliebt, der wiederum der ihm und uns unbekannten Projektion des kleinen rothaarigen Mädchens hinter einem Baumstamm auflauert – eine Schwärmerei ins *Off*. Es ist ein Universum der Unzulänglichkeiten, in dem das vorauskalkulierbare Scheitern den Gag ausmacht, der aus mindestens genauso viel Traurigkeit wie Komik besteht.

Die episodische Struktur der 25-minütigen Folgen vermeidet dabei das Aufkommen sowohl von Spannung als auch Entwicklung. Die PEANUTS unterliegen einem Konzept der Ereignislosigkeit, und das Rezept ihres Erfolgs ist das Zugeständnis, das sie an Kinder machen, in dem sich auch Erwachsene nostalgisch in der Erinnerung an ihre eigene Kindheit bestätigt sehen: Die Kindheit als Zeit der Depression und Isolation darzustellen und somit auch die Bedürfnisse und Probleme von Kindern und jeder Kind gewesenen Person ernst zu nehmen.

Die bevorzugte Jahreszeit der Handlung ist der Herbst. Er ist der symptomatische Dauerzustand, in dem sich der herausragende Protagonist, Charlie Brown, befindet, dem er fortwährend zustrebt, den aber auch alle anderen Figuren umkreisen. Im Zyklus der Jahreszeiten, aber auch in der Abstraktion auf Lebenszyklen (der „Herbst des Lebens"), stellt der Herbst die Krise dar. Die modernen Industriegesellschaften weisen mit dem Schwinden des Gemeinschaftsmodells Familie und der zunehmenden Isolation des Individuums in der Moderne das Phänomen der Midlife-Crisis auf. Schulz projiziert dieses Phänomen, das um die Entstehungszeit der ersten PEANUTS-Strips die amerikanische Öffentlichkeit beschäftigte, in die Welt der Kinder und durch die Rezeption zurück auf die Problemwelt der Erwachsenen. Saul Bellows Roman „The Victim" von 1947 erzählt über einen Sommer hinweg die Geschichte eines Mannes in seinen fünfziger Jahren, der die Probleme seiner Umwelt in einer beständig latenten Krise assimiliert und an den zusätzlich von außen eine Krise herangetragen wird. Dieser amerikanische *Idiot* überführt jene Krise des Individuums in der Moderne, die bei Kafka noch das Spektakuläre im Phantastischen fand, in die Bedeutungslosigkeit. Der heiße Sommer lähmt die Handlung, die geistige Verfassung des Protagonisten, Asa Leventhal, strebt unweigerlich auf den Herbst zu. Leventhal ist der literarische Prototyp des *Midlife-Crislers*, und in seinen, in der dritten Person vorgetragenen inneren Monologen, in denen er seine Wirkung nach außen beständig hinterfragt und kalkuliert, verliert er mit großer Selbstverständlichkeit seinen Bezug zur Außenwelt. Charlie Brown, gerade in die Welt gekommen, erlebt eine ganz ähnliche permanente Krise in veräußerten Monologen. Ein Neunjähriger in einer Midlife-Crisis wurde und wird von vielen Erwachsenen als Absurdität wahrgenommen. Es steckt kein ernstes Drama hinter den individuellen Problemen der PEANUTS-Figuren, und somit werden die erwachsenen Zuschauer zu einem Lächeln ermuntert. Doch die vermeintliche Trivialisierung des Erwachsenenproblems durch die Darstellung von Kindern führt auf die wahrhaftige Trivialität des Erwachsenenproblems zurück. Leventhal grübelt panisch über Möglichkeiten, eine Einsamkeit zu vermeiden, die ihn längst ereilt hat. Denn die Zurücknahme von Äußerungen aus Angst vor einer falschen Beurteilung von außen führt letztlich zu der Flucht in die Sicherheit des ‚Nichtseins‘. Die Unterstellung von Leichtfertigkeit, wenn behauptet wird, dass Kinder ‚Erwachsen spielen‘ ist falsch: Kinder üben ‚Erwachsensein‘ und das mit einer gehörigen Portion Ernsthaftigkeit. Diese in den 50ern verhältnismäßig neue Form der Probe korrespondiert mit einer ebenso neuen Form des epischen Theaters ‚Leben‘, die sich

über die Popularität der Romane Bellows, Dostojewskis und Kafkas hinaus auch in der Leidenschaft für Psychoanalyse, vor allem in dem in New York geprägten Teil der amerikanischen Gesellschaft um die Entstehungs- und Rezeptionszeit der PEANUTS zeigt. Der ästhetische Reiz der PEANUTS ist die Darstellung dieser hermetischen Welt, in der das Erwachsensein so exemplarisch durchgespielt wird. Die das Wiedererkennen der eigenen Dramen ermöglicht, wie ein Cassavetes- oder Woody Allen-Film. Episode um Episode stellt eine kleine Probe dar, und wer einmal Kind gewesen ist oder sich das souveräne Weltanschauungskonzept der Erwachsenen erspart hat, weiß, dass sich (nicht nur) das Erleben der Kinder episodisch strukturiert. Bellows Leventhal kann nicht mehr proben, er ist in einem Lebensstadium angekommen, das nun wirklich nur mehr das ‚Spiel‘ verlangt, dem er sich nicht gewachsen sieht. Sein Leben wird zu einem unübersichtlichen und gebrochenen *Stream of Consciousness*, den die Figuren der PEANUTS untereinander veräußerlichen, wenn auch ergebnislos verhandeln. Wenn der Herbst bei den PEANUTS die Zeit der Kindheit ist, so droht unweigerlich am Horizont der Serie der Winter des Erwachsenenlebens in dem die Probe die Wertung einer Aufführung erfährt. Als Betroffene empfinden Kinder die PEANUTS als Sozialstudie ohne Ironie und Satire, und nur ein Schwein kann darüber lachen.

Die anarchistische Internationale
Mit lakonischem Tempo erzählten die Shorts der SIMPSONS in der TRACY ULLMAN SHOW unspektakuläre Familiengeschichten mit einem unentschlossenen, doch beißenden Humor aus der Perspektive der Kinder. Ich erinnere mich vor allem an einen Cartoon, in dem der schon damals unsensible Vater Homer den Kindern eine Gute-Nachtgeschichte erzählt, die die Kinder in schwitzender Angst wach liegen

lässt. Wenngleich auch die Erwachsenen in Person und Wort an diesen Cartoons teil hatten, so gingen doch auch die SIMPSONS zunächst von der Perspektive der Kinder aus.

Die Erscheinung der Figuren jener frühen filmischen Cartoons erinnert an Protagonisten aus einem Horrorfilm, die sich im Prozess einer grauenvollen Verwandlung befinden. Durch die ungenauen Folienzeichnungen pulsieren die Konturen ihrer Körper, und hier zeichnet sich durch die formelle Schlampigkeit bereits die Affinität zum Trash ab, die später in ästhetizistischer Perfektion zu einem der grundsätzlichen Motive der Serie werden soll.

In einem seiner Editorials zu den SIMPSONS-Comics beschreibt Matt Groening, wie er als Kind auf den Start der Realfilm-Adaption des Cartoons DENIS THE MENACE hinfieberte. Vorankündigungen und Vorspann verhießen ihm ein anarchistisches Identifikationspotential, die Abenteuer eines *Brats* für *Brats*. Doch was folgte, war bieder gezähmte Langeweile – *Lame-O*, wie Groening in jenem Moment vielleicht selbst aufstöhnte. Um die Bedürfnisse Groenings und aller ungezogenen Rüpel dieser Welt zu verdeutlichen, möchte ich etwas weiter ausholen: Auf einer internationalen Studentenparty in einem ein-Zimmer-Appartement in Frankreich, traf ich zwei männliche spanische Jugendliche. Ihr Französisch schien kaum besser als das meine, und sie fragten mich, ob ich denn Spanisch könne. Darauf hin antwortete ich mit drei Worten: „*Mortadelo y filemón.*" Von da ab waren wir die besten Freunde, obwohl wir weiterhin kaum ein Wort voneinander verstanden, versuchten wir uns aber dennoch rege zu unterhalten.

Mortadelo y filemón ist der spanische Originaltitel für die in Deutschland unter *Clever & Smart* bekannte Serie des spanischen Zeichners F. Ibañez. Es handelt sich um Comic-Geschichten ohne Sinn und Moral, in denen ein hanebüchener Geheimagenten-Plot episodische Kaskaden von Gewalt und Jähzorn ermöglicht. Nicht einmal mit satirischen Vorbehalten ist diese Serie zu retten, sie lebt allein von ihrer unparteilichen Freude an der Zerstörung, die das Medium des Comics mit generösen Mitteln gewährleistet. Der Inhalt der Sprechblasen ist dementsprechend von einer Lautsprache bestimmt, die dem Bildungsbürger noch weitaus ferner liegt, als das ,ächz' und ,keuch' eines *Donald Duck*, das Lesen bereitet somit ein kindliches Vergnügen, das der Deutschunterricht nicht bieten kann – GLGLGL, Spanisch: GLEGLEGLE[3]. Es ist schwer zu bestimmen, was denn nun den Chic dieser Comic-Serie ausmacht, so dass zwei ganz gewiss nicht gerade patriotische spanische *Slacker-Dudes* bei der bloßen Nennung dieses heimatlichen Exportartikels von einer nationalen Ergriffenheit übermannt werden. Die provinzielle Spezialisierung bundesdeutschen Humors scheint eine internationale Rezeption von vornherein, ja von je her auszuklammern; dies gilt zumindest von Heinz Erhardt bis Detlev Buck. Das Internationale an anarchischem Humor verweist nicht allein auf die Überschreitung künstlich definierter Grenzen, sondern auch auf ein Kommunizieren jenseits von Sprache. Die Anarchie als Referenzpunkt eines natürlichen kindlichen und wiedererstrebenswerten Zustands stellt in einer derart ausgerichteten Komik einen Fixpunkt dar, der vielleicht am kon-

---

3   Das Gespräch wurde durch lediglich eine weitere Phrase, nämlich *Super Lopez* ergänzt. Diese Serie ist in Deutschland, ebenso wie *Clever & Smart*, beim Condor-Verlag unter dem Titel *Super Meier* erschienen. Es handelt sich hierbei um die wohl reichhaltigste, eigenständigste, psychedelischste und zugleich komischste Superhelden-Satire, die jemals im Comic-Format erschienen ist, und natürlich hatte sie auf dem deutschen Markt keine Chance.

sequentesten in den radikalen Zerstö-
rungsorgien von Mr. Laurel und Mr. Hardy
zum Ausdruck kommt.

Barts Besuch beim *Mad-Magazine* in
New York (*Homer und New York/The City of
New York vs. Homer Simpson*) verweist auf
ähnlich anarchische Wurzeln des Autorenkollektivs um Groening und ihrer Projektion Bart Simpson, wie ein europäisches
Einverständnis über *Clever & Smart*. Ehr-
furchtsvoll schleicht Bart durch die erha-
benen Räume der Hochhausetage. Er ver-
spürt einen freiwilligen Respekt vor dem
älteren, schlimmeren Kind, der diesen Moment in einer quasireligiösen Aura ver-
klärt. Zunächst muss sich Bart von einer
zynischen Sekretärin belehren lassen, dass
dies eine Redaktion wie jede andere sei, in
der ernsthaft von Erwachsenen gearbeitet
würde. Aus einer Tür sieht er dann jedoch
Alfred E. Neuman mit seinem überdimensionalen Pubertätsgesicht kommen, der in
den von MAD-Figuren erfüllten Raum ein
paar redaktionelle Anweisungen zurückruft. Auf eine surreale Weise stattet ein Ka-
rikaturstil einem Zeichentrickstil einen intertextuellen Besuch ab. Diese Referenz
verweist zum einen auf die Inspiration (für
Bart, Groening und das Autorenkollektiv),
zum anderen auf eine Solidarität anarchis-
tischen Humors.

Die Coolness des internationalen An-
archisten, des *Brat*, ist der erste Baustein in
dem Referenzsystem der SIMPSONS, das,
was die Idee der Figur Bart ausmacht. Indem sich Bart in diesem medial kodierten
Referenz-System bewegt, wird er für uns
medial sozialisierte Menschen zu einer
wirklichen Person. Im Gegensatz zu den
eher autistischen Realfilm-Auftritten von
Mickey Mouse und Donald Duck, die immer auf ihre animierte Heimatwelt zu-
rückverweisen, kommentiert Bart aus seiner animierten Welt heraus unsere reale
Welt. Er ist von dem gleichen Olymp an
Warenzeichen und Stars umgeben wie wir.
Mit diesen Versatzstücken interagiert er,
durchaus unsere anarchistische Zustim-
mung erheischend. Wenn er etwa George
Bushs Autobiographie zerstört oder im
Duett mit seiner Schwester Lisa das Titel-
thema von „Shaft" interpretiert.

Ebenso wie Charlie Brown ist Bart ein
Underachiever, was Charlie Brown für Erwachsene akzeptabel und sogar zur Identifikationsfigur machte, ist seine resignative
Fügung in diese Rolle. Bart hingegen
machte der Zusatz ... *and proud of it!* zur
nationalen Bedrohung. Bart-Shirts mit
diesem Spruch riefen eine erfolgsorientier-
te konservative Nation im Rausch der *Political Correctness* und *Parental Advisorys* auf
die Barrikaden. Die hermetische Welt der
Kinder, die Isolation, die bei den PEANUTS
thematisches Konzept war, wurde in solchen Momenten gebrochen. Bart verursacht nicht allein innerhalb der Serie Konflikte, sondern transportiert sie nach außen und wird somit zum Fürsprecher einer
unterdrückten Minderheit, die von ihren

Eltern dazu angehalten wird, ‚richtige' Bücher zu lesen, mit ‚anständigen' Kindern zu spielen, kurz: ein funktionierendes Rädchen in einem System einer an sich selbst verhungernden Gesellschaft zu werden. Das wirtschaftliche System selbst spricht gegen den Bestand einer so beschaulichen bürgerlichen Monade. Das Subversive abseits des Etablierten hat für die Kulturindustrie einen so hohen Marktwert, dass es über *heavy rotation* schließlich selbst zum Etablierten hochgespielt wird. Ehemalige Gegenkulturen, wie Punk, Grunge, Hip Hop, elektronische Musik, werden vom Mainstream assimiliert und erhalten erst im etablierten Status jene puristische Oberfläche, über die der kulturkonservative *Sellout* betrieben wird.

Der subversive Rüpel Bart ist für sich eine Gegenkultur, die aus dem gesellschaftlichen Nullstatus als Kind operiert. Wie einst der Cartoon-Hase Bugs Bunny wird Bart in den frühen 90ern zum respektlos anarchischen Zeit-Kritiker. Wenn er bei seiner Eröffnungsroutine den Strafsatz an die Tafel schreibt „Der Sportunterricht könnte nicht ebensogut von einem trainierten Affen geleitet werden", so ist das eine Kritik an gesellschaftlichen Paradigmen in den USA. In einer Zeit der Überflieger bekennender *Underachiever* zu sein, bedeutet an der exponierten Stelle, an der Bart steht, für das Recht einzutreten, anders zu sein.

Wenn der Rapper EMINEM auf einer Preisverleihung über gleichzeitigen Geschlechtsverkehr mit Christina Aguilera und Britney Spears mehr hetzt denn schwärmt, so ist dieser auf den ersten Blick sexistische Angriff doch nichts weiter als das Schellengeklimper eines Narren gegen einen verlogenen Neopuritanismus. Britney Spears feiert sich als Popdiva mit Sex-Appeal und tritt für so progressive und jahrhundertelang erfolgreich erprobte Familienmodelle ein, wie ‚kein Sex vor der Ehe'. Über das Image der Sexgöttin soll also der Bund des Le-bens erkauft werden, als hätten Yoko Ono und John Lennon nie für den Weltfrieden gebumst. Das gesellschaftliche Bedürfnis an solchen Figuren, wie Bart und EMINEM, die sich suggestiv dogmatischen Paradigmen widersetzen, ist groß. Natürlich versäumt EMINEM neben dem geheuchelten Puritanismus gleichzeitig den Sexualisierungswahn anzugreifen, der das paradoxe Patchwork einer Kunstfigur wie Spears erst möglich macht. Doch in seiner Funktion als signifying Rapper funktioniert seine Figur ähnlich wie Bart, abgesehen davon, dass ihr die kindliche Erhabenheit abgeht, niemand zu sein und niemand sein zu wollen.

Die kulturellen Mythen der Kinder

Die Wichtigkeit der Comic-Sozialisation für Kinder war bis zu den SIMPSONS nie Gegenstand in den Medien gewesen. Ich habe mich als Kind immer gewundert, warum in der präpubertäten Gameshow „1,2 oder 3" niemals Comics auf dem Gabentisch für die Gewinner lagen. In *Drei Freunde und ein Comic Heft* (*Three Men and a Comic Book*), einer recht frühen Folge der SIMPSONS, erfährt die bedingungslose Liebe von Kindern zu bunt bedruckten Seiten erstmals eine dramatische Würdigung. Das Autorenkollektiv zieht mit einer Referenz an DER MALTESER FALKE (THE MALTESE FALCON, USA 1941) das existentialistische und materialistische Trauma der USA, den Film Noir, heran. Es gibt wohl kaum eine griffigere Metapher, um den religiösen und bekennend materialistischen Kult um Comics zu illustrieren. Der Belagerungszustand um den Falken findet hier in Barts sturmumwitterten Baumhaus statt. Die drei Finanziers der eingeschweißten Ausgabe von Radioactive Man N° 1, der Herr des Baumhauses selbst, sein emporkommender Handlanger Milhouse van Houten sowie der einzig wegen seiner Kaufkraft akzeptierte Streber Martin Prince verhandeln Möglichkeiten, wie man die Beute teilen könne. Ein salomonisches Rätsel, in dem

sich keiner der drei Kaufmänner von Springfield fügen will und das schließlich in der herzzerreißenden Zerstörung des Heftes mündet. Vermutlich trifft diese in der Filmgeschichte einmalige Comicvernichtungssequenz den Großteil aller unter 50jährigen Zuschauer tiefer, als jede erdenkliche Splattersequenz eines Horrorfilms. Eine solch spezifische Darstellung führt zurück in eine hermetisch geschlossene Welt der Kinder. Durch den vertrauten Plot – das Aussitzen um die vermeintliche Trophäe des Falken ist seinerseits eine Routine-Nummer in der Filmgeschichte geworden – wird jedoch eine Verbindung zum vorstrukturierten Medienunterbewusstsein der Öffentlichkeit hergestellt. So wie es in Hustons Film egal ist, was dieser Falke denn nun eigentlich darstellt, so ist *Drei Freunde …* auch ohne den *Special Interest*-Plot lesbar. Trotzdem erhält über den tieferen Gehalt dieser Episode eine Subkultur ihren Platz im Mainstream. Die Darstellung von Kindern ist im Animationsfilm und anderswo häufig durch eine Perspektive *auf* die Kinder bestimmt. Der Blick solcher Fiktionen ist bestimmt von Allgemeinplätzen dessen, was gesellschaftlich als Erwachsen oder eben Mainstream definiert ist. Das heißt, die Kinderwelt oder Gegenwelt wird den ‚Erwachsenen‘ oder Mainstreamlern durch das Entgegenkommen auf ihren konditionierten Blick offengehalten. Mit *Drei Freunde …* verschließt sich diese Welt jedoch einer jeden Person, die nicht bereit ist, sich auf das dargestellte kinderspezifische Problem einzulassen.

Insofern strukturiert sich das Œuvre SIMPSONS abseits der Serialität in kleine abgeschlossene Spielfilme, die sich auch hin und wieder einer intimeren und subversiven Perspektive widmen.

Die Welt als Plagiat der Welt als Plagiat der Welt als Plagiat als Plagiat …

Die Kinderwelt der SIMPSONS scheint sich zunächst an den Figuren der PEANUTS zu

orientieren, jedoch ohne den Fatalismus der Stereotypen soweit zu übernehmen, dass sich daraus eine ähnlich permanente Stimmung der Melancholie ergeben würde. So ist Barts Sidekick Milhouse van Houten von dem skurrilen Vornamen und von der holländischen Abstammung her von Charlie Browns Sidekick Linus van Pelt inspiriert. Milhouse ermangelt es der ansprechend süßen Physiognomie eines Linus jedoch ebenso wie seiner abstoßenden esoterischen Philosophie. Bis zum letzten Stand der PEANUTS ist Linus Mitglied einer Familie mit drei Kindern. Seine Eltern, die ihr drittes Kind, wie bereits erwähnt, *Rerun* getauft haben, müssen merkwürdige Zyniker sein, so stellt diese Familie mit Linus und Lucy die sozial kompliziertesten Kinder in der Serie. Milhouse ist als Einzelkind Opfer eines psychopathologisierenden Umfelds, seine Reaktionen darauf sind von lakonischer Normalität. Wenn er etwa auf einer Flugzeugausstellung in einem Kampfflugzeug aus dem zweiten Weltkrieg sitzt und Krieg gegen seine Mutter und den Kinderpsychologen fühlt. „Ähähähähäh [orale Imitation eines Maschinengewehrs], nimm das Dr. Svenson!" Als Bart mit seiner Familie in eine andere Stadt zieht, steht dort in seiner neuen Klasse ein Junge auf, der ein ähnliches Aussehen und Milhouse´ Stimme hat, und fragt, ob Bart nicht einen Freund suchen würde, den er herumkommandieren könne. Die Freundschaft zwischen Bart und Milhouse wird als eine fast schon übernatürliche Ergebenheit dargestellt. In der Folge *Der Ernstfall (Homer Defined)* bietet die Substory um Bart und Milhouse einen Klassiker des sozialen Realismus, wie er eigentlich nur aus dem wirklichen Leben bekannt ist. Im Schulbus stellt sich heraus, dass Milhouse Bart nicht zu seiner Geburtstagsparty eingeladen hatte. Bart schenkt ihm ausgerechnet zwei Krusty Walkie-Talkies, wo die Kommunikation zwischen ihnen doch verebben muss, denn Milhouse Mutter hat ihm verboten, mit Bart zu spielen. Die beiden Jungen leiden wie ein zwangsweise getrenntes Liebespaar, bis Marge schließlich Mrs. Van Houten aufsucht, um mit ihr über die Kinder zu sprechen. Man kennt sich ja aus dem Krankenhaus, als die beiden Klebstoff gegessen hatten. Im Hintergrund ist Milhouse zu sehen, der sinnbildlich allein auf einer Wippe spielt. Die realistische Schilderung der Trennung wird durch Marges Initiative zu einem Happy End geführt.

Milhouse' Ergebenheit gegenüber Bart wird nur in den seltenen Fällen gebrochen, da er sich in seine egomanische, auch ein wenig autistische Persönlichkeit zurückzieht. Wenn er etwa exzessiv das Computerspiel *Blood Feud* spielt und Bart von seiner Mutter rausschmeißen lässt „Mom, Bart raucht wieder Zigaretten!", um seine Ruhe zu haben. Als *Blood Feud* schließlich langweilig geworden ist, wendet er sich ebenso exzessiv einem Spielzeug zu, das durch simple Mechanik einen Ball aus einem Korb springen lässt, der darin wieder aufgefangen werden muss. Doch als Bart eine Fabrik für einen Dollar kauft, ist Milhouse begeistert, für seinen Freund als Nachtwächter arbeiten zu können, obwohl es in der Fabrik außer Ratten nichts zu bewachen gibt. Die Rolle des Adjutanten, des Sidekicks, des ewig namenlosen Zweiten, ist für Milhouse so attraktiv, wie für Bart der Ruf des Unruhestifters.

Die PEANUTS bieten den Blick in eine hermetisch geschlossene Welt, in der die Figuren ihre Stereotypen nur untereinander, in *twosomes* oder *threesomes* ausagieren können. Die Figuren von Bart und Milhouse hingegen bewegen sich in einem sehr ausführlichen Bild einer Kleinstadt, mit einer großen Welt und einer noch größeren Medienwelt drumherum.

Das erste komplexe Sozialisationsfeld, nicht allein für die Figurenzeichnung, sondern auch für körperliche Menschen aus der dritten Dimension, ist die Schule. Neben seiner Position als *Underachiever* im

Verhältnis zu dem leistungsorientierten Umfeld seiner Schule, hält Bart auch die Stellung des *Underachievers* unter den *Underachievern*. Da gibt es die Gruppe skateboardfahrender *Dudes*, um Jimbo Jones, die aus einer *Slacker*-Perspektive die *Bullys* – sich als diktatorische Instanz aufspielende Sportskanonen – ersetzen. Als führende unter den Rüpeln hat diese Gruppe den Geschmack der Macht gekostet und werden von dieser allmählich assimiliert. Sie treten als tyrannische Aufseher im „Kamp Krusty" (*Krise im Kamp Krusty*) auf, und Jimbo wird in einer Rückblende auf Barts ersten Schultag in *Die Saxophon-Geschichte* (*Lisa´s Sax*) von Direktor Skinner bereits als Schulrowdy und Teil der Belegschaft vorgestellt. Bart steht als Rowdy zwischen dieser Gruppe und den anderen Schülern. Genau das macht ihn zum bevorzugten Prügelknaben. Sein gar nicht mal so geringer Rest an Moral zeigt sich etwa, wenn Nelson Muntz ihn dazu nötigt, einen Vogel zu erschießen: *Bart brütet etwas aus* (*Bart the Mother*). Mit Milhouse als Bewunderer, der Bart mitunter peinlich ist, relativiert sich Barts schlechte Position in der Hierarchie unter den *Underachievern*. Milhouse ist Barts Versicherung nach unten. Gegenüber diesen älteren, noch schlimmeren Jungs, soll noch jemand unter Bart stehen, der noch weniger cool ist als er selbst.

Die fatalistische Ungerechtigkeit des Lebens ermöglicht zusätzlich Gags, die von der Superlative leben, Milhouse sei sogar in der Welt der Leistungsgesellschaft schlechter gestellt als Bart. Wenn etwa die Lehrerin Edna Crabapple und Direktor Skinner Bart bestechen, ihr intimes Verhältnis geheimzuhalten, vertauschen sie die telefonbuchschwere Akte über Barts Vergehen mit der leeren Akte des unauffälligen Milhouse. Als ob Milhouse nicht schon genug damit gestraft wäre, ein Niemand zu sein, hat er auch noch die Konsequenzen von Barts Verhalten zu tragen. Bart stößt als *Brat* nicht selten auch auf die Sympathie seiner Autoritäten, während der anonyme, in sich selbst versunkene Schatten Milhouse vor allem das bequemste Opfer darstellt.

Bei den PEANUTS tritt eine ähnliche Beziehung unter den Vorzeichen des Gender-Humors zwischen Charlie und Lucy auf, wenn er nach unzähligen Reinfällen immer noch versucht, den Football zu treten, den sie ihm verspricht festzuhalten. Das Abhängigkeitsspiel von Dominanz und Unterwerfung ist hier unbewusst und wesentlich lakonischer erzählt, als es bei den SIMPSONS der Fall ist. Die Jungenfreundschaft zwischen Milhouse und Bart hat auch etwas Erotisches, die Beziehung von Bewunderer und Bewundertem, die maßlose Ergebenheit, die sich für beide Jungen im Verlauf der Serie auch mal auf ein Mädchen verschiebt und dann vom jeweils anderen neidvolle Missgunst erfährt. Eine gleichgeschlechtliche Ergebenheit ist in der amerikanischen Alltagsmythologie unpopulär. Viele männliche Komikerpaare schöpften aus der unterbewussten Präsenz solcher Beziehungen im kollektiven Bewusstsein und kreierten dadurch ihre Komik, nicht zuletzt in der Referenz an das Kindliche: Laurel & Hardy, Lewis & Martin, Ernie & Bert. Die in der Komödie ihrem natürlichen Umfeld entfremdete Beziehung kehrt mit Bart und Milhouse in ihr ursprüngliches Soziotop zurück. Sie ist damit am Ursprung einer Reflexion über Männerbilder, die bei den erwachsenen Komikerpaaren ihren Humor aus der gesellschaftskonformen Annahme bezieht, so eine Beziehung sei ein Unding zwischen Männern. Die regelmäßigen Zukunftsausblicke der SIMPSONS legen nahe, dass dem auch so ist. Milhouse wird Smithers Posten im Atomkraftwerk übernehmen und Bart zum Tagelöhner an der Abrissbirne. Ihrer jeweiligen Persönlichkeit entsprechend, wird Milhouse zum Speichellecker und Bart zum Proleten. Es ist naheliegend, dass

sie sich nichts mehr zu sagen haben. Milhouse weist Homer an seinem Arbeitsplatz zurecht, als hätte er ihn nie gesehen. Das Erholsame an dem Trauma der Stagnation der PEANUTS ist, dass dieses, allen Menschen der westlichen Industrienationen wohlbekannte, Trauma der Entwicklung ausgespart wird. Ein Kulturschock aus der nicht mehr ganz hermetischen Welt der Kinder.

Die Intelligente und der Bildungsnotstand

Charlie Brown hat eine Schwester, Sally, auch sie wird erst im Verlauf der Cartoons geboren, nimmt aber ziemlich schnell die Rolle einer weiteren demütigenden Figur für Charlie Brown ein. Sie stellt ihm konsequent Fragen zu Problemen aus den Grundschulklassen, die Charlie eigentlich schon absolviert hat, zu denen er ihr aber dennoch keine Antwort geben kann. Auch ist Sallys intellektueller Anspruch gegenüber der Schule zu hoch, nicht dass sie schon zuviel wissen würde, in ihrer philosophischen Unbequemlichkeit fragt sie zuviel. Sally korrespondiert zu einer der populärsten Figuren der SIMPSONS, die in revolutionären Dimensionen die Grenzen zwischen den Perspektiven sprengt. Neben der dogmatischen Trennung zwischen Kinder- und Erwachsenenwelt, die die SIMPSONS zu überwinden suchen, steht die Trennung zwischen den Geschlechtern, die sich schon bei den Kindern in der Produktpalette der Spielzeuge behauptet. Lisa Simpson spielt mit *Malibu Stacy*-Puppen, von einem weltweiten Rollenmodell unter den Anziehpuppen inspiriert und verehrt ein Teenie-Idol namens Corey. Als leistungswillige Streberin bietet Lisa eine Projektionsfläche für die Paradigmen des amerikanischen Öffentlichkeitslebens. *Political Correctness*, Vegetarismus, Buddhismus, der kenntnisreiche Umgang mit dem Bibliothekswesen sind genau jene Punkte, für die ihr Bruder nicht mehr als sein entblößtes Hinterteil übrig hat. Dennoch teilt

Lisa ihr Kindsein durchaus mit ihm, etwa in der Verehrung für die ultrabrutale „Itchy & Scratchy"-Cartoonserie.

In ihrem Willen zur demokratischen Konformität – ihr Lieblingsautor ist Gore Vidal – bietet sich über Lisas wachen Verstand genug Fläche für Satire. Lisas kindliche Sehnsucht nach Idealen gerät zwangsläufig in Konflikt mit erwachsener Heuchelei. In diversen Folgen muss sie mit gleichmütiger Weisheit hinter diesem Konflikt zurückstecken, um nichts geringeres als die Funktion des Gesellschaftssystems zu gewährleisten. Dies sind die bittersten Episoden, in denen die Massenhysterie über die naive Ehrlichkeit eines kleinen Mädchens triumphiert und gerade das uramerikanische Abfeiern dieses Triumphes jegliche Kritik machtlos erscheinen lässt. In *Das geheime Bekenntnis* (*Lisa the Iconoclast*) wird der von Lisa als skrupelloser und grausamer Pirat enttarnte Gründungsvater Springfields Jebediah Springfield unter ihrem Schweigen als Ikone re-etabliert, und der Pöbel, allen voran Lisas Vater Homer, feiert die bedeutungslose Hülse des Piraten. In *Einmal Washington und zurück* (*Mr. Lisa goes to Washington*) fährt die ganze Familie aufgrund Lisas Teilnahme an einem Aufsatzwettbewerb nach Washington. Lisa wird Zeuge einer Bestechungsaffäre und durch ihre Intervention kann der korrupte Politiker verhaftet werden. Für ihren verbitterten Aufsatz, bei Nacht und Nebel umgeschrieben, erhält Lisa keinen Preis. Der geht an einen erfolgsorientierten Jungen der symbolisch den Preis mit Lisa teilt, den Scheck aber auch unter Homers verzweifelten Zurufen für sich behält. Das symbolische Teilen impliziert auch den zynischen Gestus der Leistungsgesellschaft, mit dem Engagement in der Erwartung der Selbstlosigkeit der Engagierten auch substanzlos quittiert wird. Das Autorenkollektiv führt den Mechanismus der Desillusionierung in seiner vernichtenden Vehemenz vor. Dem erschreckend kritischen Blick steht allein Lisa als Identifikationsfigur entgegen, die

sich, ihrer Qualität als beständig wiederkehrende Serienfigur entsprechend, von all diesen Rückschlägen nicht entmutigen lässt. Demokratisches Bewusstsein wird mit Lisa jenseits des verpflichtenden Paradigmas der *political correctness* zum Pop-Mythos.

Trotz aller ironischer Kritik, die zuvor geäußert wurde, ergeben sich im Finale der sozialkritischen Episoden alle Figuren außer Lisa einem ekstatisch pro-amerikanischen Taumel hin. In Serie und Staat treten ganz ähnliche Mechanismen zu Tage: die Einzelperson bleibt gegen die Hysterie der Masse machtlos. Patriotismus offenbart sich dabei immer wieder als konditionierter Aberglaube, der beständig in ritueller Hysterie eskaliert, doch offensichtlich völlig inhaltsleer ist. So skandiert nicht nur Homer zu unpassenden Anlässen, etwa wenn es etwas umsonst zu essen gibt: U-S-A, U-S-A … in diesen Hip Hip Hurra-Ruf stimmen etliche Figuren mit ein.

Zwischen Lisa und ihrer Familie und überhaupt dem unbewussten Rest der USA besteht der grundsätzliche Auffassungsunterschied, dass Lisa aktives Denken auf die Alltags-Politik, ebenso wie auf das Konstrukt des politischen Diskurses anwenden will. Die anderen, die Nicht-Lisas, sogar die von ihrem moralischen Über-Ich traumtänzerisch geleitete Marge, reagieren rein physisch auf ein reichhaltiges Angebot verfügbarer Weltanschauungen. In *Die Springfield Connection* (*The Springfield Connection*) wird dieser Gegensatz zwischen Marge und Lisa exemplarisch dargestellt. Marge, in dieser Episode eine engagierte Polizistin, zeigt ihrer Tochter ihren Arbeitsplatz. Als Lisa eine Diskussion über eine mögliche Renovation des Rechtssystems beginnt, in dem ihrer Ansicht nach die Arbeit der Exekutive bestehende Zustände nur unterstützt oder gar verschlimmert, greift Marge zu einer Handpuppe, die den Polizeiapparat pädagogisch popularisieren soll und wechselt in laienhaftem

Bauchredner-Tonfall das Gesprächsthema auf Kleinkindniveau.

Obwohl Lisa, vor allem in den frühen Folgen, als Figur affirmativ zur Leistungsgesellschaft angelegt ist, bestätigt sie in der Konfrontation mit deren Realität doch immer die den SIMPSONS immanente Kritik. In Lisa fruchtet demnach ein Ideal von kritischer Schulbildung, dem das mechanisierte Bildungssystem nicht folgen kann. Wenn Lisa den Aufsatzwettbewerb um die Reise nach Washington D.C. gewinnt, wird die paternalistische Vermutung, der Aufsatz sei so gut, da habe der Vater wohl ein wenig nachgeholfen, nach einem kurzen Gespräch eines Jury-Mitglieds mit Homer restlos ausgeräumt. Die Intelligenz macht Lisa zu einer Außenseiterin. In welche Untiefen diese gesellschaftliche Randexistenz führen kann, wird vorgeführt, wenn Lisa in den Geheimbund der Intelligenz von Springfield aufgenommen wird, der wenig später als Kollektiv das Bürgermeisteramt von Springfield übernimmt – *Die Stadt der primitiven Langweiler* (*They Saved Lisa's Brain*). Altbekannte zynische, neurotische und skurrile Nebenfiguren stellen diesen Bund. Direktor Skinner, dessen Intelligenz sich regelmäßig für kleingeistige bürokratische Marotten verbraucht; der Comic-Laden-Besitzer, dessen Intelligenz nur durch die Stimulation der Mediensozialisation reifen und später in der Verwaltung dieses faktisch orientierten Gedankenguts Anwendung finden

konnte; das zynische Negativ von Bill Cosby – Dr. Hibbert, dessen giftiger Humor kontrapunktisch zu seinen physischen Heilkünsten funktioniert; der Mad Scientist Dr. Frink, der in einem der gelungensten Simpsons-Comics [U.S.# 33] eine Alternativ-Welt zu Springfield entwirft, wodurch er die kosmische Katastrophe einer Fleetwood Mac-Reunion provoziert, sein wissenschaftliches Genie, das aller naturwissenschaftlicher Gesetze trotzt, bleibt dennoch den Unzulänglichkeiten des Alltags unterworfen. Das, abgesehen von Lisa, einzige weibliche Mitglied dieser verschworenen Gemeinde, nennt sich Lindsay Naegle und ihre Passionen sind ökonomische Synergie-Effekte und das Puppentheater – vielleicht ist diese Referenz auf irgendeiner Fanpage inzwischen entschlüsselt worden. Das gesamte Team ist in der eigenen Intelligenz dermaßen isoliert, dass sie für ihre Regierungsprogramme gegenseitig nur Kopfschütteln übrig haben und der durch Sportverbote und aggressive Bildungspolitik provozierte Pöbel zum wütenden Mob heraufbeschworen wird.

Eine der schönsten und mutigsten Folgen, die gleichzeitig Lisas Rollenmodell reflektiert und das Spektrum der Serie um die Miniatur eines Pubertätsdramas erweitert (Lisas Perspektive wird hier eine ganze Episode gewidmet s. *Drei Freunde ...*), ist die Folge *Ein Sommer für Lisa* (*Summer of 4 Ft. 2*). Bei einem Strandurlaub beginnt Lisa ihr eigenes Image zu hinterfragen. Sie hat

Angst in der stereotypen Rolle des Bücher-wurms gefangen zu sein. Sie seilt sich in einem Neohippie-Outfit von ihrer Familie ab und gewöhnt sich nichtssagende Redewendungen an, die sie für hip hält. Bald lernt sie einen Haufen jugendlicher *Dudes* kennen, die jedoch auch auf Barts Intrigen (er zeigt ihnen das Jahrgangsbuch der Schule, das Lisa als Streberin entlarvt) ganz unerwartet reagieren: In ihrem Weltbild können Lisas hippes Outfit, ihre Intellektualität und ihr Wissensschatz problemlos nebeneinander existieren. Der Kontrast zu den nihilistischen *Dudes* aus Springfield öffnet Lisas Perspektive und somit auch die unsere. Der Spannungsaufbau, der auf unser Vorwissen um die Figurenzeichnung im Soziotop der Kleinstadt rekurriert, verpufft zu einem lakonischen Happy-End. Bart lässt die coolen *Dudes* in Lisas Jahrgangsbuch schreiben und überreicht es ihr auf der Heimfahrt. Im Gegensatz zu der stereotypen Charakterzeichnung, in der Cartoon-Figuren so häufig gehalten sind, erweist sich die Grundlage der Figuren der SIMPSONS in solchen Momenten als menschlich. Die mediale Vorbildung, sowohl von Produzenten- als auch Rezipienten-Seite, lässt solche Ambivalenzen oft als unwirklich erscheinen. Und die Produktion verlangt an dieser Stelle über Zeichnung, Animation, Skript und Sprache vielleicht am deutlichsten eine Simulation von Schauspiel, die dem Spiel der Figur über den Bruch hinweg eine Stringenz verleiht. Bart wird bei einer in Hörweite stattfindenden Strandparty von Lisa und ihren Grunge-Freunden mit der Ausbeutung seines eigenen *Underachiever*-Stereotyps gequält. Lisa feuert mit großem Erfolg Bartfloskeln wie „Ay Carumba" in die Runde, und Marge geht in der Meta-Reflexion gar so weit, ihm nahezulegen, Lisa einen Spruch, den er schon zwei Jahre (Sende-zeit) nicht mehr gebraucht hat, zu schenken. Seine Geste jedoch, Lisa zum Ende der Folge das von ihren neuen Freunden unterzeichnete Jahrbuch zu überreichen, resultiert über die Meta-Reflexion hinaus aus einer authentischen Erfahrung im schauspielerischen Umgang mit seiner Schwester in der neuen Form eines Erzähl-Cartoons.

Die Ordnung des Chaos

Die Kindertypen, die das Springfield-Universum aus einer Kleinstadt entfaltet, sind zu vielfältig, um sie an dieser Stelle ausführlich zu besprechen und vieles, sicherlich auch das Besprochene, kann für sich selbst sprechen.

Während sich die Welt der PEANUTS thetisch formuliert, über einen Ausschluss der Erwachsenen und den melancholischen, episodischen Erlebnischarakter, der sich auch ästhetisch über den Jazz und den zarten aquarellisierten Zeichenstil manifestiert, so gibt die Welt der SIMPSONS eine konzentrierte Betrachtungsweise auf und entfernt sich damit von einem homogenen Kunstbegriff. Das Chaos dominiert die Erzählstruktur, vor allem auch in der Ausformung dynamischer Tempi, wenn Homer etwa unabsichtlich mit Barts Skateboard in die Teufelsschlucht stürzt (*Der Teufelssprung/Bart the Daredevil*), um anschließend direkt aus dem Krankenwagen mit der Bahre diesen Sturz zu wiederholen und diese Slapstickeinlage von zahlreichen Zwischenverletzungen und vermeintlich abschließenden Verletzungen, wie von Taktschlägen rhythmisiert wird. Über das „laterale Apropos"[4], das bei den SIMPSONS als dominante Erzählstrategie funktioniert, wird das Chaos zum ‚Ordner' der Fiktion. Dies beschränkt sich nicht allein auf die Vielfalt der Positionen in der Inszenierung der ‚eigenen' homogenen

---

4   Diederichsen 1999, S.40 ff.; in diesem Buch S. 16.

Fiktion, sondern vollzieht sich zwangsläufig in der mindestens gleichberechtigten, wenn nicht gar dominanten (hier wäre eine auf ein akribisch geführtes Sequenzprotokoll gestützte Analyse hilfreich) heterogenen Inszenierung, über das Zitat anderer Fiktionen, wie etwa dem MAD-Stil.

Weniger in der Korrespondenz, denn in ihrer Überzeugung verhalten sich die SIMPSONS antithetisch; nicht zu irgend einer Behauptung, sondern im Misstrauen gegenüber jeglicher Form von Behauptung. Ihre maßlose Bereitschaft zum Diskurs erhob schließlich den Diskurs, den sie führen, und die Art in der sie ihn führen, zu einem Maßgeblichen an einer exponierten Stelle des Mainstreams. Ein Diskurs, der in seiner Offenheit Eingang für als Subkulturen segregierte Diskurse in einen Mainstream-Diskurs bietet, ohne sie (für sich) zu ‚behaupten' und somit zu nivellieren. Wo es die schulzsche Revolution war, Kinder in einem vermeintlich unernsten Medium (dem filmischen Cartoon) ernstzunehmen, ist es das Verdienst der SIMPSONS, mehrere Ebenen von Ernst neben mehreren Ebenen von Unernst bestehen zu lassen. Der melancholische Ernst der PEANUTS lässt eine äußerst (er)müde(ende) Form des Humors gewähren – wenn etwa Charlie Brown immer wieder hinfällt, weil er gegen den nicht vorhandenen Ball zu treten versucht. Schulz bevorzugt eine Form von Humor, wie sie sich nur bei den wenigen melancholischen Clowns wie Keaton oder Tati findet. Im Geschäft der Clownerie ist der ernste Humor eine Position, die schwer zu behaupten ist. In der Erwachsenenwelt hat ‚Ernst' im Humor nichts zu suchen und anders herum. Hier sind der Ton und die Genres klar definiert, und die Platzhirsche verteidigen ihre einmal gewonnene Überzeugung (Behauptung) in rituellen Geweihkämpfen. Hier bewegen sich die melancholischen Clowns mit ihrer paradoxen Strategie als Außenseiter. Der eigentliche Erwachsenenhumor ist ein lauter, brüllender, sich behauptender Humor. Ein Jimmy Durante, der den zum Ton gezwungenen Buster Keaton in einem Knebelvertrag bei MGM an die Wand spielt.[5] Somit scheint die Fiktion PEANUTS mit ihren Themen Psychoanalyse, Philosophie, Lebenskrise sich letztlich doch an Kinder und Außenseiter zu wenden. Die Bereitschaft sich auf eine solche Fiktion einzulassen, ist unter Kindern größer, da die unbewusst vertrauten Themen auf eine gewisse Wißbegierde treffen, die bei vielen Erwachsenen längst einem fest definierten Weltbild gewichen ist. Eine filmische Cartoon-Fiktion für Erwachsene mit Breitenwirkung muss, in etwa zur gleichen Zeit, den 60er Jahren in den USA, eine Verweigerung der Reflexion, eine Negation des Wissens darstellen. Sie müßte etwa heute in der Steinzeit spielen ...

Der Herrenwitz als Leitkultur – Die Welt der Erwachsenen

„In this time of drug use, teen pregnancy, lowered educational achievement and broken homes, we should be encouraging love, caring and educational growth. No, my family is not like the Simpsons, thank God."
Sydney Fulbright, Fort Smith, Arkansas

---

5   Die Filmgeschichte bestätigt hier die eher intuitive irrationalistische Beweisführung: Während Chaplin als Herr seiner Produktionsmittel den über ihn hereinbrechenden Ton kontrollieren konnte und dessen inhaltliche Unwichtigkeit in erfundenen Sprachen betonte (THE GREAT DICTATOR, MODERN TIMES), wurde Buster Keatons Stil in brüllend lauten Studio-Revues in mitunter zynischem Tonfall übertüncht (FREE AND EASY). „Das ist nicht jener Buster mehr, den wir alle kennen, der Bursche mit dem verständnislosen, starren Gesicht, das durch seinen unentwegten Ernst den angemaßten der Umwelt bloßstellt... Er macht gewiss verschiedene Anstrengungen, um auch sprachlich auszudrücken, was er mimisch sagte; aber ihr einziger Erfolg ist, dass er sich nur desto tiefer in die Welt verstrickt, der er vorher fremd gegenüberstand." Kracauer 1974, S. 185; zur Biographie Keatons s. auch: Benayoun, Robert 1982; Tichy, Wolfram 1983.

„I hope ‚The Cosby Show' runs this social blight off the television."
Sydney Fulbright, Fort Smith, Arkansas

The Modern Stoneage Family

Die FLINTSTONES, als erste Familien-Soap im Zeichentrickformat, befreien das Historische vom Linearen. Hier existieren Dinosaurier neben dem Neandertaler und die 50er neben den 60er Jahren. Diese durchaus drastische Perspektivenverschiebung hat im Konzept der Serie keinerlei satirische Funktion. Die Steinzeit liefert lediglich den Rahmen für eine eskapistische Humorigkeit, in der technisch-naturwissenschaftlicher Fortschritt mit prähistorischen Mitteln schon für die Steinzeit behauptet wird. Fußbetriebene Autos, zahme Dinosaurier im Baubetrieb, Tiere als arbeitnehmende Apparate, wie Ampeln und Haushaltsgeräte. Soziale Einrichtungen sind vorwiegend durch Drive In-Kinos und Fast Food-Restaurants, Tanzlokale, Sportstudios und Fernsehen repräsentiert. Die Prä-Invention dieser kulturellen Attribute bringt den vergleichenden Gag durch Einfallsreichtum und Skurrilität auf den Punkt, über den er nicht hinaus gehen soll.

Die Vereinfachung des Cartoons, die sich bei den FLINTSTONES vom Stilistischen der fett umrandeten Zeichnungen klobiger Körper auf das Inhaltliche überträgt, wird zu einer regressiven Tendenz: eine prähistorische Welt, die jedoch offensichtlich die Gesellschaft in der zweiten Hälfte des 20. Jahrhunderts darstellt und ein Stadtbild, das sich im familiären Muff ergeht, stellen sowohl Geschichte als auch soziale Entwicklung per se in Frage. Die Gleichschaltung der Geschichte impliziert einen kulturkonservativen Ansatz, der die menschliche Entwicklung vorrangig im naturwissenschaftlich-technischen Bereich verortet. Die zeitliche Abstraktion ermöglicht die Distanz zur offensichtlichen Gegenwart, in der die Spiegelbildfunktion der Komödie zwar das Lachen über die ei-

gene Dummheit ermöglicht, doch die Geschlossenheit des Weltbildes keinerlei Alternative zu der dominanten Lebensphilosophie bietet. Der zunächst augenfälligste Unterschied zwischen FLINTSTONES und SIMPSONS besteht in der zahnlosen Geschlossenheit der Unterhaltungs-Satire gegenüber der bissigen Offenheit der wirklichen Satire.

In der Exposition zu einer Folge spielt und singt Homer die Titelsequenz der FLINTSTONES nach, konzentriert den Inhalt des Titelliedes jedoch auf seine eigene Person: „Simpson, Homer Simpson, he´s the greatest guy in history ...". Die Referenz funktioniert weniger in Bezugnahme auf ein Vorbild als vielmehr in Abgrenzung zum Vorgänger. Das kurze satirische Zitat verläuft in der den SIMPSONS eigenen Art des *Action-Strips*. Homer springt durch das geschlossene Fenster seines Arbeitsplatzes in sein Auto und fährt, weil der Reim es so will, „... right into a chestnut-tree." In dem Zitat wird formell bereits angekündigt, was im Folgenden über die drögen Seitwärts-Scrolls der FLINTSTONES hinausgehen wird. Gleichzeitig wird auch die Medienkompetenz der Rezipienten impliziert, das (zumindest unterbewusste) Wissen darum, wie der Pluralismus der SIMPSONS im Gegensatz zu dem homogenen Konzept der FLINTSTONES funktioniert. Der Crash in den Walnussbaum beendet die Hommage mit einem Ausrufezeichen und wo bei den FLINTSTONES jetzt eine Schwarzblende und ein Establishing-Shot zu gemütlicher Muzak folgen würde, wenden sich die SIMPSONS *something completely different* zu.

Die Referenz zeugt von dem Bewusstsein, dass Homer als *White-upper-under-middle-class-male* die gleiche Prädisposition wie Fred Flintstone vorzuweisen hat. In den TRACY ULLMAN-Strips und den frühen Folgen der ersten Staffeln ist dem auch so, doch ähnlich wie bei Lisa wird in der Entwicklungsgeschichte der Serie das affirma-

tive Potential der einzelnen Figuren zur größten Überzeugungskraft aufklärerischer Kritik. Gerade das Verfängliche der Figur, was sich bei Fred Flintstone immer im Rahmen des Unverfänglichen bewegt, wird in der Gestaltung Homers reizvoll: Liebestöter-Unterhose und Bierbauch, miesepeterische Wutausbrüche und paralytische Freizeitgestaltung sind nur die allgegenwärtigen Vorzeichen, mit denen der paradoxe Anti-Mann in die Welt hinausgeschickt wird. Wenn der Pro-Mann Frank Grimes in *Homer hatte einen Feind* (*Homer´s Enemy*) von Homer zu einem versöhnlichen Abendessen in die Simpsons-Estate auf der Evergreenterrace eingeladen wird, muss er dort voller Neid einen Grammy, einen Academy Award und Fotos von Homer auf seiner Mission im Weltraum entdecken. So werden seine eigenen Leistungsprinzipien von den Trophäen des unfähigen Versagers, den er aus dem Atomkraftwerk verdrängen will, in Frage gestellt. Grimes, die affirmative Antithese zu Homer, stirbt nach seinem einmaligen Auftritt in einer Folge mit dem Charakter eines Modellversuchs. Sogar auf der Beerdigung stiehlt ihm Homer noch die Schau, weil er einschläft und somit die begeisterte Aufmerksamkeit aller Anwesenden auf sich zieht.

Die Wesenszüge des Typus beider Charaktere (Homer Simpson und Fred Flintstone) werden bei den SIMPSONS einem Realitätsfeld zugeordnet, das politisch und sozial problematisch und somit in der affirmativen geschlossenen Satire tabu ist. In den Fiktionen der FLINTSTONES bewegen sich diese Eigenschaften im Rahmen ihrer Berechenbarkeit. Die Konfliktkoordinaten für Fred sind sein Freund Barney und seine Frau Wilma, sowohl die Etablierung als auch die Auflösung des Konflikts sind in diesem System schematisiert. Nicht umsonst hat der wirkliche Fred Flintstone nur eine Tochter und keinen Sohn. Sie stellt für ihn ein Knuddelspielzeug dar, das er kurz hochhebt, wenn er von der Arbeit nach Hause kommt, dann wieder wegstellt und Wilmas Pflege überlässt. Ähnlich gleichgültig verhält sich Homer zu Lisa. Er nimmt sie nur dann wahr, wenn er von ihrer Intelligenz profitieren kann. Doch in Bezug auf seinen Sohn Bart manifestiert sich oft genug der familiäre Wahnsinn, den die FLINTSTONES vorsichtig aussparen. Die Varianten auf dieses Thema sind von unterschiedlichem Ton, je nachdem wie der fehlende Kontakt zwischen Vater und Sohn im Plot hergestellt wird. Wenn Homer etwa Bill Cosbys Buch „Fatherhood" studiert, um seinen Sohn – das unbekannte Wesen – kennenzulernen (*Das Seifenkistenrennen/Saturdays of Thunder*), weil er bei einem sozialen Vaterschaftstest durchgefallen ist, so versucht Homer sich Bart in rührenden gesellschaftlichen Konventionen zu nähern. Schlimmer ist er in seiner Angst, Bart könne schwul werden, als Gaststar John Waters Kontakt zur Simpsons-Familie aufnimmt. Homer beginnt Bart mit einem Männlichkeitsprogramm zu tyrannisieren, das Waters jedoch charmant ausblockt – *Homer und gewisse Ängste* (*Homer's Phobia*). Am unangenehmsten wird Homer jedoch in einer klassischen Routine-Episode, in der ein Wettbewerb im Mittelpunkt steht. Die Episode *Der Wettkampf* (*Dead Putting Society*) beginnt schon recht schlecht gelaunt. Homer mäht Gras, das Bier ist ausgegangen und ein Streit zwischen ihm und Ned Flanders entbrennt. Auf dem Minigolf-Platz wird dieser Streit von neuem entfacht und Homer und Ned schließen eine Wette ab, dass der Vater dessen Sohn beim anstehenden Minigolf-Turnier nicht gewinnt, den Rasen des Nachbarn im Sonntagskleid seiner eigenen Frau mähen muss. Am Abend eines Tages, der mit einem von Homer erstellten harten Trainingsprogramm für Bart erfüllt war, begibt sich folgende Szene: Bart kehrt, von Homer gefolgt, erschöpft in sein Zimmer zurück. Er lässt den Schläger achtlos zu Boden fallen. Homer hebt ihn entsetzt wieder auf und sagt, der Schläger sei für den Minigolfer so etwas wie die Violine für den Violinentypen. Er fordert Bart auf, dem Schläger einen Mädchennamen zu geben. Da Bart kein Name einfällt, nennt Homer ihn Charlene. Dann pinnt er ein Bild des Nachbarsohns an die Wand und fordert Bart desweiteren dazu auf, jeden Tag fünfzehn Minuten darauf zu verwenden, dieses Bild anzustarren und sich darauf zu konzentrieren, wie sehr er ihn hasst und wie glorreich es sein wird, wenn er (Bart) und Charlene (der Schläger) ihn vernichten werden. „Wer ist Charlene?" fragt Bart, und Homer holt mit Charlene drohend zum Schlag aus und brüllt: „Ich zeig dir, wer Charlene ist!"

Was an dieser *down to earth*-Folge schockiert, ist der realistische Ton. Die Präzision, mit der solche Miniatur-Dramen wiedergegeben werden, macht sie trotz allen Humors über die Wiedererkennbarkeit beissend. Entsprechend der serialen Routine, in der die Struktur dieser Folge gehalten ist, ist *Der Wettkampf* im Vergleich zu anderen Folgen äußerst unspektakulär. In der Inszenierung des Minigolf-Turniers wird diese Reduktion visuell durch die elegant choreografierten Spielzüge in den Parcours unterstrichen. Der Humor verlagert sich auf einen äußerst temporeichen und bissigen Sprachwitz. Homers Forderungen an Bart haben einen trivialen Hin-

tergrund, wie so häufig in einem Streit zwischen Erwachsenen und ihren Kindern. Durch die Position des Vaters, vor allem auch in seiner Machtpose, wird der Wunsch (seine Forderung an Bart) zur Behauptung. So absurd Homers Forderungen auch sein mögen, zu dem Kind Bart werden sie als Gesetz kommuniziert und wecken unangenehme Assoziationen zu Erfahrungen tyrannischer Ungerechtigkeit jenseits des Bildschirms. Je mehr Homer zum Star der Serie wurde[6], um so mehr schwanden auch die Ambivalenzen in seinem Auftreten. Seine Entwicklung ist durchaus vergleichbar mit jener des barksschen Donald Duck, der vom prügelnden Familienvater zum duldenden Phlegmatiker wurde. Hier war der Wandel der Figur eine Reaktion auf den Wandel gesellschaftlicher Paradigmen zur Erziehung.

---

6   zur Meta SIMPSONS-Diskussion siehe in diesem Band A. Rauscher, „Method Acting im Kwik E-Mart", S. 136ff.

Donalds Charakter wies jedoch nie Ambivalenzen auf. In den frühen Folgen der SIMPSONS ist gerade die ambivalente Zeichnung Homers auch eine humane, indem er über die disneyschen Restriktionen des Erpels hinaus auch ein Sex- und Liebesleben zugestanden bekommt, erweitert sich auch das Bild des häuslichen Tyrannen. Hier schließt sich das Fazit aus der „Hermetischen Welt der Kinder" an, dass über die durch die Ambivalenz gewonnene humane Plastizität der gezeichneten Figuren vielerorts eine neue Form des Erzähl-Cartoons gewagt wird, die sich jedoch weitgehend auf den agierenden männlichen Teil der Figuren beschränkt.[7] Die gebrochene Beziehung zwischen Homer und Bart setzt sich elliptisch zwischen den Episoden fort, während Freds Konflikte im Verlauf der einzelnen Folgen aus dem Idealzustand ihre Restauration zum Idealzustand erfahren. So ist auch das Verhältnis Homers zu seinem Nachbarn Ned Flanders eines der offenen Feindschaft, das nur über die Ausweitung ins Extrem noch einen Schauwert erfahren kann. Die Polarität dieses realistischen Ansatzes wirkt sich im Gegensatz zum idyllischen grundlegend auf die letztlich auch werbewirksame Problematik in der Rezeption aus.

Als das „USA Weekend"-Magazin im Jahr 1990 in einem Wettbewerb[8] die real existierende Familie suchte, die den Simpsons am ähnlichsten sei, brach eine Welle moralischer Entrüstung über die Redaktion herein. Eine vom Reagan-Bushism[9] geprägte

amerikanische Öffentlichkeit, die durch mediale und diskursive Penetration, sich sicherlich nicht unfreiwillig in das Konstrukt einer weißen Rasse im Belagerungszustand eingefühlt hatte,[10] sah sich durch die SIMPSONS mit einem Konstrukt konfrontiert, das die unterschwellige Theorie der Fremdverschuldung in eine wuchtig bekennende Eigenverschuldung umwertete. Rein visuell war diese im Meta-Identifikationsformat der Sitcom auftretende Familie gelb und somit der farblichen Unschuld abtrünnig. Dieser heftige Diskurs ergab sich bereits im ersten Jahr der SIMPSONS als eigenständiges Serienformat. Hier beschränkten sich die Unterschiede zu den FLINTSTONES noch auf die Darstellung familiärer Kategorien, die jedoch, wie das vorangestellte Zitat von Sydney Fulbright über die COSBY SHOW im Vergleich zu den SIMPSONS belegt, in der Sitcom als affirmatives Identifikationsmodell wahrgenommen werden. Der Lebensstil der Cosby-Familie entspricht dem farblichen Konstrukt der Reagan/Bush-Ära über die Projektionsfläche Haut hinaus und wird somit zum politisch korrekten Onkel Tom-Mythos, der dem Establishment von der anderen Seite des konstruierten Farbspektrums entgegenstrebt. In der Diskussion um die „Black Bart"-T-Shirts[11] wird auch diese Perspektive wahrnehmbar: „he (Bart)'s a white boy who´s crude and arrogant and has no respect for his elders. This is a disgrace, that our people buy this stuff. It's messing up black kids."[12] Im Ausnahmezustand, den eine reaktionäre Regierung fast zwangsläu-

---

7   siehe Hißnauer, „Von Bier trinkenden Männern und Blut saugenden Hausfrauen: Temporäre Brüche in den Geschlechterbildern bei den SIMPSONS" in diesem Band, S. 140.

8   Glynn 1996, S. 62 f. hier finden sich auch die beiden dem Text vorangestellten Zitate des Kulturphilosophen Sydney Fulbright.

9   Glynn 1996, S. 61 f.

10   Frei übersetzt nach Originaltext: „This was due in large measure to the success with which ‚whiteness' was constructed as a racial category under siege in many of the most visible representations and pervasive discourses circulating through a variety of social and cultural domains during the years of Reagan-Bushism."

11   nachzulesen bei Ernst/Werkmeister, „Little Shop of Homers" in diesem Band, S. 96.

12   Glynn 1996, S. 65.

fig über eine Gesellschaft zu verhängen scheint, wie die kaum angebrochene Bush II.-Ära laut polternd bestätigt, wird eine simple Wendung zum Realismus in dem staatstragenden Medium Fernsehen bereits zum Politikum. Dabei hatten die SIMPSONS ihr diskursives Feld zu jener Zeit noch nicht annähernd zu seiner vollen Tragweite ausgedehnt. Die Konflikte sollten sich schon bald in die Welt medialer und gesellschaftlich-diskursiver Referenzen ausweiten und somit noch viel weiter über die Grenzen der Unschuld der FLINTSTONES hinausgehen. Die Reaktion auf das reaktionäre Identifikationsmodell der Familie sollte sich parallel zu dem Triumphzug gegen das Establishment zu einem mehr und mehr affirmativen Familien-Modell wandeln und den ursprünglich dort angesiedelten Konflikt in die Öffentlichkeit verlagern.

Starreferenzen sind bereits den FLINTSTONES bekannt (Cary Granit und Stoney Curtis). Es bleibt jedoch beim *Namedropping*, bei einem Umgang mit einer ansonsten austauschbaren Person, deren einzige Qualität die Resonanz des Namens als *Celebrity* bietet. Bei den SIMPSONS werden die *Celebrities* in verschiedenen medial bekannten Facetten ihrer selbst in das Spiel integriert: Leonard Nimoy ist der Mann der nicht mehr Spock sein will, Method-Actor James Woods ist begeistert von der Art, wie Apu den Kaufmannsladen spielt und George Bush ist ein pedantischer Kleinbürger, dessen Jähzorn von

Frau Barbara gezähmt werden muss. Figuren wie Bush zeigen, dass Homer hier nicht der einzige Fred Flintstone ist. Warum also hinter dem komischen Potential der realen Verhältnisse zurückbleiben? Die Persönlichkeit dieser Fred Flintstones, wird in der Variante der SIMPSONS problematisch genug, um eine Kritik jenseits des unverfänglichen Spaßes zu implizieren.

Ehefrauen

„The best little wife in the world"
Fred Flintstone

Wenn bei den FLINTSTONES Gender-Issues angesprochen werden, so geschieht dies mit dem belächelnden Blick eines Herrenwitzes. So in einer Folge, in der Wilma und Betty Judo-Unterricht nehmen, und Fred sich als Einbrecher verkleidet, um seiner Frau einen Schrecken einzujagen und sie von der Sinnlosigkeit des Unterrichts zu überzeugen. In einem Verwechslungsspiel mit einem wirklichen Einbrecher schlägt Wilma, im Glauben es handele sich in beiden Fällen um Fred, beide Männer abwechselnd in die Flucht. Bis der wirkliche Einbrecher sich zu erkennen gibt und Wilma ihre Geschlechterrolle ins Gedächtnis zurückruft. Im Gegensatz zu den SIMPSONS, wo eine Idee beispielsweise in der stringenten Konzeption der Figur Lisa verankert und somit präsent bleibt, wird die Idee bei den FLINTSTONES (in diesem Fall das Selbstbewusstsein und die Wehrhaftigkeit von Frauen) von einem Stereotyp (in diesem Fall Wilma) aus dem öffentlichen Diskurs entlehnt, durchgespielt und nach einer Folge abgeworfen. Eine solche Gendershift-Routine wird in der SIMPSONS-Folge *Die Springfield Connection* zur Karikatur ihrer eigenen Borniertheit. Der reaktionäre Mechanismus, der das Gleichberechtigungsstreben weiblicher Hauptfiguren ins patriarchale Rollengefüge zurückbelächelt, kommt immer wieder ahnungsvoll auf, um in der SIMPSONS-typischen sprachlosen

Pointe gebrochen zu werden. Marge wird in dieser Folge Polizistin, da sie der Kitzel der Zivilcourage, den sie empfunden hat, als sie in der Exposition einen Trickbetrüger stellte, nicht mehr loslässt. In einer Folge visueller Momente wird ihre neue Leidenschaft mit ihrer Rolle als Hausfrau konterkariert: Sie kauft gelangweilt in einem Supermarkt ein, statt dem gewöhnlichen Schinken nimmt sie eine Dose Pfefferschinken. Diese mikroskopisch revolutionäre Handlung beflügelt sie, ihren Einkaufswagen als Tretroller zu verwenden. Zuhause angekommen visiert sie das sich automatisch schließende Garagentor an, um sich im letzten Moment darunter durchzurollen. An einem Zeitschriftenladen, dessen Verkäufer ihr die neue Ausgabe von *Schwamm & Staubsauger* in die Hand drückt, ist sie fasziniert von Extremsport-Zeitschriften, mit Titeln wie *Glasfresser*. Direkt gegenüber des Zeitschriftenladens befindet sich das Polizeirevier. Ein Trupp Polizisten führt gerade eine verdächtige Pizza zum Verhör hinein, Marge folgt ihnen und bewirbt sich als Polizistin. Die allesamt männlichen Polizisten schütteln sich vor Lachen. Als das Gelächter verstummt, begrüßt Chief Wiggum sie knapp und trocken mit den Worten: „Willkommen an Bord."

Alle Gags, die die vorübergehende neue Rolle von Marge ankündigen, leben von dem Wissen über patriarchale Inszenierungsmuster, in ihrer Übertreibung je-

doch sind sie als Satire ausgewiesen und stehen hinter dem Charme zurück, mit dem Marge in ihrer Verwandlung über Inszenierung und Stimme gespielt wird. Als Polizistin ist sie entgegen ihrem eigentlichen Image sexy und über die Bedürfnisse und das Vermögen ihrer Kollegen hinaus gewissenhaft und kompetent. In einem Schießübungsplatz mit Pappkameraden löst Marge ihre Aufgabe – für die Zuschauer offensichtlich – mit Bravour. Chief Wiggum rügt sie, das Baby und den blinden Mann verfehlt zu haben. Als Marge zum erstenmal in ihrer Uniform nach Hause kommt, sagt Bart, sie sähe aus wie eine Respektsperson, und Homer sorgt sich in der ihm eigenen profan-philosophischen Art, Marge würde zum Mann werden, wonach er dann zur Frau werden müsse, was ihm nicht gefiele, obwohl er gerne Damenunterwäsche trage, weil diese ja so außerordentlich bequem sei.

Marge wird zu einer zu perfekten Polizistin, die das männlich geprägte Rollenbild revolutioniert und überflüssig macht. Die regenerative Rückkehr zur Serialität vermeidet bewusst die Re-Affirmation der männlichen Rolle: Marge quittiert den Dienst weil ihr die Polizei selbst zu korrupt ist. Der *Gendershift* impliziert bei den SIMP-SONS den radikalen Bruch mit dem vorherrschenden Gesellschaftssystem.

Restauratives Ende und Kontinuität
In der Folge *Homie und Neddie* (*Homer Loves Flanders*) leiden Bart und Lisa unter dem neuen freundschaftlichen Verhältnis zwischen ihrem Vater und dem Nachbarn Ned Flanders. „Nimm es gelassen Bart, anscheinend müssen die Simpsons jede Woche unter irgendwas leiden. Ich kann uns nur raten, es durchzustehen und gelegentlich einen sarkastischen Spruch abzulassen. Nächste Woche ist wieder alles beim Alten, und wir warten auf das nächste beknackte Abenteuer." Spielerisch lässt das Autorenkollektiv die neue Folge direkt im An-

schluss starten. Homer stellt seiner Familie eine Erbschaft vor, für die sie eine Nacht in einem Spukschloß verbringen müssen. Flanders kommt am Fenster vorbei, sagt etwas, und darauf entgegnet Homer „Klappe, Flanders." Es ist wieder alles beim Alten. Diese Restauration des Zustands aller Beteiligten, die Aufhebung aller Ereignisse, die im Verlauf einer Episode eintraten, garantiert, wie Lisa schon bemerkte, von Folge zu Folge ein neues Abenteuer mit dem vertrauten Ensemble. Ein statisches Konzept. Kontinuität ist dennoch eines der vielgelobten Attribute der SIMPSONS, der entscheidende Unterschied zu den FLINTSTONES ist die Definition der Kontinuität. Die Tochter der Flintstone-Familie wird im Verlauf der Serie geboren, von da ab spielt sie in einigen Sendungen eine kleinere Rolle, aber damit stagniert auch jegliche Entwicklung der Figur im Entgegenkommen an ein Publikum, das die Bedürfnisse der FLINTSTONES teilt: Kinder sind süß anzusehen, solange sie klein sind und dieser Idealzustand wird in der Serie konserviert. In der BILL COSBY SHOW zeigt sich diese Problematik in den akrobatischen Windungen, die die Drehbuchautoren vollführen, um immer wieder ein weiteres Kleinkind in der Chronologie der Serie zu platzieren, da es sich beim Realfilm nicht vermeiden lässt, dass die Kinder wachsen. Maggie, die jüngste der Simpsons-Familie, ist eine Persiflage des Dauerzustands Baby. So ist sie auch in den Zukunftsausblicken als anachronistischer Grunge-Zombie zu sehen. Auch wenn sie inzwischen vielleicht sprechen kann – es ist anzunehmen –, kommt sie nicht zu Wort, und es interessiert auch niemanden, was sie zu sagen hat.

Die Kontinuität, die an den SIMPSONS gelobt wird, ist die kontinuierliche Entwicklung von Motiven und Figuren, die über die stereotype Zeichnung von gewöhnlichen Serien hinausgehen. Dass hierbei gesellschaftspolitische und soziale Motive über die Hemmschwelle des Codes

herkömmlicher Serien hinaus betrachtet werden, kommt den SIMPSONS in ihrer authentischen Nähe zum Publikum zugute. Trotz der gezeichneten Form erreichen sie wesentlich mehr Kommunikation mit ihren Zuschauern denn vergleichbare Real-Soaps. Kontinuierliche gesellschaftspolitische Motive um Lisa sind ihr Vegetarismus, ihr gesellschaftliches und politisches Engagement, aber auch die Ausbeutung dieses Engagements. Soziale Motive finden sich um Problemkind Bart ebenso wie um Milhouse. Wenn Milhouse auch in der Folge *Scheide sich, wer kann* (*A Milhouse Divided*) On-screen kaum eine Rolle spielt, so lässt das Autorenkollektiv im (Original!)Titel keinen Zweifel, wen die Konsequenzen des van Houtenschen Familienkriegs treffen werden. Der *Subplot* von Milhouse' Familiengeschichte zieht sich in kurzen pointierten Episoden durch sämtliche Staffeln und bildet eine beinahe authentische lineare Familiengeschichte, die den notgedrungen statischen Zustand der Simpsons-Familie ergänzt. Jede der zahlreichen Figuren impliziert eine Individualität, die sowohl aus dem Realen als auch aus dem Fiktionalen schöpft. Eine Kontinuität also, die sich im doppelten Sinne *Off-screen* fortsetzt.

Satire und kritische Filter

Lisa und Bart sind zwei Extreme in der kreisförmigen Charakterisierung der einzelnen Familienmitglieder als soziale Interaktionsmodelle und kommen sich dabei trotz ihrer gegensätzlichen Polarisierung erstaunlich nahe. Bart verhält sich zu allem, was ihm angeboten wird, grundsätzlich antithetisch. Er ist somit in seiner Funktion als der uhlenspiegelsche Narr der Serie ein permanenter physischkritischer Filter. Alles was in die Serie eingebracht wird, bricht zunächst physisch an ihm. Lisa ist ein reflektiert kritischer Filter. Von ihr wird alles durchdacht. Sie ist die weise Närrin, auf die natürlich niemand hört.

Marge steht ihr auf der anderen Seite am nächsten. Sie ist der intuitive kritische Filter. In ihrer patriarchalischen Erziehung war die Reflektion den Männern vorbehalten, die jedoch größtenteils auf dieses Privileg verzichten. Homer, auch der Homer Sapiens genannt, ist der bodennahe untere Schwung des Kreises, der als vollkommen entleerte Projektionsfläche bereit ist, jeder Idee zu folgen, solange er sie nicht mitdenken muss. In ihm wird der Begriff der dogmatischen Weltanschauung[13] in seiner postmodernen Auswirkung auf ein unbewusstes kontinuierliches Ich fassbar. Dieses Ich ist zwar nicht bereit, sich selbst beständig neu zu erfinden, das heißt, zu versuchen „die Welt wirklich zu sehen"[14], aber in einem beständigen Wechsel von außen einwirkende Dogmen zu adaptieren.

Die Exponierung der Wesenszüge von Homer hebt gleichzeitig deren Ambivalenz hervor. Die vertrottelte Boshaftigkeit von Fred Flintstone vollzieht sich in dem harmlosen Ausmaß der geschlossenen Satire. Homer hingegen demonstriert die Qualitäten eines Familientyranns (*Der Wettkampf*), eines Mitläufers mit Eigeninitiative – als Anführer einer Bürgerwehr wird er zum Verfechter von Prügelstrafe und Lynchjustiz (*Die Springfield Bürgerwehr/Homer the Vigilante*), er unterstützt eine Regierungskampagne gegen illegale Einwanderer, bis sich herausstellt, dass auch Apu, der Leiter des Kwik-E-Marts davon betroffen ist (*Volksabstimmung in Springfield/Much Apu about Nothing*), und er sympathisiert mit der NRA[15] (*Homer und der Revolver/The Cartridge Family*). Oft genug zerbrechen diese vorübergehend adaptierten *Weltanschauungen*, wenn sie mit Homers innerer Leere konfrontiert

werden. Homer wirkt wie ein Universalschlüssel zur Dekonstruktion von Dogmen, da er selbst ein ‚zahnloser' Schlüssel ist. An ihm vollzieht sich eine, nicht reflektierte, sondern durchexerzierte Aufklärung und somit auch die wirkungsvollste Kritik, zumindest innerhalb der Serie, denn was Homer mit durchaus affirmativem Willen einmal durchgespielt hat, ist danach fertig. An ihm zerbrechen sowohl *Born again*-Leistungswillige, wie Frank Grimes, als auch die reaktionären Ideen der Republikaner. Wenn Groening sagt, dass ihm die SIMPSONS als Gegenmodell zu dem permanenten Rechtsruck der amerikanischen Gesellschaft seit Reagan und vor allen Dingen jetzt wieder mit Bush jr. wichtig sind[16], dann vollzieht sich diese Antithese am Besten in den affirmativen Momenten der Figur Homer. Homer ist das Ideal des Außengesteuerten, der auf Werbung (Produkt- oder Ideologieorientiert) reagiert wie ein pavlowscher Hund. Doch Homer ist genausogut das Paradebeispiel des unmündigen Bürgers, dessen Bildungsnotstand ihn für eine Demokratie disqualifiziert. Dass alle ‚bösen' Dinge, die ihm das außensteuernde System anbietet, einen glimpflichen Ausgang nehmen, liegt nur zum Teil an dem hilfreichen Einfluss der moralisch intuitiven und reflektierten Familienmitglieder. Groenings Utopie des Gegenmodells ist ein Vertrauen auf eine selbstreinigende Funktion der Demokratie, das heißt alle reaktionären und radikalen Kräfte hebeln sich selbst und in der Serie vor allem an Homer Simpson aus. Die Satire geht somit über die reine Kritik hinaus, indem sie zwar keine praktikablen, aber dennoch Alternativen bietet. Und es wäre für sich schon eine so-

---

13   Klemperer 1975, S. 183 ff.
14   Klemperer 1975, S. 184.
15   In Homers, wahrscheinlich richtigeren Interpretation steht die Abkürzung für **N**achos, **R**ifles & **A**lcohol.
16   Groening, Interview im Magazin „Jetzt" der Süddeutschen Zeitung, 4.9. 2000, S. 26.

zialanthropologische Studie wert, heraus-
zufinden, wieviel realpolitischen Einfluss
die SIMPSONS in der Dauer ihrer Laufzeit
hatten.

Das Zusammenführen zweier Zielgruppen ...

*„Es ist recht bemerkenswert, dass nur Erwach-
sene die Vorzüge des ‚Spannenden‘ empfinden.
Alle Ereignisse und Wendungen einer Geschichte, alle Worte und Entgegnungen eines
Dialogs, den ganzen Ablauf einer Musik schon
vorher zu kennen, ist für das Kind ein zusätzli-
ches Vergnügen, das von Wiederholung zu
Wiederholung nur immer noch wächst.“*
Michel Tounier „Der Wind Paraklet“

*„In der modernen Industriegesellschaft dage-
gen bündeln sich die Ablösung der Parameter,
der Verschleiß der kulturellen und der moralischen Grundsätze zu einem Informationsauf-
gebot, das ständig Neuanpassung der Sensibi-
lität, raschen Wandel der psychologischen An-
nahmen und gravierende Ummontierungen der
Intelligenz erheischt. Unter diesen Verhältnissen erscheint die Redundanzliteratur als ein
milder Anreiz zum Ausruhen ...“*
Umberto Eco „Apokalyptiker und Integrierte“

*„Um ehrlich zu sein, bauen meine Zeichner oft
auch ihre ganz eigenen Insiderwitze ein, die so
subtil sind, dass selbst ich sie beim ersten Hinsehen gar nicht bemerke.“*
Matt Groening

Was Umberto Eco als Redundanzliteratur bezeichnet, trifft im Grunde genommen auf alle kulturindustriellen Produkte
zu, die auf einen Konsum durch eine breite
Masse abzielen. So gesehen können auch
die FLINTSTONES zumindest aus einer nos-
talgischen kindlichen Perspektive wahrgenommen werden: Dort ist zu sehen, wie
die Eltern waren oder sind, und auch wenn
die Rezipienten inzwischen selbst ‚so‘
sind, erkennen sie fast zwanghaft ihre Eltern. Das Unveränderliche dieser Figuren,
in der Dosis der maßlosen Wiederholung
der Fiktion nach kaum merklich unter-
scheidbaren Schemata, ist redundant –
eine Summe an überflüssigen, bereits mit-
geteilten, bzw. mit dem Konsum einiger
weniger Folgen bereits bekannten Informationen.

Das Werden der Industriegesellschaft
hat, nach Eco, mit dem Fortsetzungsro-
man des 19. Jahrhunderts das kindliche
Vergnügen an der Wiederholung von
überflüssigen Informationen als ein kulturelles Bedürfnis etabliert. Kunst stellt
nicht länger das Abenteuer als Gegensatz
zum eintönigen Leben, sondern eine Insel
der Ruhe, zur Erholung von einem über
die Maße abenteuerlichen Leben dar. Die
Rezeption von Fiktionen wird immer weniger von der Sehnsucht nach der kathartischen Erfahrung der Klimax bestimmt,
sondern von einem Verlangen nach ereig-
nisloser Vertrautheit. Die Prominenz der
fiktionalen Figuren im 20. Jahrhundert,
vor allem im Mode-Genre des Kriminalro-
mans, weist deutlich darauf hin: die
Lehnstuhlkriminologen *Sherlock Holmes*
und *Doctor Watson*, die mobile großmüt-
terliche Gemütlichkeit der *Miss Marple*
oder der von Eco eindringlich studierte
(wohl auch im Rahmen einiger gemütlicher Lehnstuhlsitzungen) beinahe vollkommen bewegungslose Detektiv Nero
Wolfe. Die Form der Serialität wird im 20.
Jahrhundert zu einer kulturellen Dominanten, die Wiederholung in der Kombination mit der Variation garantiert die
Möglichkeit zur ewigen Rückkehr in die
vertraute Fiktion. Die Serie selbst wird
zum Markenprodukt, die Autorenschaft
letztlich unerheblich – *file under Sherlock
Holmes*, nicht Sir Arthur Conan Doyle.
Selbst die imperiale Herrlichkeit eines
Walt Disney muss hinter Namen wie *Mickey Mouse* und *Donald Duck* zurückstehen.

Diese Markenprodukte leben von der
Wiederholung, der Wiedererkennbarkeit

des Vertrauten und von der Variation, die schwächer sein muss als der Wiedererkennungswert der Marke, aber immer noch stark genug, um die Hülle der Ikone weiterzutransportieren und ihr Ausbrennen zu verhindern. Carl Barks setzt in seinen *Donald Duck*-Comics zwei Arten der Variation ein, um ‚neue' Geschichten um die bereits hinlänglich bekannte Popfigur überhaupt erst zu ermöglichen. Zunächst das Ambiente, das er aus der Lektüre des *National Geographic*-Magazins in die Szenarien der Comics überträgt. Somit dringt der Schauwert des Exotismus in die anonyme Welt von Duckburgh/Entenhausen ein. Der sozialisierende Effekt des Reisens wirkt sich auf die Hülsen von Comicfiguren ebenso positiv aus, wie auf real existierende Menschen. Barks verleiht dem anonymen Ambiente der Disney-Figuren (die Cartoons, denen Donald Duck entstammt, spielen größtenteils in einem irgendwie amerikanischen Niemandsland) ein vertrautes, durch das *interface* des *National Geographic Magazines* bereits vorpopularisiertes Gesicht. Die zweite Variation, für die Barks als einer der wenigen Disney-Zeichner namhaft wurde, ist die Erfindung von Nebenfiguren, neuen Gesichtern, neuen Antagonisten und Protagonisten: Gusward Goose/Gustav Gans, die Beetle Boys/die Panzerknacker, Gyro Gearloose/Daniel Düsentrieb, um nur einige wenige zu nennen. Die Spin-Off-Variante im Duck-Universum, die Geschichten um Scrooge McDuck/Dagobert Duck dient dazu, die langsam ausbrennende Ikone Donald Duck von ihrer Funktion als allein tragende Figur zu entbinden und somit zu schonen. Dieses Beispiel soll nicht Barks als Autoren, sondern vielmehr eine allgemeingültige Notwendigkeit zur Strategie in der Produktion von *Mass-Culture* hervorheben. Es sind durchaus notwendige und kalkulierbare Kniffe in der Produktion von Redundanzliteratur, denn, je populärer und älter die Ikonen werden, um so

größer ist die Gefahr des Ausbrennens. Barks schuf innerhalb der Welt Donald Ducks scheinbar das äußerste an Möglichkeiten zur Variation. Zu der Zeit als seine Comics durch den Druck der Rezeption in den Autorenstatus gehoben wurden – *Wer ist der gute Zeichner?* – schien die Figur Mickey Mouse bereits hoffnungslos ausgebrannt. Es scheint daher eine fast notwendige Konsequenz, dass die serielle Fiktion über die Anonymität der Autoren letztlich auch zu einer Anonymität der Ikonen gelangt. Serialität um der Serialität willen.

Michel Tournier beschreibt seine Unterhaltungsgewohnheiten als Kind in Bezug auf das wiederholte Hören ein und der selben Schellack-Platte als Sucht. Als Argument ist diese These aus einer verlorengehenden Position gegenüber dem Massenkonsum bekannt: „Warum willst du noch eine Schallplatte, du hast doch schon eine?" In dem Medium, das in der immateriellen Produktion noch am wenigsten an die letzten tragenden Reste von Materie gebunden scheint, dem Fernsehen, ist das Suchtverhalten eines großen öffentlichen Junkies abzulesen. In der beständigen Steigerung der Dosis scheint nur unsere Konstruktion von Zeitlichkeit und Zeitempfinden noch Grenzen zu setzen. Von den *Monthlys* zu den *Weeklys* zu den *Dailys*. Dass eine im äußersten Fall nur im jährlichen Turnus stattfindende Serienproduktion, wie die des Kinos, demgegenüber an Popularität verliert, erscheint nur logisch. Die derzeit stärkst dosierten Drogen des Fernsehen sind die *Dailys-Soaps* und *Talkshows*. In den *Soaps* geht die Anonymität bis zu der Beliebigkeit der auswechselbaren Hauptdarsteller. Es kann über einen längeren Sendezeitraum auf schleichende Art ein ganzer Stab von Darstellern ausgewechselt werden, ohne dass dies der eigentlichen Botschaft des Formats, der Serialität, einen Abbruch tut. Ebenso verhält es sich mit den *Hosts* – den Gastgebern – der *Talkshows*; der täglich wiederkehrende

Moment ist der voyeuristische Genuss einer exzessiven rückhaltlosen und anti-aufklärerischen Streitkultur. Ein distanzierender Effekt schafft die Sehnsucht nach einer Rückkehr in diese Welt der Real-Fiktion: der Genuss entsteht über die Freude, nicht dabei zu sein. Die Anonymität scheint also ein Schlüssel zur Steigerung der Frequenz und der Haltbarkeit von Serialität in letzter Konsequenz.

Die FLINTSTONES, um nach diesem etwas längeren Exkurs zum eigentlichen Gegenstand zurückzukehren, sind auf den zentralen Fixpunkt *Fred Flintstone* konzentriert. Er ist eine, wenn auch schwache, Ikone, die mit dem Yabba-dabba-duh!-Ruf zu Beginn einer jeden einzelnen Folge den Wiedererkennungswert der Serie ausmacht. Die Perspektive auf diese Fiktion ist subjektiv – *auf* ein Subjekt gelenkt – das zwar über die Perspektive von Nebenfiguren auch distanziert betrachtet werden kann, aber diese Nebenfiguren niemals als Subjekte einkalkuliert. Willenlos sind diese Nebenfiguren der Kausalität der Hauptfigur unterworfen, und etablieren deren ikonenhaften Status durch ausschließlich reagierendes Verhalten. Das Wiederholungsschema hat hier den beruhigenden Pol einer einfach kodierten Perspektive. Es ist die Welt der Ikone, auf die sich der Blick konzentriert – die Welt eines erwachsenen Mannes. Die PEANUTS verwalten hingegen die Perspektiven einer Vielzahl von Subjekten und stellen gleichermaßen die Unvereinbarkeit dieser Perspektiven, bis hin zu grüblerisch monologisierender Philosophie aus. Die perspektivische Restriktion dieser Fiktion ist der ethnologische Blick in die Welt der Kinder. In den westlichen Industriegesellschaften ist dieser Rückblick mit einem Tabu behaftet, er ist, entsprechend der Welt, auf die er blickt, kindisch. Schulz legalisiert diesen Blick in dem er dem Blick der Kinder vermeintlich erwachsene Themen zuspricht, die *Pre-Life Crisis* mit der *Mid-Life Crisis* assoziiert und

somit über den Humor dem Wiedererkennen einen Wert verleiht.

Wenn beide Serien auch sowohl von Erwachsenen als auch von Kindern rezipiert werden, so provoziert die Trennung der Perspektiven doch auch eine unterschiedliche Rezeption. Bei den FLINTSTONES blicken die Kinder in die Welt der Erwachsenen und bei den PEANUTS die Erwachsenen in die Welt der Kinder. Die vielleicht größte soziale Medien-Revolte der SIMPSONS ist, dass zwar innerhalb der Fiktion die Trennung der Perspektiven besteht (Homer interessiert sich ohnehin nur für sich selbst, Marges Einblick ist durch die Verhaftung an ihre eigene Perspektive getrübt, und Bart und Lisa bilden untereinander ein Paar, das sich trotz aller Zwistigkeiten über das Unverständnis der Erwachsenen versteht), an die Adresse der Rezeption jedoch gehen beide Informationen. Über die Pluralität der Perspektiven vermittelt sich die Problematik ihrer Unvereinbarkeit jenseits des Bildschirms. Hier bricht sich ein sozialer Realismus der Massenkultur Bahn, der in das Schema der Redundanz den *Information-Overflow*, gegen den die Redundanz-Literatur nach Eco einen Ausgleich bilden soll, als Referenz-System einbringt. Die Pluralität der Perspektiven beschränkt sich ja nicht allein auf die Familie, sondern weitet sich aus auf einen medial kodierten Kosmos und auf ein Sammelsurium unterschiedlichster sozialer Typen, ob Kind oder Erwachsene. Die Überforderung des alltäglichen Umgangs mit verschiedenen Perspektiven wird zum Spiel und darüber hinaus zum Vergnügen am Spiel. Das Schema der Redundanz transportiert bei den SIMPSONS nicht mehr allein überflüssige Informationen, sondern gelangt über den Überfluss an Information zu einer Re-Authentisierung von Information. Wie eingangs erwähnt, versuchte Peter Lustig seinem Statement 'abschalten' Anfang der 80er Jahre über die wiederholende Kraft der Suggestion Wirksamkeit zu verleihen. Die SIMP-SONS sezieren das Fernsehen in der über 200 Folgen anhaltenden Dauer ihres Gesamtkunstwerks, und ihre Strategie geht noch weit über den positivistischen Modebegriff des Sezierens hinaus, zeugt doch eben ihr „laterales Apropos" und der lakonische Impetus ihres Humors von dem Wissen und der Kritik um die Vergeblichkeit von den ganzheitlichen Strategien der Geisteswissenschaften. Die fernsehkritischen Gags der SIMPSONS sind eine Sammlung, in ihrer betonten Form der Offenheit.

Da wird Umberto Eco, der inzwischen in seinem Lehnstuhl eingeschlafen ist – der schwere *Nero Wolfe*-Sammelband aus seiner linken Hand geglitten und auf den Boden gesunken – wieder wach, wischt sich den Sabber vom Mund, rückt die verrutschte Brille zurecht und blickt zum Fernseher, aus dem zu einem anschwellenden Danny Elfman-Teppich beschworen wird – *il Simpzoneee* …

Emanuel Ernst/Sven Werkmeister

Little Shop of Homers

Skizzen zum Simpsons-Sellout

1. Ready-made for sellout

Springfield ist keine heile Welt. In der Kleinstadt kämpft jeder gegen jeden, am Ende siegt immer das System. Folge um Folge scheint die Serie vor allem eins zu sagen: es gibt kein richtiges Leben im falschen. Nicht ohne Grund werden die SIMP-SONS daher als „gelbe Philosophen" bezeichnet, deren Erlebnisse „Einsichten in die Weltenläufte" vermitteln. Kritikern gilt die Serie als Paradebeispiel „postmoderner Aufklärung".[1] Das alles ist ganz im Sinne des Schöpfers: „Unterhaltung und Subversion" sah und sieht Matt Groening als Maxime der SIMPSONS. Teil der Subversion ist die unterhaltsame Art und Weise, mit der in den SIMPSONS Kulturindustrie beschrieben und betrieben wird. Dies geschieht nicht nur anhand von Krusty dem Clown oder des namenlosen Comic Book Guy; schon lange ist die Serie ins Stadium der Selbstreflexion eingetreten.

Subversion verkauft sich gut, *Springfield sells*. Als kulturelles Produkt auf dem Mainstream-Markt wurden und werden die SIMPSONS auch dazu gemacht, erfolgreich zu sein. Die Serie brachte schnell gute Quoten, für 20th Century Fox und Matt Groening war sie von Anfang an eine gelbe Geldmaschine. Bereits im ersten Jahr betrugen die Einnahmen der SIMPSONS-In-dustrie mehr als eine Milliarde US-Dollar. Groening kann sich nach eigenem Bekunden gar nicht vorstellen, eine Cartoon-Show zu entwerfen ohne gleichzeitig an das dazugehörige Merchandise zu denken. Die Auftritte der fünfköpfigen Familie in Merchandise und Werbung sind für ihn „Teil der Gesamterfahrung"[2].

Groening und 20th Century Fox, der Konzern hinter den SIMPSONS, haben die glubschäugigen Gelben zu einer der erfolgreichsten popkulturellen Marken überhaupt gemacht. Mittlerweile gibt es eine schier endlose Palette an Merchandise- und Lizenz-Produkten, mehrere gedruckte Comic-Reihen sowie unzählige Auftritte der SIMPSONS in Werbung und Marketing. Möglich wurde die kommerzielle Erfolgsgeschichte durch den enormen Publikumszuspruch. Millionen Menschen in über 60 Ländern verfolgen mehr oder weniger regelmäßig die Alltagsabenteuer der amerikanischen Arbeiterklassenfamilie. Die SIMPSONS lösten weit mehr aus als Fantümeleien im üblichen Sinne. Nicht nur die Black-Bart-Bootlegs Anfang der neunziger Jahre zeigen, dass die Serie längst zum allgemeinen Kulturgut geworden ist. Streifzüge durch die verschiedenen Sphären des SIMPSONS-Universums außerhalb der Flimmerkastenfolgen bietet der vorliegende Beitrag.

---

1   Zur deutschsprachigen Rezeption der SIMPSONS siehe: N.N.: Aufgeklärtes Bewußtsein, Spiegel 23.09.1991; Diederichsen, Diederich: Die Simpsons der Gesellschaft, Spex 1/1999; Friebe, Holm: Philosophen in Gelb, Jungle World 32/1997 und Ders.: Einsicht in die Weltenläufte, Jungle World 5/2000.

2   Matt Groening im Interview (1998): http://members.aol.com/bartfan/matt4.htm.

2. Die Rückkehr des Riesen-Donuts oder: Wer hat Barts Butterfinger geklaut?

Was allzu aggressive Werbung anrichten kann, zeigt eine der SIMPSONS-Halloween-Folgen. Am Anfang einer Episode der *Panik-Amok-Horror-Show* (*Treehouse of Horror VI*) steht einmal mehr Homers Heißhunger. In diesem Fall ist das Objekt seiner Begierde ein XXXL-Donut, den eine riesige Werbefigur, der „Donut-Lad", in den Händen hält. Homer stiehlt ihn im Schutze der Nacht. Doch wenig später haucht ein Ionen-Sturm dem Donut-Lad und anderen überdimensionalen Werbemaskottchen Leben ein; es kommt zum *Angriff der 15-Meter Reklamefiguren* (*Attack of the 50-Foot-Eyesores*) auf Springfield. Der Donut-Lad fordert sein Zuckergebäck zurück und macht sich mit dem Duff-Cowboy und anderen Kollegen daran, Springfield in Schutt und Asche zu legen. Auch die gewohnt kritische Sondersendung des Springfielder Fernsehsenders *Channel 6* findet dabei ein jähes Ende: Reporter Kent Brockman wird von seinem überlebensgroßen Werbeabbild vor laufender Kamera verschlungen. Einhalt gebieten kann dem etwas anderen Werbefeldzug – so findet Lisa bald heraus – lediglich das kollektive und konsequente Ignorieren der mörderischen Marketing-Monster. Um alle Springfielder von dieser scheinbar einfachen Lösung zu überzeugen, ist jedoch Schwerstarbeit nötig: eine professionelle Anti-Werbung-Werbekampagne. Lisa organisiert sie in Zusammenarbeit mit einer Werbeagentur. Für den dazugehörigen eingängigen Song, mit dem die Aufmerksamkeit der Zielgruppe erreicht werden soll, wird spontan der kanadische Sänger Paul Anka verpflichtet. Das Gegengift wirkt rasch. Nur Homer braucht eine Extra-Einladung, denn der Gedanke, einen XXXL-Donut („mit Streuseln!") zu besitzen, lässt ihn so leicht nicht los. Am Ende der Episode jedenfalls, nachdem der Spuk verflogen ist, wendet sich der wieder auferstandene Kent Brockman mit einer eindringlichen Bitte an seine Zuschauer: „Schließen sie ihre Türen ab! Verbarrikadieren sie ihre Fenster! Möglicherweise zerstört die nächste Werbung, die sie sehen, ihr Haus und frisst ihre Familie."

Welch bitterböse Satire! Glücklicher sind Firmen, die mit den SIMPSONS werben. Sie brauchen keine Angst zu haben, nicht mehr beachtet zu werden.[3] Denn dafür sorgen rigide Richtlinien, die Matt Groening schon kurz nach der Geburt der Serie ausgab. Sie erschöpfen sich in der für alle Medienauftritte der gelben Kleinstädter geltenden Groening-Grundregel: „Let the SIMPSONS be the SIMPSONS." Diese Regel führt dazu, dass Werbeauftritte der SIMPSONS meist genauso unterhaltsam, scharf und witzig sind wie die Serie selbst. Bereits seit den Tagen ihres Erscheinens in der *Tracey Ullmann Show* bewerben die „gelben Philosophen" auf diese Art beispielsweise die *Butterfinger* genannten Erdnussriegel der Firma Nestlé. Jeder Werbespot ist dabei im Endeffekt nichts anderes als eine konzise Mini-Episode oder Sequenz der Serie, in der es eben um eine ganz bestimmte Süßigkeit geht – was angesichts der ansonsten bei den

---

3   Zur Werbung mit den SIMPSONS siehe: Maurstadt, Tom: „Simpsons" selling out – in funny, satirical hip ads, Dallas Morning News, 13.10.2000. Inhaltsangaben zu vielen SIMPSONS-Werbespots finden sich unter: http://www.snpp.com/episodes.html.

SIMPSONS thematisierten Dinge kein besonders ausgefallenes Sujet ist. Mit der marki-
gen catchphrase: „Never lay a finger on my
Butterfinger" unterstreicht Bart dabei ein
um das andere Mal den werbenden Charakter der Veranstaltung. Seine Schwester Lisa
jedoch unterwandert bisweilen die platte
Propaganda. Mit einem genervten Augen-
rollen äußert sie nicht nur ihr Missfallen an
Barts Verhalten, sondern sorgt gleichzeitig
dafür, dass der subversive Humor der Fernsehserie auch in den Commercials verkaufs-
fördernd zum Tragen kommt.

Die Butterfinger-Episoden konzentrieren sich insgesamt aber – ähnlich wie
die ersten SIMPSONS-Folgen – stark auf
Bart und seine Sicht der Dinge. Und seinen Butterfinger mit anderen zu teilen,
das kommt für ihn nun mal nicht in Frage. In *The Dog Biscuit* gelingt es ihm,
dem hungrigen Homer ein Hundelecker-
li unterzujubeln und damit gründlich
den Appetit auf weitere Annäherungs-
versuche an seinen Butterfinger zu verderben. Im Commercial *The Shock* versucht es Homer erneut: Vom scheinbar
friedlich unter seinem Krusty-Poster
schlafenden Bart scheint diesmal keine
Gefahr auszugehen, der zuckrige Snack
verspricht leichte Beute. Doch kaum hat
Homer den Butterfinger berührt, durch-
fährt ihn ein elektrischer Schlag. Denn
Bart hat vorgesorgt und seinen süßen
Schatz mit einer elektrischen Anlage gesichert.

Spektakuläre Actionszenen in einem
Lebensmittelgeschäft sind in *The Last But-*
terfinger zu sehen: Bart und Homer liefern
sich einen erbitterten Kampf um den letzten dort vorrätigen Nestlé-Riegel. Natürlich obsiegt am Ende ein weiteres Mal der
Sohn und rezitiert sein knackiges Werbe-
sprüchlein. „Never lay a finger on my Butterfinger!" ist in Amerika inzwischen ein
ebenso klassisches Bart-Bonmot geworden
wie „Eat my shorts!" oder „Don't have a
cow man!".

Die SIMPSONS-Butterfinger-Werbung
handelt aber nicht ausschließlich vom in-
nerfamiliären Futterneid, genauso wenig
wie es Bart immer gelingt, seine Lieblings-
leckerei zu verteidigen. 1993 fragte Nestlé:
„Who dunnit? *Who laid a finger on Bart's*
Butterfinger?" Zehntausende amerikanische SIMPSONS-Fans beteiligten sich an der
monatelangen Werbekampagne, die
durch das Commercial *The Robbery (Part 1)*
eröffnet wurde. Darin schafft es ein mas-
kierter Täter, nachts unbemerkt in Barts
Zimmer einzudringen und ihm seinen –
diesmal in einem Krusty-Safe versteckten –
Butterfinger zu stehlen. Bart schrickt aus
dem Schlaf hoch, erkennt aber nur noch
den Schatten des flüchtenden Einbre-
chers. Die sofort benachrichtigte Polizei
kann nichts anderes mehr tun als sechs
mutmaßliche Delinquenten festzustellen:
Homer, Lisa, Nelson, Otto, Krusty und Mr.
Burns. Fünf Verdächtige haben allerdings,
wie sich bald herausstellt, ein Alibi. Die
Polizei bittet daher um Mithilfe der Zuschauer. Nestlé legte zu diesem Zweck
rund 65 Millionen Riegeln je ein „Alibi"
bei. Die Suche nach dem Täter in dem zum

„Crime of the Century" aufgeblasenen Bagatelldelikt dauerte von Ende August bis Mitte Oktober 1993. In einem weiteren Werbespot (*The Robbery, Part 2*), der erstmals während der Halloween-Episode am 28. Oktober 1993 ausgestrahlt wurde, wurde der Fall dann gelöst und die Siegerin des Gewinnspiels bekanntgegeben. Einer gewissen Nancy Fredholm war es nicht nur gelungen, durch ein einfaches Ausschlussverfahren Krusty als Täter zu benennen, sie wurde damit auch um 50.000 Dollar reicher. Bart lobt die Krankenschwester aus New Hampshire in *The Robbery Part 2* als „exceptional detective", ihr Name ist dabei auf der in Großaufnahme gezeigten Titelseite des *Springfield Shoppers* zu lesen.

Ein ähnliches Gewinnspiel gab es zwei Jahre später, diesmal als Joint-Venture zwischen den SIMPSONS-Machern und der zum Branchenriesen MCI gehörenden Telefongesellschaft 1-800-Collect.[4] Am Ende der letzten Folge der 6. Staffel fragte ein dallasartiger Cliffhanger *Wer erschoss Mr. Burns?* (*Who shot Mr. Burns*). Die danach in der monatelangen SIMPSONS-freien Zeit ausgestrahlten 1-800-Collect-Werbespots heizten die bereits geschürte Spannung nach der Auflösung des Falls zusätzlich an. Die Fans wurden dazu aufgerufen, mit zu raten und bei 1-800-Collect anzurufen. Als Hauptpreis winkte wahlweise Geld oder die Animation des Gewinners in einer der Folgen. Durch das komplizierte Auswahlverfahren und die recht eigenwillige Auflösung des Kriminalfalls musste die Siegerin letztlich per Zufallsgenerator ermittelt werden. Diese wusste dann weder die richtige Lösung, noch war sie eine eingefleischte Zuschauerin der Serie; Fayla Gibson fand es reizvoller, den Geldpreis einzukassieren und auf eine Abbildung in der Serie zu verzichten.

1-800-Collect und Nestlé sind indessen nicht die einzigen Unternehmen, deren Produkte oder Dienstleistungen von den SIMPSONS beworben werden. Kinogänger erinnern sich vielleicht an einen THX-Spot mit Amerikas First Family, der auch in deutschen Lichtspieltheatern zu sehen war. Auch wenn man die mannigfaltigen Joint-Ventures im Merchandise-Bereich ausblendet, muss man weitere Werbeauftritte nicht an den Haaren herbeiziehen: Pepsi, Burger King, Western Airlines und eine portugiesische Bank sind nur einige Beispiele. Die SIMPSONS sind längst selbst zu Marketing-Monstern geworden, garantieren sie doch Aufmerksamkeit bei der von Verkaufsstrategen und Unternehmen gleichermaßen heiß begehrten Zielgruppe der Konsumentinnen und Konsumenten unter 40.

Aber auch der Fernsehsender FOX und die Macher der Serie profitieren von den Spots mit Bart & Co.: Jedes Commercial *mit* den SIMPSONS ist immer auch ein Commercial *für* die SIMPSONS, verweist werbend auf die nach zehn Jahren immer noch zur Primetime ausgestrahlte Comic-Comedy. Das 1-800 Collect-Gewinnspiel sorgte beispielsweise dafür, dass das Interesse an den SIMPSONS auch während der turnusmäßigen Unterbrechung der Serie nicht abebbte. Daher verwundert es nicht, dass die Macher der Serie oft selbst den ersten Schritt tun, und von sich aus Firmen zwecks einer Zusammenarbeit ansprechen. Sabrina Ironside, eine der FOX-Marketing-Verantwortlichen, sagte der *Dallas Morning News*, dass dies bei mindestens der Hälfte der Werbeauftritte der SIMPSONS der Fall war.

Für den Zuschauer sind die Commercials aber in erster Linie zusätzliche Installationen der Show, nichts anderes als unterhaltsame Mini-Episoden der SIMPSONS. Ein weiteres kommerzielles Kleinod amerikanischer Unterhaltungskultur ist ein Spot,

---

4   Siehe auch: Marsh, Jason: Who Shot Mr. Burns? The Simpsons new season opens with a bang, The Brown Daily Herald, 29.09.1995.

der für den Computerchiphersteller Intel mit Streuseln wirbt.[5] In der SIMPSONS-Folge *Neutronenkrieg und Halloween* (*Treehouse of Horror VIII, The Homega Man*) war die Aufschrift „Intel Inside" auf einer High-Tech-Neutronenrakete zu sehen, deren Einschlag in Springfield einen gruseligen „Kollateralschaden" verursacht: die Kleinstadt wird zum Zombiedorf. Vermutlich fand man das auch bei Intel so witzig, dass man einen eigenen SIMPSONS-Spot bestellte. Heraus kam *Homer's Smarter Brain*. Nach dem Verzehr von Gratis-Donuts („mit Streuseln!") lässt sich Homer einen Intel-Prozessor einsetzen. Dadurch wird er auf einen Schlag so klug, dass er als College-Professor arbeiten kann. Seinen Studenten erklärt er dann allerdings, wie man mithilfe eines Computers mit Intel-Prozessor einen XXXL-Donut realisieren kann. Riesen-Donuts gibt es also doch nur in der Werbung – schade eigentlich.

3. Der kleine Homerladen: Puppen, Shirts und Pez-Dispenser

Armageddon 3000. Ein gigantischer Müllhaufen aus dem Weltraum droht, die Erde unter stinkendem Restmüll menschlicher Zivilisation aus dem Jahr 2000 zu begraben. Fry, Leela und Bender, unerschrockene Nachfahren Bruce Willis', fliegen dem Unheil entgegen. Als sie auf dem Müllme-

teoriten landen, sieht man, was da die Erde bedroht: Kulturindustrieschrott aus dem letzten Jahrtausend. Bart Simpson-Puppen liegen gleich haufenweise herum und höhnen der drohenden Apokalypse, wenn man ihnen per Aufziehmechanismus neues Cartoonfigurenleben einhaucht: „Eat my shorts!"

Das selbstreflexive Zukunftsszenario findet sich in einer der ersten Folgen von FUTURAMA, der neuen Zeichentrickserie von SIMPSONS-Erfinder Matt Groening. Schon seit längerem bringt inzwischen auch FUTURAMA eigene Fanartikel auf den Markt. Man braucht jedoch nur das gelbe Merchandise-Imperium der SIMPSONS zu betrachten, um zu ahnen, dass sich die Zukunft noch auf ganz andere Müllberge gefasst machen darf. Bart grinst nicht nur als

---

5   Siehe dazu: Goldfisher, Alastair: Intel plants new brain in Homer, Silicon Valley/San Jose Journal, 09.11.1998.

Puppe den Fans entgegen. Längst gibt es Bart-Phone, Marge-Shampoo und Homer-Fußabtreter.

Bereits seit dem Start der Serie vor zehn Jahren ist Merchandise zentraler Bestandteil der SIMPSONS-Welt.[6] Schon 1990 hatte das Merchandise-Geschäft der gelben Aufklärer ein Volumen von 750 Millionen US-Dollar. 70 Millionen nordamerikanische Bäuche steckten nach dem ersten Jahr der Serie in T-Shirts mit den Konterfeis von Amerikas First Family. Besonders attraktiv wurde die Vermarktung für den Handel durch das große Interesse breiter Altersgruppen. Kinder lieben die lustigen gelben Figuren, Teenies den respektlosrebellischen Gestus von *Underachiever* Bart, und für alle anderen ist das postmoderne Zeichenspiel intelligente Unterhaltung, die ganz einfach Spaß macht. Dieses Potenzial wurde auf dem Merchandisemarkt genutzt. „Unsere Strategie ist ganz klar, nicht nur ein Kinderprodukt zu machen, sondern auch ein Erwachsenen-

ding", erklärt Rosanna McCollough aus der Marketingabteilung von 20th Century Fox. Dabei verlief die Entwicklung von Serienplot und Merchandise-Geschäft parallel. So verschob die stärkere Berücksichtigung des erwachsenen Publikums das Zentrum des Episodengeschehens von Jugendidol Bart Simpson zu Couchpotato-Popstar Homer Simpson. Gleichzeitig lief Homer seinem Sohn nach und nach auch bei den Fanartikelverkäufen den ersten Rang ab.

1990 jedoch zierte noch Barts Kopf die meisten der verkauften Hemden. Besonders ein Motiv wurde berühmt: „Underachiever and proud of it!" Als Amerikas Schulkinder aus den Sommerferien mit SIMPSONS-Kleidern, -Stiften und -Rucksäcken in die Schulen zurückkehrten, verbannten einige Direktoren die Bart-Shirts aus den Klassenräumen. Versagen und auch noch stolz darauf sein, ist mit dem amerikanischen Ausbildungsideal nicht zu vereinbaren. Den Verkaufszahlen tat das keinen Abbruch. Auf dem Höhepunkt des Verkaufsbooms sollen allein in den Vereinigten Staaten eine Million SIMPSONS-Shirts pro Woche verkauft worden sein. Dieser erste Boom war jedoch nicht von langer Dauer. Fox beging bei der Lizenzvergabe für die Fanprodukte einen gravierenden Fehler: Der Markt wurde überschwemmt. Die Nachfrage in den USA war bald gesättigt und schon 1992 brach das Merchandise-Geschäft ein. Obwohl Matt Groening das Bild der Ninja-Turtles, bei denen, wie er selbst feststellte, am Schluss nur noch das Marketing selbst vermarktet wurde, vor Augen hatte, entgingen auch die SIMPSONS dem Schicksal des vorigen MerchandiseB-estsellers nicht. SIMPSONS-Produkte verschwanden zwar

---

6   Zum Simpsons-Merchandise siehe: Karon, Paul: Merchandising madness to milk major mass appeal, Variety, 23. April 1998. Zu finden unter: http://snpp.com/other/articles/merchandising.html; LaRue, William: The Big Picture (2000) und folgende Seiten: ; McClellan, Jim: The Yellow Peril, The Face Vol. 2 No. 30, March 1991; Eine recht ausführliche SIMPSONS-Merchandise-Geschichte findet sich unter: http://tomacco.hypermart.net/merchandise.htm

nie vollständig vom Markt, sammelwütige Fans aber klagten im Internet über die frustrierende Suche nach neuen Souvenirs aus Springfield.

Zu diesem Zeitpunkt hatte das Marktimperium der Cartoon-Philosophen bereits beachtliche Ausmaße. In über 50 Länder, von Island bis Simbabwe, waren die SIMPSONS schon 1991 verkauft. Gerade auch auf dem ausländischen Markt hatten die Merchandise-Stars einen sensationellen Erfolg. In Japan häuften sich bereits die Fanartikel in den Regalen, als die Serie noch überhaupt nicht angelaufen war. Und auch in England kannte schon jeder die Familie aus Springfield von Zeitschriftencovern, T-Shirts und Joghurtbechern, als die von BSkyB ausgestrahlte Serie erst 2,3 Millionen englische Haushalte erreichte und so nur von den wenigsten gesehen werden konnte.

Heute gibt es Springfield fast überall auf der Welt. Die SIMPSONS sind Popkapitalismus pur. Die Globalisierung der Marke gehört dazu. „Die Bekanntheit der Show und ihrer Charaktere im weltweiten Popkulturbewusstsein zu steigern", ist das erklärte Ziel der Fox-Marketingabteilung. Ob diese Bekanntheit und damit der Marktwert der Serie über die Show selbst erreicht wird oder über die Präsenz der Figuren in Medien und Alltag ist dabei zweitrangig. Die SIMPSONS sind nicht nur Fernsehserie, sie sind Ikonen der Gegenwartskultur. Jeder kennt „die kleinen Gelben da", auch wenn er noch nie eine Folge gesehen hat. Die Marke ist auf dem internationalen Popindustriemarkt so bekannt wie Mickey Mouse.

Auch aus den Vermarktungsfehlern Anfang der neunziger Jahre hat Fox gelernt. Heute gelten strenge Richtlinien, nach denen Qualität und Quantität des Lizenzmarktes und aller anderen öffentlichen Auftritte der gelben Philosophen geregelt werden. Weniger ist mehr, heißt die neue Devise. Im Gegensatz zu den An-

fangsjahren wird heute sehr genau auf die Qualität der lizenzierten Produkte geachtet um eine Übersättigung des Marktes zu vermeiden. Ein 500 Seiten starker *style-guide* gibt eine genaue Beschreibung von 42 einzelnen Figuren der Serie und weiteren Standardbildern aus Springfield. Mit dieser 1998 entwickelten SIMPSONS-Bibel für Produktdesigner schreibt Fox den Lizenznehmern das exakte Aussehen der Merchandiseprodukte vor. Globale Gleichheit, die Identität der Charaktere ist garantiert.

Langweilig dürfte es den Fans so schnell nicht werden. Schon im ersten Jahr der Serie sollen über 600 verschiedene SIMPSONS-Fanartikel auf dem internationalen Markt erhältlich gewesen sein. Die gelbe Produktpalette erfüllt die Wünsche von Gelegenheitsfans ebenso wie die der Hardcoresammler. Das Medium Fernsehen genügte den Springfieldern dabei seit Beginn der Serie nicht. Schon 1991 gab es in den USA die erste Folge der SIMPSONS auf Video zu kaufen. Gleichzeitig erschienen bereits einige sehr erfolgreiche Bücher. Eine ganze Reihe sogenannter *SIMPSONS Fun Books* kamen innerhalb kur-

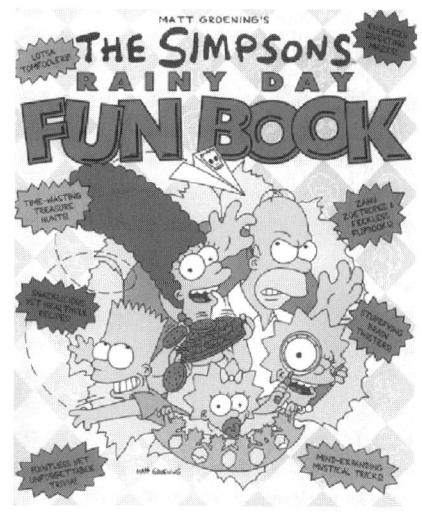

zer Zeit auf den Markt. Auch als Te-
tris-Ersatz spielte die Springfieldcrew ihre
Rolle gut. *The Simpsons: Escape From Camp
Deadly* hieß das erste Gameboyspiel im
Jahr 1991. Es folgten *Itchy and Scratchy in
Minigolf Madness*, *Krusty's Fun House* und
Bart and the Beanstalk. SNES und Sega zo-
gen mit Konsolenspielen nach, und auch
verschiedene hand-held-Videospiele erschienen. *Virtual Springfield* wuchs und
wuchs. Im gleichnamigen PC/Mac-Spiel
konnte der nimmermüde Fan 1997 dann
auf Erkundungstour durch die virtuelle
Stadt seiner Träume wandern, mit Ned
Flanders den Messiah-Watch-Channel
schauen und Mr. Burns im Atomkraftwerk besuchen. Auch gegenwärtig werden weiter fleißig neue Springfieldinstal-
lationen in Bits und Bytes auf den Markt
gebracht. Nach den zahlreichen Veröffentlichungen auf dem Videospielmarkt
der letzten zehn Jahre wurde Ende 2000
der Game Boy Color mit *The Simpsons
Treehouse of Horror* versorgt. Im Frühjahr
2001 kam endlich das bereits länger ange-
kündigte Playstation-Spiel *The Simpsons
Wrestling* auf den Markt – für Fans der So-
ny-Konsole ein echtes Bonbon: „Homer
meets Hulk Hogan" oder so ähnlich. Im
Springfielder AKW, in Moe's Taverne und
anderen 3-D-Szenarien kann der Spieler
mit seinen Lieblingshelden Wrestling
Special Moves, wie „Homers Strangula-
tor" oder „Barneys Duff-Wolken-Rülpser"
üben.

Auch im Musikgeschäft feierte die Car-
toon-Combo früh Erfolge. Schon 1990
veröffentlichte Geffen Records *The Simpsons Sing the Blues*. Der Ohrwurm „Do the
Bartman" schaffte es auch in Deutschland
in die Hitparaden. Bis Ende der Neunziger
kamen zahlreiche weitere CDs auf den
Markt, wobei die Alben hinsichtlich Qualität und Originalität sehr unterschiedlich
ausfielen: Witzige Soundtracks wie die
Songs in the Key of Springfield auf der einen
Seite, eher langweilige Produktionen wie
The Simpsons Sing the Blues auf der anderen
Seite.

Nur im Spielfilmformat sind die SIMP-
SONS bisher noch nicht zu sehen gewesen.
Zum von den Fans seit langem herbeige-
sehnten Kinogang der Fernsehstars äußert
sich Matt Groening ziemlich deutlich: Solange neue Episoden im TV-Format produziert werden, wird es die SIMPSONS nicht
auf großer Leinwand geben. Doch das
stimmt nicht ganz. Auch in deutschen

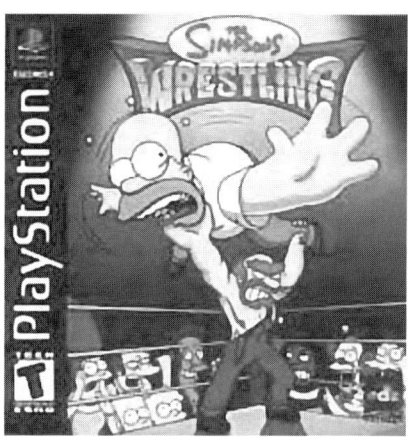

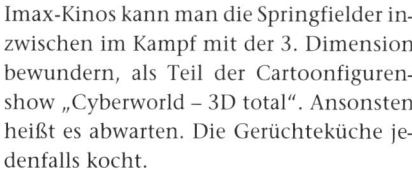

Imax-Kinos kann man die Springfielder inzwischen im Kampf mit der 3. Dimension bewundern, als Teil der Cartoonfigurenshow „Cyberworld – 3D total". Ansonsten heißt es abwarten. Die Gerüchteküche jedenfalls kocht.

Nicht nur medial sind die gelben Marketingstars omnipräsent. Bereits 1990 brachte Mattel die ersten SIMPSONS-Actionfiguren heraus. Die dreidimensionalen Verkörperungen der Cartoonfiguren wurden ein großer Erfolg. Den Humor der Se-

rie machte sich auch die Vermarktung zu eigen: „Buy us all – don't break up the family", mahnte Familienmutter Marge vom Packungsdeckel. Nachdem zunächst nur die fünf Familienmitglieder, Bartman und Nelson zusammen mit einer „Couch with ejector seat" die Comic-Puppenwelt erblickten, konnten sich die Fans schon bald weltweit mit immer neuen Puppenmodellen ihrer geliebten Stars umgeben. Den bisherigen technologischen Höhepunkt haben die 3-D-Springfielder im Jahr

dem Springfielder Friedhof. Noch interessanter ist eine andere Serie von fast 40 cm hohen Figuren die mittels Infrarottechnik und Mikrochips sogar miteinander kommunizieren können, wenn man sie nebeneinander stellt. Schreibtischfiguren von Bart und Homer dagegen reagieren auf den Computer und geben schräge Kommentare ab, wenn man ihn benutzt. Japanische Roboterhunde lassen grüßen.

2000 erreicht. Fast alle Charaktere der Serie gibt es inzwischen als interaktive Action-Figuren zu kaufen. Auch hier wieder die Parallelentwicklung von Fernsehserie und Merchandise: Während in den Serienplots die Nebencharaktere immer weiter ausgebaut werden, verschiebt sich auch der Figurenverkauf von den Protagonisten zu den Nebendarstellern. Nicht mehr Bart und Homer, sondern Grampa und Mr. Burns führen die Puppenverkaufslisten an. 2001 bekommen dann auch Ralph Wiggum, Bleeding-Gums Murphy, der Bumble-Bee Man und weitere Nebenfiguren der Serie eine Puppenexistenz. Die verschiedenen Figurenserien zeigen, was heute auf dem Merchandisemarkt technisch möglich ist. Die Firma Playmates produziert Actionsets mit Figuren, die sprechen, wenn man sie auf bestimmte Stellen der mitgelieferten Plastik-Szenarien bewegt. Zu den zahlreichen Sets von Kwik-E-Mart mit Apu bis Atomkraftwerk mit „Nuclear Homer" gab es zu Halloween 2000 sogar eine limitierte Sonderedition mit vier Charakteren aus den Halloween-Episoden auf

Produkte endlich auch auf den nicht-virtuellen Markt gebracht. Das Jubiläumsjahr wurde außerdem mit zahlreichen SIMPSONS-Events gefeiert. Höhepunkt war das „Simpsons Global FanFest" in Hollywood, bei dem neben 1000 Gewinnern eines Preisausschreibens auch Gaststars und Musikgrößen aus der Serie in Fleisch und Blut vertreten waren.

In der Geschichte des SIMPSONS-Merchandise gab es noch nie so viele neue und hoch elaborierte Fanprodukte auf einmal. Nur ein Rekord aus der Vergangenheit dürfte so schnell nicht gebrochen werden: Das SIMPSONS Haus in Lebensgröße gab es schon 1997. Das knallbunte Eigenheim als detailgetreue Replik des Vorbilds aus der Evergreen Terrace wurde in einer großangelegten Werbeaktion unter 15 Millionen amerikanischen Teilnehmern verlost. Die 63-jährige Gewinnerin durfte sich über ein neues Zuhause mit quietschbunten Möbeln und Homers Barbecue-Grill im Garten freuen.

Das Millennium-Jahr war insgesamt das bisher erfolgreichste Merchandise-Jahr für die postmoderne Philosophenfamilie aus dem Herzen von Amerika. „D'oh2k", wie Fans das Rekordjahr tauften, revolutionierte dabei nicht nur den Actionfigurenmarkt. In den USA durften sich Spiele-Fans neben ferngesteuerten SIMPSONS-Autos und Skateboard-Barts auch über eine Sonderedition des Gesellschaftsspielklassikers *Cluedo* freuen. Die Personen und Räume des Schlosses sind durch SIMPSONS-Charaktere und -Locations ersetzt worden. Und auch der zu lösende Kriminalfall ist natürlich nicht „Was geschah mit Graf Eutin?", sondern „Who shot Mr. Burns?" Für Brausetablettenlutscher gibt es die gelben Popaufklärer als Pez-Dispenser, Softdrink-Fans finden inzwischen auch an bundesdeutschen Tankstellen Krusty-Cola. Damit hat der Merchandise-Clown aus Springfield, der das Fanartikelgeschäft serienintern parodiert, seine

Angesichts des immensen Umfangs des gelben Merchandise-Kosmos, wird es inzwischen immer schwerer, sich Produkte vorzustellen, die noch nicht auf dem Markt sind. Was die Zukunft noch bringt, weiß sowieso nur FUTURAMA. Noch einmal zurück zu Fry, Leela und Bender. „Das war bereits Müll als es produziert

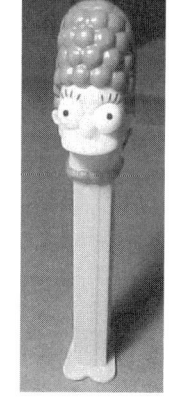

wurde", bemerkt Leela auf Frys Freude über den Fund der Bart-Puppen. Müll, der noch in eintausend Jahren die Fans erfreuen wird ...

4. Bongos, Dinos, Sideshow-Simpsons: Die 1001 Gesichter des Retro-Active Man

Auch Comicfiguren lieben Comics. Barts Lieblingscartoonfigur ist der Superman-Verschnitt *Radioactive Man* (RM). Der Homer Simpson nicht unähnliche strahlende Superheld taucht in mehreren Folgen der Fernsehserie auf. In *Drei Freunde und ein Comicheft* (*Three Men and a Comic Book*) gelingt es Bart gemeinsam mit Freund Milhouse und Klassenkamerad Martin den allerersten *Radioactive Man*-Band zu erstehen. 100 Dollar knöpft der namenlose Comic-Händler den Grundschülern dafür ab.

In Anbetracht der bereits beschriebenen Geschäftstüchtigkeit der SIMPSONS-Produzenten war es nur eine Frage der Zeit, wann es die SIMPSONS auch am Kiosk geben würde. Das dachte sich offenbar auch Matt Groening. Sein Editorial im ersten SIMPSONS-Comic-Heft begann er jedenfalls mit den Worten: „Ihr habt über Bart im Fernsehen gelacht. Ihr habt Bart-T-Shirts gekauft. Ihr habt die Bart-Videospiele gespielt. Ihr habt sogar den Bartman getanzt. Bart Bücher! Bart Puppen! Bart Aufnäher! Bart Drinks! Nimmt die massenhafte Gier nach SIMPSONS-Verrücktheiten denn gar kein Ende???? Yo Kids, willkommen zur ersten tollen Ausgabe der *Simpsons Comics.*"[7]

Testballon und Vorläufer war zuvor das Fanzine *Simpsons Illustrated* gewesen. Die vierteljährlichen Hefte enthielten Inter-

---

7   Zu den Simpsons Comics siehe: Chan, Vince: Bongo Comics (1997), Achim Reinschmidt, A guide to Bongo Comics (1996), http://www.snpp.com/guides/bongo.comics.html; LaRue, William: Comic Books and Bongo Reprints featuring the Simpsons (2001), http://members.aol.com/bartfan/comics.htm

views mit Sprechern und Produzenten, Fan-Zeichnungen und Informationen rund um die Serie. 1993 entstand dann die *Bongo Comics Group*, der Verlag, in dem die *Simpsons Comics* seither erscheinen. Der Name *Bongo* stammt von einem der beiden Kaninchen aus *Life In Hell*, Groenings wöchentlichem Cartoon, den inzwischen gut 250 Zeitungen weltweit drucken. In den Bongo-Comics tritt Groening jedoch nie selbst als Autor in Erscheinung, er beschränkt sich darauf als Supervisor zu wirken. Mit dem vollständig in seinem Besitz befindlichen Cartoonverlag erfüllte sich der SIMPSONS-Schöpfer aber einen Kindheitstraum. Starthilfe hat er dabei angeblich vom Comic-Konzern Marvel bekommen. Bongo soll zumindest die ersten 18 Ausgaben für Marvel produziert haben, allerdings ohne dass dabei das Marvel-Label auf oder in den Heften zu sehen war. Ein erstes Heft namens *Simpsons Comics and Stories* (#1) war jedenfalls 1993 bei der Welsh Publishing Group erschienen, einem Verlag an dem Marvel 51 Prozent der Anteile hält.

Im gleichen Jahr veröffentlichte Bongo in den USA die ersten Ausgaben von *Simpsons Comics, Bartman, Itchy & Scrachty* sowie *Radioactive Man*. Wenig später erschienen überdies die Miniserie *Krusty Comics* sowie ein einziges *Lisa Comic*. Die kleineren Reihen konnten sich jedoch nicht am Markt behaupten, sie wurden allesamt im Laufe des Jahres 1995 – zumindest vorübergehend – eingestellt. Das Bongo-Flagschiff *Simpsons-Comics* kommt dafür inzwischen monatlich in die Zeitschriftenregale.

Mittelpunkt der bisher fast 60 Ausgaben sind natürlich die Erlebnisse der amerikanischen Arbeiterklassenfamilie. Gegenüber der TV-Serie haben die gedruckten Stories den Vorteil, dass in ihnen die formalen Vorschriften außer Kraft gesetzt sind. Die Druckwerke ermöglichen so die Befriedigung der Fan-Nachfrage nach Verkomplettierung und Fortschreibung von Geschichten und Wendungen. Obendrein stehen sekundäre Figuren wie Professor Frink oder der Comic Book Guy (CBG) stärker im Vordergrund. Der CBG streitet in *Zensur und Zensuren* (*Sense and Censory*) gemeinsam mit Homer für Meinungsfreiheit in Comics. Frink wartet nicht nur in *Springfield im Frink-Wahn (The Great Springfield Frink-Out)* mit neuen Erfindungen auf, die den Alltag der Kleinstadt gehörig durcheinanderwirbeln.

Neben einer derartigen Titelstory enthalten die Hefte in der Regel ein bis zwei weitere Geschichten, die nicht selten komplett einem der sekundären Charaktere gewidmet sind. Diese Sideshow-Stories wirken in den US-Ausgaben durch die Flip-side-Cover gleichsam wie eigene Hefte. Neugierige Fans können sich beispielsweise an Geschichten wie *Den total abgefahrenen Abenteuern von Busman (The Gnarly Adventures Of Busman)* oder *Reverend Lovejoys Fegefeuer Comics (Reverend Lovejoy's Hellfire Comics)* erfreuen. Außerdem er-

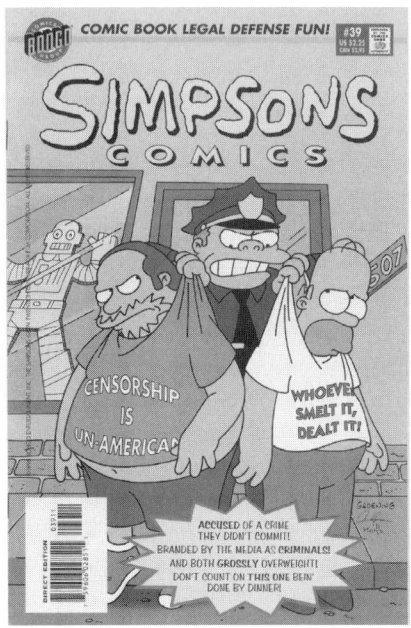

fährt man endlich, was sich wirklich bei *Apu's unglaublicher 96-Stunden*-Schicht (*Apu Nahasapeemapetilon's Kwik-E-Comics: Apu's Incredible 96 Hour Shift*), bekannt aus der Fernsehfolge *Apu der Inder* (*Apu and Homer*), abspielte.

Analog zur Fernsehserie gibt es in den USA seit 1995 ein jährliches *Bart Simpson's Treehouse of Horror*-Heft (*Bart Simpsons Horror Show*), das pünktlich zu Halloween erscheint. Die darin abgedruckten Bildergeschichten sind besondere Schmankerl, denn sie stammen aus den Federn illustrer Gastautoren. Die Damen und Herren lassen es entsprechend krachen: Der Zeichner und Autor Evan Dorkin (*Milk and Cheese*, *Superman*) brachte eine in Springfield angesiedelte Variante der BODYSNATCHERS zu Papier, die es in sich hat. Nicht nur die Referenzen an alle bisherigen Verfilmungen des Stoffs machen die *Invasion der Kör-*

perfresser (*The Immigration of the Body Snatchers*) zu einer der unterhaltsamsten Springfield Tales überhaupt. Ein Glanzlicht ist auch die von Sergio „MAD" Aragones entworfene Story *Der Tag des Xt'tapalataketel* (*Xt'tapalatakettle's Day*).

Die brandneue Retro-Reihe *Radioactive Man* ist indessen die ambitionierteste Bongo-Publikation.[8] 1991 war *Drei Jungen und ein Comic-Heft* in den USA ausgestrahlt worden. 1992 hatte Acclaim das Videospiel *Radioactive Man meets Bartman* auf den Markt gebracht. Ein Jahr später trafen die beiden in den *Simpsons Comics und Stories* erneut aufeinander. In der *Entstehungsgeschichte von … Bartman!! (Lo, There Shall Come … A Bartman!)* erfährt der Leser, dass Radioactive Man von Morty Mann erfunden wurde. Letzterer hatte sich aber einst von einem Verlag namens Boffo Comics über den Tisch ziehen lassen und für lum-

---

8   Eine gute Übersicht über das Universum des Radioactive Man bietet die Homepage: www.geocities.com/dh374/radio.html. Die beste deutschsprachige „Radioactive Man-Quelle" findet sich unter: http://www.asta.uni-essen.de/-simpsons/radioactive.html

pige 250 Dollar alle Rechte an RM verkauft. Verarmt und verbittert lebt Mann
nun in Springfields Altersheim, Tür an Tür
mit Grampa Simpson. Der RM-Reihe droht
derweil wegen schlechter Verkaufszahlen
das Aus: Der fiese Boffo-Chef Arnold Leach
will den atomaren Recken glanzvoll ster-
ben lassen und dann die Serie einstellen.
Doch Leach hat seine Rechnung ohne Bar-
tholomew J. Simpson gemacht. Von Radioactive Man inspiriert, verwandelt sich
Bart in Bartman. In dieser Gestalt schafft er
es nicht nur die vom fiktiven Boffo Verlag
geplante Einstellung seines Lieblingsco-
mics zu verhindern; ihm gelingt es gleichzeitig, Morty Mann als RM-Autor zu reha-
bilitieren.

Die real existierende Bongo Comic
Group brachte wenig später „Neuauflagen"
mehrerer RM-Ausgaben auf den Markt.
Noch 1993 konnten Fans es Bart gleichtun
und das in der Flimmerkastenfolge erwähnte allererste *Radioactive Man*-Heft erwerben.
Auf dem im Dunkeln leuchtenden Cover

stand als fiktives Erscheinungsdatum „November 1952". Von Erzähl- und Zeichen-
technik her ist das Heft eine überaus komische Parodie der Comics der damaligen Zeit,
gespickt mit zahlreichen subtilen Referenzen an *Hulk, Superman, Batman* oder *Captain
America*. Nagelneu „nachgedruckt" wurden
in den Jahren 1993 und 1994 weiterhin die
Hefte #88 (datiert auf: Mai 1962), #216 (August 1972), #412 (Oktober 1982), #679 (Januar 1986) und #1000 (Januar 1995). Alle
Bände parodieren den Stil von Superhelden-
comics aus der jeweiligen Zeit ihrer vermeintlichen Ersterscheinung. Als Running-
Gag fungieren dabei die Cameo-Auftritte
von Groenings Lieblingsbösewicht Richard
Nixon.

Kurz vor der Ausstrahlung der Folge
Filmstar wider Willen (*Radioactive Man*) erschien im Spätsommer 1995 ein übergroßes
RM-Spezialheft. Die auf den „Sommer
1968" datierte XXXL-Sondernummer war
eine Persiflage der in den 60er Jahren beliebten Sammelbände wie etwa der *Marvel Tales*.

Danach wurde es lange ruhig um den re-tro-aktiven Recken. *RM*#160 („Mai 1968")
erschien 1998 noch nicht einmal als eigener Band, sondern über vier Hefte der *Simpsons Comics* verteilt. Der „Irradiated Crusade" (Matt Groening) des homeresken Helden setzte sich außerdem auf den Sammelkarten der *SIMPSONS SkyBox Series* fort. Erst im De-zember 2000 wurde die Reihe wieder aufge-nommen und die vermeintliche 100. Jubi-läumsausgabe, datiert auf Mai 1963, „neu" aufgelegt. Der besondere Clou dabei ist ein achtseitiger Einband, der das „nachgedruck-te" Heft umgibt. Der CBG erklärt hierin Bart und Milhouse, wie wichtig gerade diese his-torische Ausgabe für Generationen von Co-micautoren war.

Wenig Gegenliebe findet RM unterdes-sen in der Berliner Republik. „Euer Comic

heißt doch SIMPSONS COMIC, und RM hat mit den SIMPSONS nicht viel zu tun," mo-kierte sich Leser Ulf Brauner in seinem Brief an die Herausgeber der deutschspra-chigen *Simpsons Comics.* Brauner fährt fort: „Probiert doch mal ein *Pinky&Brain* Comic mit *Superman* zu koppeln ... ob das jemand kauft?" Bei der Dino Entertain-ment AG hat man inzwischen Routine im Umgang mit der ständig wiederkehrenden Kritik am Abdruck von RM-Geschichten im deutschen Heft. Die von ihren Lesern neckisch „Dinos" genannten Redakteure erklären ein um das andere Mal die Zu-sammenhänge.[9]

Seit Ende 1996 bringt das Stuttgarter Unternehmen monatlich *Simpsons Comics* heraus. Was Umfang und Inhalt der ein-zelnen Hefte betrifft, so gleichen diese in

---

9   Zur Dino Entertainment AG und den deutschprachigen Ausgaben der Simpson Comics siehe: Maier, Angela: Mit Zeitschriften zur Fernsehserie von null auf hundertausend, Frankfurter Allge-meine Zeitung, 07.12.1999 und Schröder, Andreas: Dinos bringen SIMPSONS nach Frankreich, Stuttgarter Zeitung, 14.08.2000. Die kompakteste Webseite zu deutschsprachigen Simp-sons-Comics ist: http://www.tzi.de/~tokra/simcomic/index.html

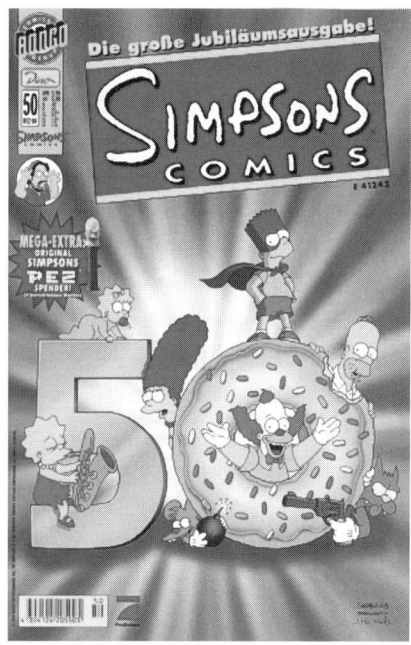

den seltensten Fällen den jeweiligen US-Originalen. Den „Dinos" gelingt es jedoch zumeist, die Springfield Tales besser und treffender ins Deutsche zu übertragen, als dies bei der teutonischen TV-Bearbeitung der Fall ist. So enthalten die Geschichten mitunter Spitzen gegen Pro 7 und Leo Kirch oder Anspielungen auf die CDU-Spendenaffäre.

Vorbildlich ist man in Schwaben in puncto Zielgruppenbetreuung: Vier „Gelbe Blätter" lang widmen sich die „Dinos" pro Ausgabe den Fragen der Fans. Einfühlsam wird Zwölfjährigen beschrieben, wie man Comic-Zeichner wird oder zum zwanzigtausendsten Mal die Frage beantwortet, wie Milhouse wirklich heißt. Daneben gibt es Rätsel, viel Platz für Fanzeichnungen, Infos zur Fernsehserie und mehrseitige Merchandisereklame. Das Konzept geht auf: Stolz verkünden die „Dinos", dass die Comic-Serie „bei uns" erfolgreicher ist als in den USA. Nach Angaben der Stuttgarter Zeitung verkaufte der Verlag im Jahr 2000

monatlich rund 200.000 Exemplare der *Simpsons Comics* in Deutschland, Österreich und der Schweiz. Einer Erhebung der Informationsgesellschaft zur Feststellung der Verbreitung von Werbeträgern (IVW) zufolge verbuchten die gelben Monatsblätter allein im Dritten Quartal 1999 Zuwächse um gut 52 Prozent. Das war damals die höchste Zuwachsrate unter Jugendzeitschriften überhaupt. Die Bravo verlor im selben Zeitraum 22 Prozent.

Während man sich bei Bravo und anderen Teenieblättchen noch fragt, wohin die Leser entschwinden, weiß die Dino Entertainment AG, wie der falsche Hase läuft. Der findige Fachverlag ist spezialisiert auf das Geschäft mit Fan-Magazinen und -Büchern zu populären Fernsehserien und schaffte es, mehrere derartige Hefte innerhalb kürzester Zeit auf eine Verkaufsauflage von über 100.000 Stück zu bringen. Als Kassenschlager erwies sich die Zeitschrift zur RTL-Serie *Gute Zeiten, Schlechte Zeiten*, von der mittlerweile fast eine halbe Million Exemplare im Monat abgesetzt werden. Gedruckt wird bei Dino grundsätzlich alles, was sich verkaufen lässt. Allerdings auch nur solange es Gewinn abwirft. Als im Herbst 2000 bekannt wurde, dass von *Batman* und *Superman* nur noch 6.000 bis 8.000 Exemplare abgesetzt werden konnten, beschloss Dino kurzerhand die prestigeträchtigen, aber defizitären Superheldenserien einzustellen.

Die SIMPSONS dagegen sind für den „Verlag zur Serie" gelbes Gold und werden es wohl auch noch eine Zeit lang bleiben. Neben den Monatsheften verkauft man nach dem Vorbild von Bongo auch Sammelbände mit mehren Geschichten der gelben Popstars. Weitere Einnahmen spielen die deutschen Versionen von Fanliteratur wie *Bart Simpsons Tips und Tricks für alle Lebenslagen* oder *Das unzensierte Familienalbum* ein. Das Unternehmen hat zudem Lizenzverträge für Merchandiseprodukte abgeschlossen, kann daher zusätz-

lich Begleitprodukte wie Tassen oder PEZ-Dispenser anbieten. Dino Entertainment hat mittlerweile auch damit begonnen, SIMPSONS-Heftchen auf den französischen Markt zu bringen.

Auf der anderen Seite des Atlantiks, im Büro von Bongo Comics in Los Angeles, knallten im August 2000 die Sektkorken. Der Anlass: Matt Groening konnte sich und seine Leserinnen und Leser zur fünfzigsten Ausgabe der amerikanischen *Simpsons-Comics* beglückwünschen. Wenige Monate später konnte auch hierzulande gefeiert werden. Zum Jubiläum klärte der SIMPSONS-Schöpfer in einem Comic höchstpersönlich über die Produktionsbedingungen ... *Im inneren von Bongo Comics!* (... *Inside Bongo Comics!*) auf. Der Mann, der „denkt wie ein Marxist, der alle schmuseweichen Lebensregeln außer Kraft setzt" (Der Spiegel), war dabei in Gestalt eines berittenen Cowboys zu sehen. Seine Betriebsführung ist gewohnt ironisch: „Solltest Du nicht arbeiten und die Moral der Jugend verderben?", fährt Groening einen Autoren an. Schwitzend vor Angst erwidert der Angestellte: „Ich verderbe so schnell ich kann, Mr. Groening, Sir!" Beim weiteren Gang durch die Heiligen Hallen wird auch der letzte Rest einer kreativen Aura zerstört: Anfangs habe man sich ja die Geschichten noch selbst ausgedacht, erklärt Groening, heute kommen die Ideen aus einem speziellen Computer. Vor dem „Plot-A-Tron" genannten Elektronenhirn steht dessen Schöpfer, Professor Frink. Auf Anordnung des Chefs verliest Frink das jüngste Kreativ-Output der Maschine: „Komik erzeugendes Objekt Homer verzehrt verdorbenen Lachs, während Simpson Sprößling #3 versehentlich in einem Einkaufszentrum vergessen wird."

Autor Gail Simone und Zeichner Phil Ortiz unterstreichen mit dieser Bildergeschichte, dass es sich (auch) bei den SIMPSONS-Comics letztlich um nichts anderes als industriell gefertigte Massenkulturprodukte handelt. Augen zwinkernd bekräftigt Bongo den eigenen Status als kulturindustrielles Unternehmen. Der eher mäßig witzige Plot aus Frinks Maschine ironisiert gleichsam die gelegentlichen Durchhänger bei den Springfield Tales.

Alles in allem bieten die Bongo-Publikationen für jede gelbsüchtige Nase etwas: Neugierige Fans werden mit den SIMPSONS-Comics inklusive jährlichem Horror-Special versorgt. Wirklich eingefleischte Anhänger können noch tiefer ins gelbe Paralleluniversum eintauchen und die retro-aktiven Abenteuer von Bart Simpsons liebster Cartoonfigur verfolgen. Allein die Kinder, einst die Hauptzielgruppe, waren im Laufe der Jahre etwas ins Hintertreffen geraten. Für die lieben Kleinen gibt es daher seit August 2000 ein vierteljährlich erscheinendes Heft namens *Bart Simpson Comics*. Die Gags und Geschichten darin sind genauso wie Schriftgröße und Textmenge speziell auf das junge Publikum zugeschnitten.

Wahre SIMPSONS-Sammler hingegen lassen sich keine der gedruckten Fassungen entgehen. Und auch Bart weiß Comics als kulturelle Konsumgüter und Wertanlagen zu schätzen. Als ihm der CBG in *Drei Jungen und ein Comicheft* die erste RM-Ausgabe anbietet, seufzt er: „Bis jetzt wusste ich nicht, wieso Gott mich in diese Welt geschickt hat. Aber jetzt wird's mir klar: um dieses Comic-Heft zu kaufen."

5. Duff Australia präsentiert: Black Bart vs. the holy Copyright

Trina Kubeck sitzt auf ihrem Sofa. Viel Platz hat sie nicht. Um sie herum sprechende Bartpuppen, Homerkeksdosen, bunte Lisatrinkbecher und mehrere tausend weitere Fanartikel aus Springfield. „Bart Lady", wie sie von ihren Freunden genannt wird, zeigte

in der US-Fernsehsendung „The Collectibles Show" ihr ersammeltes Springfield. Über 10.000 verschiedene Produkte hat die SIMPSONS-Supersammlerin in jahrelangem Fanleben in ihrem Haus zusammengetragen.

Und sie ist keineswegs eine einsame Freakfigur. Tausende SIMPSONS-Sammler diskutieren ihr gelbes Hobby auf eigenen Collectors-Seiten im Internet, kaufen, tauschen und ersteigern seltene Devotionalien ihrer Lieblingsfamilie bei eBay, in Newsgroups und auf Sammlermessen.[10] Preisführer wie der *Unauthorized Guide to the Simpsons Collectibles: A Handbook and Price Guide*, geben Einsteigern einen Überblick über das weite Feld der angebotenen Produkte und informieren Profifans über den aktuellen Marktwert ihrer Sammlung. Das ökonomische Potential ihres Hobbys ist für viele Sammler ein nicht zu unterschätzendes Motiv der Leidenschaft. „Will it send your kids through college?" fragt man auf der Internetseite *Collecting Simpsons!* und warnt gleichzeitig vor der unkalkulierbaren Preisentwicklung auf dem Sammlermarkt. Während seltene Produkte aus den Gründerjahren Springfields heute schon für dreistellige Dollarbeträge gehandelt werden, sind zukünftige Wertsteigerungen noch nicht abzuschätzen. Besonderen Sammlerwert haben vor allem die frühen Fanartikel. Weil in den ersten Jahren der Serie noch kaum jemand an Sammeln dachte, landeten die meisten Merchandise-Produkte in den Kinderzimmern, wo sie entsprechend genutzt wurden. Kaum mehr aufzutreibende unbeschädigte oder gar originalverpackte Produkte aus dieser Zeit erzielen heute Höchstpreise auf dem Markt.

Zum Massenphänomen wurde das gelbe Sammelhobby Ende der neunziger Jahre. Trotz des enormen Erfolges von Serie und Merchandise-Geschäft entwickelte sich der

---

10   Zu SIMPSONS-Sammlern und –Sammeln siehe.: LaRue, William: *Collecting Simpsons!*, http://members.aol.com.bartfan/features.htm

Sammlermarkt zunächst nur langsam, und auch die Medien schenkten dem Thema kaum Beachtung. Erst als 1998 dann nicht nur Trina Kubeck als Vorzeigesammlerin im Fernsehen porträtiert wurde, sondern auch diverse Artikel zum Thema in Spielzeug- und Sammlermagazinen erschienen, hatte sich das SIMPSONS-Sammeln endgültig etabliert. Auch Groening erzählte in Interviews von seinem „all Simpsons" Gästezimmer mit SIMPSONS-Lampen, -Bettwäsche, und -Handtüchern. Inzwischen habe er aber einen Großteil der Gegenstände verschenkt oder an seine Kinder verloren. So ist sein kleines Privatmuseum schon lange nicht mehr vollständig.

Devotionaliencharakter haben für orthodoxe SIMPSONS-Sammler nur Gegenstände, deren Authentizität als Teil der „echten" SIMPSONS-Welt garantiert ist. Die Originalverpackung ist für den Sammlerwert ebenso entscheidend wie die Autorisierung des Herstellers als lizenzierter Produzent. Die Signatur Matt Groenings markiert auf dem unübersichtlichen Markt die SIMPSONS-Originalprodukte. Das Copyright für die gelben Popaufklärer hat 20th Century Fox. Es soll nicht nur dem Konzern die alleinige Verwertung des Kulturphänomens sichern, sondern ordnet auch die kaum zu überschauende Palette der Produkte nach Original und Kopie. Während für den Sammler solche Komplexitätsreduktion unabdingbar ist, entzieht sich Springfield als Kunstprodukt der Postmoderne längst der Kontrolle durch Kategorien wie Autor oder Eigentümer. Bootlegging, der illegale Handel mit Raubkopien, ist auf dem SIMPSONS-Markt ein weit verbreitetes Phänomen.

Ein besonders interessantes Beispiel für das Eigenleben der gelben Popstars auf dem schwarzen Markt war bereits 1990 zu beobachten: „Black Bart", das afroamerikanische Double von Bart Simpson. Was auf dem autorisierten Markt nicht möglich ist, bereitet den illegalen Fortschreibungen des Springfieldkosmos keine Probleme: die Erweiterung und Änderung der vorgeschriebenen Identitäten. Im ersten Erfolgssommer der Serie boomte nicht nur das offizielle Merchandise-Geschäft in den USA, auch die nicht lizenzierte Produktion erzielte Rekordverkäufe. Höchste Popularität erreichte eine Reihe von T-Shirts, die Bart mit schwarzer Hautfarbe zeigten. Verschiedene Identitäten des schwarzen Springfielders waren nach kurzer Zeit überall in den Vereinigten Staaten verbreitet. „Rastabart" mit Dreadlocks und grün-gelb-rotem Stirnband war ebenso zu sehen, wie Basketballer „Air Bart" oder der rauchende „Bart Marley" mit Joint in der Hand: „Smoke de herb man!"

Vielfach bediente sich Black Bart auf den T-Shirts auch dezidiert politischer Rhetorik. „Apartheid No!" und „My Hero!" propagierte der schwarze Springfielder an der Seite von Nelson Mandela. Die nicht lizenzierten Fortschreibungen der Cartoonfamilie nahmen damit kritisch Stellung zum Apartheidsregime in Südafrika. Während die Copyright geschützten Fernseh-SIMPSONS trotz Apartheid ans rassistische Südafrika verkauft wurden, bot der unkontrollierte Bootleg-Markt die Möglichkeit, eine andere politische Position zu beziehen und somit auch indirekte Kritik an der affirmativen Verkaufspolitik des SIMPSONS-Konzerns Fox zu üben. Matt Groening verteidigte seine beschränkte Autorenrolle angesichts der unsensiblen Geschäftsführung des Senders: „Ich habe den Leuten gesagt, ich hätte lieber, wenn die Show nicht dorthin verkauft würde. Aber was kann ich machen? Nicht ein einziges Hollywood-Studio unterstützt den kulturellen Boykott."

Das politische Potenzial von Black Bart beschränkte sich jedoch nicht auf die Rolle des Anti-Apartheidskämpfers. Ein anderes Motiv zeigte ihn mit seiner Steinschleuder vor den Umrissen des afrikanischen Kontinents: „It's cool being black! – We are all brothers and sisters so live in unity, love and peace." ist das T-Shirt überschrieben. Mehr noch als im Rollenspiel mit Figuren wie „Air" Jordan, Rastafari oder Black Mus-

lim, wird hier die identitätsstiftende Funktion des Kulturphänomens deutlich. Die Käufer der Shirts waren größtenteils afro-amerikanische US-Bürger. Der rebellische Springfielder war auf dem Bootleg-Markt zur schwarzen Identifikationsfigur geworden.

Black Bart wurde auch in den Medien breit rezipiert. Nicht nur in *New York Times* und *Newsweek* wurde über den schwarzen Revoluzzer-Popstar berichtet, 1993 widmete das *Journal of Popular Culture* der interessanten Erscheinung postmoderner Ikonographie einen Aufsatz aus kulturwissenschaftlicher Perspektive.[11] Der Autor interpretiert die Bootlegs als Aneignungs- und Umcodierungsstrategie eines Massenmedienphänomens durch Angehörige afroamerikanischer Minoritäten. Erfinder und Produzenten der Black Bart-Shirts waren jedoch nicht schwarze Amerikaner, sondern vielmehr Menschen aus einer anderen Minderheit. Auf dem Billigmodemarkt tätige koreanische Immigranten brachten für sechs bis zehn Dollar immer neue Varianten der Hemden auf den Markt. An der Funktion des Phänomens ändert dies nichts. Die neuen multiplen Identitäten des Protagonisten erweitern das kreative und potentiell subversive Potenzial Springfields. Die Figur Barts erlaubt Zuschreibungen weit über die Intention der Macher hinaus. Das Figurenspektrum des gelben Mikrokosmos erweitert sich. Das Massenmedienprodukt erlaubt die Umcodierung der Charaktere und kann so in den Diskurs verschiedener gesellschaftlicher Gruppen integriert werden. Die möglichen Rollenspiele gestatten dabei allerdings nicht nur die politisch engagierte, kritische Stellungnahme. Die Aneignungspraxis kann dem aufklärerischen Impetus der Springfielder Arbeiterfamilie sogar völlig zu wider laufen. So erschienen wäh-

11   Parisi, Peter: „Black Bart" Simpson: Appropriation and Revitalization, in: Commodity Culture, Journal of Popular Culture, vol. 27, no. 1 (Sommer 1993), S. 125–142.

MIDDLE EAST CRISIS
The day when Bart got really pissed off !...

rend des Golfkriegs T-Shirts, die Bart als
Rambo zeigten. Das Motiv präsentierte einen kriegslüsternen Army-Bart, der Sad-
dam Hussein an die Kehle geht und droht:
„I'm your worst nightmare."

Das Aneignungsphänomen ist zugleich ein Enteignungsphänomen, zumindest nach geltendem Urheberrecht. Auf
die illegalen Black Bart-Bootlegs angesprochen äußert sich Matt Groening ambiva-
lent. „Du hast einfach gemischte Gefühle,
wenn du abgezogen wirst", sagt er in einem Interview. SIMPSONS-Kanal Fox reagierte geschäftstüchtig postmodern auf die
Merchandise-Plagiate. Der Sender legte
True Colors, eine vornehmlich an afroamerikanische Zuschauer gerichtete Serie,
Sendeprogramm direkt hinter die SIMP-
SONS. In der Werbung zur neuen Pro-
grammkombination tanzt Bart neben dem
jungen schwarzen Helden von *True Colors*
und nennt ihn: „My Idol!"

Weitaus witziger ist die selbstreflexive
Comicantwort von SIMPSONS-Erfinder
Groening auf die Merchandise-Bootlegs.
In seiner Comicserie „Life in Hell" zeich-
nete er 1990 den Cartoon „Akbar & Jeff

T-Shirt Hut", in dem die beiden Co-
mic-Figuren Akbar und Jeff ihre eigenen
schwarzen Bootleg-Shirts verkaufen. Die
Designs nehmen direkten Bezug auf die
Black Bart-Motive: „Air Akbar", „Blakbar
& Jeff" und „Akbar & Jeff go funky reg-
gae". Unter dem Cartoon heißt es: „War-
nung: Wir werden alle Bootlegger unserer
Bootlegs verfolgen."

"How to Go to Hell © 1991 by Matt Groening. All Rights Reserved. Reprinted
by permission of HarperPerennial, a division of HarperCollins, Publishers, NY."

Während es den Reaktionen auf die
Copyrightverletzungen auf dem Mode-
markt nicht an Humor mangelte, kontrolliert 20th Century Fox das Urheberrecht
normalerweise eher weniger witzig. Nicht
nur diverse Fanseiten im Internet mussten
aus Copyrightgründen von den Servern
genommen werden. In Australien kam es
zu einem größeren Rechtsstreit, als 1996
eine Brauerei ein Bier mit dem Namen
Duff auf den Markt brachte.[12] Die Anwälte
des Medienriesen Fox sahen darin eine un-
rechtmäßige Bezugnahme auf Homers
Lieblingsgerstensaft. Der südaustralische
Bierhersteller suggeriere mit dem Namen
das Einverständnis der Cartoonproduzen-

---

12   Zu Copyright-Prozessen in bezug auf Web-Seiten siehe: http://www.ananova.com/entertain-
      ment/story/sm_53228.html Zum Duff-Prozess vgl.: *The Herald-Sun* Melbourne, Australien unter
      http://www.labyrinth.net.au/~kwyjibo/articles/article08a.html

vorsitzende zugunsten von 20th Century Fox. Die Verwendung des Namens *Duff* sei irreführend und verstoße somit gegen geltendes Gesetz. Verkauf und Promotion des australischen Homer-Biers mußten umgehend gestoppt werden. Das heilige Copyright hatte gesiegt.

Springfield ist ein globales Dorf. In immer neuen Installationen, legalen wie illegalen, erscheint es auf dem Markt. Auf der einen Seite schreibt sich die Serie als autopoetisches Kulturphänomen selbst unablässig fort. Gerade der nicht autorisierte Fanartikelmarkt bietet verschiedensten Gruppen die Möglichkeit von intertextueller Bezugnahme, von Aneignung und Modifikation des gelben Universums. Auf der anderen Seite steht die Gewinnerwartung des Mediengiganten 20th Century Fox. Das selbstreflexive Spiel mit Identitäten, Marketing und Copyright darf den Rahmen des Geschäftsinteresses nicht verlassen. Ausbrüche werden sanktioniert.

SIMPSONS-Papa Matt Groening freut sich derweil über jede verkaufte Lizenz. Das illegale Leben seiner selbständig gewordenen Sprösslinge fasziniert ihn jedoch auch. Zumindest als Sammler. In einem Interview gestand er, selbst stolzer Besitzer eines Kastens australischen Duff-Biers zu sein. Der ungeöffnete Kasten soll heute 2.000 Dollar wert sein.

ten. Die Klage des Medienkonzerns entbehrt nicht einer gewissen Ironie. Gerade die in der Serie für Homer immer wieder unwiderstehliche Duff-Bier-Reklame ist satirischer Verweis auf die Funktionsmechanismen von Produktmarketing. So verwiesen die Brauereivertreter zu ihrer Verteidigung dann auch auf den ironischen Umgang mit Markenprodukten und ihrem Marketing in der Fernsehserie. Fox-Anwalt David Catterns stimmte zu: Es sei wirklich ausgesprochen postmodern, dass die SIMPSONS vor Gericht zögen, um die Marketingrechte eines Produktes zu verteidigen, das Marketing parodiere. Richter Brian Tamberlin sprach weniger postmodernes Recht. Die Brauerei hatte argumentiert, sie sei, ohne von dem gleichnamigen Produkt in Springfield gewußt zu haben, zufällig auf den gleichen Namen gekommen. Nachdem diese Version im Kreuzverhör zusammenbrach, entschied der Gerichts-

6. Kulturindustrie and proud of it!

Ob als Fernsehserie, Werbeclip, Merchandisefiguren oder Comicheft, in den endlosen Variationen ihrer Erscheinungen sind sich die gelben Philosophen ihrer primären Funktion immer bewusst: Sie sind Ware, Kulturprodukt, zum Verkauf bestimmt. Das subversive Spiel zur Prime Time ist den kleinen Popphilosophen nur deshalb möglich, weil die Quote stimmt. Die SIMPSONS sind Aufklärung zu den Bedingungen der Kulturindustrie. „[...] daß Kunst ihrer eigenen Autonomie abschwört, sich stolz unter die Konsumgüter einreiht"[13], war für Adorno und Horkheimer ein Merkmal der industriellen Kulturproduktion. Autonom sind die SIMPSONS nicht. Das wissen sie. In der fiktiven Doku-Episode *Hinter den Lachern* (*Behind the Laughter*) erläutert die SIMPSONS-Familie, wie sie ihren eigenen Ausverkauf erlebte. Doch was bei Horkheimer und Adorno als Bankrotterklärung autonomer Kunst verstanden wird, ist bei den postmodernen Aufklärern aus Springfield Teil der subversiven Strategie. Eben das Bewusstsein der eigenen Bedingtheit, die Reflexion der Abhängigkeit von Marktgesetzen und Geschäftsinteressen erlaubt ihnen, das System satirisch zu hinterfragen. Kulturindustrie und stolz darauf!

So weit, so subversiv. Die Reflexion von Marktbedingtheit und subversivem Potenzial des Kulturphänomens verlangt weitere Differenzierung. Mit der Etikettierung SIMPSONS ist keineswegs immer das gleiche gemeint. Bereits auf der Ebene von Produktion und Entstehung kann man zumindest drei Positionen unterscheiden: Matt Groening und sein Autorenteam als „Erfinder" und Produzenten der Philosophenfamilie, Medienkonzern 20th Century Fox als Eigentümer und Organisator der massenhaften Reproduktion sowie das Publikum als Konsumenten und potenzielle Fortschreiber des SIMPSONS-Universums.

Autoren, Reproduzenten und Konsumenten der SIMPSONS sind Teile des industriellen Produktionszyklus.[14] Schon zwischen SIMPSONS-Erfinder und SIMPSONS-Eigentümer gibt es teilweise deutliche Differenzen. Groening muss sich nicht selten dem Geschäftsinteresse von 20th Century Fox beugen. Nicht nur den Verkauf der Se-

rie ans rassistische Südafrika musste er hinnehmen. In einem Interview beschrieb er seine begrenzten Möglichkeiten der Einflussnahme auf die Vermarktung der Sendung: „Ich versuche, den Jungs mit den Zigarren klar zu machen, dass es in ihrem eigenen Interesse ist, die Show oben zu halten und sie nicht auszunutzen und zu Grunde zu richten. Manchmal habe ich Erfolg, manchmal nicht."[15] Als der Fernsehsender die kurzlebige Serie *The Critic* in einer Crossover-Folge mit den SIMPSONS (*Springfield Film-Festival/A Star is Burns*) ins Programm einführte, verweigerte Groening die Nennung seines Namens im Abspann. Er nennt eine solche Instrumentalisierung der Sendung eine „Vergewaltigung des SIMPSONS-Universums". Der Alt-68er mußte sich im gleichen Interview dennoch die Frage gefallen lassen, ob er nicht nachts manchmal schweißgebadet aufwache, weil er mithelfe, den rechten Medien-Mogul Rupert Murdoch noch reicher zu machen. Wenn Groening antwortet, es gebe eben keine Studios, in denen alle nett und wunderbar seien, verweist dies auf die Bedingungen der Möglichkeit einer Serie wie den SIMPSONS. Die kreative Beziehung zwischen Produzenten und Konsumenten, zwischen „Autoren" und Publikum wird dabei trotzdem nicht vollständig aufgehoben. Matt Groening wird nicht müde zu unterstreichen, dass für ihn bei der SIMPSONS-Produktion seine Beziehung zum Zuschauer im Vordergrund steht. Dazu dienen nicht zuletzt die im eigenen Bongo-Verlag produzierten SIMPSONS-Comics.

Die massenhafte Reproduktion jedoch organisiert noch immer in erster Linie der

---

13   Horkheimer/Adorno, 1991, S.166.
14   Zum Begriff der immateriellen Produktion siehe: Lazzarato, Maurizio: Verwertung und Kommunikation. Der Zyklus immaterieller Produktion, in: Atzert, Thomas (Hg.): Umherschweifende Produzenten. Immaterielle Arbeit und Subversion, Berlin 1998, S. 53-65.
15   Paul, Alan: Life in Hell. An interview with Matt Groening, Flux Magazine, Issue #6, September 30, 1995. Interview mit Matt Groening, zu finden unter: http://www.snpp.com/other/interviews/groening95.html

Fox-Konzern, nach den Kriterien von Effizienz und Gewinnmaximierung. Fox hat aber nur bedingt Einfluss auf den Inhalt des kulturellen Produkts. Die kapitalistische Aneignung der SIMPSONS geschieht vor allem durch die Vermarktung der lustigen Philosophen. Von den Verwertungen der Springfielder im Merchandise oder in der Werbung profitieren nicht nur die Lizenznehmer, denen es so gelingt, ihren Produkten eine attraktive kulturelle Dimension zu geben. Immer verdient auch Fox mit. Dazu standardisiert der Medienkonzern die SIMPSONS-Produkte und versucht sie weitestgehend zu kontrollieren. Bereits 1990 verklagte das Unternehmen rund 150 Firmen und Einzelpersonen wegen Verletzung des Copyrights. Für Fox macht es keinen Unterschied, ob die SIMPSONS von dritten umcodiert werden, eine Brauerei ohne Genehmigung mit ihnen wirbt oder übereifrige Fans zu viele Bilder aus Springfield ins Internet stellen. Alle drei Vorgänge stellen Angriffe auf die Gewinnmaximierung des Unternehmens dar. Einmal mehr zeigt sich, dass das Copyright vor allem dazu dient, die Pfründe der Kulturindustrie zu sichern. Bei Fox ist man sich derweil bewusst, welchen Vorteil es hat, die subversive Serie zu besitzen. Gerade der subtil-anarchische Humor ist es, der die SIMPSONS zum Kassenschlager macht. Die Systemkritik bringt das Geld.

Bei der Produktion der SIMPSONS als Kulturphänomen hat neben dem Autorenteam und Fox auch das Publikum, an das sich Groening & Co. wenden, eine wichtige Funktion. Zunächst ist ein konsumierendes Publikum als Adressat der SIMPSONS konstitutiver Bestandteil der Entstehung der Serie. Die Konsumption wird produktiv: Sie gibt den SIMPSONS ihren Platz in der gesellschaftlichen Kommunikation und ermöglicht so deren Weiterleben und Entwicklung. Sie schafft den Markt für weitere Installationen wie Merchandise, Comichefte und Werbeclips.

Darüber hinaus zeigen Aneignungen und Fortschreibungen des Springfield-Universums wie im Fall von Black Bart, dass die SIMPSONS längst postmodernes Kulturgut sind. Viele Menschen können daran teilhaben und es für unterschiedlichste Interessen nutzen. So bleibt ein unberechenbarer Rest. Das tendenziell emanzipatorische Potenzial der SIMPSONS entsteht nicht nur durch die Serie selbst, sondern auch durch den gesellschaftlichen Gebrauch. Das dem Mainstream-Produkt inhärente Sellout bedeutet nicht nur Ausverkauf der SIMPSONS, es weitet gleichzeitig die Kampfzone der gelben Kleinstädter aus.

Andreas Rauscher

Method Acting im Kwik-E-Mart – die Medientheorien der SIMPSONS

Eye on Springfield

Eine der immer noch ungelösten Fragen um die Simpsons ist die genaue Lage des medialen Biotops Springfield. Die Stadt liegt in dem Staat mit der geringsten Wahlbeteiligung und in der Nähe einer Bergkette von atemberaubenden Ausmaßen. Andererseits verfügt sie über einen direkten Zugang zum Meer und wenn im örtlichen Kernkraftwerk ein Fehler auftritt, kommt es zum Stromausfall in New Hampshire. Vielleicht handelt es sich um die Hauptstadt von Illinois, deren Größe von 100.000 Einwohnern durchaus dem Springfield der SIMPSONS entsprechen würde. Ansonsten stehen noch 22 weitere Städte in den USA gleichen Namens zur Auswahl. Springfield erscheint übersichtlich und dennoch tauchen im Verlauf der Serie ständig weitere Stadtteile auf. Es gibt ein russisches Viertel, in dem Bären auf den Straßen tanzen und freundliche Schachspieler mit aggressiver Gestik zu einer weiteren Partie einladen, und wenn man den falschen Bus erwischt, landet man in den Slums der Inner City, wie sie das Stadtbild der amerikanischen Metropolen bestimmen. Prominente Stars wie Kim Basinger, Alec Baldwin und Leonard Nimoy tauchen gelegentlich in Springfield unter, um dem Trubel Hollywoods zu entgehen. Dennoch verfügt der Ort auch über eine komplette eigene Kulturindustrie mit dem zweitklassigen Entertainer Hershell Krustkowsky alias Krusty the Klown an der Spitze. Außerdem gilt Springfield, wie News-Anchorman Kent Brockman in seiner Infotainment-Sendung *Eye on Spring-*

field erklärt, als die unbeliebteste Stadt der USA, deren besondere Kennzeichen ein seit 1989 entfachter Reifenbrand und die Rolltreppe ins Nichts sind. Trotzdem handelt es sich bei Springfield nicht um die postmoderne Hölle auf Erden. Diese heißt immer noch South Park und liegt bekanntlich in den Bergen von Colorado.

Die Frage nach der Lage von Springfield scheint ähnlich erfolgversprechend wie die Suche nach der Antwort, wie sich der Sozialismus in der intergalaktischen Föderation von STAR TREK doch noch durchsetzen konnte. Es besteht aber nach zehn Jahren kein Zweifel darüber, dass jenes Phänomen, das in den 80er Jahren unter dem Begriff Postmoderne zahlreiche popkulturelle und diskursive Erfolge verbuchen konnte, sich im Kosmos von Springfield deutlicher als in zahlreichen theoretischen Abhandlungen manifestiert. Wie Diederich Diederichsen treffend feststellte, sind die SIMPSONS „das einzige, das formulierte, was die Postmoderne für alle bedeutete und noch bedeutet.“[1]

Ständig hat man bei der Betrachtung des Alltags in Springfield ein *déjà vu*-Gefühl. Eine Szene, in der Babys in einem Kinderheim auf Stangen sitzen, erinnert vage an Alfred Hitchcocks DIE VÖGEL (THE BIRDS, USA 1963). Während man noch überlegt, ob das Szenario nicht aus einem anderen Film stammt, läuft bereits der *Master of Suspense* höchstpersönlich als Zeichentrickfigur in einem an seine berühmten Cameos angelehnten Auftritt durchs Bild und bestätigt den eine Sequenz zuvor evozierten Verdacht.

Die Bewohner Springfields erleben nicht nur Filmgeschichte(n) nach. Sie rezipieren sie auch und entdecken Kuriositäten wie das Musical PAINT YOUR WAGON, das Homer in Erwartung eines harten Westerns versehentlich auf Video ausleiht. Stattdessen wird er mit einem singenden und tanzenden Clint Eastwood konfrontiert, der gemeinsam mit Lee Marvin seinen Planwagen streicht. Dieser Gag funktioniert auf einer einfachen unmittelbaren Ebene und trotzdem ist er wie fast alle Referenzen in der Serie doppelcodiert. Bei den SIMPSONS wird popkulturelles Wissen gesammelt und vermittelt, ohne dabei aufdringlich zu erscheinen. Im Lauf von zehn Jahren haben die Bewohner der Kleinstadt mit der ungewissen Lage eine ins Unendliche ausufernde Enzyklopädie des postmodernen Alltags geschaffen. Doch im Gegensatz zum prototypischen Nerd, wie ihn in der Serie der Comic Book Guy vertritt, gehen die SIMPSONS nicht mit ihrem Wissen auf überheblich altkluge Weise hausieren. Der *running gag* und nach Diedrich Diederichsen eines der definierenden Merkmale der Serie, das „laterale Apropos" verknüpft das von den SIMPSONS wiedergegebene Wissen mit dem Alltag der Gegenwart. Darüber hinaus zeigt es die Zusammenhänge zwischen unterschiedlichen Bedeutungsebenen auf, die in Springfield nicht selten zusammenfallen.

Im Gegensatz zu einer falsch verstandenen Spiel- und Spaß-Postmoderne erschöpfen sich die Querverweise bei den SIMPSONS nicht im reinen Zitatgag. Die *Open Source*-Politik des Autorenkollektivs stellt vielmehr Kontexte her, sucht die vergessenen Seiten der Medienlandschaft auf, erklärt, was aus Stars nach ihren fünfzehn Minuten Ruhm wird oder beleuchtet die verdrängten Seiten einer Karriere. Wenn man nicht gerade zu den Experten des filmischen Frühwerks des ehemaligen Bürgermeisters von Carmel zählt, erkennt man später, dass das obskure Eastwood-Western-Musical PAINT YOUR WAGON gar keine Erfindung der SIMPSONS-Autoren ist, sondern dass es unter dem Titel WESTWÄRTS ZIEHT DER WIND 1969 auch in den deutschen Kinos zu sehen war.

Das „laterale Apropos" verweist immer auf reale politische, kulturelle oder gesellschaftliche Zusammenhänge. Die Absurditäten des postmodernen Alltags dokumentiert keine andere Serie so anschaulich und unterhaltsam wie die SIMPSONS. Die wesentlichen Fragen in der Welt der SIMPSONS beziehen sich nicht auf die Herkunft der zahlreichen Anspielungen, Zitate und Details. Vielmehr geht es um deren Bedeutung für die Protagonisten. Die nachvollziehbare Enttäuschung Homers über den für eine Handvoll Dollar ausgeliehenen PAINT YOUR WAGON ist zentraler als der exakte Hintergrund des Films.

Postmoderne live erleben

Homer und den anderen Simpsons bleibt in der täglichen Flut von *déjà vus* gar keine Zeit zu überlegen, in welcher mehr oder weniger bekannten Standardsituation sie sich gerade befinden. Sie sind zu sehr mit anderen essentiellen Problemen beschäf-

---

1   Diedrich Diederichsen: „Die Simpsons der Gesellschaft", SPEX 1/99, S. 41; in diesem Buch S. 16.

tigt. Ein solches manifestiert sich zum Beispiel in der Frage, weshalb Homer in Mr.
Sparkle, der japanischen Ausgabe von
Meister Propper, sein unerwartetes Eben-
bild entdeckt.

**Celebrities, Cameos, Trash & Crash – Reale
und künstliche Prominenz in Springfield**

Wer ist Leon Kompowsky?
Die Episoden der ersten Staffel konzentrierten sich noch weitgehend auf den Mikrokosmos der Familie. Lediglich die Folge *Der
Clown mit der Biedermaske (Krusty Gets Busted)*, die einen genaueren Blick hinter die
Kulissen von Krustys Kinderprogramm ris-
kierte, deutete bereits die bevorstehende
Expansion Springfields zum medialen An-
archo-Versuchslabor an. Doch die fiktive
Prominenz um den regionalen Superstar
Krusty, den reaktionären Kulturpessimisten und Psychopathen Sideshow Bob, den
Nachrichtensprecher Kent Brockman, der
in seiner eigenen Sendung zum Lottomil-
lionär wurde, und den windigen Trash-
Film-Veteranen Troy McClure blieb nicht
lange allein. Anfang der 90er Jahre etablierten sich im Verlauf der zweiten und dritten
Season Gastauftritte als fester Bestandteil
der Serie. Reale Prominente erschienen als
Zeichentrickfiguren in Springfield und
sprachen sich in den meisten Fällen selbst.

Die ersten Cameos funktionierten
noch als amüsante Zwischenspiele am
Rand der eigentlichen Handlung. Schla-

gerstar Tony Bennett begrüßte die SIMP-
SONS im New York-Verschnitt Capital City
und sang am Straßenrand über die Vorzüge des Großstadtlebens. TV-Moderator
Larry King berichtete im Fernsehen über
die Machenschaften des Kraftwerkbesit-
zers Monty Burns und die dreiäugigen Fische im Springfield River. Die ursprünglich fiktive Rockband Spinal Tap schaute
für ein Konzert in Springfield vorbei, synchronisiert von den Darstellern aus Rob
Reiners gleichnamiger legendärer Fake-Dokumentation (DIE JUNGS VON SPINAL
TAP/THIS IS SPINAL TAP, USA 1982).

Die Art der Cameos änderte sich mit
dem Auftritt eines gewissen Leon Kompowsky in *Die Geburtstagsüberraschung
(Stark Raving Dad)*. Anstelle des beiläufi-
gen Erscheinens eines Stars als witzige Ein-
lage in der Welt der SIMPSONS rückte die
Auseinandersetzung mit dem realen Image des Prominenten und der damit verbundenen Mythologie ins Zentrum der
Folge. Der Trailer für den Start der dritten
Staffel kündigte im Herbst 1991 den Besuch von niemand geringerem als Michael
Jackson in Springfield an. Die Vorschau zu
Die Geburtstagsüberraschung zeigte lediglich den Menschenauflauf vor dem Haus
der SIMPSONS, der begeistert auf die Ankunft des Superstars wartet. Die Ankündi-
gungen ließen einen klassischen Fall von
Cross-Promotion vermuten. Jackson hatte
gerade sein erstes Album nach vier Jahren
veröffentlicht. In der Wahl seiner Produzenten versuchte er sich ein zeitgemäßes
Image für die frühen 90er Jahre zu geben,
um nicht als neurotischer Herrscher des
80er-Mainstreams in Vergessenheit zu geraten. Die Begegnung mit den neuen
TV-Stars aus Springfield schien daher gerade gut in das aktuelle Konzept für seine
Vermarktung zu passen. Jacksons Image
sollte modernisiert werden, ohne dabei einen allzu radikalen Bruch mit den Erwartungen des Mainstream-Publikums zu
vollziehen. Die SIMPSONS waren bereits in

der Langfassung von Jacksons Video „Black and White" aufgetreten und nun stand die Revanche bevor. Doch der Gegenbesuch in Springfield sollte etwas anders ablaufen als erwartet.

Die aus dem Trailer vertraute Szene, in der die Massen vor dem Haus der Simpsons auf die Ankunft von Michael Jacksons Limousine warten, nimmt eine abrupte Wendung: Homer Simpson ist in einer Irrenanstalt tatsächlich dem *King of Pop* begegnet. Stolz präsentiert er den vermeintlichen Superstar. Aus dem Wagen steigt jedoch ein übergewichtiger Weißer mit Sonnenbrille, der auf den Namen Leon Kompowsky hört und eigentlich als Maurer in New Jersey arbeitet. Um seine ständigen Aggressionen unter Kontrolle zu bringen, begann er eines Tages wie der Interpret der Bestselleralben „Off the Wall" und „Bad" zu sprechen. Die ungeduldige Menge wendet sich wütend ab. Bürgermeister Quimby überdenkt sein Vorhaben, den John F. Kennedy- in Michael Jackson-Highway umzubenennen. Auch Bart kann seine Enttäuschung nur schwer verbergen. Über seine Begeisterung für den Besuch des vermeintlichen Superstars, hat er noch dazu den achten Geburtstag seiner Schwester Lisa vergessen. Kompowksy, der einige Tage bei den Simpsons bleibt, kann den mürrischen Zehnjährigen dazu überreden, ein Lied für Lisa zu komponieren. Bei der gemeinsamen Arbeit zeigt sich, dass Kompowsky nicht nur über erstaunliche Detailkenntnisse aus der Karriere des „Thriller"-Stars verfügt, sondern sehr wahrscheinlich doch die unbekannte Person hinter Michael Jackson ist.

Um das Verwirrspiel zu perfektionieren, findet sich in den Credits zu *Die Geburtstagsüberraschung* lediglich ein gewisser John Jay Smith als Stimme von Kompowsky. Hinter diesem Pseudonym verbarg sich jedoch kein anderer als der echte Michael Jackson, der seinem Alter Ego Leon Kompowsky die Stimme lieh.

Die Folge arbeitet geschickt mit den verschiedenen Projektionen und Mythen rund um den Star. Die zahlreichen Gerüchte um Jacksons Gesichtsoperationen lieferten in den späten 80er Jahren ausgiebig Stoff für sämtliche Medienbereiche. Von diversen Klatschspalten bis hin zu tiefenpsychologischen Essays spekulierte man, ob der afro-amerikanische Entertainer sich in einen Weißen verwandeln wolle. Jeden Monat gab es neue Berichte über das obskure Privatleben des Stars. Diese reichten von Schimpansenmisshandlung, über pathologische Angst vor Bakterieninfektionen bis hin zum privaten Sauerstoffzelt, bevor sie in den frühen 90er Jahren durch den spektakuläreren Vorwurf der Pädophilie ersetzt wurden. Statt in der Darstellung Jacksons seinem in Videoclips und bei Live-Auftritten etablierten Image zu entsprechen, nehmen die SIMPSONS-Autoren die zahlreichen Anekdoten und Mythen beim Wort. Sie dekonstruieren diese durch Überaffirmation. Michael Jackson sitzt, umgeben von den Protagonisten aus dem Drama EINER FLOG ÜBER DAS KUCKUCKSNEST (ONE FLEW OVER THE CUCKOO´S NEST, USA 1976), in einer Irrenanstalt, die er nach eigenem Ermessen aufsuchen und verlassen kann und erweist sich als übergewichtiger Weißer, der zwischen seinen beiden Persönlichkeiten, Bauarbeiter und Stimme eines Superstars, beliebig wechselt. Im Gegensatz zur MUPPET-SHOW, deren Folgen komplett um den Auftritt eines

„Go to the hell, you old bastard." – Die Ramones gratulieren Mr. Burns.

Homer auf Tour mit Cypress Hill und dem London Symphony Orchestra

Gaststars konstruiert wurden, wird bei den SIMPSONS der Diskurs um den Prominenten nicht ausgeklammert, sondern bildet einen gleichberechtigten Bestandteil des Serienuniversums.

Inzwischen haben sich die unterschiedlichsten Formen für Gastauftritte bei den SIMPSONS herausgebildet. Nach wie vor finden sich kurze selbstironische Cameos in der Serie, in denen die Gäste als sie selbst auftreten: Burns Handlanger Smithers lädt die Ramones zu einem Geburtstagsständchen für seinen Arbeitgeber ein. Die *elder statesmen* des New Yorker Punk bringen ihren Auftritt mit gewohnter Souveränität über die Bühne. Ein gehetztes „1-2-3-4", drei Akkorde und nach 1½ Minuten ein knappes, „Go to hell, you old bastard" zum Abschied. Während sich die Ramones noch über den gelungenen Auftritt freuen, gibt der wütende Burns Smithers den Befehl die Rolling Stones umbringen zu lassen (*Kampf um Bobo/Rosebud*). In einer anderen Folge muss sich 70er Schnulzenrocker Peter Frampton mit dem von Pink Floyd gekauften fliegenden Gummi-Schwein herumschlagen. Im Backstage-Bereich versuchen die Rapper von Cypress Hill währenddessen mit dem im Dope-Delirium bestellten London Symphony Orchestra eine neue Version ihres Hits „Insane in the Brain" einzuspielen *(Homer auf Tournee/Homerpalooza)*.

Einige Cameos leiten sich aus der Rollengeschichte der Gastsprecher ab. Diese erscheinen dann zwar nicht als sie selbst, aber in Variation eines ihrer bekannten Auftritte: Donald Sutherland hilft als Museumswärter Lisa die Wahrheit über den Stadtgründer aufzudecken (*Das geheime Bekenntnis/Lisa the Iconoclast*). Sutherlands Beteiligung an diesem Fall weist gravierende Ähnlichkeiten zu seiner Rolle des Informanten Mr. X in Oliver Stones Politthriller JFK (USA 1991) auf.

Der mit seiner Darstellung des brutalen Rekrutenschinders aus Stanley Kubricks FULL METAL JACKET (GB 1987) bekannt gewordene Schauspieler Lee Ermey spricht in *Tingeltangel Bobs Rache (Sideshow Bob´s Last Gleaming)* natürlich einen Militärgeneral. David Duchovny und Gillian Anderson gehen in *Die Akte Springfield* (*The Springfield Files*) hingegen jener Beschäftigung nach, auf der ihr Ruhm aufbaut: Sie sind die FBI-Agenten Mulder und Scully aus der Serie AKTE X (THE X-FILES, USA 1993 – *und dahinter die Unendlichkeit*).

James Woods Besuch im Method-Mart

In ihren besten Momenten entwickeln sich die Gastauftritte bei den SIMPSONS zu Diskursen über den Star; über die von ihm auf der fiktionalen Ebene eines Films und die im medialen Alltag übernommenen Rollen, sowie die damit assoziierten Phänomene. In *Apu, der Inder* (*Homer and Apu*) gibt die Serie eine komplette Einführung in die Geheimnisse und Macken des *Method Actings* – und das alles im örtlichen Supermarkt, dem legendären Kwik-E-Mart. Diese am New Yorker *Actors' Studio* propagierte Technik fordert vom Schauspieler die komplette authentische Aneignung der dargestellten Figur. Zu den prominentesten Vertretern dieser Schule zählen Hollywood-Legenden wie Al Pacino, Robert De Niro und Marlon Brando.

Method-Workshop: James Woods trifft Apu im Supermarkt

Doch diese bedingungslose Verschmelzung mit einer fiktiven Rolle, die mit dem nötigen Körpereinsatz in erfahrbare Wirklichkeit verwandelt werden soll, hat ihre eigenen Skurrilitäten hervorgebracht. Dazu gibt es eine schöne Anekdote, die sich während der Dreharbeiten zum Thriller DER MARATHON MANN (THE MARATHON MAN, USA 1976) ereignete: Hauptdarsteller und *Method*-Vertreter Dustin Hoffman verbrachte eine ganze Nacht völlig durchnässt auf dem Set, um in seiner nächsten Szene glaubwürdig zu wirken. Sein Kollege Laurence Olivier zeigte sich am nächsten Morgen äußerst besorgt über Hoffmans Zustand und ließ ihm augenblicklich heißen Tee bringen. Hoffman lehnte das Angebot mit der Erklärung ab, dass er sich mit dieser *tour de force* lediglich auf den gemeinsamen Take vorbereite. Olivier gab ihm daraufhin den freundlichen Rat, weshalb er nicht versuchen würde, die Rolle einfach nur zu spielen, statt eine halbe Ewigkeit in nassen Kleidern in den Kulissen des Films zu verbringen.

Auch James Woods (VIDEODROME, Kanada 1982, ES WAR EINMAL IN AMERIKA/Once Upon a Time in America, Italien/USA 1984, VAMPIRES, USA 1998) folgt den Dogmen der *Method*-Technik. Er würde nicht nur auf eine Tasse Tee verzichten, um in der entscheidenden Szene entsprechend unterkühlt zu wirken, er übernimmt sogar den 24 Stunden-Markt von Springfield, damit er in seiner nächsten

Rolle als überarbeiteter Ladenbesitzer restlos authentisch erscheint. Der Schauspieler, der sein Cartoon-Alter Ego in *Apu, der Inder* selbst spricht, hat in Kwik-E-Mart-Betreiber Apu das ideale Vorbild für den Protagonisten seines nächsten Films entdeckt. Woods vertritt Apu zeitweise im Kwik-E-Mart, um sich ganz in seine Rolle hineinzuleben. Aufmerksam studiert er die Überwachungsbänder, auf denen Apus legendäre 96 Stunden-Schicht dokumentiert wurde. Den jugendlichen Ladendieb Jimbo Jones zwingt der Schauspieler noch einmal den kompletten Raubüberfall zu wiederholen, bis das Szenario komplett glaubwürdig wirkt. Erst als er Verkrustungen in der Kühlkammer entfernen muss, kommen dem *Method*-Verfechter erste Zweifel, ob dies wirklich das geeignete Training für den neuen Film sei.

Der Auftritt von James Woods beschränkt sich nicht auf einen Insider-Gag. Er sagt auch auf ironische Weise eine ganze Menge über die Tücken der *Method* aus. Gelegentlich erliegt der Star dem mit *Method Acting* eng verbundenen Hang zur Selbststilisierung. Zum Standardrepertoire der *Method*-Mythen gehören beispielsweise Robert De Niros Vorbereitungen für die Rolle des Boxers Jake La Motta in WIE EIN WILDER STIER (RAGING BULL, USA 1980). Zuerst übte er so lange, dass er problemlos selbst in den Ring steigen konnte. Für die

niger schlüssigen Ende. Apu übernimmt wieder den Kwik-E-Mart, den er durch Homers Verschulden zeitweise verloren hat, und Leon Kompowsky sorgt für die Versöhnung zwischen Bart und der an ihrem Geburtstag von allen ignorierten Lisa. Doch diese Auflösungen betreffen nur die konventionellere erste Erzählebene. Auf einer weiteren Ebene geht es im mehr oder weniger manifesten Subtext um nichts anderes als mediale Wirklichkeiten, die letztendlich überdeutlich auf ihren Ursprung verweisen – und dieser liegt nicht im *Magic Kingdom*, sondern besteht aus gesellschaftlichen Realitäten und deren Fiktionen. Diese fügen sich in Springfield nicht zu einem harmonischen Ganzen, sondern gehen auf äußerst unterhaltsame Weise auf Kollisionskurs.

Trash-Papst John Waters (PINK FLAMINGOS, USA 1972) weckt als homosexueller Besitzer eines Ladens für kuriose Samm-

Szenen mit dem gealterten und ausgebrannten La Motta trainierte er sich hingegen in den besten Restaurants Italiens die entsprechende Wampe an. Von ähnlichen außergewöhnlichen Anstrengungen weiß auch James Woods zu berichten: Beiläufig weist er darauf hin, dass er für das Biopic CHAPLIN (USA 1992) eine Zeitreise in die 20er Jahre unternommen habe. Am Ende der Episode verabschiedet er sich von Apu und den Simpsons mit der Erklärung, er müsse dringend ins Weltall fliegen und gegen Außerirdische kämpfen. Auf Marges skeptische Nachfrage hin gibt er jedoch zu, dass es sich lediglich um eine neue Hollywood-Produktion handle.

Episoden wie diese zählen zu den gelungensten der gesamten Serie. Sie entwickeln Diskurse, ohne sich dabei in Referenzgags zu verlieren. Durch die offenen Enden des „lateralen Apropos" ergibt sich kein geschlossener Rahmen. Zwar gelangt der Plot der Folge zu einem mehr oder we-

Education sentimentale in Sachen Camp – John Waters und die Simpsons

Einführung in die glamourösen Schatten-seiten des Springfield Babylon, auf die selbst Kenneth Anger[3] neidisch wäre. Der Reiz dieser Episode besteht gerade darin, dass die Trash-Welten aus den Filmen Waters' mit dem Universum der SIMPSONS auf originelle Weise kurzgeschlossen werden. Diese Synthese funktioniert auch für ein Publikum, das zuvor weder von dem Ge-ruchskino Odorama und POLYESTER (USA 1979), noch von PINK FLAMINGOS oder Kunstleder gehört hat.

lerstücke *Homers gewisse Ängste* (*Homer´s Phobia*). Er liefert auf spielerische Weise eine komplette Erläuterung des *Camp*, den Susan Sontag einmal als „Ernsthaftigkeit, die ihren Zweck verfehlt"[2] und als die stili-sierte Lust am schlechten Geschmack defi-nierte. Homer fällt zur „tragischen Ko-mik", die der Kultregisseur einfordert, zwar nur der Tod eines Clowns ein. Doch Waters bereitet ihm im weiteren Verlauf der Folge eine *education sentimentale*, die selbst Homer zu der entscheidenden Ein-sicht bringt: Wenn jeder Homosexuelle ei-nem Homophoben das Leben retten wür-de, gäbe es keine Schwulenfeindlichkeit mehr. Die entscheidende Befreiung Ho-mers und Barts aus einem Gehege voller aggressiver Rentiere erfolgt natürlich selbst nach den Strategien des *Camp*. John Waters vertreibt die angriffslustigen Tiere mit Hilfe eines aus Japan importierten Weihnachtsmann-Roboters.

Homers gewisse Ängste lässt sich auf Wa-ters Ästhetik und seine künstlerischen Strategien ein. Er verkauft in seinem Laden nicht nur die obligatorischen PINK FLAMIN-GOS als Anspielung auf seine eigene Filmo-graphie, sondern auch das auf die Ge-schichte der SIMPSONS verweisende T-Shirt von Homers Bowling-Mannschaft. Er bie-tet Marge und den Kindern eine komplette

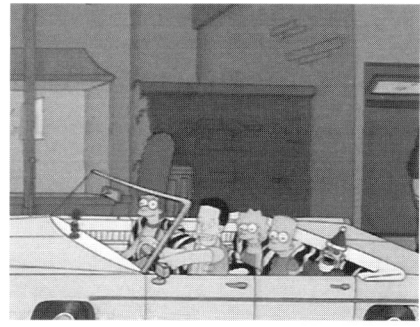

**Bigger than the Beatles –
Meet the B-Sharps**

Das intertextuelle Wechselspiel zwischen den SIMPSONS und anderen medialen Räu-men hat nichts mit der selbstgefälligen Na-belschau ästhetizistischer Distinktionsge-winner zu tun, die jeden, der es wagt, ei-nen Kinosaal fünf Minuten nach Filmbe-

2   Sontag 1982, S. 331.
3   Berühmter Underground-Regisseur und Autor des Buchs *Hollywood Babylon*.

Die Sprinfield Fab-Four auf dem Dach von Moe's Bar

ginn zu betreten, am liebsten wieder persönlich aus diesem hinausprügeln würden. Statt mit viel Schweiß einen eklektizistischen Elfenbeinturm in Heimarbeit zu basteln, leistet das Autorenkollektiv der SIMPSONS massenwirksame Übersetzungsarbeit in Sachen Popkultur. Ständig entstehen durch die Interaktion der Simpsons mit ihren Gastsprechern temporäre Sinneinheiten. Die Simpsons holen die Postmoderne auf diese Weise zurück in den Alltag.

In *Homer und die Sangesbrüder* (*Homer's Barbershop Quartet*) erlebt Homers Grammy prämierte A-Capella-Gruppe *The B-Sharps* Situationen, die nicht von ungefähr an die Geschichte der Beatles erinnern. Die Hülle ihres Debüts „*Meet the B-Sharps*" ähnelt bis ins Detail der ersten Beatles-Platte. Ihre zweite LP heißt „Bigger than Jesus", wie das provokante Statement John Lennons aus den 60ern, und auf dem Cover spazieren die *B-Sharps* über das Wasser wie die *Fab Four* über die Abbey Road. Part-Time-Shooting-Star Barney Gumble entwickelt sich zum Lennon-Epigonen mit einer japanischen Künstlerin als Freundin. Am Ende der Episode versammeln sich die ehemaligen *B-Sharps* zu einem spontanen Auftritt auf Moes Bar, wie einst die Beatles bei ihrem letzten Konzert auf dem Dach der Plattenfirma Apple. Genau in diesem Moment fährt George Harrison (gesprochen vom Esoterik-Beatle per-

sönlich) an diesem Szenario in einer Limousine vorbei. Er bemerkt nur kurz gegenüber seinem Chauffeur, dass dies doch alles „Schnee von gestern" sei.

Homer hat schon einmal George Harrison auf einer Grammy-Verleihung getroffen und war überwältigt – jedoch nicht von George Harrison, sondern von seinem Schokokuchen. Bevor die Episode auch nur ansatzweise zur unreflektierten Denkmalpflege werden kann, relativieren ironische Brechungen wie diese auch schon wieder die Beatles-Hommage. Die Fragmente der großen Pop-Erzählungen, wie sie die Beatles repräsentieren, finden sich überall auf der Landkarte von Springfield. Paul McCartney und seine Frau Linda treffen sich gelegentlich zu einer Jam-Session mit Apu in seinem geheimen Dachgarten. Sie bestätigen Lisa in ihrer Entscheidung, Vegetarierin zu werden. Ringo Starr hingegen sitzt in seinem entlegenen Landhaus irgendwo in England und ist immer noch damit beschäftigt, jeden Fan-Brief aus den *Swinging Sixties* persönlich zu beantworten. Dabei entdeckt er ein Portrait, das ihm Marge Simpson 30 Jahre zuvor widmete und bestärkt sie in ihrem Entschluss, wieder ihre Karriere als Malerin aufzunehmen. Standardsituationen der Film- und Popgeschichte wiederholen sich in Springfield unter veränderten Vorzeichen. Sie werden mit dem Alltag der Simpsons kurzgeschlossen und chargieren dabei zwischen Parodie und Hommage.

Homer und George Harrison mit Schokokuchen

„In the name of love" –
Homer gerät an die Bodyguards von U 2

Doch die SIMPSONS verlieren sich dabei nicht in jener falschen Sentimentalität, die der Punk-Infotainer Jello Biafra in einem Song als „nostalgia for an age that never existed" charakterisierte. Das „laterale Apropos" sorgt für die entsprechende Dekonstruktion im richtigen Moment. Die SIMPSONS versöhnen im Nachhinein in ihrem postmodernen Patchwork universale 68er-Ideale mit der „We don´t care-Attitude" des frühen Punk. Nicht umsonst lautet einer von Homers favorisierten Einwänden „Boring!", der häufig durch die abrupte Erkenntnis eines spontanen „D´Oh" (in der deutschen Synchro: das obligatorische „Nein!") korrigiert wird. Das Misstrauen gegenüber einer falschen kulturindustriellen Unmittelbarkeit und deren Autoritäten zieht sich als roter Faden durch die gesamte Serie. Nicht immer verlaufen die Begegnungen mit den realen Protagonisten des Pop-Geschehens harmonisch. Um seine Karriere als neuer Mülldezernent von Springfield zu fördern, dringt Homer bei einem U2-Konzert bis auf die Bühne vor (*Die sich im Dreck wälzen/Trash of the Titans*). Sänger Bono lässt ihn anfangs in Erwartung wichtiger Statements zur Müllbeseitigung gewähren, während der Rest der Band auf ein Bier zu Moe´s verschwindet. Nachdem Homer mit seinem Versprechen „der besoffenste Mülldezernent, den diese Stadt jemals ge-

sehen hat" zu werden, weder Bono, noch das Publikum überzeugen konnte, lassen ihn U2 nach allen Regeln der Betroffenheit von ihren Bodyguards verprügeln. Parallel zur Live-Übertragung dieser Aktion auf Video-Leinwand spielen sie ihren Hit „In the Name of Love".

Auf der Flucht vor Mr. Spock und die Rückkehr des Luke Skywalker
Ganz andere Probleme beschäftigen STAR TREK-Ikone Leonard Nimoy. Er versucht, in Springfield, ganz dem Motto seiner ersten Autobiographie „I Am Not Spock" entsprechend, der Festlegung auf die Rolle des berühmten Vulkaniers aus der von 1966 bis 1969 produzierten *Original Series* zu entkommen. Doch nachdem selbst der Hot Dog-Verkäufer aus *Die Akte Springfield* seine Bestellung mit „Kein Problem, Spock", quittiert, gelangt Nimoy zur Einsicht in die Notwendigkeit. Dem Fazit seiner zweiten

„I Am Not Spock", – oder vielleicht doch?
Leonard Nimoy bei den Simpsons

Autobiographie folgend, kann diese nur lauten: „I Am Spock".

Lediglich Bürgermeister Quimby demonstriert seine Ahnungslosigkeit, als er den prominenten Gast mit den Worten „Möge die Macht mit dir sein", in der Stadt begrüßt (*Homer kommt in Fahrt /Marge v.s. the Monorail*). Nimoy kann es nicht lassen, die Besucher bei der Einweihungsfahrt der neuen Einschienenbahn mit Anekdoten über die Dreharbeiten zur *Original Series* zu unterhalten. Seine Zuhörer wider Willen reagieren aber alles andere als begeistert auf die Erkenntnis, dass es in den Kulissen des ersten Raumschiffs Enterprise gar keine computergesteuerten Türen gab. Nachdem die Fahrt mit der Einschienenbahn zu einem abenteuerlichen Ende kam, ergreift Nimoys Sitznachbar die Flucht. Den abfälligen Kommentar, dass es sich doch lediglich um eine Fernsehserie handle, ignorierend, greift der allein zurückgebliebene Spock-Darsteller zu seinem Kommunikator. Mit einem kurzen Knopfdruck gibt er das Signal zum Beamen und verschwindet im Energiestrahl, wie man es aus STAR TREK gewohnt ist. Nimoys Rollengeschichte und der selbstironische Auftritt des Darstellers bei den SIMPSONS ergänzen sich nahtlos.

In *Die Akte Springfield* wechselt Nimoy sogar zwischen den narrativen Ebenen. Den Posten des Erzählers der Rahmen-handlung überlässt er seinem unbeholfenen Assistenten. Mit der Ausrede, er habe etwas im Auto vergessen, macht sich Nimoy aus dem Staub. Er verlässt die Metaebene, um rechtzeitig zum großen Musical-Finale mit Mulder, Scully, Chewbacca und den Simpsons in Springfield einzutreffen. Im Rahmen der gefakten TV-Werbung für „STAR TREK XII- So Very Tired" werden alle Mitglieder der ersten Enterprise-Crew durch den Kakao gezogen: Scotty kommt auf Grund seines massiven Bauchansatzes nicht mehr an die Kontrollen. Captain Kirk kann sich nur noch mit Mühe und Not auf die angreifenden Klingonen konzentrieren. Doch interessanterweise fehlt in diesem Trailer zu einem nicht realisierten STAR TREK-Film, wie ihn die SIMPSONS-Autoren gerne sehen würden, ausgerechnet Nimoy. Diese Auslassung signalisiert kein anbiederndes Verhalten gegenüber dem bevorzugten Gaststar, sondern scheint bezeichnend für die systematische Sympathie der SIMPSONS für alle Zweitbesten und Übergangenen zu sein.

Die Gags gehen nicht auf Kosten der *Second Best*, sondern richten sich fast immer gegen überexponierte Ikonen und selbstgefällige Stars. Leonard Nimoys ewiger Konkurrent William Shatner alias Captain James Tiberius Kirk (synchronisiert sich im Gegensatz zu Nimoy nicht selbst)

„Die Akte Springfield" – Chewbacca mit Scully und Mulder

Too Tired to retire – William Shatner (spricht nicht sich selbst) in Aktion

beteiligt sich als einer der Ersten an einem Casting für die Rolle des Springfield-Usurpators Montgomery Burns in einem aufwändigen Biopic. Während Nimoy der Festlegung auf sein Alter Ego Spock durch Ironie und Selbstdemontage erfolgreich entkommt, kann sich die SIMPSONS-Karikatur von Shatner erst gar nicht von ihrer autoritären Rolle trennen. Selbst nach seinem Serientod im realen Film STAR TREK-TREFFEN DER GENERATIONEN (GENERATIONS, USA 1994), erscheint Shatners SIMPSONS-Pendant zum Vorsprechen bei Burns in kompletter *Starfleet*-Montur, als definiere er sich einzig und allein über das Alter Ego des Captains. Der erste Mensch auf dem Mond Neil Armstrong (spricht auch nicht sich selbst) muss auf der Bi-Mon-Sci-Fi-Convention frustriert feststellen, dass sich die Besucher mehr für die Publikationen von Godzilla, Doctor Who und den Roboter Gort aus DER TAG, AN DEM DIE ERDE STILL-STAND (THE DAY THE EARTH STOOD STILL, USA 1951) als für seine Autobiographie interessieren. Er droht seinem Agenten: „This is one small step towards firing your ass." Buzz Aldrin, der erst als Zweiter den entscheidenden großen Schritt für die Menschheit vollführen durfte, begleitet hingegen Homer Simpson in *Homer, der Weltraumheld* (*Deep Space Homer*) in die unendlichen Weiten des Erdorbits.

Auf der dubiosen zweimonatlich in Springfield stattfindenden Sci-Fi-Con tritt als Hauptattraktion neben dem penetran-

ten Spaß-Alien ALF Mark Hamill auf (*Der unerschrockene Leibwächter/Mayored to the Mob*). Während seine ehemaligen STAR WARS-Kollegen Hollywood-Star (Harrison Ford), gefeierte Schriftstellerin (Carrie Fisher) und bildender Künstler (Billy Dee Williams) wurden oder einfach Puppen mit Kultstatus blieben (Yoda), versank der ehemalige Luke Skywalker-Darsteller in den Tiefen der *direct-to-video*-Releases. Seine bekannteste Rolle in den letzten Jahren hatte er im Computerspiel WING COMMANDER IV. Sein Versuch, zumindest auf der Convention in Springfield noch etwas Kapital aus seiner einstigen Popularität zu schlagen, erscheint nicht als zynischer Gag, sondern als bitter-ironischer Cartoon-Realismus. Die Episode führt Hamill nicht als anachronistischen Treppenwitz der Filmgeschichte vor, sondern lässt sich auf den Gastsprecher ein. Die Sympathien

Ein Höhepunkt der Bi-Mom-Sci-Fi-Con: C3PO und R2D2 gegen die Cylonen

der SIMPSONS liegen deutlich beim, auf seine zwanzig Jahre zuvor gespielte STAR WARS-Rolle reduzierten, Ex-Star. Die Gleichsetzung von Hamill mit dem populären Jedi-Ritter Luke affirmiert *Der unerschrockene Leibwächter* nicht weiter. Vielmehr werden die Auswirkungen der Ikonisierung auf die Privatperson thematisiert.

Hamills Figur in der ersten STAR WARS-Trilogie[4] entsprach zu sehr den Standards der 70er Jahre. Der stets etwas naive und zurückhaltende Luke Skywalker verfügte, obwohl er damals als Hauptfigur der Serie galt, nie über die Coolness des von Harrison Ford dargestellten Schmugglers Han Solo. Ford wurde zu INDIANA JONES[5] und als einziger der STAR WARS-Newcomer zum gefeierten Hollywood-Star. Hamill verschwand in der Versenkung, bis er als Synchronsprecher für Zeichentrickserien Mitte der 90er Jahre wieder auftauchte. Sein Auftritt bei den SIMPSONS ist Hommage und Dekonstruktion zugleich. Mit der Hauptrolle in einem Musical im Anschluss an die Bi-Mon-Sci-Fi-Con versucht Hamill zu zeigen, dass sein Repertoire nicht alleine aus „Möge die Macht mit dir sein" besteht. Dennoch erinnert der Veranstalter den protestierenden Schauspieler an seine vertraglichen Verpflichtungen, drückt ihm ein Laserschwert in die Hand und schickt ihn im hinreichend bekannten Outfit auf die Bühne.

Die Dekonstruktion vergangener Star-Mythen bei den SIMPSONS thematisiert die halbe Ewigkeit nach den fünfzehn Minuten Ruhm. Ex-TV-BATMAN Adam West fährt mit seinem Batmobil nach einer der obligatorischen, mäßig verlaufe-nen Conventions selbstverliebt durch die Straßen von Springfield. Der ehemalige Kinderstar Mickey Rooney bietet sich, nachdem Barts Freund Milhouse aus dem millionenschweren RADIOACTIVE MAN-Film ausgestiegen ist, trotz seines biblischen Alters als adäquater Ersatz für die Rolle des jugendlichen Helden-Sidekicks an. Bob Hope scheitert bei der Vorstellung von Lisa als Teenage Miss Springfield kläglich und muss wie die Playboy Bunnies in Francis Ford Coppolas Vietnamdrama APOCALYPSE NOW (USA 1979) mit einem Hubschrauber aus dem Schlamassel befreit werden. Doch zu den Schattenseiten des realen Stardaseins findet sich im Kosmos von Springfield immer noch eine Steigerung. Für jeden Arnold Schwarzenegger in Hollywood gibt es einen Rainer Wolfcastle in Springfield, und die neuen Leiden des Luke Skywalker gestalten sich harmloser als die Karriere des B-Film-Stars Troy McClure, der weniger durch sein *Œuvre*, als durch seine sexuelle Vorliebe für Fische auffällt.

Die Kulturindustrie von Springfield und ihre Hinterhöfe

Den Gastauftritten der realen Stars steht die serieneigene Kulturindustrie gegenüber. Ihre prominentesten Aushängeschilder sind ohne Zweifel Krusty the Klown und Nachrichtenstar Kent Brockman. Die Folge *Der Clown mit der Biedermaske* liefert eine erste Vorahnung, dass Krustys Show nicht einfach als lustiges Kinderspiel auf der Metaebene dient. Diese Folge aus der ersten Staffel funktioniert noch in erster Linie über den Hauptplot um Bart, der in einer klassischen Detektivgeschichte Krus-

---

4   Die erste STAR WARS-Trilogie besteht aus EINE NEUE HOFFNUNG (A NEW HOPE, USA 1977), DAS IMPERIUM SCHLÄGT ZURÜCK (THE EMPIRE STRIKES BACK, USA 1980) und DIE RÜCKKEHR DER JEDI-RITTER (RETURN OF THE JEDI, USA 1983).

5   Die INDIANA JONES-Serie umfasst die Filme JÄGER DES VERLORENEN SCHATZES (RAIDERS OF THE LOST ARK, USA 1981), INDIANA JONES UND DER TEMPEL DES TODES (INDIANA JONES AND THE TEMPLE OF DOOM, USA 1984) und INDIANA JONES UND DER LETZTE KREUZZUG (INDIANA JONES AND THE LAST CRUSADE, USA 1989).

Kulturpessimist und Serienbösewicht – Sideshow Bob

Quimby – „ If you were running for mayor, he would vote for you."

tys Unschuld beweisen muss. Doch gleichzeitig deutet sich schon hier die Eigendynamik an, die Springfields hauseigene Kulturindustrie in den nächsten Jahren auszeichnen soll. Bart entlarvt Krustys Assistenten Sideshow Bob als wahren Übeltäter. Dieser hatte versucht, den verhassten Clown aus dem Weg zu räumen, um endlich seinen kulturkonservativen Vorstellungen entsprechendes Bildungsfernsehen für die Kinder zu produzieren. Sideshow Bob, der nach diesem Zwischenfall primär das Ziel verfolgt, an Bart grausame Rache zu nehmen, entwickelt sich zu einer eigenwilligen Mischung aus der Karikatur eines Kulturpessimisten und Cartoon-typischen Serienbösewichts.

Die Absurdität der Figur besteht in der ständigen Vermischung beider Typologien. In einer deutlich am Thriller-Klassiker CAPE FEAR[6] angelehnten Halloween-Folge versucht der aus dem Gefängnis entkommene Bob Bart zu ermorden. Bei der entscheidenden Konfrontation, die wie im Vorbild auf einem Hausboot in der Wildnis stattfindet, kann sich der bedrohte *Underachiever* retten, indem er Bob um eine Rezitation bittet. Der ehemalige Clownsassistent kommt der Bitte sofort

nach. Er stürzt sich in eine ausufernde Kostprobe seines umfangreichen Wissens und verschafft dadurch Bart die dringend benötigte Zeit zur Flucht. Um an das Amt des Bürgermeisters zu gelangen, verbündet sich Bob mit einem rechtsradikalen Radio- Moderator gegen den amtierenden Bürgermeister Quimby (*Tingeltangel Bob/ Sideshow Bob Roberts*). Obwohl der Opportunist Quimby als Schlüsselfigur der neuen Mitte funktioniert (privat baut er Hanf an, ist aber, wenn es die öffentliche Meinung verlangt, sofort für eine Verschärfung der Asylgesetze zu haben), erscheint er im Vergleich zu Sideshow Bob als das kleinere Übel. Er ist durch und durch korrupt und sein markanter Wahlkampf-Jingle lautet: „Without a Mayor Quimby, our town would really stink. We wouldn´t have a tire yard, or a mid-sized roller rink. We wouldn´t have our gallows, or our shiny Bigfoot trap. It´s not the mayor´s fault that the stadium collapsed. Quimby – If you were running for mayor, he´d vote for you."

Sideshow Bobs Rolle als Serienbösewicht haben in dieser Episode anscheinend bis auf Bart und Lisa alle anderen Protagonisten schon wieder bereitwillig

---

6   Das Original erschien in Deutschland unter dem Titel EIN KÖDER FÜR DIE BESTIE (USA 1961, R: J. Lee Thompson). Das Remake von Martin Scorsese kam 1991 als KAP DER ANGST in die Kinos.

vergessen. Sämtliche ehemaligen Gegenspieler stimmen für ihn. Homer wählt Bob, da er zwar seinen Sohn Bart, aber dafür auch die verhasste Tante Selma umbringen wollte, und der einst betrogene Krusty erliegt der Versuchung durch die versprochenen Steuervorteile für Besserverdienende.

Krusty zeichnet sich in seinem Privatleben durch sämtliche Eigenschaften aus, die im direkten Gegensatz zu seinem Kinderprogramm-Image stehen. Er erweist sich als sex- und spielsüchtiger Kettenraucher und Gelegenheitsalkoholiker, der seine Zigarren am liebsten mit der unbezahlbaren ersten Ausgabe der *Superman*-Comics aus den späten 30er Jahren anzündet. Seine Fast Food-Kette *Krusty Burger* verarbeitet ganze Herden von Zootieren zu Hackfleisch. Sämtliche möglichen und unmöglichen Formen des Merchandising nutzt er mit den entsprechenden Lizenzverkäufen. Doch ganz dem SIMPSONS-Konzept für die notorischen Zweitbesten entsprechend, steht Krusty ständig im Schatten seiner prominenten Kollegen. Bei seinen Auftritten im Casino von Springfield erweist er sich als lausiger Stand Up-Comedian und nachdem ihn die Bauchredner-Puppe Gabbo vom Markt vertrieben hat, kann er den begehrten Sendeplatz erst mit der Hilfe von Hollywood-Stars wie Bette Middler zurückerobern. Nachdem Krusty alle Varianten der Vermarktung bis hin zur Straßensperre ausgeschöpft hat, gründet er ein Clown-College, um seine Wettschulden bei der ortsansässigen Mafia begleichen zu können. Gegen die entsprechende Bezahlung bildet er auf dieser exklusiven Privatschule Doppelgänger aus, die ihn bei der Eröffnung von *Krusty Burger*-Filialen und Kindergeburtstagen offiziell vertreten dürfen. Einer der ersten angemeldeten Kandidaten heißt natürlich Homer Simpson.

Neben den prominenten Vertretern der Kulturindustrie von Springfield wie Troy („Sie Kennen mich noch aus Filmen wie THE WACKIEST COVERED WAGON IN THE WEST, GLADYS THE GROOVY MULE und THE ELECTRIC GIGOLO") McClure und dem österreichischen Naturburschen Rainer Wolfcastle findet sich in Springfield auch ein ganzer Boulevard of Broken Dreams, auf dem sich die gescheiterten Existenzen versammeln. Die zeitweise von „Colonel" Homer produzierte Country-Sängerin Luleen Lumpkin taucht einige Folgen nach ihrem großen Durchbruch als prominenter Patient einer Entziehungsklinik wieder auf. Der New Yorker Filmkritiker Jay Sherman, der in *Das Springfield-Filmfestival* (*A Star is Burns*) noch mit seinen scharfsinnigen Kommentaren glänzt, landet in einer Irrenanstalt. In seiner Zelle insistiert er gegenüber seinem Pfleger darauf, dass dieser und jener Film wirklich indiskutabel sei. Den Dauergast in Edward Hopperschen Terrains repräsentiert Homers Kumpel Barney Gumble. Auf der Suche nach einem geeigneten Sänger stellen die *B-Sharps* fest, dass an dem im Suff über die Toilette gebeugten Barney ein echtes Naturtalent verloren gegangen ist. Nachdem der angehende Outsider-Pop-Artist Homer in *Überraschung für Springfield* (*Mom and Pop-Art*) sein Bier mit einer Zeichnung bezahlen durfte, bietet Barney Moe ebenfalls eine Skizze an, die der Barkeeper erst gar nicht sehen will. Resigniert lässt er ein impressionistisches Meisterwerk zu Boden fallen. Im Rahmen des Springfield-Filmfestivals begeistert Barney das Publikum mit einem sensiblen, in Schwarz-Weiß gedrehten Selbstportrait im Stil von Billy Wilders Alkoholikerdrama LOST WEEKEND. Nachdem er es angesichts der neuen Karriere als Regisseur sogar geschafft hat nüchtern zu bleiben, besteht der Hauptpreis aus einer Gratis-Wagenladung Duff Beer.

Die SIMPSONS dekonstruieren die Mythen des Alltags, ohne dabei zu eindeutigen Antworten zu gelangen. Immer wieder betonte der Poststrukturalist Jean-François Lyotard, einer der Vordenker der Postmoderne, dass er sich gegen eine totalitär verstandene Postmoderne wende. Gegen die Assimilation von allem Widerständigen durch die ökonomischen Gesetze des Spätkapitalismus setzt Lyotard eine Szene aus George Orwells Roman „1984". In dieser beginnt der Protagonist ein Tagebuch zu führen und wird sich dadurch seiner eigenen Geschichte bewusst. Doch wie Terry Gilliam bereits in seiner Satire BRAZIL (USA 1985) andeutete, handelt es sich unter heutigen Bedingungen dabei nicht mehr um eine eindeutige Erkenntnis als Reaktion auf die Dystopie, sondern eher um einen brutal-absurden *Flying Circus*. Die subversive Idee der SIMPSONS besteht darin, genau so ein mediales Tagebuch über die Postmoderne in Form der Serie zu verfassen. Daraus ergibt sich jedoch kein geschlossenes Ganzes. Immer wieder weist das laterale Apropos weiter in den Mediendschungel hinein, ohne dass daraus eine alles umfassende Sinneinheit entsteht. Die SIMPSONS zeichnen den postmodernen Alltag auf, indem sie beobachten und reagieren. Als Homer in der Episode *Marge muss jobben* (*Marge Gets A Job*) in einer idyllischen Landschaft davon träumt, wie er allein und umgeben von freundlich lächelnden Tieren, ein Tagebuch führt, lautet der folgerichtige Eintrag: „Ich wünsche mir einen Fernseher."

Form unterwandert Funktion –
Springfield Styles
Cartoon-Dialektik, die bösen Nachbarn
und der existentielle Kitsch

„In der Popkultur scheint alles sehr weit offen zu sein. Aber in der Politik sind wir zumindest in Amerika ziemlich nach rechts gerückt und konservativ geworden. Dazu möchte ich eine *Alternative geben. Ich habe die Nase gestrichen voll."* – Matt Groening[7]

Auch wenn zahlreiche Episoden mit der Rückkehr zu den vertrauten Verhältnissen enden: Jeder häusliche Frieden ist bei den SIMPSONS lediglich temporärer Natur. Das hat nicht einfach mit den Gesetzen seriellen Erzählens zu tun, sondern vielmehr mit einem konsequenten Misstrauen gegenüber autoritären Strukturen. Die Familie findet immer dann zusammen, wenn es gemeinsam gegen Repräsentanten einer konformistischen Harmoniesucht geht. In dieser Hinsicht stehen die SIMPSONS in einer deutlich gegenkulturell konnotierten Tradition. Doch im Gegensatz zur dogmatischen bis kleinbürgerlich regressiven „Wir müssen unser Körbchen sauber halten"-Mentalität selbsternannter Subkultur-Simulatoren erklären die SIMPSONS lieber zur Prime Time, was es mit der Postmoderne auf sich hat. Underground-Attitude und Mainstream-Format bilden für Matt Groening und die SIMPSONS-Autoren keinen Widerspruch mehr. Sie stellen die eigene dialektische Position überdeutlich aus.

Dem realen SIMPSONS-Merchandising (siehe dazu auch den Artikel „Little Shop of Homers" in diesem Buch) steht in der Serie selbst eine komplette Produktpalette von Krustys Merchandising-Imperium, über Roger Meyers „Itchy and Scratchy"-Land bis hin zum *Barbie*-Äquivalent Malibu Stacy gegenüber. Mit dem Comic Book Guy (im folgenden als CBG abgekürzt) findet sich die Personifikation eines Geeks, jenes fanatischen Jägers und Sammlers, für den es nichts anderes als seine eigene kleine Welt gibt, sogar in der Serie selbst. Der überdurchschnittlich intelligente CBG lässt sich nur auf der Straße blicken, wenn er mit einem Kasten Bier unter dem

---

7   Interview mit dem *Jetzt*-Magazin der *Süddeutschen Zeitung* vom 4.9.2000, S.26.

Ästhetizistischer Distinktionsgewinn für Fortgeschrittene – der Comic Book Guy

Arm alleine auf dem Weg zum langen STAR TREK-Marathon ist oder auf einer Convention die falsch einsortierten *Spiderman*-Ausgaben in die richtige Reihenfolge bringen will. Solche Charaktere finden sich als Sympathieträger immer wieder im Mainstream, von Steven Spielberg-Produktionen bis hin zu den Romanen Stephen Kings. Doch bei den SIMPSONS hat dieser Figurentyp seine Unschuld verloren. Im Gegensatz zu King und Spielberg setzt sich bei Groening der raffinierte Geek nicht mit seiner Begeisterungsfähigkeit gegen eine gemeine Umwelt durch. Es gibt in Springfield keinen Sieg des Individualismus über den drögen Alltag. Im Gegenteil nutzt der CBG seine Expertenrolle in erster Linie zu seinem eigenen finanziellen Vorteil. Der von ihm betriebene *Android´s Dungeon Comic Books and Baseball Trading Cards Shop* verkauft zu völlig überhöhten Preisen rare Sammlerstücke: darunter findet sich die Erstausgabe der *Radioactive Man*-Comics und ein Bild des 007-Darstellers Sean Connery mit der Unterschrift des anderen Bond-Stars Roger Moore. Der Name CBG deutet bereits die Allgemeingültigkeit und Austauschbarkeit dieses Protagonisten an. Wie der Mikrokosmos Springfield ist auch der CBG eine universelle Erscheinung, die sich in jeder beliebigen Stadt der westlichen Hemisphäre

findet. Eigentlich ist er eine tragikomische Figur, die jedoch zu träge erscheint, um ihr Potential auszuagieren. Die echte Begeisterung für Comics kann nur Bart aufbringen, und der durchleidet in *Drei Freunde und ein Comic-Heft* (*Three Men and a Comic Book*) ein echtes Drama (siehe Artikel „Family Ties" in diesem Buch), das den CBG weitgehend kalt lässt. Diese grundlegende Ambivalenz zwischen Demontage und Affirmation kennzeichnet die gesamte Serie. Sie prägt auch entscheidend die *Family Values* der SIMPSONS.

„Wenn Sie auf billige Sentimentalität stehen, dann werde ich Sie damit voll pumpen, bis Sie Ihnen aus den Ohren hinausläuft." – Lisa Simpson

Wie bereits erwähnt, halten die Simpsons immer dann zusammen, wenn die falsche Versöhnlichkeit konventioneller Soaps den anarchischen Alltag zu unterwandern droht. In den ersten Folgen wie *Eine ganz normale Familie* (*There Is No Disgrace Like Home*) versuchen sie noch den Idealen und Vorstellungen ihrer Umwelt gerecht zu werden. Doch inzwischen scheinen sie notfalls alle mit dem Status des *Underachievers* zufrieden zu sein. Paradigmatisch dafür erscheint die letzte Musical-Nummer „Happy the Way We Are" aus der Mary Poppins-Persiflage *Das magische Kindermädchen* (*Simpsoncalifragilisticexpliala (Annoyed Grunt)cious*). Mit vereinten Kräften vertreiben die Simpsons die singende Gouvernante Shary Bobbins. Im Gegensatz zum Disney-Vorbild legen sie ausdrücklich Wert darauf, dass sie vom Besuch des magisch-moralischen Kindermädchens nichts gelernt haben. Sogar Lisa singt darüber, dass sie sich inzwischen daran gewöhnt hat, von den anderen Familienmitgliedern nicht beachtet zu werden. Das Statement „Happy the Way We Are" bedeutet jedoch nicht, sich mit der Rolle der chronischen Verlierer zufrieden zu geben. Immer wieder versuchen die Simpsons auch etwas von den fünfzehn Minuten Ruhm ihrer Gaststars abzubekommen. Zur Abgrenzung gegenüber falschen Idyllen und konservativen *Family Values* beziehen sie sich jedoch im Notfall auf Barts Motto: „Underachiever and proud of it".

Gemeinsam retten die Simpsons Baby Maggie, die als Pflegefall an die streng gläubigen Flanders übergeben wurde, vor der drohenden Nottaufe, oder verhindern, dass Sideshow Bob Bürgermeister wird. Ihre bekannteste Auseinandersetzung hatten sie mit George Bush sen. Dieser erklärte Anfang der 90er in einer Fernsehansprache, dass er sich „a nation closer to the Waltons than to the Simpsons" wünsche. Die ersten Reaktionen aus Springfield fielen noch zurückhaltend aus. In *Die Geburtstagsüberraschung* erklärte Bart Simpson, dass sie wie die Waltons für ein Ende der Depressionszeit beten würden. Doch es sollte nicht beim einfachen verbalen Schlagabtausch bleiben. Der Widerstand konservativer Verbände gegen die angeblich moralisch zersetzenden SIMPSONS ließ nicht nach, und so zog George Bush als Trickfigur im Januar 1996 nach Springfield, um dort seinen Ruhestand zu genießen (*Die bösen Nachbarn/Two Bad Neighbors*). Mit den Flanders verstand er sich auf Anhieb. Doch zwischen Homer und Bush entbrannte ein Kleinkrieg, der seinesgleichen sucht. Bart vernichtete aus Versehen die gerade fertiggestellten Memoiren des ehemaligen Präsidenten. Der Überraschungsbesuch des guten Bush-Freundes Michail Gorbatschow verwandelte sich in ein Desaster. Der Vater von George W. Bush prügelte sich gerade mit Homer und der angereiste Gast ergriff, entsetzt über die rüden Manieren seines ehemaligen amerikanischen Kollegens, sofort die Flucht. Die als Präsent mitgebrachte Kaffeemaschine nahm er auch wieder mit. Dass man Präsidenten nicht trauen kann, lautet einer der Grundsätze der SIMPSONS

George Bush wünscht sich „a nation closer to the Waltons than to the Simpsons."

und von FUTURAMA. In beiden Serien taucht immer wieder Richard Nixon als Übeltäter auf, und in der Folge *Namen machen Leute* (*Homer to the Max*) versucht Bill Clinton Marge auf absurd aufdringliche Weise zu verführen. Eine Ausnahme bildet lediglich der in Vergessenheit geratene Gerald Ford. Dieser zieht als Nachfolger von Bush ins Nachbarhaus der Simpsons ein und versteht sich auf Anhieb mit Homer. Beide teilen eine gemeinsame Vorliebe für kühles Bier, Chips und Football im Fernsehen. Die Sympathie für die Zweitbesten gilt, wie es der Songtitel einer Schulaufführung passend umschreibt, eben auch für die *„Mediocre Presidents"*.

Die Gefechte der SIMPSONS spielen sich wie die Auseinandersetzung mit George Bush häufig auf semiotischen Terrains ab. Immer wieder geht es um Repräsentation und Dekonstruktion im richtigen Moment. Die Süßlichkeit der Disney-Filme findet keinen Platz in Springfield. Lediglich Homer träumt davon, sich vor seinen Problemen auf den Meeresgrund zu flüchten (*Die Babysitterin und das Biest/Homer: Bad Man*). In einem Tagtraum tanzt er zum Disney-Song „Under the Sea" durch die Unterwasserwelt von ARIELLE – DIE MEERJUNGFRAU (ARIELLE-THE LITTLE MERMAID, USA 1989). Doch im Unterschied zur Disney-Variante fallen die netten Seepferdchen und singenden Krabben, die im

In seinem Tagtraum flüchtet Homer „Under the sea"

nario ergibt sich zwischen ironischen Relativierungen für einen kurzen Augenblick eine reflexiv gebrochene Form von Ernsthaftigkeit. Diese Momente funktionieren als existentieller Kitsch, wie er sich häufig bei David Lynch, z.B. in der Serie TWIN PEAKS findet. Einen Moment lang scheinen alle Zeichen sich im postmodernen Schleudergang zu befinden, und dann funktionieren sie doch für die Dauer einer Sequenz wieder auf unmittelbare Weise. Die konsequente Sympathie für die Zweitbesten, die diesen immer mindestens einen *magic moment* gönnt, funktioniert nach diesem Schema. Aber auch wenn es um die Vergangenheit der Simpsons geht, ergeben sich Gelegenheiten für linken Kitsch in Perfektion.

Die Familiengeschichte der Simpsons verweist, neben dem ständigen Engagement Lisas für politisch korrekte Ziele, auf die Tradition der klassischen Gegenkultur. In *Wer ist Mona Simpson?* (*Mother Simpson*) taucht Homers verschollene Mutter Mona überraschend in Springfield auf. Grampa hatte Homer erzählt, sie sei tot. In Wirklichkeit befand sie sich seit dreißig Jahren auf der Flucht vor der Polizei. In den späten 60er Jahren war sie an einem Anschlag auf Burns Waffenfabrik beteiligt gewesen und musste untertauchen, ohne dass Homer die Wahrheit über den Verbleib seiner Mutter erfahren hätte. Im Gegensatz zu einem Film wie RUNNING ON EMPTY (RUNNING ON EMPTY – FLUCHT INS UNGEWISSE, USA 1988) von Sidney Lumet, der eine ähnliche Geschichte auf dramatische Weise erzählt, blieb das Attentat auf Burns Labor bei den SIMPSONS ohne schwerwiegende Folgen: Die Prototypen für chemische Waffen wurden vernichtet und der wachhabende Offizier Chief Wiggum von seinem Asthma befreit. Natürlich versteht sich Oma Simpson auf Anhieb mit der intellektuellen Enkelin Lisa. Homer versucht hingegen vergeblich mit Handständen ihre Aufmerksamkeit zu gewinnen. Erst als

Original Arielle begleiten, Homers ungezügeltem Appetit zum Opfer. Die immer wieder praktizierte Demontage des Disney-Zuckergusses bedeutet jedoch noch lange nicht, dass die SIMPSONS nicht ihre eigene Form von Kitsch pflegen würden.

Dieser funktioniert weitgehend als Camp im Sinne von John Waters. Durch den richtigen Song oder das passende Sze-

die Gesuchte wieder die Flucht ergreifen muss, entdecken Mutter und Sohn eine Gemeinsamkeit. Homer verabschiedet sich von Mona, die gerade in den wartenden Bus ihrer Verbündeten einsteigt. Sie blickt sich noch einmal kurz nach ihm um und stößt sich dabei den Kopf an. Das Missgeschick kommentiert sie mit dem ansonsten für Homer typischen Ausruf „D´oh!". Mit sentimentalem Blick bleibt Homer, während die Kamera in die Totale wechselt, noch stundenlang in der Wüste in seinem Auto sitzen und denkt über das neu in Erfahrung gebrachte Kapitel der Familiengeschichte nach.

Durchaus kitschige Momente stehen innerhalb der betreffenden Sequenzen für sich. Doch die ständigen Verknüpfungen durch das „laterale Apropos" sorgen dafür, dass sie pointiert ausgespielt werden, bevor sie zu überladen wirken. In *Zu Ehren von Murphy* (*'Round Springfield*) segnet Lisas großes Idol, der Jazz-Saxophonist Bleeding Gums Murphy, das Zeitliche. Lisa organisiert mit Barts Hilfe Murphys seit Jahren vergriffenes „Sax on the Beach"-Album für eine letzte Hommage im örtlichen Jazz-Radiosender. Einen Augenblick später erscheint Murphy als wolkenförmiger Geist aus dem Jenseits, um sich von seiner Schülerin zu verabschieden. Gemeinsam spielen sie noch einmal den Song „Jazzman". In der einfachen Beschreibung klingt diese Sequenz nach *Kitsch as Kitsch can*. Man sollte jedoch erwähnen, dass Murphys Geist erst einmal die gemeinsam mit ihm auftauchenden verlorenen Seelen des STAR WARS-Superschurken Darth Vader und des Zeichentricklöwen aus Disneys KÖNIG DER LÖWEN (THE LION KING, USA 1994) vertreiben muss. Obwohl die Sequenz während des „Jazzman"-Songs für einen Moment dem Kitsch freien Lauf lässt, geschieht selbst das nicht ohne den notwendigen *tongue in cheek*-Einschub.

Der Dialog zwischen Lisa und ihrem verstorbenen Saxophonlehrer wird von prominenten Verstorbenen aus anderen Fiktionen unterbrochen. Darth Vader teilt dem nicht anwesenden Luke Skywalker die für STAR WARS essentielle Erkenntnis mit, dass er in Wirklichkeit sein Vater sei. Der König der Löwen gibt seinem Sohn, dem Plot der erfolgreichen Disney-Produktion entsprechend, den Auftrag, ihn zu rächen. Außerdem taucht neben Darth Vader noch dessen, in Wirklichkeit gar nicht verstorbener, Synchronsprecher James Earl Jones auf und begrüßt Lisa mit den Worten: „This is CNN". Die Durchbrechung sentimentaler Augenblicke erscheint dabei nicht forciert. Im Gegenteil erhalten emotionale Situationen durch ihre Relativierung und ihre Flüchtigkeit eine noch stärkere Gewichtung. Sie wirken realistischer und ehrlicher, als wenn man ihnen das gesamte Standardprogramm einer Soap-Inszenierung überstülpen würde.

Die gezielte Kontextverschiebung einer Szene durch ein weiteres Zitat, einen plötzlich einsetzenden Song oder eine eingestreute Filmreferenz bildet die systematische Grundlage, nach der die SIMPSONS bestehende Dramaturgien und Vorlagen gegenlesen. Mona Simpsons Flucht aus Springfield verläuft weitaus weniger dramatisch, als es zu Beginn der entsprechenden Sequenz aussieht. Burns fährt mit einem Panzer auf das Haus der Simpsons zu

„Kisch-as-kitsch-can" mit eingebauter Bremse – Murphys Geist und ungebetener Gäste aus dem Jenseits

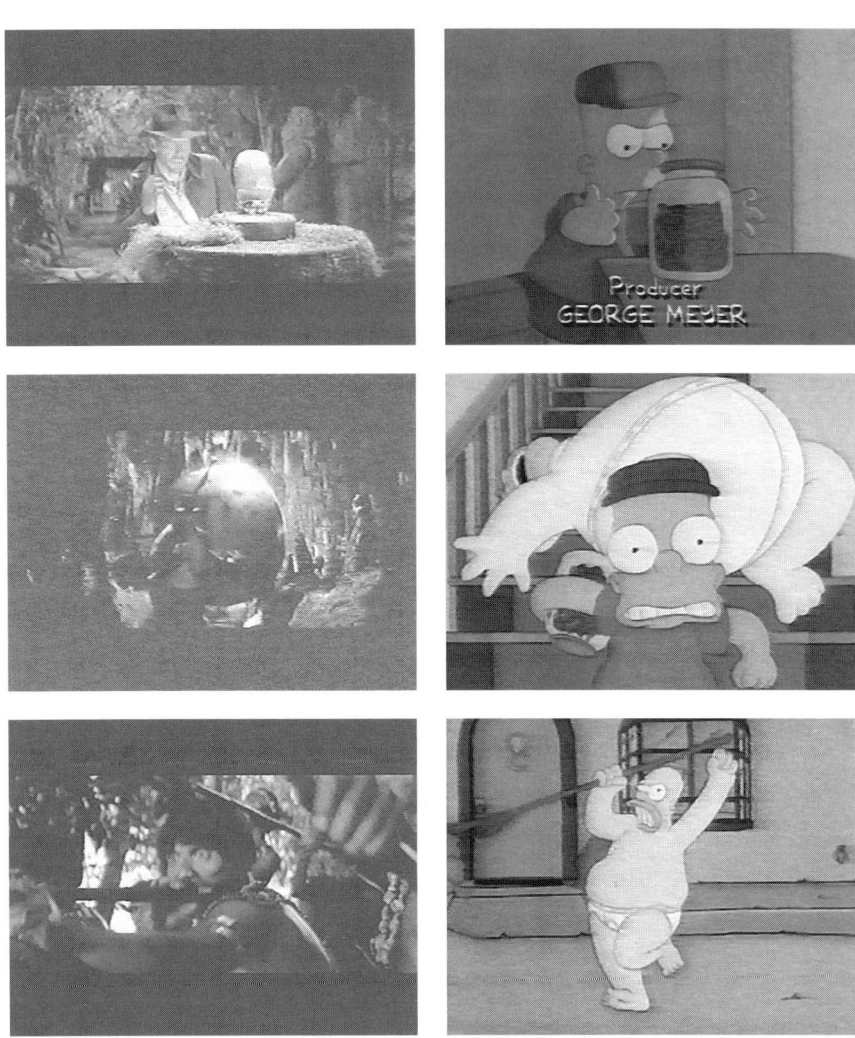

Jäger des verlorenen Schatzes – Indiana Jones und Bart Simpson

und schaltet das für diese Anlässe zusammengestellte Tape mit Wagner-Arien ein. Doch sein von APOCALYPSE NOW inspirierter Walkürenritt findet ein unerwartetes Ende. Die akustische Begleitung wechselt überraschend zu „Waterloo" von ABBA. Burns Assistent Smithers zuckt entschuldigend mit den Schultern. Er ging davon aus, dass die Kassette nicht mehr gebraucht werde und habe sie deshalb mit Musik nach seinem Geschmack überspielt. Neben den Cameos bilden die zahlreichen Querverweise auf andere Fiktionen und Realitäten eine der wesentlichen Grundlagen für den postmodernen Alltag der SIMPSONS.

In ihrer Vielfalt erscheinen diese Bezüge noch komplizierter als die Gastauftrit-

te, funktionieren jedoch auf unmittelbarere Weise. Wenn Bart durch die dunklen Gassen von Springfield streift, um seine an Milhouse verkaufte Seele zurückzubekommen (*Bart verkauft seine Seele/Bart Sells His Soul*), erinnert diese Szene sowohl an den Film-Noir, als auch an Alan Parkers okkulten, mit zahlreichen Noir-Anspielungen versehenen Thriller ANGEL HEART (USA 1987). Und damit der Zuschauer den Satansbraten riecht, ist diese Szene mit dem düsteren Jazz-Thema des zitierten Films unterlegt.

Wenn DIE SIMPSONS nicht gerade einen kompletten Genreplot durchspielt, beziehen die Filmzitate ihren Reiz daraus, dass sie sich nahtlos in den Alltag von Springfield integrieren. Auf dem Weg zum Schulbus stiehlt Bart Homers Ersparnisse (*Liebe und Intrige/Bart´s Friend Falls In Love*). Rasend vor Wut verfolgt Homer den Dieb, stolpert und rollt die Treppe hinab. Homer erinnert in dieser Situation auffällig an jenen Felsblock, der Indiana Jones am Anfang von JÄGER DES VERLORENEN SCHATZES (RAIDERS OF THE LOST ARK, USA 1981) zu überrollen droht. Im letzten Moment kann sich Bart in den Bus, wie Indy in das wartende Flugzeug, retten. Dabei kann er gerade noch seine rote Baseball-Cap auffangen. Selbst dieses Detail spielt auf einen *running gag* der INDIANA JONES-Serie von Steven Spielberg an. In allen drei Teilen verliert Indiana Jones seinen Stetson-Hut und kann ihn selbst unter den widrigsten

Umständen (sich schließende Todesfalle, gefährlicher Abgrund, usw.) zurückgewinnen. Die Bustüren schließen sich hinter Bart. Maggie feuert Spielzeugpfeile auf ihn ab und der lediglich mit einer Unterhose bekleidete Homer führt einen expressiven Stammestanz auf. In der Schule muss sich Bart nach dieser kurzen INDIANA JONES-Einlage jedoch mit ganz anderen, alltäglicheren Problemen herumschlagen: Sein bester Freund Milhouse hat für ihn keine Zeit mehr und nur noch Augen für die neue Mitschülerin.

Fire Walk with Wiggum oder: Who shot 007?

„Wer hat so etwas unsinniges wie den Film erfunden, warst du das Bart ?“ – Homer Simpson

Einige SIMPSONS-Folgen nehmen unmittelbar Bezug auf filmische Vorbilder. Vergleichbar den MAD-Filmparodien von Mort Drucker werden vertraute Plots und Standardsituationen nach Springfield verlegt, um dort einen anderen Verlauf als den hinreichend bekannten zu nehmen. *Ein grausiger Verdacht* (*Bart of Darkness*) bietet eine komplette Adaption von Alfred Hitchcocks FENSTER ZUM HOF (REAR WINDOW, USA 1951), allerdings mit einer unerwarteten Auflösung. Einen Augenblick lang mustern sich der nach einem Unfall

James Stewart im Visier von Bart Simpson

ans Bett gefesselte Bart und Hitchcocks Hauptdarsteller James Stewart sogar gegenseitig mit skeptischen Blicken. Stewart ruft die im Hintergrund versteckte Grace Kelly um Hilfe, und Bart widmet sich wieder dem vermeintlichen Mörder Ned Flanders.

In *Der unheimliche Vergnügungspark* (*Itchy and Scratchy Land*) lässt bereits die Ankunft der Simpsons im neu eröffneten Freizeitpark vermuten, dass etwas im Argen liegt. Zu sehr ähnelt der Anflug im Hubschrauber den entsprechenden Sequenzen aus JURASSIC PARK (USA 1993), und tatsächlich folgt ein komplettes SIMPSONS-Remake des SF-Klassikers WESTWORLD (USA 1972, Regie führte der spätere JURASSIC PARK-Autor Michael Crichton). Die „Itchy und Scratchy"-Roboter eröffnen die Jagd auf die Besucher, wie einst Yul Brynner als künstlicher Revolverheld.

Deutlicher als *Der unheimliche Vergnügungspark* brechen Episoden wie *Der mysteriöse Bierbaron* (*Homer v.s. the Eighth Amendment*) mit ihren Vorbildern. Mit Hilfe eines nie revidierten Paragraphen in der Stadtordnung wird in Springfield die Prohibition wieder eingeführt. Kurz darauf trifft ein Special Agent in der Stadt ein. Diese rigide Reinkarnation des Prohibitionshelden Elliot Ness aus THE UNTOUCHABLES wacht mit Argusaugen über die Einhaltung des Alkoholverbots. Doch es gibt keinen Al Capone in der Stadt und das Chicago der 30er Jahre gehört auch schon längst der Vergangenheit an. Die Verknüpfung der inhaltlich und zeitlich konträren Dramaturgien der SIMPSONS und der UNTOUCHABLES hat einen moralinsauren Dämon aus einem anderen Genre heraufbeschworen. Homer Simpson versucht schließlich mit einem raffinierten Schmuggelsystem Alkohol nach Springfield zu befördern. Als sein Unternehmen auffliegt, nimmt ihm keiner die illegale Aktion übel. Stattdessen befördern die Bewohner Springfields den nervtötenden FBI-Agenten mit einem Katapult aus der Stadt.

Die *cause and effect*-Relationen der SIMPSONS schicken Filmzitate und Versatzstücke genüsslich auf Konfrontationskurs. Mit unverhohlenem Spaß an der Demontage lassen sie Genreregeln aufeinanderprallen. Bart befördert eine James Bond-Spielzeugfigur in die Mikrowelle. Er erklärt dem britischen Superagenten, dass er diesmal wirklich in Schwierigkeiten sei, und lässt ihn schmelzen. Bis dahin wäre dieser Einfall ein netter und unspektakulärer Gag, würde nicht die Folge *Das verlockende Angebot* (*You Only Move Twice*) genau diese Situation erneut aufgreifen und Zeichentrick-Realität werden lassen.

Der Originaltitel *You Only Move Twice* (nicht die dämliche deutsche Übersetzung) und zahlreiche Details im Ambiente dieser Episode spielen überdeutlich auf den 007-Klassiker MAN LEBT NUR ZWEIMAL (YOU ONLY LIVE TWICE, GB 1967) an. Alles beginnt relativ harmlos. Ein mysteriöser Kraftwerkbetreiber heuert Homer als neuen Sicherheitsinspektor an. Die Familie zieht von Springfield ins luxuriöse Cypress Creek um. Homers neuer Vorgesetzter, der sportliche Hank Scorpio entspricht ganz den *Fit For Fun*-Idealen des durchtrainierten, lockeren Managers, der immer ein offenes Ohr für die Probleme seiner Angestellten hat. Homer fühlt sich zum ersten Mal in seinem Leben den Aufgaben seines Jobs gewachsen. Stolz berichtet er, dass sein Team noch vor der Wettermaschinen-Abteilung und der bakteriellen Kriegsführung liege. Zwar hat Homer keine Ahnung, welche Arbeit er eigentlich ausführt, aber mit Hank Scorpio versteht er sich blendend. Homer muss einfach nur auf bewährte Weise nichts tun, um auch seine dramaturgische Aufgabe als wandelnde Dekonstruktionsmaschine perfekt zu erfüllen.

Kein Wunder, dass Hank Scorpio mit seinem neuen Sicherheitsinspektor mehr als zufrieden ist. Denn Scorpio arbeitet hauptberuflich als Superschurke in der

Tradition der James Bond-Bösewichte. Der naive Homer kommt ihm in keinem Moment bei seinen Plänen in die Quere. Selbst als sein Vorgesetzter bei einem Gespräch per Videoleinwand die UNO erpresst, lässt sich Homer ablenken. Er nimmt Scorpios Auftrag, Hängematten für die gesamte Belegschaft zu organisieren, an und verschwindet wieder aus dem Hauptquartier. Die Architektur von Scorpios Büro orientiert sich am futuristischen Set Design, das Ken Adam den Schaltzentralen der Schurken in den Bond-Filmen MAN LEBT NUR ZWEIMAL, DER SPION, DER MICH LIEBTE (THE SPY WHO LOVED ME, GB 1977) und MOONRAKER (GB 1979) verlieh. Der Titelsong von SIMPSONS-Komponist Alf Clausen bietet ein originelles Remake von Shirley Basseys „Goldfinger"-Thema. Mit kurzen und präzisen Lyrics informiert er auch über die Vorzüge von Homers neuem Arbeitgeber: „Scorpio ... he´ll sting you with his dreams of power and wealth ... He´ll welcome you into his lair, like the nobleman welcomes his guest. With free dental care and a stock plan that helps you invest! But beware of his generous pensions, plus three weeks paid vacation each year, and on Fridays the lunchroom serves hot dogs and burgers and beer!"

Im Gegensatz zu Ernst Stavro Blofeld und den anderen 007-Feinden gibt sich Scorpio nicht einfach den Anschein eines um seine Untergebenen besorgten Geschäftsmanns. In den Bond-Filmen dient diese Fassade lediglich dazu, um im nächsten unbeobachteten Augenblick den aus seinem Angestelltenvertrag entlassenen Versager dann doch ins nächstgelegene Haifischbecken zu befördern. Etwas anders verhält es sich mit Scorpio. Er besucht Homer regelmäßig, um sich nach seinem Wohlergehen zu erkundigen und als Abschiedsgeschenk kauft er ihm die Denver Broncos, die in der letzten Sequenz planlos vor dem Haus der Simpsons warten. Dafür hat ihm Homer auch einen Gefallen erwiesen, an dem sich sämtliche Superschurken seit vier Jahrzehnten die Zähne ausbeißen: Er hat den britischen Geheimagenten James Bond überwältigt.

Scorpio hält 007 im Keller gefangen. Wie zuvor Gert Fröbe in GOLDFINGER (GB 1964) foltert er ihn mit einem Laser und zitiert dazu Goldfingers markante Catchphrase „I don´t expect you to talk, Mr. Bond. I expect you to die." Wie nicht anders zu erwarten, kann sich 007 mit einem raffinierten Trick aus der brenzligen Situation befreien. Der zufällig anwesende Homer stürzt sich auf den flüchtenden Agenten. Während sich Scorpio bei seinem Sicherheitsinspektor bedankt, exekutieren die Wachen Bond auf denkbar unspektakuläre Weise im Off.

Nicht genug damit, dass James Bond als Spielzeugfigur und als reale Person im Serienuniversum existiert. Die Verschmelzung

„I don't expect you to talk, Mr. Bond I expect you to die." – Homer setzt diesen Wunsch in die Tat um.

der Ebenen geht in Springfield sogar noch weiter. Die Simpsons sind sich ihrer eigenen Produktionsbedingungen bewusst. Sie verfolgen das mäßige Angebot der *Mid-Season* des Senders FOX im Fernsehen, bei dem sie selbst ausgestrahlt werden (*Namen machen Leute*). Ihre Reaktion darauf lässt keinen Zweifel daran, dass es sich bei dem eifrig beworbenen Programm um eine schier unendliche „Saure Gurken"-Zeit handelt. Wenn Homer darauf hinweist, dass beim Konkurrenzsender NBC gerade eine spannende Tiersendung läuft, ergeben sich daraus unmittelbare Konsequenzen (*Marge Simpson im Anmarsch/Screaming Yellow Honker*). Seine Arbeitgeber (Nein, nicht Monty Burns, sondern die Untergebenen des FOX-Besitzers Rupert Murdochs) zwingen ihn noch während des Abspanns zum Widerruf.

Bei den Attacken auf den Sender FOX, das amerikanische Crossover zwischen PRO7 und RTL2, handelt es sich um einen von Groenings *running gags*. In *Die japanische Horror-Spielshow* (*Thirty Minutes Over Tokio*) kann Lisa im letzten Moment verhindern, dass Homer in eine Firma investiert, die zu FOX gehört. Marge beklagt sich über das mangelhafte Programm von FOX (*Lisas Hochzeit/Lisa´s Wedding*) und bei FUTURAMA erfährt man, dass im Jahr 3000 ein sprechender Affe namens „Gunther" Präsident des immer noch existierenden Senders sein wird.

Einige ihrer stärksten Momente erzielen die SIMPSONS, wenn sich sämtliche Elemente, vom Filmzitat über die Genregroteske bis hin zur Medienreflexion, ergän-

zen. In *Wer erschoss Mr. Burns?* (*Who shot Mr. Burns?*) ließen die SIMPSONS 1995 erstmals eine Episode mit einem Cliffhanger[8] enden. Ein Cliffhanger im Finale der Saison dient dazu, die Spannung während der Sommerpause aufrecht zu erhalten, indem die Auflösung eines Mehrteilers erst zu Beginn der nächsten Staffel ausgestrahlt wird. Doch DIE SIMPSONS gaben sich natürlich nicht damit zufrieden, eines der bekanntesten Gesetze des effizienten TV-Marketings in ihren Serienkosmos einzuführen. Der Zweiteiler *Wer erschoss Mr. Burns?* funktionierte als klassischer Cliffhanger und lieferte gleichzeitig einen kompletten Exkurs über diese Dramaturgie, indem zwei der populärsten Cliffhanger der Fernsehgeschichte zitiert wurden.

Anfang der 80er Jahre beschäftigte die Frage, wer auf den Fiesling J.R. Ewing geschossen hat, weltweit Fans der Soap Opera DALLAS. Das Attentat auf den raffgierigen Öl-Baron etablierte zugleich den Prototypen für einen TV-typischen Cliffhanger. Zehn Jahre später inszenierte David Lynch in der Serie TWIN PEAKS eine fast identische Situation als postmodern-ironisches Zitat. Fünfzehn Jahre danach greifen die SIMPSONS auf das Attentatsszenario zurück und führen ganz beiläufig auch noch beide Serien ad absurdum.

Innerhalb von 25 Minuten schaffen die Autoren im ersten Teil von *Wer erschoss Mr. Burns?* eine typische DALLAS-Situation: Auf dem Gelände der Grundschule Springfield wird eine Ölquelle entdeckt. Kurze

8   Ein Cliffhanger ist ein Stilmittel, das in den Kinoserials der 30er Jahre wie FLASH GORDON etabliert wurde. Am Ende einer Folge gerät der Held in eine aussichtslose Lage, aus der er sich zu Beginn der nächsten Episode auf mehr oder weniger überraschende Weise befreit. Cliffhanger gehören zum Standardrepertoire des Abenteuer- und Actionfilms. Die INDIANA JONES-Trilogie von Steven Spielberg und George Lucas erhob den Cliffhanger zum Stilprinzip. Der draufgängerische Archäologe stolperte von einer abstrusen Situation in die nächste. Fernsehserien, vor allem Soaps, haben inzwischen einen ganzen Katalog aus unterschiedlichen Formen des Cliffhangers entwickelt. Diese reichen von der einfachen wöchentlichen Katastrophe in der LINDENSTRASSE bis hin zu spektakulären, zunehmend unglaubwürdigeren Knalleffekten, mit denen sich die Endlos-Soaps DALLAS und DYNASTY (DER DENVER-CLAN) in den 80er Jahren bevorzugt in die Sommerpause verabschiedeten.

Zeit herrschen luxuriöse Zustände in der sonst so tristen Grundschule. Hausmeister Willie bekommt eine neue Ausstattung versprochen, und Lisa darf den berühmten Musiker Tito Puente (spricht sich selbst) als neuen Lehrer engagieren. Doch mit den bewährten Methoden seines Vorbilds J.R.Ewing findet Atommogul Burns einen Weg, die Schule um ihren Besitz zu bringen. Um die Cliffhanger-Situation bereits im Vorfeld zu persiflieren, übersteigern die Autoren Burns Pläne ins Groteske. Nicht genug damit, dass er Hausmeister Willie um seinen Besen und Lisa um ihren Unterricht bei Tito Puente gebracht hat. Mit einer futuristischen Anlage, die jeden James Bond-Bösewicht vor Neid erblassen ließe, nimmt er der Stadt jegliches Sonnenlicht, um sie komplett von seinem Kraftwerk abhängig zu machen. Nach dem Attentat auf Burns zählt so ziemlich jeder der Protagonisten, sogar Tito Puente, zu den Verdächtigen.

Der Einstieg in den zweiten Teil nach der Sommerpause bietet eine *tour de force* durch die bekannten Vorbilder. Burns Assistent Smithers findet am nächsten Morgen den angeschossenen Millionär unversehrt in seinem Badezimmer vor. Doch diese weitere Referenz an DALLAS erweist sich als Smithers Wunschtraum. In DALLAS erklärten die Produzenten einmal ein ganzes Jahr für ungültig, um den verstorbenen Protagonisten Bobby Ewing wieder in die Serie einbauen zu können. Der ein Jahr zuvor bei einem Autounfall Verstorbene trat einfach aus der Dusche und erwähnte beiläufig, dass die komplette letzte Staffel nur ein Traum gewesen sei.

Doch bevor sich die SIMPSONS länger mit den Kuriositäten texanischer Seifenopern aufhalten, folgt auch schon der nächste Ausflug in die Fernsehgeschichte. Dem überarbeiteten Chief Wiggum geht der Kaffee aus. Zur Entspannung trinkt er eine Tasse warme Sahne und schläft ein. Überraschend landet er im berüchtigten

Red Room aus TWIN PEAKS. In dieser jenseitigen Lounge erhält der smarte Agent Cooper bei David Lynch gewöhnlich von einem rückwärts sprechenden Zwerg entscheidende Hinweise zur Lösung seiner Fälle. Da der „Man From Another Place" anscheinend gerade verhindert ist, erscheint Lisa als seine Vertretung. Begleitet vom TWIN PEAKS-typischen Cool Jazz-Soundtrack nimmt sie gegenüber Wiggum Platz. Da an Clancy Wiggum kein Agent Cooper verloren gegangen ist, helfen ihm die rückwärts gesprochenen Variationen zum Thema „burn – Burns – This suit burns better." nicht weiter. Sichtlich entnervt erklärt Lisa dem begriffsstutzigen Cop schließlich im Klartext, dass er sich Burns Anzug (Burn´s suit) anschauen soll. Obwohl der *Red Room* anscheinend zur imaginären Topographie von Springfield gehört, hindert dies Homer nicht daran, in einer anderen Folge (*Die Saxophon-Geschichte/Lisa´s Sax*) genau jene David Lynch-Serie, in die Wiggum versehentlich geraten ist, anzuschauen. Gebannt verfolgt Homer, wie ein Riese im weißen Anzug mit einem Pferd unter einer im Wind baumelnden Ampel tanzt. Der Riese merkt dabei an, dass es „verdammt guten Kaffee" in TWIN PEAKS gäbe.

Wer erschoß Mr. Burns? spielt eine bekannte Situation aus TWIN PEAKS detailgetreu nach. Zuschauer Homer Simpson bekommt dagegen einen vollgestellten Zeichenraum mit signifikanten Markenzeichen dieser Serie serviert. Homers Kommentar zu David Lynchs postmoderner Prime-Time: „Ich verstehe zwar überhaupt nicht, worum es geht, aber irgendwie faszinierend." TWIN PEAKS repräsentierte noch sehr anschaulich die Intertextualität der Postmoderne in einer beinahe klassischen Form. Lynch arbeitete mit Versatzstücken wie dem DALLAS-Cliffhanger und ließ sie nach einem langsamen pseudonaturalistischen Einstieg ins Surreale umkippen. Die SIMPSONS gehen noch einen

Neulich in Twin Peaks ...

... und in Springfield

Schritt weiter. Sie stellen die *condition post-moderne* selbst als integralen Bestandteil des Alltags in Springfield aus.

Marxistische Musicals – Go Simpsonic with the Simpsons Symphonies

„Singing is the lowest form of communication." – Homer Simpson

Der kontinuierliche mediale Übersetzungsprozess der SIMPSONS funktioniert nicht alleine über die Bildebene. Einen wesentlichen Anteil leistet dabei der ebenfalls aus zahlreichen Zitaten und Stilvariationen zusammengesetzte Soundtrack. Um noch einmal akustisch zu unterstreichen, dass Burns ein notorischer Fiesling ist, leitet das *Darth Vader Theme* aus STAR WARS in einer Folge seinen Auftritt ein. Tito Puente beweist in *Wer erschoss Mr.Burns?* mit einem flotten Calypso seine Unschuld und in *Die Akte Springfield* jagt ein Bus mit einem ganzen Symphonieorchester Homer zu den markanten Klängen des Themas aus Alfred Hitchcocks PSYCHO durch den Wald von Springfield.

Tim Burtons Hauskomponist Danny Elfman (BATMAN 1 und 2, MARS ATTACKS!) steuerte zwar das prägnante SIMPSONS-Thema bei. Doch die, für den Stil der Serie essentiellen Arrangements übernimmt seit zehn Jahren der Komponist Alf Clausen, in

dessen Schaffen die beiden auf Rhino Records erschienen CDs „Songs in the Key of Springfield" (1997) und „Go Simpsonic with the SIMPSONS" (1999) einen guten Einblick geben. Clausen spielt in seinen Scores geschickt mit Verweisen auf klassische Soundtracks, die er in Zusammenarbeit mit den verschiedenen Gast-Popstars zu einem ständig kurz vor der Implosion stehenden Netz aus anspielungsreichen Fragmenten verknüpft.

Alleine mit den Variationen des SIMPSONS-Themas könnte man ein ganzes Album füllen. Sonic Youth und Yo La Tengo zersetzten es in psychedelischen Rock-Versionen. Für eine Halloween-Episode arrangierte Clausen das Thema zu einer Hommage an den minimalistischen Komponisten Philip Glass um. Andere Varianten verarbeiten den JFK-Soundtrack, Cool

„The Garbageman can, cause he's Homer Simpsons, man."

Jazz, die FLINTSTONES oder die ADDAMS FA-MILY. Zu jeder Referenz findet Clausen den passenden musikalischen Rahmen, vom *James Bond*-Thema in *Das verlockende Angebot*, über den klassischen CAPE FEAR-Soundtrack (*Cape Fear/Am Kap der Angst*) bis hin zu kompletten Musical-Einlagen.

Die ausgearbeiteten Musical-Nummern der SIMPSONS dekonstruieren sämtliche Klischees und Stereotypen dieses uramerikanischen Genres: Apu versichert den Simpsons mit einem beswingten Broadway-Song, dass doch niemand den gerade verlorenen Kwik-E-Mart vermissen würde: *„Who needs the Kwik-E-Mart – their floors are Stick-E-Mart."* (*Apu, der Inder*) Einige Stunden und zahlreiche Takte später sitzt Apu jedoch mitten in der Nacht mit wehmütigem Blick auf dem Dach. Er heult den Mond an, weil er seinen wichtigsten Besitz verloren hat: „Who needs the Kwik-E-Mart. I dooooooooo …" Homer stellt darauf mit wütender Resignation fest, dass er keine unehrlichen Songs mag. Die Musical-Einlagen dienen bei den SIMPSONS nicht zum familienfreundlichen Entertainment. Immer kommt eine zweite kommentierende Ebene hinzu, die in den Lyrics die technische Opulenz der spielfreudigen Nummer konterkariert. Sie bieten keinen eskapistischen Glamour, sondern demontieren diesen. In *Die sich im Dreck wälzen* führt Homer als neu gewählter Mülldezernent mit dem Song „The Garbageman" einen Triumphzug von Müllmännern in Ausgehuniformen an (inklusive Flanders, Apu und Oskar aus der SESAMSTRASSE in Mülltonnen). Eine Sequenz später ist der jährliche Etat für die Müllabfuhr von Springfield auch schon verbraucht.

Den SIMPSONS gelingt in ihren besten Songs eine Art marxistische Musical-Comedy. In *Homer kommt in Fahrt* dreht ein windiger Geschäftemacher Springfield eine schrottreife Einschienenbahn mit Hilfe eines flotten Songs an. Die ganze Stadt schunkelt im Takt zum Schlachtruf „Monorail! Monorail! Mono-rail!" und lässt sich bereitwillig auf den dubiosen Handel ein. Homer sinniert in *Das magische Kindermädchen* hingegen über den ‚minimum wage', mit dem man die Fee Shary Bobbins abspeisen könne. Unter den Musical-Einlagen finden sich Konzepte, die sich für eine komplette eigenständige Aufführung eignen würden: Trash-Film-Star Troy McClure feiert mit der Musical-Version von PLANET DER AFFEN

„Rock me Dr. Zaius" – das PLANET OF THE APES-Musical

ein triumphales Comeback (*Selma heiratet Hollywood-Star/A Fish Called Selma*). Dr. Zaius stellt sich mit einem auf Falcos „Rock Me Amadeus" basierenden Rap vor, und die Erkenntnis des bruchgelandeten Astronauten, dass es sich beim Planeten der Affen in Wirklichkeit um die Erde handelt, begleiten die tanzenden Affen mit dem Song „From Chimpan A to Chimpan Z". Dem gängigen Trend entsprechend, selbst die unmöglichsten Stoffe in Musicals zu verwandeln, adaptieren die SIMPSONS in *Bühne frei für Marge* (*A Streetcar named Marge*) das Sozialdrama ENDSTATION SEHNSUCHT (*A Streetcar Named Desire*) mit Ned Flanders als mittelmäßigem Marlon Brando-Ersatz. Bei Marges Aufenthalt auf dem Broadway darf in *Homer und New York* ein Besuch der neuesten Musical-Sensation natürlich nicht fehlen. Unter dem Titel „I´m Checking In" werden die Vorzüge der Entzugstherapien der in erster Linie von Prominenten in Anspruch genommenen Betty Ford-Klinik in einer mitreißenden Show vorgestellt. Auf einem Streifzug durch New York besucht Bart übrigens eine der Stätten, die das popkulturelle Referenzsystem der SIMPSONS maßgeblich geprägt haben. Bei dieser Gelegenheit stellt er fest, dass dort tatsächlich ein gewisser Alfred E. Neumann den Ton angibt.

Die Weisheiten des Alfred E. Neumann und die Gesetze der Serie

Bart Simpson betritt die Redaktionsräume des legendären MAD-Magazins. Wider Erwarten findet er lediglich einen spartanisch eingerichteten Empfangsraum mit einer apathischen Sekretärin vor. Diese antwortet auf Barts Frage, ob in diesem Büro die MAD-Redaktion untergebracht sei, ganz im Stil der MAD-Rubrik „Kluge Antworten auf dumme Fragen": Die Zeitschrift hieße in Wirklichkeit „Mademoiselle". Die Raten für das Firmenzeichen wären noch nicht komplett abgeglichen und deshalb müsste die Redaktion auf die restlichen Buchstaben verzichten. Nachdem ihm eine Führung verweigert wurde, will der enttäuschte Bart das Büro schon wieder verlassen. Plötzlich öffnet sich die Tür zu den Redaktionsräumen. Der leibhaftige Alfred E. Neumann blickt hinaus und verlangt nach den aktuellen Entwürfen von Zeichner Kaputtnick, während im Hintergrund die Cartoonfiguren von Zeichner Don Martin ihr Unwesen treiben.

Der Einfluss des *vernünftigsten Magazins der Welt* zeigt sich kontinuierlich in Springfield. In *Der Eignungstest* (*Separate Vocations*) entdeckt Bart als Schulhof-Sicherheitsinspektor, dass sich im Giftschrank der Schule eine äußerst seltene MAD-Ausgabe befindet. Außerdem verziert er seine T-Shirts mit Vorliebe mit Bü-

Singende Suchttherapie –
der neue Broadway-Hit

Die vernünftigste
Redaktion der Welt

gelvorlagen aus dem Klassiker des intertextuellen Anarchohumors. Homer versucht nicht gerade erfolgreich die klugen Antworten auf dumme Fragen anzuwenden, und eine der anderen Gefangenen präsentiert Marge in *Marge wird verhaftet* (*Marge in Chains*) ihr auf den Rücken tätowiertes MAD-Faltblatt.

Gerade die im Bildhintergrund versteckten Details und die Unterwanderung von etablierten Genresituationen durch absurde Wendungen und Dialoge bei den SIMPSONS stehen ganz in der Tradition von MAD. Schon in den Filmparodien von Mort Drucker sind sich die Protagonisten ihrer eigenen Produktionsverhältnisse bewusst. Ständig geraten die verschiedenen Fiktionen durcheinander und beurteilen sich gegenseitig: ROBOCOP erscheint ungefragt im Hauptquartier der Cop-Serie NYPD BLUE. James Bond erklärt Rambo, dass er für einen Action-Helden keine Manieren habe. Mr. Spock liest in der Kommandozentrale der STAR WARS-Rebellen ein Branchenblatt, dessen Cover den Erfolg von DAS IMPERIUM SCHLÄGT ZURÜCK (STAR WARS V – THE EMPIRE STRIKES BACK, USA 1980) feiert. In der gleichen Schlagzeile wird Spocks eigener Film STAR TREK 1 (USA 1979) als Niete bezeichnet. Ähnliche Momente finden sich bei den SIMPSONS: Anstelle des unschuldig verdächtigten Mr. Smithers lässt Chief Wiggum in *Wer erschoss Mr. Burns?* den aus dem Nichts erschienen Comic-Schurken Dr. Octopus frei. Mulder und Scully versammeln, nachdem Homer in *Die Akte Springfield* einen Außerirdischen getroffen hat, eine ganze Gruppe von Verdächtigen. Doch weder Alf und der Wookie Chewbacca, noch der Marsianer aus den Warner-Cartoons oder der serieneigene Alien Kang entsprechen Homers Beschreibung.

Im Prinzip haben die SIMPSONS bereits ihre eigene MAD-Parodie abgeliefert. *Die 138. Episode – Eine Sondervorstellung* (*The Simpsons 138th Episode Spectacular*) bot ei-

nen animierten Blick hinter die Kulissen. Zeichner Matt Groening trat als egozentrischer Waffenfetischist und Alkoholiker aus den Südstaaten auf, und Produzent James L. Brooks erwies sich als entfernter Verwandter des Monopoly-Männchens. Moderator Troy McClure schlief während den verschiedenen „nie zuvor gezeigten Ausschnitten" immer wieder ein, und die exklusive Vorschau auf kommende Staffeln bestand lediglich aus den abgedroschensten Klischees anderer Serien. Immer wieder spielte MAD in verschiedenen Varianten durch, wie es aussehen würde, wenn die Stars einer Serie in eine andere wechseln würden.

Bevor ihnen Alfred E. Neumann zuvorkommen konnte, entwarfen die SIMPSONS selbst ein solches Programm. Das Ergebnis präsentierte Troy McClure in einer weiteren Sonderfolge (*Ihre Lieblings-Fernsehfamilie/The Simpsons Spin-Off Showcase*): Auf Anfrage des Senders FOX, der neben den SIMPSONS nur mit AKTE X Erfolge verbuchen konnte, hätten sich die Produzenten drei neue Spin-Off-Serien ausgedacht. In diesen Parallelserien würden in Zukunft Charaktere aus den SIMPSONS jede Woche ihre eigenen Abenteuer erleben. Chief Wiggum darf als Privatdetektiv in einer Mischung aus MAGNUM PI und MIAMI VICE New Orleans unsicher machen. Direktor Skinner kündigt seinen Job an der Grundschule von Springfield und

Simpsons-Spin-Off: Chief Wiggum P.I.

unterstützt Wiggum als Assistent mit Drei Tage-Bart. Obwohl Wiggum am Ende der Folge den mit schwerfälligen Bewegungen davonschwimmenden Gangster Big Daddy ohne Weiteres einholen könnte, lehnt er sich gemütlich zurück. Im vollen Bewusstsein über die Konventionen seriellen Erzählens, erklärt er Skinner, dass sie ihrer vermeintlichen Nemesis in der nächsten Woche zur gleichen Zeit wieder begegnen werden. Das zweite Spin-Off um Moes Bar und den vom Geist des verstorbenen Grampa Simpson besessenen Liebestester-Automaten führt hingegen sämtliche Klischees einer Kneipen-Sitcom à la CHEERS vor. Homer Simpson absolviert sogar einen Gastauftritt, der mit eingespieltem Konservenapplaus goutiert wird.

Als dritten Pilotfilm präsentiert McClure eine Musical-Show im bieder-bunten 70er Jahre Stil. Die dubiose „Simpsons Smile-Time Variety Hour", eine Horrorerschei-

Homers postmoderner Alltag:
„Wieso bin ich Mr. Sparkle?"

nung in der Tradition des BRADY BUNCH und der JACKSON 5-Fernsehshow, muss leider ohne Lisas Beteiligung stattfinden. Diese entsagte der kommerziellen Ausschlachtung ihrer eigenen Geschichte und wurde kurzfristig durch eine penetrant grinsende, zehn Jahre ältere, blonde Cheerleaderin ersetzt (McClures Kommentar: „Thanks to creative casting you won´t even notive."). Homer versteckt sich zu Beginn der Show im Orchestergraben, da er (welch ein Schenkelklopfer) den „Special Guest" mit einem „Special Ghost" verwechselt hat. Marges Anmerkung, dass man doch auch mal an die hungernden Kinder in der dritten Welt denken müsse, wird mit dem Schlachtruf „We Want Candy" und einer hausbackenen Tanzeinlage übertönt. Mehr als forciert quälen sich die Simpsons durch einen biederen Sketch, der ohne weiteres in den *Quatsch Comedy Club* passen würde. Im *Spin Off-Showcase* schlagen die Simpsons die Postmoderne mit deren eigenen Mitteln, indem sie den kompletten Ausverkauf als Fake durchspielen. Ein Familienmitglied hat jedoch den Umgang mit dem postmodernen Wissen auf besondere Weise internalisiert, ohne es selbst zu bemerken.

Homer S. und die Postmoderne

„I´m gonna be an outsider artist! That´s the way I can turn all these old baseball cards, Disney memorabilia, and antiques into something valuable." – Homer Simpson

Homer sucht Bestätigung durch Überaffirmation und reagiert instinktiv auf sämtliche Zeichen des Warenverkehrs. Mit selbstgefälliger Koketterie zieht er seine Lesebrille auf, wenn er eine Nummer im Telefonbuch nachschlägt oder den Text auf einer Corn Flakes-Packung studiert. Die Brille hat er übrigens vom ehemaligen Außenminister Henry Kissinger, der sie auf der Toilette des Kernkraftwerks verloren hat. Von allen Simpsons muss er sich am häufigsten mit

Tiefenhermeneutik à la Homer Simpson

essentiellen Fragen wie jener, weshalb er eigentlich die japanische Werbe-Ikone Mr. Sparkle ist, herumschlagen. An Homer Simpson scheitert die Tiefenhermeneutik. Sein Unterbewusstsein besteht in erster Linie aus medialen Affekten und Zitaten. Die Werbung für Krustys Clown-College kann er in *Homie der Clown* im Gegensatz zu den Commercials für andere Konsumgüter nicht auf Anhieb einordnen. Dennoch bleibt sie in seinem Gedächtnis haften. Bei einem Zwischenfall im Kraftwerk nimmt er den in Flammen stehenden Lenny nur als tanzenden Clown wahr. Nachdem ihm beim Abendessen zu Hause alle anderen Simpsons nur noch als pfeifende Clownvisagen erschienen sind, entdeckt Homer seine neue Bestimmung: Eigentlich wollte er schon immer auf ein Clown-College gehen.

Homer gestaltet seine Biographie und seine Bedürfnisse je nach Bedarf. Verspätet tritt er in *Homer ist ein toller Hippie* (*D´Oh in the Wind*) das 68er-Erbe seiner Mutter an. Er muss sich jedoch erst daran gewöhnen, dass ihre früheren Freunde aus der Kommune inzwischen einen florierenden Betrieb für Gemüsesaft besitzen. Diese versuchen ihm vergeblich zu erklären, dass Billy Joels „Uptown Girl" keine revolutionäre Hymne war. Eher zufällig knüpft Homer dann doch noch an die verklärte Rebellion vergangener Tage an. Nachdem er die Öko-Saftproduktion eines ganzen Tages ruiniert hat, erntet er übereifrig die geheimen Felder der gut situierten Hippies ab. Am nächsten Tag befindet sich ganz Springfield im Drogenrausch.

Homers Gedächtnis speichert überwiegend Commercials und Filmzitate. In *Lisas Pony* träumt er die berühmte Anfangssequenz aus Stanley Kubricks 2001 (GB 1968), schläft in seiner Vision jedoch

zu den Klängen von „Also sprach Zarathu-
stra" an den schwarzen Monolithen gelehnt ein. Voller Grauen erinnert sich Homer in *Homer und New York* an seinen ersten Besuch im Big Apple während der frühen 70er Jahre: An einer Straßenecke leert
Woody Allen Müll über seinem Kopf aus.
Der gestresste New York-Besucher aus
Springfield wirft wütend eine Bananen-
schale zur Seite und trifft damit einen
Blaxploitation-Gangster, der aus einem
Film von Underground-Cartoonist Ralph
Bakshi (FRITZ THE CAT) stammen könnte.
Der Bilderbuch-Hustler jagt Homer mit
langen Schritten in überzeichneter Car-
toon-Manier durch die Stadt. Homer versucht eine Leiter hinaufzuklettern. Dabei
scheint er sich jedoch nicht weiterzubewe-
gen. In der nächsten Einstellung sieht
man, dass die Leiter gar nicht nach oben
führt, sondern langsam in einem Gully
versinkt. Der Original Gangsta wartet ge-
duldig neben Homer, um ihm eine Abrei-
bung zu erteilen. Mit angeschlagenem
Blick schließt Homer seinen Bericht mit
dem Hinweis ab, dass er nach diesen Erlebnissen noch von Kannibalen aus der Kanalisation überfallen wurde. Diese stammen
jedoch aus John Carpenters Endzeit-
Actionklassiker DIE KLAPPERSCHLANGE (ES-
CAPE FROM NEW YORK, USA 1981). Homers
Erinnerung an seinen New York-Besuch
setzt sich aus Zitaten und Anspielungen
zusammen. Unbewusst repräsentiert er
immer wieder das personifizierte postmoderne Wissen. Realität und mediale Fiktion erganzen sich in seinem Gedächtnis
nahtlos.

In *Überraschung für Springfield* (*Mom
and Pop-Art*) avanciert Homer durch einen
Zufall zum Outsider-Künstler. Isabella Rossellini übernimmt das Management für
ihn, und auf einer Vernissage lernt er Jasper Johns (spricht tatsächlich sich selbst)
kennen, der Glühbirnen für seine neue In-
stallation stiehlt. Für seine Karriere als
Outsider-Artist eignet sich Homer Marges
Biographie an. Voller Stolz erklärt er:
„Schon seit ich ein Schulmädchen war,
wollte ich Künstlerin werden." Homers Attacken auf seine zukünftigen Kunstwerke,
auf die er mit den Worten, „Werde endlich
Kunst", einprügelt, können ohne weiteres
als vorläufiger Zwischenstand über die Debatte von Kunst und ihrer jeweiligen
Funktionalität betrachtet werden.

Bart und Lisa sehen sich in *Wer erfand
Itchy und Scratchy?* plötzlich ihren Doppel-
gängern gegenüber. Doch Homer, der bereits während der ersten Staffel in *Vorsicht,
wilder Homer* (*Call of the Simpsons*) zur
Reinkarnation des Monsters Bigfoot erklärt wurde, liegt ständig in Konflikt mit
ihm zugeschriebenen medialen Überde-
terminierungen. In *Homer kommt in Fahrt*
provoziert ein Commercial den Zuschauer, ob er nicht genug davon hätte, als bier-
bäuchige Couch Potato vor dem Fernseher
dahinzusiechen. Homer, der wieder einmal mit einer Dose Duff Beer in genau die-

ser Pose vor dem Heiligtum der Familie verharrt, reagiert zuerst beleidigt. Einen Augenblick später greift er zum Telefon und bewirbt sich für die ausgeschriebene Stelle. Durch seine unverbesserliche Fresssucht und eine Reihe dummer Zufälle gerät Homer in den Verdacht, die Babysitterin von Bart und Lisa sexuell belästigt zu haben (*Die Babysitterin und das Biest*). Innerhalb weniger Stunden stürzen sich die Medien auf den vermeintlichen Übeltäter. Auf dem FOX Channel läuft das Dokudrama „Homer S. – Portrait eines Po-Grapschers" und SIMPSONS-Produzent Conan 'O Brien kündigt in seiner *Late Night Show* an, dass sein erster Witz auf Kosten von Homer Simpson gehe. Selbst der Bumblebee-Man schreit nach einer heimtückischen Attacke auf sein Hinterteil entsetzt, „Molesta!! Homer Simpson!"

Eine neue TV-Serie namens POLICE COPS verleiht Homer in *Namen machen Leute* (*Homer to the Max*) den Status einer Teilzeit-Celebrity. In diesem MIAMI VICE-Verschnitt ermittelt ein adretter sportlicher Detective Homer Simpson. Der echte Homer beginnt sofort den Ruhm seines vermeintlichen Alter Egos auszukosten. Moe´s wirbt mit einem Banner, dass in dieser Kneipe der aus POLICE COPS bekannte Homer Simpson am liebsten sein Bier trinke. Doch bereits bei der zweiten Episode, die Homer gemeinsam mit seinen Freunden bei Moe´s ansieht, gibt es eine Katastrophe: Im Unterschied zum Pilotfilm hat man die Rolle des Homer Simpson mit einem ungeschickten, übergewichtigen Tollpatsch umbesetzt, der Waffen gegen Spielzeug an Kinder verteilt. Barney und Lenny bestätigen sofort, dass dieser Charakter nach Homers Vorbild gestaltet wurde. Enttäuscht und wütend schlägt sich Homer seinen grauen Schal, ein Markenzeichen der POLICE COPS, über die Schulter. Auf seinem Weg aus der Kneipe bleibt er jedoch mit dem Schal am Ventilator hängen und wird in hohem Bogen zur Tür hinauskata-

pultiert. In einer letzten Verzweiflungstat wendet sich Homer an die Produzenten der POLICE COPS. Nachdem Homer ein larmoyantes Plädoyer für die Wiederherstellung seiner Würde gehalten hat, läuft er frontal in einen Kaktus. Eine Woche später hört Homer seinen eigenen Appell als Gag bei den POLICE COPS. Der Serien-Homer stürzt zum Abschluss der Szene, wie nicht anders zu erwarten war, auf einen Kaktus. Völlig resigniert beschließt Homer seinen Namen in Max Power zu ändern. Die Aktion hat den gewünschten Effekt: Auf einmal kann sich sogar Mr. Burns Homers Namen merken und die Simpsons werden auf exklusive Jet Set-Parties eingeladen. Homer reagiert auf die Verlockungen der Medienwelt wie auf eine Pawlowsche Hundeglocke, anscheinend beruht diese Affinität auf Gegenseitigkeit.

Bleibt immer noch die für Homer existentielle Frage, weshalb er der japanische Putzteufel Mr. Sparkle ist: Auf seine Anfrage beim zuständigen Hersteller schickt man ihm ein Videoband zu. Mr. Sparkle erklärt im besten surrealen Anime-Stil dem Schmutz den Krieg. Am Ende erscheint das Logo der Hersteller, das sich aus den Symbolen von zwei miteinander fusionierten Konzernen zusammensetzt: eine Glühbirne und ein Fisch ergeben Mr. Sparkle. Enttäuscht wendet sich Homer ab. Später fotografiert ihn ein zufällig anwesendes japanisches Touristenpärchen und zeigt sich sichtlich davon begeistert, dem leibhaftigen Mr. Sparkle begegnet zu sein. Der Simulationstheoretiker Jean Baudrillard behauptete einmal, dass nur noch das real sei, wovon man ein exaktes Abbild anfertigen kann. Auf den ersten Blick scheint sich gerade bei den SIMPSONS dieser Schlüsselsatz der Postmoderne zu bestätigen. Doch die Hintertür für das „laterale Apropos" steht immer weit offen.

**Krise in Camp Krusty und die
Meta-Simpsons**

*„Sie sind von der Moderne zur Langeweile ab-
gesackt. Rufen Sie uns an, wenn Sie beim
Kitsch angelangt sind."* – ein genervter
Kunstsnob zu Homer Simpson

The Artist Formerly Known as Prince nannte einen seiner Songs programmatisch:
„The Joy in Repetition". Das zugehörige Album „Graffiti Bridge", eine verspätete Fortsetzung seines Hits „Purple Rain" wurde
zum Flop, da nicht jeder den gleichen Spaß
an selbstreflexiven Variationen und Wiederholungen hat. Die SIMPSONS beschäftigt
in ihrer elften Season das gleiche Problem
wie den Funk-Master ohne Namen. Sie
werden immer am Glanz vergangener Tage
gemessen und können im Moment nichts
anderes anbieten als die souveräne Verteidigung der vor Jahren erworbenen Positi-

on. Obwohl die Kritik an Season 11 in einigen Fällen übertrieben und ungerechtfer-
tigt erscheint, trifft sie in einem Punkt zu:
Zu viele der neuen Episoden verlassen sich
auf uninteressante SIMPSONS-Standards, die
zuvor bereits in verschiedenen Varianten
durchgespielt wurden. Marge landet im
Krankenhaus und die Familie muss sich
mal wieder mit katastrophalem Ergebnis
alleine um den Haushalt kümmern. Auch
die Simpsons als Aushilfshausmeister in
Burns Villa (*Wenn ich einmal reich wäre/The
Mansion Family*) zu schicken, gehört nicht
gerade zu den originellsten Einfällen der
Serie.

   Diesem narrativen Dilemma und der
gerade im Jubiläumsjahr sehr harten Kritik
aus dem Fandom, versuchen die Autoren
und Produzenten zu entgehen, indem sie
das Wissen um den notorischen Wieder-
holungszwang offensiv ausstellen. Der
CBG tritt in *Ein Pferd für die Familie*
(*Saddlesore Galactica*) mit einem „Worst

Episode Ever"-T-Shirt vor die Kamera und erinnert Homer daran, dass er schon einmal in *Lisas Pony* ein Pferd gekauft hat. Zwar laufen die SIMPSONS gelegentlich wieder zu alter Hochform auf, doch insgesamt tritt die Serie mehr oder weniger produktiv auf der Stelle. Das Referenzsystem, das in früheren Folgen auf die gesellschaftlichen Bedingungen des Medienalltags verwies, bezieht sich zunehmend auf das eigene Serienuniversum. Bei der Beerdigung von Maude Flanders in *Ned Flanders: Wieder Allein (Alone Again Natura-Diddly)* betont Reverend Lovejoy, dass sich in den vergangenen Jahren doch einige Veränderungen ergeben hätten. Die Van Houtens ließen sich scheiden, Apu hat Manjula geheiratet und acht Kinder bekommen und neben Maude sind Dr. Marvin Monroe und Bleeding Gums Murphy verstorben. Erstaunlich, dass Lovejoy nicht auch noch darauf hinweist, dass Milhouse inzwischen einen Ohrring hat und Lisa immer noch Vegetarierin ist.

Im Gegensatz zu den dramaturgisch brillant arrangierten Episoden vergangener Staffeln, besteht die einzige Pointe der neuen Folgen nicht selten darin, dass Homer von irgendjemandem für irgendetwas (wahlweise als Restaurantkritiker oder als Script Doctor für Mel Gibson) Prügel bezieht.

Der Artikel „The SIMPSONS Has Lost Its Cool" von Jon Bonné nannte als Ursache des Problems die in den letzten Jahren vollzogene Entwicklung zu den „Meta-SIMPSONS"[9]: „Somewhere along the way … Homer morphed from a relatively sweet, caring and ultimately good-hearted (if infinitely goofy and blundering) father into a boorish, self-aggrandizing oaf, a bizarre creature I prefer to call the Meta-Homer." Der Star-Status des „Meta-Homers" und seine abrupten Stim-

mungsschwankungen hätten sich negativ auf den gesamten Stil der Serie ausgewirkt. Bonné verurteilt zwar Homers postmoderne Odyssee auf zu pauschale Weise, doch im wesentlichen befinden sich die SIMPSONS tatsächlich auf der Suche nach neuen Formen für die selbstreferentielle Haltung der Episoden. Die Charaktere reiben sich momentan im Zwiespalt zwischen versuchter Weiterentwicklung und programmatischer Alterslosigkeit auf.

Das permanente Rotieren zwischen fragmentarischem Plot und ausgeschmückter Metaebene führt zu einigen starken Momenten, die hoffentlich in den kommenden Staffeln besser genutzt werden: Bart will nach einem Blick in seine Zukunft vom zuständigen Schamanen wissen, weshalb sich ein ganzer Subplot in der Prophezeiung mit einer sinnlosen Homer-Geschichte befasste (*Barts Blick in die Zukunft/Bart to the Future*). Vorsichtig erklärt ihm der Weissager, dass er alleine keine ganze Serie tragen könne. Die Weihnachtsepisode *Die böse Puppe Lustikus (Grift of the Magi)* endet mit einer ausufernden Diskussion über die Kommerzialisierung des Weihnachtsfests. Ganz beiläufig erwähnt der Erzähler, dass in dieser Nacht der böse Mr. Burns von drei Geistern aufgesucht und zum besseren Menschen gemacht wurde. Statt den klassischen Stoff von Charles Dickens „A Christmas Carol" auch noch in einer SIMPSONS-Variante zu erzählen, verweist man einfach nur noch auf diesen, bereits von den MUPPETS und den Disney Productions aufbereiteten Weihnachtsstandard.

In der produktiven Nutzung der kreativen Krise könnte die Chance für die SIMPSONS bestehen, sich selbst wieder aus dem Niemandsland zwischen eintönigen Wiederholungen und endloser Autoreferentialität zu befreien. In der Folge *Der beste*

---

9   Artikel auf www.msn-nbc.com.

Missionar aller Zeiten (Missionary: Impossible) gerät Homer am Ende in eine ausweglose Situation. An dieser Stelle bricht die Episode einfach ab. Rupert Murdoch sitzt umgeben von Roboter Bender aus FUTURAMA und Mulder und Scully aus AKTE X in der Zentrale von FOX und wartet am Telefon auf Spenden, um die Serie fortzusetzen. Durch einen Anruf von Bart Simpson, der 50.000.000$ verspricht, kann das Prestige-Projekt SIMPSONS ein weiteres Mal und damit auch der ganze Sender gerettet werden. Als Murdoch und seine Assistenten in Jubel ausbrechen, bemerkt Bart sarkastisch, dass dies wohl nicht das erste Mal wäre, dass er FOX aus der Klemme geholfen hätte. In Sequenzen wie diesen befinden sich die SIMPSONS wieder auf dem besten Weg dazu, ihre Position als neben FUTURAMA definierender *Flying Circus* der Postmoderne zurückzuerobern.

Einen vielversprechenden Ansatz bietet die Episode *Hinter den Lachern (Behind the Laughter)*. Im Stil klassischer Band-Dokumentationen berichten die Simpsons über den Preis ihres Erfolges, der zur gegenseitigen Entfremdung innerhalb der Familie führte. Bart setzt sich als arroganter Superstar in Szene, Homer schildert den langen Kampf gegen seine Tablettensucht, der er auf Grund der strapaziösen Dauerbelastung bei den Dreharbeiten zur Serie verfiel. Außerhalb des bekannten Alltags von Springfield erweist sich ausgerechnet Homer als ambitionierter Theater-

schauspieler und talentierter Drehbuchautor. Der Aufstieg der Simpsons begann mit Homers Idee, eine selbstgedrehte, realistische Familienserie im eigenen Zuhause zu produzieren. Der „billige Sam Peckinpah-Verschnitt" (Kommentar des Voice Over-Erzählers) wurde zum Überraschungshit. Markante *running gags* der Serie entstanden durch Zufall. Homers berühmter Würgegriff kam zum ersten Mal zum Einsatz, als sich Bart über die Qualität der selbstverfassten Drehbücher seines Vaters ausließ.

Die Karriere der im Geld badenden Simpsons stieß auf wenig Gegenliebe bei den anderen Bewohnern von Springfield. Moe beklagt sich darüber, dass sein ehemaliger Stammkunde sich in einen überheblichen Neureichen verwandelt hätte. Apu verpfeift als schlecht getarnter anonymer Informant die Simpsons bei der Steuerfahndung und Krusty blickt voller Neid auf die Einnahmen des Superstars Bart. *Hinter den Lachern* spielt geschickt mit den Motiven und der Bildsprache der MTV/VH1-Rockumentary-Serie BEHIND THE MUSIC. Die Simpsons kommentieren rückblickend berühmte Szenen aus ihrer Karriere. Stilisierte dokumentarische Aufnahmen werden zu symbolträchtigen Momenten überhöht. Eine Homer-Maske fällt von der Bühne, zerbricht und deutet die bevorstehende Krise der Fernsehstars an. Die Schwarz-Weiß-Aufnahme von einem Strandausflug der Simpsons brennt durch und gibt den Blick auf die Interviews hinter den Kulissen frei. Zu einem gemeinsamen Abendessen bringt jedes Familienmitglied seinen eigenen Anwalt mit. Am Ende erfolgt die große Versöhnung mit Ausblick auf weitere gemeinsame Unternehmungen. Zufrieden begutachten die Simpsons das Ergebnis im Schneideraum. Mit *Hinter den Lachern* fand die Serie ein originelles Format für das in den letzten Staffeln zunehmend stärker akzentuierte Spiel mit den Metaebenen. Episoden wie diese Abrechnung mit dem eigenen My-thos bleiben hoffentlich in Zukunft keine Ausnahme.

Auch wenn einige pessimistische Kriti-ker das Gegenteil behaupten. Es ist noch ein langer Weg bis zur „Simpsons Smile Time Variety Hour". Oder mit den Worten des Kulturkritikers Theodor W.Adorno:

„Will sie die Massen ergreifen, so gerät selbst die Ideologie der Kulturindustrie so antagonistisch wie die Gesellschaft, auf die sie es abgesehen hat. Sie enthält das Gegengift ihrer eigenen Lüge. Auf nichts anderes wäre zu ihrer Rettung zu verwei-sen."[10]

---

10   Adorno 1969, S. 83.

Christian Hißnauer

Von Bier trinkenden Männern und Blut saugenden Hausfrauen

Temporäre Brüche in den Geschlechterbildern bei den SIMPSONS

Medien stellen Männer und Frauen nicht bloß dar, sondern sie produzieren auch Vorstellungen darüber, wie Männer und Frauen „sind". Sie liefern Bilder von „richtigen" Männern und „attraktiven" Frauen, von „neuen Vätern" und „Karrierefrauen", von „guten" und „schlechten" Beziehungen, von „wahrer" Liebe, von Idealen und sogenannten Abnormitäten etc. Auf unterschiedliche Weise arbeiten die Medien daran mit, die Beziehungen der Geschlechter zueinander und untereinander darzustellen, zu reglementieren, zu verändern, zu stabilisieren oder zu idealisieren.
(Edgar J. Foster: „Die unsichtbare Allgegenwart des Männlichen in den Medien")

Von Anfang an

Wie jede Comic-Serie bedient sich DIE SIMPSONS Stereotypen in der Zeichnung der unterschiedlichen Charaktere. Homer ist der dicke, Bier trinkende Ernährer der Familie, Marge ist Hausfrau und Mutter, der zehnjährige Bart ist ein Rabauke und Schulversager, Lisa ist die intelligente und musisch interessierte achtjährige Tochter, die permanent mit Bart streitet, und Maggie ist das süße, Schnuller lutschende Baby. So werden die SIMPSONS bereits in der ersten Folge *Es weihnachtet schwer* (*Simpsons Roasting Over An Open Fire*) eingeführt, und so kennt man sie auch noch zehn Jahre später. Doch die SIMPSONS sind mehr als bloße Stereotypen. Das Stereotyp wird vielmehr dazu benutzt, immer wieder in Abgren-

zung davon andere Wesenszüge der gelben Familie zu etablieren. Immer wieder entstehen so auch – zumindest temporär – Brüche im Rollengefüge.

Bereits in der ersten Folge werden Homer und Bart nicht nur als Versager und Rabauken eingeführt, sondern ebenso als sentimentale Männer mit viel Familiensinn. Da Homer keine Weihnachtsgratifikation bekommt und das vorher gesparte Weihnachtsgeld für die Entfernung einer Tätowierung, die Bart sich hat machen lassen, zweckentfremdet wird, versucht Homer als Weihnachtsmann im Kaufhaus Geld für Geschenke zu verdienen, um seiner Rolle als Ernährer gerecht zu werden. Bart ertappt ihn dabei, weil er bei einer Mutprobe unter Jungs den Weihnachtsmann (Homer) am falschen Bart zieht. Homer vertraut sich Bart an. Gemeinsam versuchen sie, das Familienfest zu retten. Ihre recht eigenwillige Idee, beim Hunderennen genügend Geld zu gewinnen, erweist sich natürlich als Trugschluss: Das von Bart erwartete Wunder, das im Fernsehen immer pünktlich zu Weihnachten geschieht, bleibt aus. Knecht Ruprecht, auf den sie ihre letzten neun Dollar gesetzt haben, kommt als letzter ins Ziel. Als Knecht Ruprecht von seinem erzürnten Besitzer ausgesetzt wird, nehmen sie ihn mit, weil sie ihn nicht einfach vor die Hunde gehen lassen können. Als Homer und Bart mit dem Tier zu Hause ankommen, sind Marge, Maggie und Lisa begeistert von dem

„Geschenk". Trotz ihres Versagens fiel ihnen die Lösung zur Rettung des Weihnachtsfestes sozusagen in den Schoss – wie so vieles andere in den zukünftigen Folgen auch. Die Sentimentalität und der Familiensinn, mit denen Homer und Bart hier gezeigt werden, steht im Widerspruch zu ihrem vorherigen Auftreten. Auch in anderen Folgen zeigt Homer diesen starken Familiensinn. So gibt er z.b. seinen Traumjob als Hilfskraft im Bowling-Center auf, als Marge mit Maggie schwanger ist, da sein dortiges Gehalt nicht ausreicht, eine Familie mit drei Kindern zu ernähren (*Und Maggie macht drei/And Maggie makes Three*).

Wie der Vater, so der Sohn?
Homer – Kein Mann für alle Fälle
Homer hat sich im Verlauf von zehn Jahren immer mehr zur eigentlichen Hauptfigur der SIMPSONS entwickelt. Er ist ein Mann, der beständig dem Leitbild der hegemonialen Männlichkeit[1] hinterher rennt. Seine Geschlechtsidentität lässt sich nach *Connell* als komplizenhafte Männlichkeit auffassen:

> „Als komplizenhaft verstehen wir in diesem Sinne Männlichkeiten, die zwar die patriarchale Dividende bekommen, sich aber nicht den Spannungen und Risiken an der vordersten Frontlinie des Patriarchats aussetzen. Man ist versucht, diese Männer als Schlachtenbummler hegemonialer Männlichkeit zu behandeln – analog dem Unterschied zwischen den Männern, die sich Football-Spiele am Fernseher ansehen, und denen, die sich selbst hinaus in den Kampf wagen."[2]

Bezeichnenderweise sitzt Homer am liebsten vor dem Fernseher und entspricht körperlich nicht dem Idealbild eines Mannes. Er ist vielmehr ein dicker unsportlicher Typ. Homer sieht sich selbst als Oberhaupt und Ernährer der Familie und fühlt sich anderen überlegen. Dieser Aspekte seiner Männlichkeit will er sich ständig vergewissern, indem er z.B. jede neue Geschäftsidee nutzt, um an Geld oder zu Ruhm zu kommen. So gründet er eine In-

---

1   Connell definiert Männlichkeit nicht als ein Objekt, sondern als „eine Position im Geschlechterverhältnis; die Praktiken, durch die Männer und Frauen diese Position einnehmen, und die Auswirkungen dieser Praktiken auf die körperliche Erfahrung, auf Persönlichkeit und Kultur" (Connell, 1999, S. 91). Dabei unterscheidet er verschiedene Männlichkeiten voneinander, die in bestimmten Beziehungen und Machtverhältnissen zueinander stehen. Im Wesentlichen unterscheidet er zwischen hegemonialer, untergeordneten und marginalisierten Männlichkeit(en). Dabei ist „„Hegemoniale Männlichkeit' [..] kein starr, über Zeit und Raum unveränderlicher Charakter. Es ist vielmehr jene Form von Männlichkeit, die in einer gegebenen Struktur des Geschlechterverhältnisses die bestimmende Position einnimmt, eine Position allerdings, die jederzeit in Frage gestellt werden kann" (Connell 1999, S. 97). Hegemoniale Männlichkeit stellt damit die (jeweils zeitlich begrenzte) „Antwort auf das Legitimitätsproblem des Patriarchats" (Connell 1999, S. 98) dar. Hegemoniale Männlichkeit bezieht sich auf eine leitbildhafte kulturelle Dominanz und auf eine jeweils spezifische Geschlechterbeziehung zwischen Gruppen von Männern. So inszenieren heterosexuelle Männer in heutigen westlichen Gesellschaften durch Praktiken der Unterordnung die Dominanz gegenüber homosexuellen Männern. Homosexualität stellt damit die wichtigste Form der untergeordneten Männlichkeit dar: „Alles, was die patriarchale Ideologie aus der hegemonialen Männlichkeit ausschließt, wird dem Schwulsein zugeordnet; das reicht von einem anspruchsvollen innenarchitektonischen Geschmack bis zu lustvoll-passiver analer Sexualität" (Connell 1999, S. 99). Die Unterscheidung von hegemonialer und untergeordneter Männlichkeit verweist damit auf eine interne Relation der Geschlechterordnung. „Die Interaktion des sozialen Geschlechts mit anderen Strukturen oder Rasse schafft weitere Beziehungsmuster zwischen verschiedenen Formen von Männlichkeit" (Connell 1999, S. 101). Marginalisierung bezeichnet somit „die Beziehungen zwischen Männlichkeiten dominanter und untergeordneter Klassen oder ethischen Gruppen" (Connell 1999, S. 102). Untergeordnete und marginalisierte Männlichkeiten, die am unteren Ende der männlichen Geschlechterhierarchie stehen, partizipieren dennoch an der hegemonialen Männlichkeit; zumindest an der Unterdrückung der Frau und erhalten so eine Art patriarchale Dividende.
2   Connell 1999, S. 100.

ternetfirma (*Der blöde Uno-Club/Das Bus*), steigt mit Bart zusammen ins Alt-Fett-Geschäft ein (*Ein jeder kriegt sein Fett/Lard of the Dance*), wird Leibwächter des Bürgermeisters (*Der unerschrockene Leibwächter/Mayored to the Mob*), Teammaskottchen der Baseballmannschaft Springfield Isotopes (*Das Maskottchen/Dancin' Homer*), Manager der Sängerin Lurleen Lumpkin (*Homer auf Abwegen/Colonel Homer*), Erfinder (*Im Schatten des Genies/The Wizard of Evergreen Terrace*) oder entwirft ein Auto für seinen Halbbruder Herb Powell (*Ein Bruder für Homer/Oh Brother, Where Art Thou?*). Natürlich scheitern all seine Versuche.

Homer könnte man als Fettnäpfchentreter par excellence bezeichnen. Doch das ist kein Grund für ihn, sich nicht über die Missgeschicke anderer lustig zu machen und sich somit über sie zu stellen. Er zeigt

damit auch eine selbstgerechte, überhebliche und arrogante Seite.

Gegenüber Marge gibt sich Homer – anders als seine verbalen Äußerungen gegenüber Frauen vermuten lassen – sehr liebevoll. Mehrfach betont er im Laufe der Serie, wie wichtig sie ihm ist. Daher bringt er es auch – trotz verschiedener Gelegenheiten (z.B. in der Folge *Homer liebt Mindy/The Last Temptation of Homer*) – nicht fertig, sie zu betrügen. Ihr gegenüber muss er nichts beweisen, so kann er sich auch fehlerhaft oder sentimental zeigen.

In der Folge *Homer und gewisse Ängste* (*Homer's Phobia*) zeigt Homer ein stark homophobes Verhalten. Er hat Angst, dass Bart schwul werden könnte, da sich ein flüchtiger Bekannter der Familie als Homosexueller „entpuppt". Gerade in dieser Folge zeigt sich das von Diedrich Diederichsen beschriebene „ewige laterale Apropos"[3] der SIMPSONS: Eine beständige Anschlussfähigkeit, die kaum eine Positionierung zulässt.

Zunächst ist Homer begeistert von John und möchte ihn mit seiner Frau einladen. Als er Marge von diesem Plan erzählt, weist sie ihn darauf hin, dass John keine Frau haben wird. Homer denkt zunächst, John sei swingender Junggeselle – eine Vorstellung, die sein Interesse an John sichtlich steigert, denn das steigert sein Ansehen bei Homer als Mann. Marge erklärt ihm dann jedoch, dass John homosexuell sei. Homer entfährt ein entsetzter Schrei. In dem anschließenden Dialog bezeichnet er Homosexualität als nicht normal. Marge versteht natürlich die Aufregung nicht und will ihn zur Besinnung bringen – wie immer ohne Erfolg. Später kommt bei ihm noch die Angst dazu, Bart könne auch schwul werden. Zunächst sieht er die Schuld dafür bei Marge: „Ich hoffe, dir ist klar, dass das nur deine

---

3   Diederichsen 1999, S. 41, in diesem Band S. 15.

Schuld ist. Musst du dich immer so wei-
bisch gegenüber unserem Jungen benehmen?" Implizit nimmt Homer damit Bezug auf die These, dass Homosexualität
eine Fehlleitung sei, die durch das Verhalten der Mutter gegenüber ihrem Sohn ent-
stehe. Am nächsten Tag drohen sich seine
Befürchtungen zu bewahrheiten: Bart
tanzt im Wohnzimmer mit einer Lang-
haarperücke auf dem Kopf wie Cher zu einem ihrer Lieder. Homer reißt ihm die Pe-
rücke erbost vom Kopf. In der Küche trifft
er auf John und Marge. Zunächst erneuert
er John gegenüber den Vorwurf, Homosexualität sei unnormal und dass er, wenn es
ein Gesetz dagegen gäbe, ins Gefängnis
käme. Und auch darüber, dass Homosexuelle sich selbst als schwul bezeichnen, regt
sich Homer auf: „Ich finde es eine Frech-
heit, dass Sie dieses Wort benutzen. Das ist
unser Wort, um uns über euch lustig zu
machen. Das brauchen wir. Ich will nicht
nur dieses Wort zurück haben, sondern
auch meinen Sohn." In diesem Moment
ändert sich seine implizite Argumenta-
tionslinie, denn nicht mehr Marge als
Mutter ist Schuld an dem Verhalten ihres
Sohnes, sondern das homosexuelle Vorbild John, der Bart zur Homosexualität
verführen könnte.

Homosexualität wird in den SIMPSONS
als eine untergeordnete Männlichkeit dargestellt, die in der Hierarchie verschiedener Männlichkeiten am Ende steht. Sie erscheint damit aber auch als ein Angriff auf
das Bild der hegemonialen Männlichkeit,
die immer heterosexuell ausgeprägt ist.
Daher ist es Homer auch so wichtig, einen
Begriff zu haben, mit dem er Schwule ab-
werten, mit dem er sich über sie erheben
und seine (heterosexuelle) Männlichkeit
inszenieren kann.

„Indem man verschiedene Formen
von Männlichkeit unterscheidet, erweckt
man vor allem in einer individualisierten
Kultur, wie etwa den Vereinigten Staaten,
leicht den Eindruck, es handele sich um
unterschiedliche Lebensstile, aus denen
man als Konsument einfach auswählen
könnte. Ein relationaler Ansatz lässt den
starken Druck besser erkennen, unter dem
Geschlechterkonfigurationen geformt
werden, die Bitterkeit wie auch das Lust-
volle in der geschlechtsbezogenen Erfahrung."[4]

In *Homer und gewisse Ängste* wird dieser
Druck zur Herausbildung und Inszenierung der eigenen Geschlechtsidentität
permanent thematisiert. Homer will Bart
nun zu einem „richtigen Mann" machen.
Dabei gehen seine Ängste soweit, dass er
seinen Sohn nicht unbefangen umarmen
kann, denn eine zärtliche Berührung von
Mann zu Mann könnte in Bart homophile
Empfindungen wecken. Wie immer bei
den SIMPSONS gehen Homers Ideen nach
hinten los: In einem Stahlwerk, in dem er
Bart harte amerikanische Männer zeigen
will, arbeiten nur Homosexuelle. Zunächst werden sie als überzogen männlich
gezeigt (starke, muskulöse Männer, die
hart arbeiten), entpuppen sich dann auf
den zweiten Blick als „sissys" mit affektier-
ten Verhaltensweisen, die nach getaner
Arbeit aufreizend tanzen. Hypermaskulinität wird hier vorgeführt und gleichzeitig
als hetero- und homosexuelle[5] Inszenierung dekonstruiert. Gleichzeitig wird der
männliche Körper hier als (homo)eroti-
scher Körper in Szene gesetzt. Der heterosexuelle männliche Körper ist bei den
SIMPSONS hingegen zumeist fett, faul und
keinesfalls erotisch. Der stark sexualisierte
männliche Körper wird damit als Bedro-

4   Connell 1999, S. 97.
5   Als Beispiele aus der Schwulenszene können hier die Lederszene oder Bands wie „Village People"
     genannt werden.

hung – für den Mann und seine Männlichkeit – dargestellt.

Zusammen mit Moe und Barney kommt Homer auf die Idee, seinen Jungen durch einen Akt des Tötens zum „richtigen" – sprich heterosexuellen – Mann zu machen. Da es derzeit keinen Krieg gäbe und das Töten eines Menschen daher leider wegfalle, entscheiden sie, dass Bart einen Hirsch töten müsse. Aus Ermangelung desselben soll Bart letztendlich ein Rentier erschießen – das sähe wenigstens fast so aus wie ein Hirsch. Homer, Barney und Moe brechen dafür eigens in ein Rentiergehege im Weihnachtsmanndorf ein. Als die Rentiere zum Angriff übergehen, verstecken sich Barney und Moe sofort unter einem Trog und einem Wasserbottich. Homer versucht Bart mit seinem eigenen Körper zu schützen. Letztendlich ist es aber John, der die vier retten kann. Das Leitbild der hegemonialen Männlichkeit wird so ins Lächerliche gezogen, denn die über-

zeugten „Männer" Homer, Barney und Moe haben sich nicht nur selbst in diesen Schlamassel gebracht, ihnen gelingt es auch nicht, sich daraus zu befreien. Moe bringt es dann auf den Punkt, nachdem Barney zu ihm sagt: „Eine Tunte hat uns gerettet", antwortet er – in seiner Männlichkeit verletzt: „Ja, die Schande werden wir nie los. Oh, wieder so ein Fall, wo man(n) eigentlich Selbstmord begehen sollte." Homer ändert nun seine Meinung und akzeptiert John, der dazu ironisch feststellt: „Tja Homer, ich habe ihren Respekt gewonnen und musste dazu nur ihr Leben retten. Und wenn alle anderen Schwulen das auch tun würden, hätten sie nichts mehr gegen uns." In dieser Sequenz wird Männlichkeit durch Homer über das Handeln definiert: Töten ist ein männlicher Akt, deswegen soll Bart ein wehrloses Tier ermorden (man beachte die Ironie: Feigheit gilt gemeinhin nicht als männlich). Er kann John dann akzeptieren, als dieser handelt: Wie die Kavallerie in alten Western tritt er als *last minute rescue* auf. Er wird damit zum Retter und Helden. Beides sind typischerweise männlich konnotierte Figuren.

Die ganze Folge über werden so unterschiedliche Aspekte von Männlichkeit und Homophobie thematisiert. Gerade der Aspekt, dass sich Männlichkeit oft beweisen muss, wird am Ende der Folge nochmals aufgenommen und ins Gegenteil verkehrt: Bart versteht nicht, wieso

Homer den ganzen Zirkus veranstaltet hat, bis Lisa ihm erklärt, dass sein Vater ihn für schwul halten würde. Bart kann darauf nur ungläubig und entsetzt reagieren, denn er ist sich seiner selbst sicher und findet es in diesem Moment nicht notwendig, anderen seine Männlichkeit zu beweisen.

Auf der Diskursebene trifft das laterale Apropos auf die SIMPSONS zu, wie die Folge *Homer und gewisse Ängste* zeigt. Strukturell lassen sich in Bezug auf das Thema Homosexualität dennoch gewisse Positionierungen feststellen: So wird Homosexualität generell in der Serie als eine Ausnahme dargestellt und damit auch oft abgewertet[6]. So z.B. in Form von Mr. Smithers, dem Sekretär von Mr. Burns, der als einzige permanent in der Serie präsente Figur schwul ist. Er wird aber als charakterloser Speichellecker dargestellt, in einigen Folgen allerdings auch als sehr feinfühliger Mensch porträtiert. Weibliche Homosexualität ist im SIMPSONS-Kosmos weitaus weniger existent (und wird damit qua Nicht-Existenz sogar noch stärker abgewertet). Lediglich in einer Episode (*Die Angst vorm Fliegen/Fear of Flying*) gibt es eine Szene, in der Homer in einer Lesbendisko am Tresen steht. Homer bemerkt natürlich, dass etwas in diesem Laden nicht stimmt. Nach

einer längeren Zeit des Überlegens fällt es ihm auf: Der Tanzschuppen hat keinen Notausgang.

Bart – Rabauke mit Gefühl

Bart hat viel von seinem Vater: Auch er macht sich gerne über andere lustig, ist schadenfroh und stellt sich mitunter über andere. Aber auch er hat seine sentimentalen Seiten, die er z.B. zeigt, wenn er sich verliebt hat (*Laura, die neue Nachbarin/New Kid on the Block*) oder wenn er sich für etwas schämt. So brütet er die Eier eines Spatzen aus, den er versehentlich getötet hat (*Bart brütet etwas aus/Bart the Mother*). Trotz aller Streitigkeiten liebt er seine Schwester Lisa. Als ihr großer Bruder beschützt er sie, wenn sie angegriffen wird

---

6   Diese Abwertung findet sich auf der strukturellen Ebene der Serie. Daher ist es auch kein Widerspruch, dass John als sehr sympathisch und aufmerksam dargestellt wird, wofür Marge und die Kindern ihn mögen. Zudem erscheint er in dieser Folge als mutig und hilfsbereit. Großzügig sieht er über Homers feindselige verbale Attacken und seine homophoben Einstellungen hinweg.

oder unterstützt sie, wenn sie Angst davor hat, zu versagen: Am Ende der Folge *Lisas geheimer Krieg* (*The Secret War of Lisa Simpson*) ist er der einzige Junge auf der Kadettenschule, der Lisa bei der Abschlussprüfung anfeuert, als sie sich in mehreren Metern Höhe an einem Seil entlang hangeln muss.

In der Folge *Homer gegen Patty und Selma* (*Homer vs. Patty & Selma*) thematisiert Bart selbst sein Männlich-Sein: Bart will Milhouse beweisen, dass er cooler ist und kommt deshalb viel zu spät zur Schule. Leider verpasst er dadurch die Einschreibung für die Sportkurse und muss in den Ballett-Kurs. Nach anfänglichem Widerstand entdeckt er seine Liebe fürs Ballett – u.a. auch deshalb, weil die Ballett-Lehrerin ihm versichert, dass Ballett etwas für starke Männer sei. Dennoch hat Bart zunächst Angst davor, bei einer Schulveranstaltung öffentlich zu tanzen, und traut sich nur mit einer Maske auf die Bühne. Selbst der ansonsten obercoole Schulchaot Nelson und sein Kumpel Jimbo Jones sind von Barts Tanz begeistert („Er tanzt graziös und ist dennoch maskulin."). Als Bart erkennt, dass die anderen Jungen fasziniert sind („Sie mögen mich. Sie haben mich akzeptiert. Ich brauche die Maske nicht."), outet er sich. Kearney, der auch zur Clique um Nelson gehört, witzelt aber sofort: „Bart tanzt wie ein Mädchen." Interessanterweise nimmt Bart hier diesen Vorwurf auf und an: „Ich hab' etwas getan, wozu ich Lust hatte. Wenn ihr mich deswegen als Mädchen bezeichnet – bitte sehr. Dann bin ich eben ein Mädchen." Die anderen Jungs können diesen Angriff auf ihre Geschlechtsidentität aber nicht hinnehmen und verprügeln Bart, um sich selbst (und den anwesenden anderen Jungen) zu beweisen, dass sie – im Gegensatz zu Bart – keine Mädchen sind, sondern Männer.

Nur Lisa ist begeistert: „Bart, ich bin stolz auf dich. Du hast eine gefühlvolle Seite gezeigt, die sich nicht mehr auslöschen lässt. Vom heutigen Tag an sind wir auch geistig miteinander verwandt." Doch in der nächsten Folge wird Bart wieder so sein, wie wir ihn kennen, obwohl ähnliche Motive immer wieder auftauchen (und er in der Regel von der gesamten Familie inklusive Lisa dafür ausgelacht wird). Seinen Widerstand gegen die Erwachsenen und das Establishment leistet er in einer Form der Hypermaskulinität, vor allem durch Aufsässigkeiten in der Schule bzw. innerhalb der Familie und durch Raufen.[7]

Grampa – und andere Alleinstehende

Homers Vater lebt im Altersheim. Von der Familie wird er zuweilen an einer Tankstelle (*Furcht und Grauen ohne Ende/Treehouse of Horror V*, Teilepisode *Das Shining*) oder im Flugzeug (*Angst vorm Fliegen*) vergessen, und es dauert lange, bis sie es bemerken, so als ob ihnen nichts an ihm läge. Grampa wird als vergesslicher, nörgelnder alter Mann dargestellt. Doch auch er hat seine sentimentalen Seiten, die er vor allem in den Folgen *Liebhaber der Lady B.* (*Lady Bouvier's Lover*) und *Grampa gegen sexuelles Versagen* (*Grampa vs. Sexual Inadequacy*) zeigt. Gerade in der letztgenannten Episode wird deutlich, wie ähnlich sich Grampa und Homer sind. Beide haben Probleme damit, ihren Kindern zu zeigen, dass sie sie lieben und betrachten ihre Söhne als unerwünschte „Betriebsunfälle". Und wenn es Grampa am Ende schafft, endlich mal etwas Nettes zu Homer zu sagen, so ist auch dies recht eigenwillig: „Ich bin mehr als stolz darauf, dass aus dir ein kleiner Schwächling geworden ist." In der Erziehung hat Homer viele Verhaltensweisen von seinem Vater übernommen. So würgt er Bart so, wie er von seinem Vater gewürgt

---

7   Vgl. Connell 1999, S. 169.

wird (und vermutlich wurde). Auch er schafft es nicht, seinen Sohn zu ermutigen. Beide sind cholerisch, nörgeln ständig herum und bezeichnen sich selbst als Versager. Gerade in *Grampa gegen sexuelles Versagen* wird auch deutlich, dass beide im Prinzip ständig versuchen, die Liebe des andern zu erlangen.

Durch die Figur des Großvaters wird in den SIMPSONS das Allein-Sein im Alter thematisiert. Doch ebenso Mr. Burns und Marges Schwestern Patty und Selma dienen dazu, immer wieder jeweils unterschiedliche, geschlechtstypische Aspekte des Themas in den Vordergrund der Geschichten zu rücken. So hat Grampa seine Familie verloren, da es ihm nicht gelungen ist, seine Liebe Homer gegenüber auszudrücken. Von Homer wird er als „abwesender Vater" wahrgenommen, der keine Zeit hat, sich um seinen Sohn zu kümmern und es vermutlich auch gar nicht will. Als Homer erkennt, dass ihm gefehlt hat, von seinem Vater ermutigt zu werden, versucht er, für einen kurzen Moment seine Kinder mit Zuneigung zu erdrücken (*Grampa gegen sexuelles Versagen*). Mr. Burns ist in seinem männlichen Verhalten noch extremer: Für ihn zählen zeitlebens nur Arbeit und Geld verdienen. Für Familie ist in seinem Leben kein Platz – außer, wenn er merkt, dass er keinen Erben hat. In der Folge *Liebhaber der Lady B.* wagt er es jedoch, sich in Marges Mutter zu verlieben.

Auch Patty und Selma sind beständig auf der Suche nach Liebe und Zuneigung. Sie leben zwar zusammen, sind also nicht wirklich allein, doch sie suchen eine zwischengeschlechtliche, sexuelle Zweisamkeit, die sie als Geschwisterpaar nicht haben. Sind Grampa und Mr. Burns aufgrund männlicher Verhaltensweisen alleine, so sind es Patty und Selma aufgrund ihres Mangels an „Weiblichkeit": Sie rauchen und trinken, haben eine tiefe Stimme und werden als dicke, schwitzende, unangenehme Frauen inszeniert, vor denen es nicht nur Homer, Bart und Lisa ekelt.

Die Frauen der SIMPSONS

Marge – Hausfrau sein ist nicht alles

Als Hausfrau und Mutter von drei Kindern hält Marge die Familie zusammen – vor allem, wenn mal wieder alles droht, im Chaos zu versinken. Dabei zeichnet sie die beinahe sprichwörtliche weibliche Weisheit aus: Sie weiß genau, wie sie Homer besänftigen und sein empfindliches männliches Selbstbewusstsein „aufpäppeln" kann, wenn er mal wieder seine weinerlichen Phasen hat. Ebenso gelingt es ihr, ihn und die Kinder zur Räson zu bringen, wenn sie austicken, denn dann kann sie durchaus resolut werden. Obwohl Marge oft sehr naiv ist, wird sie als umsichtiger, realistischer und ausgeglichener Gegenpol zu Homer inszeniert.

Sie sorgt sich den ganzen Tag um die Familie und das Haus. Dieses Arrangement

wird nur sehr selten in Frage gestellt – z.B. besonders amüsant in der Halloween-Episode *Bart Simpson's Dracula* (in der Folge *Die Fahrt zur Hölle/Treehouse of Horror IV*): Am Ende der Episode muss Lisa erkennen, dass nicht Mr. Burns, sondern Marge der Obervampir ist. Daraufhin fragt Marge Lisa: „Meinst du, mein Lebensinhalt ist nur dieser Haushalt?" Diese Specials stehen allerdings nicht in der Serien-Kontinuität und können daher nur indirekt als ein Zeichen von temporären Brüchen der Geschlechterbilder innerhalb der Serie gedeutet werden.

In der Folge *Wenn Mutter streikt* (*Homer Alone*) wird zwar thematisiert, dass Marge mit den drei Kindern, dem Haushalt und Homer überfordert ist, aber das Geschlechterverhältnis wird nicht in Frage gestellt. Zum einen fällt Homer nichts Besseres ein, als Bart und Lisa bei Marges Schwestern Selma und Patty abzugeben, zum anderen beschränkt sich die Folge weitestgehend

darauf, Homers Unfähigkeit, den Haushalt zu führen und Maggie zu versorgen, darzustellen. Was bei Marge als Ausnahme inszeniert wird, ist für Homer symptomatisch. Damit werden aber das bestehende Geschlechterverhältnis und traditionelle Rollenklischees bestätigt.

Auch in anderen Folgen bricht Marge aus ihrem Haushaltsalltag aus. So wird sie z.B. Seelsorgerin (*Marge als Seelsorgerin/In Marge we Trust*) oder Lehrerin (*Der Lehrerstreik/The PTA Disbands*), zwei mehr oder weniger „typische" Frauenberufe. In der Folge *Die Springfield Connection* (*The Springfield Connection*) hingegen bricht sie in eine Männerdomäne ein: Sie wird Polizistin. In dieser Folge werden so – zumindest indirekt – Vorstellungen über Weiblichkeit thematisiert, denn vor allem Homer nimmt Marge als Polizistin nicht ernst: „Behalt' die Augen offen, falls echte Bullen kommen", ist sein Kommentar, als sie ihm einen Strafzettel wegen Parkens auf drei (!) Behindertenparkplätzen geben will. In einer vorhergehenden Szene macht er bereits deutlich, dass er von (s)einer Frau etwas anderes erwartet, als Polizistin zu sein: „Vor gar nicht allzu langer Zeit standest du mir viel näher. Du hast Töpfe gespült, Knöpfe angenäht und die Haare aus dem verstopften Ausguss gezogen." Marges berufliches Engagement steht aber nicht nur im Widerspruch zu seinen Vorstellungen über die Rolle der Frau, sondern ist für Homer auch ein direkter Angriff auf seine (Vorstellung von) Männlichkeit: „Marge, wenn du bei der Polizei bist, wirst du zum Mann – wodurch ich zur Frau werde. Und daran habe ich kein Interesse." Doch natürlich wird dies sofort wieder auf der diskursiven Ebene gebrochen, denn Homer fährt fort: „Außer, dass ich gelegentlich gern weibliche Unterwäsche trage, die ich, wie gesagt, äußerst bequem finde." Marge beruhigt ihn sofort: „Homer, du hast gar kein' Grund, dich bedroht zu fühlen. Du bist und bleibst der Mann in diesem Haus." Er ist beruhigt und bedankt sich bei Marge. Sie küssen sich, doch Homer hebt dabei, wie man es nicht nur aus alten Hollywoodfilmen als typisch weibliches Verhalten kennt, das Bein. Die Männer, die sich am lautesten auf eine bestimmte Form von Männlichkeit berufen – so wie Homer es tut – werden bei den SIMPSONS immer wieder als (aus dieser Sicht) unmännlich, als Memmen inszeniert. Starke Frauen stellen dann eine Bedrohung dar, denn diese verweigern – quasi qua Existenz – diesen Männern die „patriarchale Dividende" (Connell) und zeigen, wie anfällig ihre (Inszenierung von) Männlichkeit ist. Sie wird in den SIMPSONS als von zwei Seiten bedroht dargestellt: Zwischen den Geschlechtern durch männlich konnotiertes Verhalten von Frauen und innerhalb des Geschlechtes durch weiblich konnotiertes Verhalten von Männern bzw. durch Homosexualität.

Lisa – Amerikas gutes Gewissen

Lisa ist als Achtjährige das intelligenteste Mitglied der SIMPSON-Familie. Sie ist (fast) immer Klassenbeste, ist vielfältig interessiert, hat eine hohe soziale Kompetenz und ist sehr tolerant. Lisa liest viel, vor allem Bücher, die Kinder in diesem Alter üblicherweise nicht lesen, und spielt auf dem Saxophon am liebsten Jazz und Blues. Ihr Reflexionsniveau ist dabei fast schon beängstigend hoch. Lisas übersteigertes (geistiges) Leistungsniveau erscheint als ihre Form des Widerstandes gegen ihre Eltern und die Gesellschaft. Daher ist es auch ihre größte Sorge, durch das SIMPSON-Gen (*Vertrottelt Lisa?/Lisa the Simpson*) faul und dumm zu werden. Doch zum Glück sind nur die SIMPSONS-Männer (!) von diesem Gen betroffen. Der weiblichen Linie der SIMPSONS hingegen entwachsen Ärztinnen, Wissenschaftlerinnen, Künstlerinnen etc. Die Männer werden halt zu Trotteln. *Shit happens …*

Die Figurenkonzeption von Lisa ist sehr interessant, da sie eigentlich wenig typische Verhaltensweisen von kleinen Mädchen zeigt. So wird ihre Liebe zu Ponys oder Puppen nur sehr selten thematisiert. In der Folge *Lisa kontra Malibu Stacy* (*Lisa vs. Malibu Stacy*) wird dies aber sogleich gebrochen, denn Lisa setzt sich gegen die sprechende Malibu Stacy-Puppe zur Wehr, da diese Frauen erniedrigt. Es gelingt ihr, mit der ursprünglichen Erfinderin der Puppe eine andere Puppe zu entwickeln, die Mädchen ein besseres Vorbild sein kann, denn sie präsentiert eine erfolgreiche und emanzipierte Karrierefrau. Doch am Markt hat Lisa damit keinen Erfolg, denn eine Malibu Stacy mit einem neuen Mode-Gimmick (einem Hut) ist den anderen Mädchen viel lieber. Aber Lisa tritt als Amerikas gutes Gewissen nicht nur für die Rechte der Frauen, sondern auch für den Umwelt- oder Tierschutz ein und ist – im Gegensatz zum Rest der Familie – generell politisch interessiert. Wenn Andreas Dörner schreibt, dass die SIMPSONS „amüsante Satire zum amerikanischen *way of life* und zur amerikanischen Politik der Gegenwart immer wieder mit zivil-religiösen Identitätsofferten, die das links-republikanische Erbe in der aktuellen Medienkultur präsent halten"[8], verbindet, dann bezieht er sich vor allem auf Lisa, verkennt dabei aber, dass sie amerikanische Werte verkörpert, an die – zumindest im Rahmen der Serie – keiner mehr glaubt und diese damit als puren Kitsch entlarvt. Damit passen diese Werte perfekt in das Pop-Universum der SIMPSONS.

Lisas Hochzeit (*Lisa's Wedding*) ist Thema in der gleichnamigen Folge, in der sie bei einer Renaissance-Ausstellung ihre Zukunft vorhergesagt bekommt. Auch hier wird mal wieder deutlich, dass zum einen Heterosexualität das normative Leitbild der Serie darstellt und zum anderen, dass Ehe und Familie trotz aller Probleme, die uns die SIMPSONS vorleben, die einzige erstrebenswerte Lebensform ist. Ein Unterschied besteht allerdings: Lisa erträumt sich eine gleichberechtigte, im eigentlichen Wortsinn partnerschaftliche Beziehung.

**Auf der Suche nach der Frau –
Maskulinisierte Öffentlichkeit bei den
SIMPSONS**

Insgesamt ist auffällig, dass in den SIMPSONS bezahlte Berufsarbeit fast ausschließlich Sache der Männer ist. Lediglich die Lehrerinnen Miss Hoover und Miss Krabapell stellen eine Ausnahme dar, doch auch nur vordergründig, denn Lehrerin ist ein typischer Frauenberuf. Auch Marge ist in erster Linie ehrenamtlich und eher in helfenden Berufen (z.B. Seelsorgerin) tätig. Damit wird der Mann auf die außerhäusliche Tätigkeit und die Frau auf das Haus-

frauendasein, das Dasein für andere, festgelegt. Auch in der Öffentlichkeit, vor allem in öffentlichen Ämtern, finden sich in der Regel nur Männer: Bürgermeister Quimby, Chief Wiggum und Rektor Skinner. Im Fernsehen – einem, wenn nicht dem wichtigsten Leitmedium der Bildung und Verbreitung der öffentlichen Meinung – sind ebenso vor allem Männer präsent: Krusty der Clown, Troy McClure und Kent Brockman.

Männerfreundschaften werden in der Serie immer wieder thematisiert. So wird Homer immer wieder zusammen mit Moe und Barney in größere oder kleinere Abenteuer verwickelt oder sitzt abends mit ihnen auf ein Bier zusammen in Moe's Kneipe. Barts bester Freund ist Milhouse, aber auch mit anderen Jungs treibt er sich gelegentlich herum. Es ist aber auffällig, dass es auf der Seite der weiblichen Protagonisten keine vergleichbaren Beziehungen gibt: Weder Marge noch Lisa haben eine beste Freundin. Ein wichtiger Punkt dabei ist, dass die Männerfreundschaften vor allem am Tresen in Moe's Taverne und auf dem Schulhof gepflegt werden, also in der Öffentlichkeit. Damit ist der öffentliche Raum nicht nur in Bezug auf Berufstätigkeit, Medien und öffentliche Ämter, sondern auch hinsichtlich privater Beziehungen männlich besetzt: „Die maskulinisierte öffentliche Kultur – in Form von Jugendcliquen, Schulen, Arbeitsplätzen, Sportvereinen, Medien – stützt beharrlich die herkömmliche Definition des sozialen Geschlechts."[9] Mit der Maskulinisierung der Öffentlichkeit ist – jenseits der diskursiven Vielfalt – strukturell ein eindeutiges Geschlechterverhältnis bei den SIMPSONS festgezurrt.

So interessant die vielfältigen Brüche im Rollengefüge auch sind, am Ende einer

---

8   Dörner 1998, S. 550; Hervorhebung im Original.
9   Connell 1999, S. 169.

jeden Folge wird der Ausgangszustand wieder hergestellt. Dies liegt sicherlich in dem Format und dem episodenhaften Aufbau der Serie begründet, doch letztendlich entsteht so der vordergründig konservative Charakter der SIMPSONS: Der Ist-Zustand ist in der Serie immer die bessere Alternative zur Veränderung. So wird auch immer wieder die Familie mit ihren traditionellen Frauen- und Männerrollen beschworen, denn nur so ergibt sich immer wieder die Möglichkeit, diese Geschlechterklischees diskursiv in Frage zu stellen und zu brechen. Die Angriffe auf das Geschlechterverhältnis sind letztendlich daher nicht so schlimm und verkraftbar, denn durch die Struktur des Seriellen haben diese Angriffe etwas Beruhigendes an sich: Am Ende werden sie immer wieder abgewehrt und der Status-Quo wird bestätigt. Man kann deshalb behaupten, dass hier ein diskursiver Pluralismus vorherrscht, der strukturell keine Entsprechung findet. Lediglich der Bruch der Frauenrolle ist in der Familie – zumindest ansatzweise – angelegt: Lisa ist als selbstbewusstes und überdurchschnittlich intelligentes und engagiertes Mädchen der Gegenentwurf zum Rollenkonzept von Marge, denn sie wird vermutlich nie ein Leben als Hausfrau und Mutter akzeptieren. Somit entsteht eine positive Identifikationsfigur, die das Versprechen einer Veränderung des Geschlechterverhältnisses in sich trägt. Für die männlichen Rollen gibt es einen solchen Gegenentwurf innerhalb der Familie nicht. Homer, Bart und Grampa sind sich dafür zu ähnlich.

N. Devrim Tuncel/Andreas Rauscher

Die Mythen des Springfield-Alltags

SIMPSONS als Politsatire

Als in den USA der subversive Gehalt der SIMPSONS bereits den Präsidenten höchstpersönlich zu Statements provozierte, wurde die Zeichentrickserie in Deutschland, wo popkulturelle Entwicklungen regelmäßig mit einer gewissen zeitlichen Verzögerung wahrgenommen werden, noch lange Zeit als Kindersendung unterschätzt. Die „gelbste Familie der Welt", die in den Vereinigten Staaten von Anfang an für die Prime Time konzipiert war, durfte hier zunächst nur im Nachmittagsprogramm auftreten. Neben kulturell bedingten Rezeptionsschwierigkeiten mag das zum einen daran liegen, dass die SIMPSONS auf den ersten Blick wie eine gewöhnliche Sitcom daherkommt, die sich lediglich des Mediums Cartoon bedient. Tatsächlich scheint auf den ersten Blick Slapstick die Tagesabläufe in Springfield zu bestimmen; bei näherer Betrachtung ist jedoch auch eine Politsatire mit teils sehr bissigen Sozialkommentaren zu entdecken, die sich als Subtext durch die Serie zieht und in manchen Episoden ganz im Vordergrund steht.

Springfield ist ein Hohlspiegel gesellschaftlicher Realitäten, ein gelber Mikrokosmos, in dem politische Mythen auf die Probe gestellt und gesellschaftliche Phänomene diskutiert werden. „Die Simpsons werden von ihren Impulsen gesteuert", sagt Matt Groening. Die Impulse sind die Ideologien, die hinter den Figuren stehen. So repräsentieren die Akteure Springfields eher Institutionen und Ideen als individuelle Charaktere. Das Springfield-Universum funktioniert dabei wie ein Versuchslabor: Auf begrenztem Raum werden Fragestellungen durchgespielt und Konflikte ausgetragen. Viele wichtige Positionen nord-westlicher Zivilisation werden hier durch die Figuren repräsentiert; sie beziehen Stellung, reflektieren Brüche und zeigen nicht zuletzt das eigene wacklige Fundament. Dass die Positionen nicht immer eindeutig und die Figuren teilweise in ihren Rollen gebrochen sind, ist nicht einfach nur Psychologisierung, sondern verweist vielmehr auf die Brüchigkeit eben jener reflektierten Ideologien. Der Mikrokosmos Springfield ist eben kein Ge-

genentwurf zur gesellschaftlichen Realität, sondern deren Destillat.

Man muss inzwischen wohl noch einen Schritt weitergehen: Schon längst hat die Serie das Stadium verlassen, in dem sie sich damit begnügte, der Gesellschaft den satirischen Spiegel vorzuhalten. In manchen gesellschaftlichen Bereichen, so zeigt die Entwicklung, befinden sich die SIMP-SONS und die reale Welt außerhalb der Serie in einem kommunikativen Wechselspiel. Wenn etwa politische Studentenorganisationen deutscher Hochschulen ihre Wahlkämpfe mit Zitaten und Figuren aus den SIMPSONS bestreiten, so verdeutlicht dies einerseits die universelle Geltungskraft der politisch-abstrakten Referenzsysteme aus den SIMPSONS, unter die ganz andere gesellschaftliche Verhältnisse subsumiert werden können, und andererseits die grundsätzliche Eignung der SIMPSONS-

Figuren, sie für politische Auseinandersetzungen in der Welt außerhalb Springfields zu nutzen[1]. Die narrative Eigendynamik der SIMPSONS in ihrer fast grenzenlosen Intertextualität eröffnet gleichzeitig ein beeindruckendes integratives Potential, womit sogar die Kritik an der Satire gleich zur satirischen Kritik wird: Als Ex-Präsident George Bush Senior während einer (rea-

---

1   s. auch das „Black-Bart"-Phänomen in dem Artikel „Little Shop of Homers" in diesem Band S. 95

len) Ansprache erklärte, er wünsche sich eine Nation, die den (bieder-bürgerlichen) Waltons näher sei als den Simpsons, konterte Bart in der Episode *Die Geburtstagsüberraschung (Stark Raving Dad)*: „Hey, wir sind wie die Waltons. Wir beten auch für ein Ende der Depression."

All the President´s Men

Dass die SIMPSONS eine dezidiert politische Zeichentrickserie sind, wird nicht zuletzt durch Gastauftritte einer kaum noch überschaubaren Anzahl von Persönlichkeiten aus dem politischen Leben belegt. Manchmal treten die Figuren nur am Rande in Erscheinung, wie etwa der ehemalige sowjetische Präsident Michael Gorbatschow, der in *Die bösen Nachbarn (Two Bad Neighbours)* seinen pensionierten Amtskollegen Bush während einer Rangelei mit Homer überrascht. Und manchmal ergeben sich absurde Situationen wie in *Die Trillion-Dollar-Note (The Trouble With Trillions)*, als Monty Burns, die Inkarnation des Corporate America, auf der Suche nach seiner Freiheitsinsel auf Cuba strandet und mit einer etwas unfreiwilligen Devisenspende Fidel Castros sozialistischem Inselreich die weitere Existenz ermöglicht. Immer wieder sind es aber vor allem aktuelle und vergangene US-Präsidenten, die nach Springfield verpflanzt werden und sich dort meist an der Familie Simpson reiben müssen. So ist Richard Nixon beispielsweise fast schon zu einer festen Figur in der Serie geworden. In *Das Schlangennest (Whacking Day)* verprügelt Nixon, der regelmäßig das Bild des korrupten und grobschlächtigen Politseniors abgibt, anstelle der gejagten Schlangen seinen Assistenten mit einem Knüppel. In einem alten Werbespot von 1960 *(Keine Experimente/Duffless)* macht er während der Präsidentschaftswahlkampagne völlig verschwitzt Werbung für Duff Beer. Nixon spielt die Rolle des prinzipienlosen Dauerschurken. Und überhaupt lässt Groening, der einmal erklärte, dass er ein Zei-

chen gegen die Rehabilitierung Nixons setzen wolle, immer wieder die Republikaner als Club der Usurpatoren auftreten. Sideshow Bob, den sein Förderer, der rechtsradikale Radiosprecher Barlow, als „intelligenten Konservativen" in der Tradition von Reagans Handlanger Oliver North und dem im Rodney King-Prozess freigesprochenen Officer Stacey Koons sieht, ist das beste Beispiel dafür. Bei einem Treffen zur Planung des Wahlkampfs der Republikaner bei Atomkraftwerksbesitzer Monty Burns sind neben Bob und Dr. Hibbert auch noch Graf Dracula, die Springfielder „Aktschn"-Sensation Rainer Wolfcastle (als Anspielung auf das Engagement Arnold Schwarzeneggers für die Republikaner) und ein texanischer Öl-Millionär anwesend.

Neben Nixon werden auch die restlichen Präsidenten ihrem Image entsprechend eingesetzt. Die Folge *Die bösen Nachbarn*, in der Ex-Präsident George Bush und Gattin Barbara in die direkte Nachbarschaft der Simpsons ziehen („wir wollten an einen Ort, wo sich niemand für Politik interessiert"), stellt die offensive Antwort auf Bushs Kritik an der Serie dar. Als Monty Burns in der Folge *Kampf um Bobo (Rosebud)* seinen Geburtstag feiert, sind auch ehemalige Größen der amerikanischen Konservativen anwesend – nur Bush wird vom Türsteher abgewiesen: „No one-termers." Bill Clinton erweist sich, wie könnte es anders sein, als Lustmolch und versucht in *Homer to the Max (Namen machen Leute)* Marge in sein Gartenhäuschen neben dem Weißen Haus zu locken. In einer anderen Episode *(Ein Pferd für die Familie/Saddlesore Galactica)* überreicht er Lisa den ersten Preis für einen Saxophon-Wettbewerb, dessen Sieg sie erfolgreich für sich reklamiert hat. Stolz erklärt er ihr, dass dies ein Beweis dafür sei, dass es jedes Kind zu etwas bringen könne, wenn es sich nur ausdauernd genug beschwere. Als Marge einwendet, diese Haltung sei doch eine ziemlich dämliche Einstellung, erwidert Clinton, dass er auch ein ziemlich dämlicher Präsident sei. Am Ende grinst Clinton verlegen in die sich schließende Kreisblende wie früher Bugs Bunny oder Popeye in alten Trickfilmen. Mit Al Gore will Lisa, als sie mit Hilfe des Weißen Hauses ihren nachträglichen Sieg beim Saxophon-Wettbewerb durchzusetzen versucht, übrigens erst gar nicht sprechen. Al Gore beschäftigte die erfahrene Ablehnung anscheinend so stark, dass er in der FUTUR-AMA-Episode *Geschichten von Interesse (Anthology of Interest 1)* als erster prominenter Politiker tatsächlich seinem Cartoon-Alter-Ego die Stimme lieh. Auch wenn Lisa in diesem Fall, entgegen den SIMPSONS-Prinzipien, keine Sympathie für den *second best* zeigte, so leiht ihm doch wenigstens Roboter Bender ein offenes Ohr.

Nur der etwas in Vergessenheit geratene Interimspräsident Gerald Ford, Nixons Nachfolger, muss bei den SIMPSONS keine größeren Imageverluste befürchten. Am Ende von *Die bösen Nachbarn* zieht er als Nachmieter Bushs ins Nachbarhaus der Simpsons ein. Nach den schlechten Erfahrungen mit Bush Senior erweist sich Ford als Nachbar ganz nach Homers Geschmack: Beide teilen eine Vorliebe für Football, Bier und Tacos und sind ähnlich ungeschickt. Ford ist eine Art No-Name-Präsident – tatsächlich dient er seit Jahrzehnten als Zielscheibe für Gags darüber, dass sich ohnehin keiner genau daran erinnern kann, wie er aussieht. In *Das magische Kindermädchen (Simpsoncalifragilisticexpiala- (Annoyed Grunt)cious)* tritt Ford bei der Krusty-Show auf. Während Fords etwas langsam artikulierter Ansprache über die amerikanischen Pfadfinder schneidet der Clown ständig Grimassen. Als Ford, der tatsächlich einmal Pfadfinder war, daraufhin etwas verstört seine Rede unterbricht, fragt Krusty schnell nach dem Wohl-

ergehen der Gattin Nancy – dass diese eigentlich Betty heißt, interessiert Krusty kaum. „Ich will zeigen, dass die Autoritäten nicht auf deiner Seite sind, auch wenn sie dir das weismachen wollen", sagt Matt Groening. „Dass ihre Regeln nicht in deinem Interesse sind, sondern in ihrem eigenen. Was wir in beiden Serien rüberbringen wollen ist: Glaube nicht alles, was man dir sagt.“[2]

Postmoderner Cartoon-Realismus

Dem Konzept der SIMPSONS entsprechend, beschränken sich die Politreferenzen nicht auf das reine Zeichenspiel. Immer verweist der Kontext einer Szene zugleich auf die gesellschaftlichen Realitäten außerhalb der Serie. Die systematische Übersteigerung im Cartoon-Format führt vor, wie reale politische Mythen und Mechanismen funktionieren. Der postmoderne Cartoon-Realismus der SIMPSONS beruht nicht zuletzt darauf, dass entscheidende Dinge über Details vermittelt werden. Völlig beiläufig erfahren die Besucher des Itchy&Scratchy-Lands in einem Promo-Clip, dass der gutmütige Firmengründer Onkel Roger in den 40er Jahren an die „Überlegenheit arischer Supermänner" glaubte[3]. Als die Simpsons einen neuen Fernseher kaufen, fahren sie im Niemandsland an einem Schild vorbei, das darauf hinweist, dass sich an dieser Stelle während des zweiten Weltkriegs ein Internierungslager für Japaner befand. Und unter der vermeintlich politisch korrekten Werbung für „Native American Ice-Cream" sieht man noch überdeutlich das verräterische Schild „Formerly Known As Big Chief Crazy Cone" („früher bekannt unter dem Namen Häuptling verrückte Waffel").

Die gesellschaftliche Entpolitisierung spiegelt sich in Springfield in jenen Kurio-

2	Matt Groening in: „jetzt", Magazin der „Süddeutschen Zeitung", 4. September 2000, S. 26.
3	s. auch den Artikel „Prügelviehzeug – zur Entwicklung des soziopathischen Anticharakters im Cartoon" in diesem Band.

sitäten wider, die durch nie revidierte Gesetze zustande kommen. Auf Grund eines in Vergessenheit geratenen Paragraphen wird nach einer wüsten St. Patrick's Day Parade die Prohibition wieder eingeführt, und Homer Simpson avanciert zum erfolgreichen Alkoholschmuggler (*Der mysteriöse Bier-Baron/Homer v.s. the 18th Amendment*). In *Die Stadt der primitiven Langweiler (They saved Lisa´s Brain)* deckt eine Geheimloge der überdurchschnittlich Intelligenten, unter ihnen Lisa, der Comic Book Guy, Dr. Hibbert und Professor Frink, die korrupten Geschäfte des Bürgermeisters Quimby auf. Dieser ergreift die Flucht, und mit Hilfe eines kaum bekannten Gesetzes übernimmt die Loge die Macht in der Stadt. Ihr Plan, eine utopische Gesellschaft zu errichten, scheitert. Die Bewohner von Springfield lassen sich nicht für das Vorhaben des regierenden Comic Book Guys begeistern, ihr Sexualverhalten an den rigiden Kodex der Vulkanier aus STAR TREK anzupassen, der Paarungen nur alle sieben Jahre erlaubt. Den Gipfel der Absurdität bildet der ominöse Plan B aus *Die sich im Dreck wälzen (Trash of the Titans)*. Homer Simpsons kurze Amtszeit als Mülldezernent hat Springfield in ein desolates Chaos geführt. Aus den Gullydeckeln quillt der Müll hervor, den Homer, nachdem sein Etat aufgebraucht war, einfach durch ein Minensystem in den Untergrund der Stadt befördert hat. Quimbys Plan B tritt in Kraft und die gesamte Stadt wird auf Transportern um einige Kilometer weiter verschoben. Zurück bleibt eine gigantische Müllkippe. Diese Plots verhandeln gesellschaftliche Tendenzen – wie die Ignoranz gegenüber Umweltverschmutzung – und politische Standardthemen – wie die Diskrepanz zwischen utopischen Idealen und deren Realisierung – und präsentieren übersteigerte Resultate im Cartoon-Format.

Auf eine ganz konkrete Debatte bezieht sich hingegen die Episode *Homer und der Revolver (The Cartridge Family)*. Unter dem Stichwort *Gun Control* wird seit Jahren eine strengere Kontrolle des Verkaufs von Feuerwaffen diskutiert, die in den meisten Staaten der USA in jedem Supermarkt erhältlich sind. Das Recht eines jeden Amerikaners seine Familie und deren Besitz zu verteidigen geht auf den amerikanischen Unabhängigkeitskrieg gegen England zurück und wurde keiner größeren Revision unterzogen. Reaktionäre Interessensverbände wie die National Rifle Association (NRA) sichern den Erhalt des anachronistischen Gesetzes. Neben ihrem Vorsitzenden Charlton Heston verfügte die NRA, zumindest bei den SIMPSONS, zeitweise über ein weiteres prominentes Mitglied: Nach einem langweiligen Fußballspiel, das mit einer Massenschlägerei ausklang, erwirbt Homer in *Homer und der Revolver* einen Revolver und tritt der NRA bei.

Eine scheinbar unpolitische Haltung wie die Homer Simpsons verdeckt dabei nicht die gesellschaftlichen Zusammenhänge, unter denen sie sich manifestiert. Im Gegenteil: Homer dekonstruiert durch seinen penetranten Hang zur Überaffirmation die wesentlichen Grundlagen einer reaktionären Weltanschauung. Als er nach einer kurzen Wartezeit seinen heiß ersehnten Revolver in den Armen hält und mit kindlicher Freude auf alles schießt, was ihm vor den Pistolenlauf kommt, zieht er sogar den Zorn seiner neuen Freunde bei der NRA auf sich. Sie erinnern ihn daran, dass die Waffe nur für Notfälle gedacht sei: Zum Beispiel, wenn Homers Familie vom König von England angegriffen werden sollte. Dies ist auch die einzige Begründung, die Homer gegenüber der skeptischen Marge als Rechtfertigung für seinen neu entdeckten Waffenfetischismus anführen kann.

Die durchdachten und gezielten gesellschaftlichen Bezüge in Episoden wie *Homer und der Revolver* verhindern, dass die Serie Stereotypen zum reinen Selbstzweck bemüht. Zwar dienen einige der Nebenfiguren durchgehend als Repräsentanten bestimmter Positionen, doch zugleich thematisiert die Serie auch immer wieder den Diskursrahmen, in dem sich der jeweilige Konflikt abspielt. So gehören zur Springfielder Fraktion der NRA Krusty der Clown, Dr. Hibbert, die Mutter des Schuldirektors Seymour Skinner und der Vorzeige-White Trash-Redneck Cletus. Obwohl bei dieser Zusammensetzung natürlich mit bestimmten Stereotypen (der zynische Entertainer, die schießwütige Alte, der einfältige Farmer und der reiche Arzt) gespielt wird, beschränken sich diese Charaktere nicht in der gesamten Serie auf diese Festlegung. Komplette politische Themenkomplexe werden über einzelne Nebenfiguren abgehandelt. In der Charakterisierung des Leiters der Springfield Elementary School Skinner parodiert die Serie das in den 80er Jahren im US-Mainstream omnipräsente Vietnam-Trauma. Immer wieder erinnert sich Skinner an seine Zeit im Gefangenenlager des Vietkong. Doch im Gegensatz zu reaktionären Actionhelden wie Sylvester Stallones RAMBO (USA 1983-1988), der den Vietnamkrieg im selbst initiierten Rückspiel für sich entscheiden will, plagt ihn nicht die Erinnerung an unbeschreibliche Folter, sondern die Frage, wo er die exzellente Krabbensauce, die ihm damals von den Vietkong serviert wurde, herbekommen könnte. Die SIMPSONS demontieren den Pathos um die Figur des traumatisierten Vietnamveteranen, indem sich Skinners größte Sorge als Appetit auf vietnamesischen Spezialitäten entpuppt. Im Unterschied zu einer Serie wie MAGNUM PI, in der die Vietnamerfahrungen des Protagonisten noch einen wesentlichen Teil seiner Charakterisierung ausmachten, werden Skinners Erinnerungen als immer wieder eingestreute Nebensächlichkeit zum *running gag*.

Die Serie gibt sich nicht mit Pointen zufrieden, die letztendlich nur einer Entpolitisierung zu Gunsten politisch inkorrekter Schenkelklopfer Vorschub leisten

würden. Stattdessen bildet sie den ganzen Diskurs ab und zeigt, wie verschiedene Positionen auf absurde Weise aufeinanderprallen. Durch die offenen Strukturen und die Ambiguität des lateralen Apropos werden sowohl selbstzweckhafte Political Incorrectness, als auch eine allzu didaktische Position vermieden. Die engagierte aufklärerische Haltung Lisas stößt ebenso immer wieder an ihre Grenzen, wie der Crash-Test-Dummy-Hedonismus Homers. In dem Thanksgiving-Comic-Special *Die heiße Schlacht ums Festessen (Bart and Lisa and Marge and Homer and Maggie (to a lesser extent) vs. Thanksgiving)* wendet sich Lisa, die Opa Simpson an Thanksgiving in ein indianisches Casino begleiten muss, aufgebracht an eine der Türsteherinnen: „Wie können Sie ruhigen Gewissens einen Feiertag unterstützen, der den Beginn der Vernichtung der Kultur aller amerikanischen Ureinwohner feiert?" Diese antwortet gelassen: „Indem wir so vielen von euch wie möglich ihr Geld abnehmen. Thanksgiving ist einer der größten Tage für das Glücksspiel im Jahr." Das Ende der großen Erzählungen bedeutet für die SIMPSONS nicht automatisch „anything goes". Die von Groening und dem Autorenkollektiv praktizierte Ideologiekritik verlagert sich auf eine reflexiv gebrochene Ebene. Ellipsen und Unterbrechungen bilden dabei, wie im wirklichen Leben, einen wesentlichen Bestandteil des Zeichentrickalltags.

The Ballad of Jebediah Springfield

Während die Folgen im Vordergrund US-amerikanische Themen behandeln, zeigen sie doch zugleich das Funktionieren gesellschaftlicher Mythen und Phänomene sowie ihre Bedeutung für Gesellschaften im allgemeinen. Obwohl manche Bezüge US-spezifisch ausfallen, sind die SIMPSONS leicht auf eine universelle Ebene übertragbar. Das hat mit Sicherheit auch mit der Etablierung von archetypischen

Charakteren zu tun: Polizisten wie Chief Wiggum, der sich vom gejagten Delinquenten aus dem umstellten Supermarkt gleich Bier und Donuts mitbringen lässt, korrupte Bürgermeister vom Schlage eines Diamond Joe Quimbys, windige Anwälte wie Lionel Hutz, die auch schon mal einen Prozess gegen die gesamten Weltreligionen bestreiten müssen, oder geizig-geldgierige Kapitalisten wie Burns sind in der gesamten westlichen Hemisphäre verständlich. Nichtsdestotrotz gibt es, wohl um die Rezeption zu erleichtern, bei der Übertragung in andere Länder manche Änderungen im Detail, die auch manches über das Selbstverständnis der jeweiligen Gesellschaften verraten. In der französischen Quebec-Version spricht die intellektuelle Elite Springfields – allen voran Reverend Lovejoy, Direktor Skinner und Dr. Hibbert – das international gebräuchliche „Hochfranzösich", während die unteren sozialen Schichten den regionalen Dialekt benutzen. Sideshow Bob heißt im ehemaligen Kolonialland Frankreich „Tahiti Bob" und aus dem Nachrichtensprecher Kent Brockman wird der dem deutschen Akzent verhaftete „Kurt Brockman"[4]. In der deutschen Fassung ist der eigentlich deutsche Austauschschüler Uter plötzlich Schweizer mit entsprechendem Akzent. Und bei der Übertragung der Comic-Hefte ins Deutsche

wird FOX durch PRO7 und Rupert Murdoch durch Leo Kirch ersetzt.

Wenn Lisa Simpson als kritisch-investigative Jungintellektuelle in *Das geheime Bekenntnis (Lisa the Iconoclast)* den Mythos um Springfields Gründervater Jebediah Springfield als brüchiges Konstrukt entlarvt, ist der Bezug zur Gründergeschichte der Vereinigten Staaten klar. Es geht jedoch um Grundlegenderes: Die Folge beginnt in Springfields Grundschule, in einem Lehrfilm erfahren die Schüler von den Heldentaten des legendären Stadtgründers. Doch schon diese Szenen zeigen, dass der Gründermythos vor allem eines ist: eine billige Inszenierung. Die Mikrophone ragen ins Bild, der wilde Büffel, den der berühmte Ahnvater gezähmt haben soll, ist zahm wie eine Pappmaché-Figur. Im Verlauf der Handlung entdeckt Lisa bei Nachforschungen im Museum, wie es um den historischen Hintergrund der Legende wirklich steht. Jebediah Springfield war ein Pirat und Betrüger namens Hans Sprungfeld, und selbst die sagenhafte Büffelepisode ist eine dreiste Lüge. Zur großen Gedenkparade der Stadt, die ihren historischen Ursprung zelebrieren will, bereitet Lisa die unglaubliche Enthüllung vor. Bestärkt wird sie von George Washington, der ihr im Traum erscheint und sie dazu motiviert, ihre Nach-

---

4   s. Alastair Sutherland, „Simpsons, In Theory" in: „Montreal Mirror" vom 29.September 1999.

forschungen nicht aufzugeben – bis auch Jebediah Springfield auftaucht und sich mit dem nationalen Gründervater prügelt.

Die Episode liefert ein Lehrbuchbeispiel dafür, wie Mythen als bildhafte Narrationen konstruiert sind und welche sinnstiftende Kraft sie für politische Gemeinschaften entfalten. Das erlebt auch die Aufklärerin Lisa, die im letzten Moment vor dem Bildersturm zurückschreckt. Als sie zum versammelten Volk sprechen möchte, blickt sie in die glücklichen Gesichter ihrer Landsleute, die in seltener Eintracht ihre gemeinsamen "Wurzeln" feiern. Sie erkennt den religiösen Gehalt der Erzählung, an den sich die Gemeinschaft klammert. Und Lisa behält die Wahrheit für sich, sie zerstört den Mythos nicht[5]. Es ist aber nicht nur der Gründungsmythos der Stadt Springfield, der in *Das geheime Bekenntnis* als ideologisches Konstrukt entlarvt wird – Lisa dekonstruiert sich gewissermaßen selbst. In *Einmal Washington und zurück (Mr. Lisa goes to Washington)*, eine Art Reinszenierung von Frank Capras MR. SMITH GOES TO WASHINGTON (USA 1939), geht die linksliberale Intellektuelle noch bis zum Äußersten. Im Rahmen eines Aufsatzwettbewerbes reist Lisa in die Hauptstadt, wo sie Zeugin eines Bestechungsfalls wird: Ein Abgeordneter läßt sich durch Bares davon überzeugen, für die Rodung des Nationalparks von Springfield zu stimmen. Als Lisa den Skandal erfolgreich an die Öffentlichkeit bringt, gewinnt sie nicht nur ihr Vertrauen in das System wieder. Sie reproduziert auch den republikanischen Mythos – den Mythos vom einfachen Bürger, der nicht nur grundsätzlich in der Lage ist, bis zum Weißen Haus aufzusteigen, sondern auch im Ernstfall durch persönliches Engagement politische Mißstände aufdecken kann und muss, so dass das politische System nicht das gesetzte Verfahren verlässt. In *Das geheime Bekenntnis* wird die Brüchigkeit

dieses Konstruktes deutlich. Die Institutionen erweisen sich letztendlich nicht nur als stärker als das Individuum, sie sorgen auch gegen solchen individuellen Aufklärungseifer vor: Bürgermeister Quimby hatte vor Lisas Ansprache bereits Scharfschützen auf den Dächern postiert, die zur Verhinderung der Wahrheit das Feuer auf sie eröffnen sollten.

Welcome to America – Apus Weg ins Leben

Einen Themenkomplex, der an spezifisch nordamerikanische Mythen anknüpft und aufgrund seiner Vielschichtigkeit gleichzeitig eine Rezeption aus der Perspektive europäischer Diskurse ermöglicht, stellt die Migration dar. Verschiedene Facetten der Thematik spielen in den Alltag der Einwohner von Springfield hinein und prägen das Zusammenleben in dieser Gemeinschaft. Je nach Art und Weise der Bezugnahme sowie der Interessenlage der Akteure und Institutionen erfüllt Migration unterschiedliche und teilweise konträre Aufgaben für das Funktionieren der Community: So ist sie einerseits die Grundlage für die große amerikanische Erzählung von den Siedlern und Pionieren, die die unwirtliche Prärie fruchtbar machten und den Grundstein für das heutige Amerika legten. Lokale Personifizierung dieses Mythos ist Jebediah Springfield, der – quasi als Urahne der heutigen Einwohner – ein heroisches Identifikationsangebot darstellt. Immer wiederkehrende Erinnerungsrituale wie die Jubiläumsfeierlichkeiten zur Stadtgründung in *Das geheime Bekenntnis (Lisa the Iconoclast)* wirken identitäts- und einheitsstiftend. Andererseits ist der Umgang mit der aktuellen Einwanderung nach Springfield gekennzeichnet durch Ausgrenzung – die stolzen Nachfahren der einstigen Siedler, deren kollektive Migrations-

5 vgl. Dörner, 1998, S. 543 ff.

erfahrung kultiviert wird und problemlos an den Mythos des legendären „Melting Pot" anknüpft, sprechen in *Volksabstimmung in Springfield (Much Apu About Nothing)* den neuen Einwanderern die Vollwertigkeit in der Springfield-Community ab. Insbesondere an einer Figur kristallisiert sich die Thematik: Apu Nahassapeemapetilon, indischstämmiger Supermarkt-Verkäufer im lokalen „Kwik-E-Mart".

Apus Funktion in der Springfield-Community lässt sich nicht allein auf die des kuriosen Verkäufers reduzieren, der zunächst auf Grund seiner Äußerlichkeiten auffällt. Durch seinen Akzent, die etwas aus der Mode gekommene Tollen-Frisur und die dunkle Hautfarbe unterscheidet er sich schon optisch von den anderen Einwohnern Springfields. Die Ganesha-Götterfigur am Verkaufstresen, der Apu regelmäßig kleinere Opfer beibringt, sorgt für Unverständnis bei seinen Kunden. „Nichts für ungut Apu, aber als die Religionen verteilt wurden, warst du bestimmt pinkeln", spottet Homer in *Ein gotteslästerliches Leben (Homer the Heretic)* und bietet Ganesha Erdnüsse an. Nach der Prämisse, dass die Figuren bei den Simpsons weniger individuell-persönliche Charaktere darstellen, ist es Apu, der den Multikulturalismus und die moderne Einwanderung in die Vereinigten Staaten verkörpert.

Apu ist sicherlich nicht der einzige Migrant in Springfield. Hausmeister Willy beispielsweise ist Schotte – als der Mob in Springfield den Aufstand probt, wird er per Schiff nach Schottland abgeschoben. Oder Uter, der Dauer-Austauschschüler, der von seinen Mitschülern gehänselt wird ("German boy, go back to Germania!"). Oder aber Moe, der Wirt, dessen Herkunft zwar nicht ganz geklärt ist, der aber jedenfalls nicht über eine gültige Aufenthaltsgenehmigung verfügt. Daneben existieren weitere stereotype Figuren, deren Klischeehaftigkeit jedoch weniger als schmunzelnder latent rassistischer Anti-Rassismus, sondern als Thematisierung eines klischeehaften Blicks funktioniert. Zu diesen zählen der „frittierende Holländer" mit eigenem „All You Can Eat"-Restaurant, der Bumblebee-Man und der italienische Kellner im Nobelrestaurant, der seine Gäste zuerst begrüßt, um anschließend in der Küche lautstark über sie herzuziehen. Diese Gruppe hat sogar ein eigenes Kegelteam, „The Stereotypes". Selbst Großvater Abe Simpson ist, so erinnert er sich, irgendwann einmal aus dem „alten Kontinent" eingewandert – mit seinen Eltern wohnte er zunächst im Kopf der Freiheitsstatue in New York, bis dieser wegen Übermüllung unbewohnbar wurde und sie nach Springfield übersiedeln mussten. Und trotzdem ist es bei keinem anderen Einwohner wie Apu so einfach, ihn als Einwanderer zu identifizieren.

Apu erfüllt einfach alle Stereotypen, die Migranten gemeinhin zugeschrieben werden: Er ist, um in der deutschen Termi-

nologie zu bleiben, „Bildungsausländer", hochqualifizierter „Computer-Inder" und schuftender und sparender „Gastarbeiter" zugleich. Seine Arbeitswut, die ihm keine Freizeit erlaubt, trägt schon selbstdestruktive Züge. Um sein Studiendarlehen zurückzuzahlen und Hoffnungen und Erwartungen seiner Eltern in Indien nicht zu enttäuschen, hält er den „Kwik-E-Mart" fast täglich und fast durchgehend geöffnet. Als sein Bruder Sanjay heiratet, schließt Apu für fünf Minuten sein Geschäft, kehrt aber schon nach vier Minuten von der Feier zurück, um die Arbeit wieder aufzunehmen. „Twenty-Four Hours a Day" besingt dann auch Apu mit seiner Electro-Funk-Kombo „Apu and the Squishees" im 1998 veröffentlichten „Yellow Album" das eigene Working-Class-Schicksal. Neben dieser Rolle des arbeitsamen und belächelten Arbeiters, dessen Aufenthaltszweck in den USA sich scheinbar auf die reine Kapitalerwirtschaftung für einen zukünftigen Lebensabschnitt in Indien reduziert, überrascht Apu gleichzeitig als promovierter Akademiker: Als bester Absolvent von über 7 Millionen Studenten des „Calcutta Institute of Technology" kommt Apu, dessen Name einer Filmtrilogie des indischen Regisseurs Satyajit Ray entnommen ist, in den Genuß amerikanischer Bildungshilfe. Den jungen Informatiker verschlägt es an das „Springfield Heights Institute of Technology" (man beachte die Initialien) zu Professor John

Frink. Nach neun Jahren erlangte Apu mit der Entwicklung des weltweit ersten Programms für Pferdewetten schließlich die Doktorwürde.

Apus Vita steht vermutlich im Zusammenhang mit dem Werdegang des Drehbuchautors David S. Cohen, der das Skript für die Folge *Volksabstimmung in Springfield* lieferte: Cohen studierte Physik an der Harvard und Informatik an der Berkeley. Besondere Bedeutung erlangt Apus Biographie aber aus der Sicht deutscher Migrationspolitik. Im Gegensatz zu den Vereinigten Staaten, in denen Arbeitsmigration auf höheren Qualifikationsebenen kaum jemanden vom Hocker reißen wird, konnte in Deutschland die „Green-Card"-Debatte um die Anwerbung indischer IT-Spezialisten richtig die Gemüter erhitzen. „Kinder statt Inder", lautete die Gegenkampagne des CDU-Mannes Jürgen Rüttgers. Gleichzeitig durfte sich der erste Informatiker aus Indien, der trotz der rechtspopulistischen Rhetorik den Flug nach Berlin wagte, über einen Begrüßungs-Blumenstrauß von ganz offizieller Seite freuen. Beide Reaktionen, denen zwar unterschiedliche Beweggründe unterstellt werden dürfen, verdeutlichen doch eines: Ausländische Arbeitskräfte stehen in Deutschland regelmäßig am Hardware-Fließband, das Stereotyp des IT-Apus ist anders als in den USA noch in der Entwicklungsphase. „Der Deutsche hat nämlich erstens Angst vor Menschen,

die von Natur aus etwas von Computern verstehen", so Diedrich Diederichsen, „und hegt zweitens seit der Frühromantik eine ambivalente, projektionssatte Ehrfurcht vor allem Indischen als nämlich buddhabreites Behältnis alles Schopenhaurisch-Spirituellem und überlegen Vedisch-Vergeistigten."[6]

Die Indien-Karte wird auch in den SIMPSONS mehrfach ausgespielt. Als Vertreter der Dritten Welt bedient Apu das Bild des Trikonts, wie es in der weitverbreiteten Vorstellung phobischer Nordamerikaner und Westeuropäer besteht: Vor dem Hintergrund stereotyper Vorstellungen von „hoher Fruchtbarkeit" und „Bevölkerungsexplosion" in der Dritten Welt klingt es fast wie eine Drohung, wenn Apu in *Schon mal an Kinder gedacht? (Eight Misbehavin')* bemerkt, dass die Vereinigten Staaten „gefährlich unterbevölkert" seien. Kurze Zeit später bringt seine Frau Manjula Achtlinge auf die Welt – eine Sensation für Springfield. Die PR-Geschenke mehrerer Unternehmen an die Familie Nahassapeemapetilon wirken dann wie Nahrungsmittellieferungen in Hungergebiete. Neben Einrichtungsgegenständen und Baby-Puder gibt es die eigentlich für den Export produzierte Kinder-Cola „Pepsi B" – „Pepsico" hieß pikanterweise das Unternehmen, das verdorbene Kindernahrung

in die Dritte Welt exportierte. Als dann aber im Nachbarort Shelbyville Neunlinge auf die Welt kommen, wird die Unterstützung für Apu und Manjula plötzlich abgezogen – es folgen finanzielle Not und Verwahrlosung. Geradezu entmenschlicht erscheint Apu, wenn er am Boden liegend seine Kinder mit Fläschchen säugt, die an seine Brust geschnallt sind. Den Eltern bleibt schließlich keine andere Wahl, als ihre Kinder dem örtlichen Zoo zu überlassen, wo diese als „die acht Wunder der Dritten Welt" vermarktet werden.

Hintergrund der Handlung sind historische Ereignisse im kanadischen Ontario: Als dort 1934 Fünflinge – damals eine medizinische Seltenheit – auf die Welt kamen, übernahm die Provinzverwaltung die Vormundschaft und stellte die Neugeborenen im eigens hergerichteten „Quintland" öffentlich aus. Für die Eltern war der Besuch der Touristenattraktion lange Zeit die einzige Möglichkeit, ihre eigenen Kinder zu sehen. Bei Apus Achtlingen kommt auf Grund der indischen Abstammung über den reinen Sensationsaspekt hinaus noch eine besondere exotische Note hinzu – scheint er sich aus der Sicht seiner Mitbürger wegen seiner Herkunft, seines Glaubens und seiner Traditionen einer präzisen Wahrnehmung zu entziehen, kann sich jetzt wenigstens der Nachwuchs

---

6   Diedrich Diederichsen, Apus Lehren, in: *die tageszeitung* vom 13. März 2000.

einer genauen Begutachtung nicht mehr
erwehren. Eine Form des rassistischen
Voyeurismus, die stark an die kolonialzeit-
liche Praxis erinnert, Menschen dunkler
Hautfarbe vorzugsweise nackt als „Wilde"
im Zoo auszustellen. Denn Apu ist, um
eine weitere Lesart dieser Figur hinzuzufü-
gen, das, womit US-Amerikaner Einwanderer und Außerirdische gleichermaßen
betiteln: ein Alien. Erst in der sicheren Ob-
hut des Zoos, so scheint es, ist die vom
kauzigen Exterritorialen ausgehende latente Gefahr, die durch die Geburt der
Achtlinge plötzlich zur unkalkulierbaren
internen Bedrohung wurde, gebannt[7]. Mit
der angespannten Heiterkeit des Überlege-
nen kann jetzt über den Nahassapeemape-
tilon-Nachwuchs gelacht werden – Fun ist
ein Stahlbad. Doch gelingt es Apu mit Hilfe des couragierten Homer, eine weitere
Entwürdigung seiner Kinder abzuwenden:
Gemeinsam entführen sie die Babys aus
dem Zoo.

    Daneben wird in der Serie die Frage
nach kultureller Determination und Zu-
schreibung von Identitäten aufgeworfen.
Als Apu in *Volksabstimmung in Springfield*
mit drohender Abschiebung konfrontiert
wird, entschließt er sich, „Amerikaner" zu
werden. Er besorgt sich falsche Papiere bei
Gangsterboss Fat Tony, der ihm rät, sich
„auch wie ein Amerikaner zu benehmen",
um keinen Verdacht zu erwecken. Apu ändert daraufhin Habitus und Erscheinungsbild – Yankee-Zierrate schmücken plötzlich sein Geschäft, am Verkaufstresen muß
Ganesha Platz machen für einen Zeit-
schriftenständer mit Abbildungen von
Tom Cruise und Nicole Kidman, und auch
Apu selbst kommt jetzt besonders locker
daher: „Hey Homer, wie hängt denn alles
so", begrüßt er seinen Stammkunden nun
akzentfrei. Statt dem obligatorischen Versuch, ihm einen Squishee anzudrehen,

bietet er dem überraschten Homer an, ein
Baseballspiel anzuschauen: „Die New York
Mets sind meine absolute Lieblingsmann-
schaft." Apu vollzieht somit in einer sehr
plastischen Weise das, was manche Ein-
wanderungspolitiker zur Bedingung der
sogenannten Integration machen. Der
kulturelle Mantel, in den der Migrant
scheinbar gehüllt ist, wird durch einen
Willensakt des Betroffenen abgeworfen.
Dieser Akt, so wird suggeriert, ist gleichzeitig ein Moment der Emanzipation: Er signalisiert nicht nur die Bereitschaft des Migranten, an der neuen Gesellschaft teilzuhaben, sondern befreit ihn auch von dem
vermeintlich verzweifelten Dasein zwischen den Kulturblöcken des Herkunfts-
und Aufnahmelandes, die ihn zu erdrücken drohen. Doch bei Apu geht diese
Rechnung nicht auf. Plötzlich kommen
Erinnerungen an seine Eltern hoch – "Ver-
giß niemals, wer du bist", waren die Worte, mit denen er verabschiedet wurde. Be-
schämt über das Getane, stellt er fest, seine
Sozialisation nicht verleugnen zu können.
Die darauffolgende Entschuldigung bei
Ganesha verdeutlicht Apus Begehren, als
vollwertiges Mitglied an der Rechts- und
Wertegemeinschaft teilzuhaben, ohne die
Kulturalisierung seiner rechtlich-sozialen
Ungleichbehandlung zu akzeptieren: „Das
habe ich nur gemacht, weil ich dieses

---

7   vgl. zur intertextuellen Lesart des Aliens, Andriopoulos 1998, S. 193 ff.

Land liebe und hier die Freiheit habe, zu sagen, zu denken und zu kassieren, was ich will."

Vorausgegangen war eine Volksabstimmung über den „Antrag 24", die zum Ziel hatte, Einwanderer ohne Aufenthaltsgenehmigung auszuweisen. Erstmals muss Apu, dessen Studentenvisum seit sieben Jahren abgelaufen ist, nicht nur eine Erklärung über seine politisch-kulturelle Identität abgeben, er erlebt auch die Eigendynamik eines Mobs, dessen Aktionen sich direkt gegen ihn richten: Um Sicherheitsbedürfnisse der Einwohner wegen einer vermeintlichen Bären-Gefahr zu befriedigen, lässt Bürgermeister Quimby unverhältnismäßige Vorkehrungen treffen, was Steuererhöhungen nach sich zieht. Als sich die Unzufriedenheit in der Bevölkerung wiederum gegen die Steuererhöhungen richtet, beschuldigt Quimby die „illegalen Einwanderer", die öffentlichen Ausgaben in die Höhe zu treiben, und stellt eine dem kalifornischen „Proposition 187" nachempfundene Volksabstimmung in Aussicht. Gerade an Hand dieser Episode wird deutlich, dass sich das Geschehen bei den

SIMPSONS nicht auf rein selbstreflexive Referenzsysteme beschränkt. Unter verständlich-vereinfachten Bedingungen werden in Springfield durchaus reale Ereignisse aus dem Kalifornien des Jahres 1994 nachgespielt: Um seine Wiederwahl sicherzustellen, hypte dort der kalifornische Gouverneur Pete Wilson ein Thema, für das sich vorher kaum jemand interessiert hatte, für ein Gesetz, das offensichtlich verfassungswidrig war. Wenn Apu nach Aushändigung seiner Einbürgerungsurkunde scherzhaft nach dem Weg zum Wohlfahrtsamt fragt, dann ist das auch ein Seitenhieb auf eine der Zielsetzungen des „Proposition 187", wonach illegal Eingewanderte von den staatlichen Sozialsystemen ausgeschlossen werden sollten. Obgleich sich gegen Ende der kalifornischen Kampagne die kritischen Stimmen mehrten, wurde der Antrag – wie in Springfield auch – mit überwältigender Mehrheit angenommen. In beiden Fällen gibt es aber ein kleines Happy End: Während „Proposition 187" vom zuständigen Bezirksgericht wieder außer Kraft gesetzt wurde, gelingt es Apu dank überdetaillierter Kenntnisse der amerikanischen Geschichte, die erforderliche Aufnahmeprüfung zu bestehen und die amerikanische Staatsbürgerschaft zu erlangen. Obwohl Homer jetzt den Mythos des „Melting Pot" beschwört, bleibt Apu ganz ohne Pathos. Seine Berufung als Geschworener bestätigt ihn zwar in seiner neu gefundenen Identität als „Indo-Amerikaner", das zugehörige Schreiben landet aber in der nächsten Sekunde im Papierkorb.

Jörg C. Kachel

Topographia Americana

There's no Place like Home!

Follow The Yellow Brick Road

*„It's always best that you start at the begin-
ning, and all you do is follow the Yellow Brick
Road", to take her [Dorothy] to her dreams and
aspirations.*
Glinda, the Good Witch- of the North, DAS
ZAUBERHAFTE LAND (THE WIZARD OF OZ,
1939)

Dieser einfachen Anweisung folgend begeben wir uns auf die Reise zu einem Ort namens „Springfield". Wie Andreas Rauscher
in seinem Artikel „Method Acting im
Kwik-E-Mart"[1] darlegt, sind die Vorausset-
zungen mehr als schlecht, den mythischen
Ort Springfield tatsächlich auf einer Landkarte der USA zu finden. Jeder Kartograph
würde schier verzweifeln an der Fülle –
zum Teil widersprüchlicher – Angaben
über die Lage der Kleinstadt. Noch nicht
einmal der Staat, in dem „America's most
reviled and thus underappreciated city"[2]
liegt, lässt sich aus dem Kontext der
TV-Serie ermitteln. Leider verschweigt
auch der offizielle Reiseführer „Are we there yet? The Simpsons Guide to Springfield"
eine genaue Reiseroute dorthin. Sogar der
Versuch, einen Stadtplan zu entwerfen,
scheitert, weil das Provinznest einmal am
Meer liegt, dann mehrere über tausend Meter hohe Berge (z.B. das Murderhorn) hat
und neben einem Internationalen Flughafen über mehrere Freizeitparks (u.a. Duff

Gardens und Krusty Land), Fernsehstudios
(Krustylu und Itchy & Scratchy Studios),
eine Monorail, einen National Forest, die
Tar Pits, das Animal Refuge und noch viele
weitere Attraktionen verfügt. Man hat unweigerlich das Gefühl, sich an einen Ort zu
begeben, den es nicht wirklich gibt – einen
Ort, der so mysteriös oder verwunschen
ist, dass er nur in einem Traum existieren
kann. Oder man erlebt eine Art elektroni-
sches Déjà vu, das einen glauben lässt,
man befinde sich in der virtuellen Realität
von „SimCity", zu der sich Anfang der
Neunziger Jahre auf dem Computerspiele-
markt ein Portal öffnete, das heute in zahl-
lose digitale Welten führt. In diesem dem
Genre der Aufbausimulationen zugehöri-

1   in diesem Band S. 102ff.
2   Gimple 1998, S. 6.

gen Spiel schießen in atemberaubendem Tempo ganze Stadtviertel aus dem Boden. Es entstehen per Mausklick in Sekundenschnelle Stadien, Flug- und andere Häfen, Bahnhöfe, Vergnügungs-, Einkaufs- und Wohnviertel. Je nach Gusto des Spielers formt sich so eine virtuelle Stadt auf dem Bildschirm, die – einmal in groben Zügen entworfen – wie von Geisterhand mit simulierten Pixelwesen bevölkert wird. Genau so muss es auf einen Betrachter der Serie wirken, der sich zufällig oder unregelmäßig in die Welt der Simpsons schaltet. Es scheint keine topographischen Sicherheiten zu geben, an denen man sich orientieren kann, um in das Land und die Stadt der gelben Familie und ihrer Nachbarn zu gelangen. Nur die Koordinaten des täglichen Fernsehprogramms geben einen Fixpunkt für die Traumqueste in den glaubwürdigen Mikrokosmos des amerikanischen Mittelstandes (*working class*).

Anytown, USA

Then close your eyes and tap your heels together three times. And think to yourself, „There's no place like home".
Glinda, the Good Witch of the North, DAS ZAUBERHAFTE LAND

Nach Springfield gezappt versuchen wir, die vom Erfinder der Serie erdachte Topographie des mysteriösen Ortes anhand markanter Orientierungspunkte zu erschließen. Sinnvoll ist es, im repräsentativen Nucleus der amerikanischen Gesellschaft, der Familie Simpson, zu beginnen und mit den einzelnen Mitgliedern des kleinsten gemeinsamen sozialen Nenners eine Karte ihres Lebensraumes zu erstellen.

Vater Homer (36), Mutter Marge (34) und die 2,2 Kinder[3] Bart (10) Lisa, (8) und Maggie (1) bilden diese durchschnittliche Familie. Als Sicherheitsinspektor im Sektor 7G des Springfield Nuclear Power Plant (SNPP) geht Homer einer geregelten Arbeit nach, während seine Frau sich hauptberuflich um die Erziehung der Kinder bemüht. Marge versucht zwar – in regelmäßigen Abständen –, dem abstumpfenden Alltag der Haushaltsführung zu entkommen, doch scheitern diese kurzen Episoden sehr häufig am größten Kind der Familie: Homer. Die beiden schulpflichtigen Kinder besuchen die Springfield Elementary School, und Maggie bleibt bei ihrer Mutter. Einige Orte, die die Familie gemeinsam, meist an den freien Wochenenden, aufsucht, sind allsonntäglich die First Community Church von Reverend Lovejoy, das War Memorial Stadium, in dem der Kreisligaverein Springfield Isotopes Baseball spielt, der Freizeitpark Itchy & Scratchy Land, das Kinocenter Googolplex oder die riesige Shopping Mall. Homer verbringt die meiste Zeit mit seinen Kumpels und Kollegen in Moe's Tavern. Ab und an ist er auch in Barney's Bowlarama anzutreffen. Seiner oralen Fixierung frönt er am liebsten im 24 Stunden geöffneten Kwik-E-Mart. Marge pendelt mit ihrem Kombi zwischen der Simpson-Residenz 742 Evergreen Terrace und dem Supermarkt. Barts Orte sind die eines postmodernen Tom Sawyer oder Huckleberry Finn. Dazu gehören die Schlucht von Springfield ebenso wie die Noise Land Video Arcade. Der Favorit unter den Orten seiner Kindheit ist aber das Baumhaus auf dem Grundstück der Simpsons. Lisas Plätze dagegen sind eher die Bibliothek der

---

3   Ihre Durchschnittlichkeit beruht tatsächlich auf Zahlen der US-Regierung, die die Kinderzahl der amerikanischen Familie mit 2,2 angibt und den monatlichen Dollaraufwand für das Heranwachsende (hier Maggie) mit $ 847,63 berechnet. Dieser Betrag findet sich für den Bruchteil einer Sekunde sichtbar auf dem Display der Registrierkasse, wenn Maggie im Serienvorspann versehentlich über den Scanner geführt wird.

Stadt, das Knowledgeum, die Historical Society, das Natural History Museum oder
der National Forest. Was die kleine Maggie
betrifft, so reicht ihr Aktionsraum zwar
schon über den Rand des Kinderstuhls
hinaus, dennoch bleibt sie stark an ihre Familie gebunden.

Auf unserer Stippvisite zu ausgewähl-
ten traditionellen Markierungen dieser
provinziellen Kleinstadt (*little town*) werden wir immer wieder sogenannten *americana* begegnen. Umgangssprachlich bezeichnet dieser Begriff alles, was „typisch
amerikanisch" ist. Dieser sehr weit rei-
chende Rahmen umfasst Dinge des amerikanischen Alltags, der Bevölkerung, seiner
Geschichte und ihrer Kultur. In der Groeningschen Zeichentrickwelt sind diese
americana von entscheidender Bedeutung,
weil sie deutlich zwischen Aufklärung und
Postmoderne oszillieren. DIE SIMPSONS erzählt keine modernen Fabeln mit einem
moralischen, politisch korrekten Ende, sie

bestätigen auch keine Mythen des Alltags,
sondern sie dekonstruieren diese mit jeder
Folge der Serie. Sie klärt nicht auf, sondern
führt in die unendliche Mediathek und
zeigt dort immer neue, immer andere Ver-
netzungen auf, wie Diedrich Diederichsen
in seinem Artikel „Die Simpsons der Gesellschaft" darlegt. Diesen quijotesken
Kampf der Familie Simpsons und des Zuschauers gegen die Entropie im grenzenlosen Meer der Zeichen und Verweise bezeichnet er treffend als „postmoderne Aufklärung".

Als Beispiel für die mühselige Arbeit des
Deutens, Aussortierens und Neubewertens
soll der Name der Stadt Springfield dienen.
Er findet sich gut zwei Dutzend Mal auf der
realen US-amerikanischen Landkarte und
ist in der Internet-Suchmaschine von Alta-
vista mit rund zwei Millionen Einträgen
vertreten. Seine Mediengeschichte reicht alleine im Bereich Film vom John
Ford-Western über das B-Horror-Movie bis

hin zu den Soaps der Gegenwart. Z.B. liegt Springfield 15 Meilen entfernt von Walnut Grove, der kleinen *frontier*-Gemeinde aus UNSERE KLEINE FARM (LITTLE HOUSE ON THE PRAIRIE, 1974-1983). In Springfield wird aber auch Roseanne Conners Schwester Jackie Harris zur Polizistin ausgebildet (ROSEAN-NE/ROSEANNE, ABC, 1988-1997)[4]. Der Name „Springfield" ist allgegenwärtig im amerikanischen Fernsehen. Man kann ihn gleichsetzen mit Supermans Geburtsort Smallville. Dort ist der Stadtname noch weniger verschleiernd, denn er bezeichnet deutlich das Gegenstück zum Metropolis des erwachsenen Superman. (Ebenso ist die Großstadt in den SIMPSONS nur mit „Capital City" benannt.) Der allamerikanische Name „Springfield" entwickelt sich im Laufe der Serie vom simplen Nachnamen des Stadtgründers immer mehr zu einem postmodernen „Schilda, USA". Das Wörterbuch verrät übrigens den englischen Begriff für Schilda: „Gotham City". So nehmen die Verknüpfungen im Grunde kein Ende, und mit Diederichsens „lateralem Apropos" windet sich ein endlos geflochtenes Band im postmodernen All-Tag.

Um die Ganzheit der Heimatstadt der Familie Simpsons zu erfassen, stolpert der Zuschauer über die Tücken der Arbeit des Autorenkollektivs. Im Verlauf der SIMPSONS nimmt die Zahl der traditionellen Markierungen stetig zu, weil die Autoren in fast jeder Folge weitere Einzelheiten ergänzen, korrigieren oder sich gar – absichtlich oder nicht – falsch zitieren. Das 'Ganze' verliert sich, es erweist sich als Gespinst, in das es faserartig ausfranst. Die Zuschauer im allgemeinen und die SIMPSONS-Fans im besonderen werden hinge-

lenkt auf einen enormen Katalog an Details, den aufzuführen es eine umfangreiche Datenbank benötigt. Hervorragend dafür geeignet ist das Internet, in dem sich – z.B. auf der tausende Seiten großen Homepage von „The Simpsons Archive"[5] – weltweit jeder Fan an der Re-Konstruktion Springfields beteiligen kann. Ungezählte elektronische Zuschriften erreichen die Site jeden Tag, um dem mythischen Ort Springfield mit geradezu manischer Akribie aus den winzigen Details im Kontext der Serie zusammenzufügen. Wir erleben hier die Genese eines neuen gemeinschaftlichen Raumes, der die klassische Opposition des Privaten zum Öffentlichen dekonstruiert. Es entsteht so der paradox zu nennende Raum einer kollektiven Privatsphäre. Weil sich jeder im Internet gegen die Entropie in den SIMPSONS werfen kann, gerät Groenings Anytown, USA zu einem *global local village*.

America's Worst Oz![6]

„Living In Oz, Living In Oz
Sometimes the dream can shock you
Living In Oz, Living In Oz
Sometimes the dream can rock you
Living In Oz, Living In Oz
Sometimes the dream can shake you
Living In Oz, Living In Oz
Sometimes the dream can wake you, too",
(„Living In Oz", Rick Springfield, 1983)

Zunächst führt uns die Familie Simpson an den Beginn ihrer lokalen Zivilisationsgeschichte, den Gründungsort der neuen Heimat Springfield, an dem einst ein Zitronenbaum gepflanzt wurde. Eben an jenem Ort entspann sich zwischen dem

---

4   Der fiktiven Heimatstadt Lanford der Familie Connor war seinerzeit ein ähnliches Schicksal beschieden wie Springfield. Die Fans stürzten sich auch hier auf jedes Detail, um die Kleinstadt irgendwie zu lokalisieren.

5   http://www.snpp.com

6   Die Kapitelüberschrift bezieht sich auf die (natürlich fiktive) Titelgeschichte des TIME Magazines „America's Worst City", die in der Episode *Laura, die neue Nachbarin* (*New Kid on the Block*) zitiert wird.

unerschrockenen *frontiersman* Jebediah Obediah Zachariah Jedediah Springfield und seinem Partner Shelbyville Manhatten im Jahre 1796 (wenn man einer Dramatisierung der Ereignisse in „A Watch & Learn Feature: Young Jebediah Springfield" mit Troy McClure Glauben schenkt)[7] jener folgenschwere Dialog:

Jebediah: „People, our search is over! On this site we shall build a new town where we can worship freely, govern justly, and grow vast fields of hemp for making rope and blankets."
Shelbyville: „Yes! And marry our cousins."[8]
J: „Wha – What are you talking about, Shelbyville? Why would we want to marry our cousins?"
S: „Because they're so attractive. I-I, I thought that was the whole point of this journey."
J: „Absolutely not!"
S: „I tell you I won't live in a town that robs men of the right to marry their cousins."
J: „Well then, we'll form our own town. Who will come and live a life devoted to chastity, abstinence, and a flavorless mush I call root marm?"

Der Zironenbaum versinnbildlicht auf wunderbare Weise die Stadt Springfield, weil er mehr als 200 Jahre überdauerte und sämtlichen bisherigen Fährnissen trotzte. Er hat nicht nur einen Kometeneinschlag (*Barts Komet/Bart's Comet*), eine Serie von Erdbeben (*Wer erschoss Mr. Burns? – Teil eins/Who shot Mr. Burns? (Part One)*, einige Hurricanes (*Der verrückte Ned/Hurricane Neddy*) und mehrere Flutwellen (u.a. in *Krusty, der TV-Star/Krusty Gets Kancelled* und *Überraschung für Springfield/Mom and Pop Art*) heil überstanden, sondern auch die „Verpflanzung" der gesamten Stadt um fünf Meilen (*Die sich im Dreck wälzen/Trash of the Titans*) und den Raub durch die konkurrierende Nachbargemeinde Shelbyville (*Auf zum Zitronenbaum/Lemon of Troy*). Mit seiner grünen Krone und den leuchtend gelben Zitronen wirkt er wie ein ewigblühendes Symbol der Freiheit, des Wohlstandes und der Jugend. Gerade die Jugend von Springfield liegt seit Generationen im Schatten dieses Baumes und verarbeitet seine Früchte zu Limonade für den Straßenverkauf. „That lemon tree's a part of our town, and as kids,

---

7   Siehe die Folge *Das geheime Bekenntnis* (*Lisa the Iconoclast*).
8   Ein uramerikanischer Topos, der sich schon im frühen amerikanischen Roman wiederfindet und auch im Westernfilm (z.B. in DUELL IN DER SONNE (DUEL IN THE SUN), King Vidor, 1945/46) auftaucht.

the backbone of our economy." (Bart in *Auf zum Zitronenbaum*). Der Stolz der Gemeinde richtet sich gerne an diesem Baum auf und gebiert dabei seltsame, aber zugleich sehr bildhafte Vergleiche wie diesen: „Like Springfield, it nurtures a tough, yellow-skinned population that is incredible sour, but who – with right amount of sugar and water – can create something truly memorable, refreshing, useful and sweet."[9]

Tatsächlich wurden die tropischen Früchte und damit die daraus hergestellten Limonaden erst seit den 1880er Jahren für die amerikanische Mittelklasse erschwinglich und damit populär. Mit der Pflanzung eines eigenen Zitronenbaumes haben die Einwohner Springfields in ihrem Ort eine eigene Quelle der americana 'Zitronenlimonade' geschaffen. An diesem traditionellen amerikanischen Getränk lässt sich die mehrfache Codierung der americana und ihre innewohnende Ironisierung aufzeigen. In der Folge *Drei Freunde und ein Comic-Heft* (*Three Men and a Comic Book*) verkauft Bart vor dem Haus der Simpsons an einem selbstgezimmerten Stand Zitronenlimonade. Wie wahrscheinlich unzählige Jungen vor ihm versucht er, damit sein Taschengeld für den Kauf eines Comic-Heftes aufzubessern. Aber das Geschäft läuft schlecht. Kurzerhand ersetzt er das erfrischende Getränk

durch das alkoholhaltige Duff Beer, welches er im Sechserpack aus dem Kühlschrank holt. Nun hat sein Straßenverkauf endlich Kunden. Die amerikanische Vorgartenidylle eines Norman Rockwell, in der ein Junge den Gesetzen des *American Way of Life* folgt, spiegelt plötzlich eine kritische Haltung wider. Die Ironie der Situation verbindet den sentimentalen Kitsch mit einer Kritik, die aus ihr selbst geboren wird. Mit der zahlenden Kundschaft stellen sich auch die beiden Police Officer Lou und Eddie ein, die zunächst nach einer Alkohollizenz fragen, aber nach einem Bier „on the house" fröhlich scherzend vor der Simpson-Residenz verweilen, bis Homer auftaucht. Groenings SIMPSONS beweisen in all den dargestellten alltäglichen Banalitäten ihre kritische Faszination, die sie für die *americana* hegen. Sie ergehen sich nicht in nostalgischem Lyrismus, ohne zumindest eine weitere Codierung anzudeuten oder explizit zu formulieren.

Der Zitronenbaum weist geradewegs in das Zentrum der Stadt, vor die City Hall. Dort befindet sich das Denkmal von Jebediah Springfield. Die Figur dieses Pioniers scheint sich direkt aus den Werken James Fenimore Coopers geschält zu haben. So wie Natty Bumppo ist Jebediah Springfield ebenfalls ein seltsam zwielichtiger, fast schon anonymer Charakter, der seinen Taufnamen meidet. Natty ist bekannt als Wildtöter, Lederstrumpf oder Long Rifle; Jebediah wird von den Einwohnern gerne als „the dud with the cub" oder „that silly coonskinned jerk with the dead grizzly" verehrt. Seinen wahren Namen Hans Sprungfeld und seine wahre Identität als Pirat kennen nur wenige. Gleich seinem Vetter Natty vereint Jebediah Keuschheit und Frömmigkeit in seiner sanftmütigen Person, wie im oben angeführten Dialog nachzulesen ist. Leslie A. Fiedler bezeich-

9   Gimple 1998, S. 42.

net Natty als langweiligen, protestantischen „Edelwilden[10]", der aber in der „Universalistenkirche der Wälder betet"[11].

Doch hinter dem als Ikone hochgehaltenen Jebediah verbirgt sich – auf eine fast schon „traditionell" antiautoritäre und antikulturelle Art und Weise – ein wegen Landesverrat gesuchter Pirat. Lisa Simpson kommt im Zuge ihrer Recherchen für einen Schulaufsatz (anlässlich der 200-Jahrfeier) hinter das düstere Geheimnis *(Das geheime Bekenntnis)*. Ihre ikonoklastische Theorie bringt ihr zunächst eine Sechs für ihren Aufsatz ein, aber eine Exhumierung des Leichnams soll den Beweis erbringen. Dem vermeintlichen Pirat wurde nämlich in einer Groghausschlägerei einst seine Zunge von einem Türken abgebissen. Das verlorene Stimmorgan ließ er durch eine silberne Prothese ersetzen. Dieses Indiz hofft Lisa in dem Sarg zu finden. Doch der Schädel ist leer, weil in einem unbeobachteten Moment Hollis Hurlbut, der Kurator der Springfield Historical Society, das magische Objekt an sich genommen hat. Homer verliert darauf hin seinen Job bei der Parade als „Town Crier". Vom Geist George Washingtons bestärkt, klärt Lisa den Diebstahl dennoch auf. Hurlbut gesteht ihr, dass er um das Image der Legende Jebediah Springfield besorgt war und es schützen wollte. Beide beschließen aber, dass Lisa vor der Gemeinde den Mythos um Jebediah Springfield als Lügengebäude entlarven soll. Doch lässt sie am Ende davon ab, als sie erkennen muss, dass der Mythos für die Mitglieder der Gesellschaft wichtiger ist als die historische Wahrheit.

Diese Erkenntnis teilt Lisa mit Cooper, der den Amerikanern bereits 1828 in seinem Werk „Notions of the Americans" Kultur- und Geschichtslosigkeit bescheinigte und eine geeignete Mythisierung der Gesellschaft forderte. Sein Œuvre ist aufgeladen von Mythen um die Grenzer, Pioniere und Indianer. Lisas Demontage des Mythos Jebediah, ihre Dekonstruktion der *americana* ‚Lokalpatriot' würde zu einer historischen Desorientierung von Springfield führen. Die Folgen für die Gemeinde wären groß, denn die Einwohner der kleinen Stadt zehren von der mythischen Gestalt des *frontiersman* (wie sie vom Zitronenbaum zehren), weil er ihnen eine Vergangenheit, eine Kultur und vor allem Geschichte sichert. Diederichsen erkennt richtig, dass mit dem Schaffen und (Ver-)Sichern von Historie in „erster Instanz Ordnung" hergestellt, also eine Opposition gegen die allmächtigen Konstante Entropie in die Welt der SIMPSONS gebracht werden soll.

„Bart, you have roots in this town and you ought to show respect for it. This town is a part of us all, a part of us all, a part of us all. Sorry to repeat myself, but it'll help you remember." (Marge in *Auf zum Zitronenbaum*) In Marges Worten wird deutlich das Prinzip der Geschichtsschreibung in Springfield, die uramerikanische *oral tradition*, veranschaulicht. Man muss die Dinge nur oft genug wiederholen, damit sie in der Gesellschaft Fuß fassen.

Georg Seeßlen definiert den Begriff des Mythos als „eine Erzählung, in der mit dem Übergang von innen nach außen und wieder nach innen [...] Geschichte gemacht"[12]

---

10 Fiedler 1987, S. 157.
11 Womit man Homer sehr nahe an Natty und Jebediah gerückt sehen muss, denn auch er hegt die gleiche kritische Haltung zum Gesetz, der Gesellschaft und der Religion. Homers Protest gegen die „Tyrannei von Heim und Frau" (Fiedler, S. 157) wird fast in jeder Folge deutlich. Nattys faustische Haltung, das Wissen um seine Verdammung im Augenblick der Tat, findet sich ebenfalls in der Figur Homers. Für die drei gibt es keinen Sündenfall: für Jebediah ein „misinterpreting a passage in the Bible", für Natty „ein unglückliches Missverständnis" (Fiedler, S. 158) und für Homer ein „D'oh!" (siehe *Ein gotteslästerliches Leben/Homer the Heretic* und *Bibelstunde, einmal anders/Simpsons Bible Stories*).
12 Seeßlen 1997, S. 167.

South Park

wird. Für die SIMPSONS und den Ort Spring-field, an dem viele Mythen des amerikanischen Alltags ihren Platz in einem koordinatenfreien Raum finden, gilt dennoch, dass in jeder Folge der Serie diese Mythen und die *americana* eine Dekonstruktion erfahren. Die Figuren erleben in den zyklischen Erzählungen ihre individuellen Schicksale und bewegen sich für die Dauer einer Folge, einer Staffel, einer Dekade in der mit traditionellen Markierungen ausgestatteten Geographie. Doch damit schafft die Serie nicht zwangsläufig ein nachvollziehbares Raum-Zeit-Kontinuum, denn das ist gar nicht ihr eigentliches Ziel. Das Personal der SIMPSONS vollzieht, Ausnahmen bestätigen die Regel, eine Kreisbewegung, die es am Ende jeder Folge in den Ursprungszustand zurückführt. Darum kann weder eine abbildbare Topographie noch eine stimmige Chronographie nachgewiesen werden.

Dieses Grundkonzept wird in der MTV-Produktion ÆON FLUX von Peter Chung, die Anfang bis Mitte der 1990er Jahre ihre kleine Fan-Gemeinde fand, auf die Spitze getrieben. Die Assassine und Agentin Æon Flux aus dem Staate Monica und ihre Nemesis Trevor Goodchild, der unbarmherzige Herrscher des Staates Bregna, sind die Hauptfiguren der Miniserie. Am Ende nahezu jeder Folge stirbt Æon.

Doch die Rollenverteilung ist in jeder Folge eine neue, denn mal ist Æon auf der Seite der Bösen, mal ist es Trevor, mal sind beide die Bösewichte, dann wieder stehen sie auf der gleichen Seite. Die Karten sind für jeden Teil neu gemischt, doch Æons Tod ist immer absehbar. Auch die Figur des Kenny McCormick aus der Serie SOUTH PARK (South Park, Comedy Central, 1997-) stirbt fast in jeder Folge einen grausamen und sinnlosen Tod. Eine Woche später ist Kenny wieder mit seinen Freunden in South Park unterwegs, um neue Abenteuer zu erleben.[13]

In den postmodernen Erzählungen aller drei Fernsehserien bewegen sich also auch die Figuren in einer Möbiusschleife, in der sie von innen nach außen und wieder nach innen gestülpt werden. Aber ein deutlicher Unterschied zwischen ÆON FLUX, SOUTH PARK und den SIMPSONS ist, dass die Figuren der Groening-Serie ein Gedächtnis für ihre Erlebnisse haben.

American(a) Beauty

„I've a feeling we're not in Kansas anymore. We must be over the rainbow."
Dorothy, DAS ZAUBERHAFTE LAND

Vom Denkmal des Stadtgründers ausgehend wenden wir uns in eine beliebige der vier Himmelsrichtungen, um einen näheren Blick auf Springfield zu werfen. Da die traditionellen Markierungen denen einer provinziellen Kleinstadt folgen, fällt unser Augenmerk auf die Nachbarschaftskneipe Moe's Tavern. Der Inhaber ist Moe Szyslak, ein grauhaariger Immigrant aus Europa. Seine Stammkundschaft setzt sich aus dem Trunkenbold Barney, Homer, Lenny und Carl (Homers Arbeitskollegen), Sam und Larry zusammen. Die Innenarchitektur besteht aus wenigen typischen Einrichtungs-

---

13   Der Fernsehsender Comedy Central erwägt derzeit, ob Kenny nicht mit der fünften Staffel seinen endgültigen Abschied nehmen und Platz für eine neue Figur machen soll!

gegenständen. Eine „Westernbar" mit Ho-
ckern, ein Spiegel über der Theke und Zapf-
hähne für das Bier fallen sofort ins Auge.
Durch den Mief der Kneipe flackert ein
Fernseher, der an einer Wand angebracht
ist, und ein Liebestesterautomat gibt gelegentlich einen Laut von sich. Zu dem
Hauptgetränk Duff Beer werden gratis spanische Erdnüsse gereicht. Außerdem bietet
Moe Soleier an. Da seine Kundschaft im
Grunde nur aus den sechs Personen besteht, kommt Moe wohl gerade so über die
Runden. Seine diversen Versuche, die Kneipe in ein familienfreundliches Restaurant
oder einen Comedy Club zu verwandeln,
scheitern jedes Mal aufs neue. Am Ende jeder dieser Folgen kehrt die amerikanische
Nachbarschaftskneipe in ihren miefigen
Ursprungszustand zurück, und die üblichen Verdächtigen hängen wieder träge an
der Theke.

Moes Bemühungen um eine Neustruk-
turierung seiner kleinen Welt und seines
eintönigen Lebens in der Folge *Das Erfolgsrezept* (*Flaming Moe's*) basieren auch hier auf
einem amerikanischen Traum. Er möchte
vom Barmixer zum Millionär werden, aber
die Idee für den schnell Legende gewordenen Cocktail „Flaming Moe" stammt ursprünglich von Homer. Moe: „He may
come up with the recipe, but I came up
with the idea of charging $ 6.95 for it." In
dieser Folge lässt sich exemplarisch der Prozess über die Entwicklung, den Erfolg und
den Niedergang einer Marke im spätkapita-
listischen Amerika verfolgen. Der Mythos
dieser Marke ist umgehend geboren. Moe
hat sie, in alter Siedlertradition, als erster
benannt, also ist sie die seine. Aus dem Lo-
kalgetränk wird bald eine über die Grenzen
der Kleinstadt hinaus bekannte Marke, die
es erforderlich macht, die Lokalität Moe's
ein wenig umzubauen. Schnell finden sich
populäre Stars wie AEROSMITH in der ehemaligen Nachbarschaftskneipe ein, die natürlich noch mehr Publikum anziehen. Neben den neuen und berühmten Gästen

taucht auch der Vertreter einer großen Res-
taurantkette auf, der Moe die geheime Ingredienz der neuen Marke für eine Million
Dollar abkaufen möchte. Homer ist mittlerweile sehr enttäuscht von Moe, weil dieser nicht nur die Idee von ihm gestohlen
hat, sondern weil man ihn nicht mehr in
das zum Szenelokal avancierte Flaming
Moe's hinein lässt. Er verrät kurzerhand
im überfüllten Lokal das geheime Zusatz-
mittel (Krusty's Non-Narkotik Kough Sy-
rup for Kids). Der Millionenvertrag platzt.
Binnen weniger Tage gibt es in Springfield
mehrere neue Lokale mit ähnlich klingen-
dem Namen und Getränk: z.B. Flaming
Meaux oder Famous Moe's. Der schnelle
Ruhm und Reichtum sind vorbei, die Legende ist entzaubert. Als der Status quo
ante wieder hergestellt ist, spendiert Moe
seinem Stammkunden Homer einen „Flaming Homer".

Die Parallele zu dem weltbekannten
amerikanischen Markengetränk Coca-Cola
ist in dieser Folge sicher nicht zufällig. Der
Mythos von der „geheimen Ingredienz", die
das koffeinhaltige Getränk zu einem Kult-
produkt macht, ist schon lange überholt. Es
gibt zu viele Konkurrenzprodukte auf dem
Markt. Die Dekonstruktion dieses Mythos
wird in *Das Geheimrezept* wundervoll ironisch zelebriert. Moe gelingt es leider nicht,
im Gegensatz zu einigen erfolgreichen Konzernen wie Coca-Cola („Image ist nichts –
Durst ist alles", Webeslogan für Sprite), ein
Image für seine Marke zu schaffen. Vielleicht liegt es daran, dass sein Image selbst

Typisches Szenario der Fernsehserie CHEERS

schon eine Reproduktion ist, die sich mit dem hippen Cocktail einfach nicht verbinden lässt. Das „Flaming Moe's"-Lied wird nämlich zur landesweit bekannten Titelmelodie der Serie CHEERS (CHEERS, NBC, 1982-1993) gesungen. Inhaltlich greift es den Allgemeinplatz vom frustrierten Ehemann auf: „When the weight of the world has got you down/And you want to end your life/Bills to pay, a dead-end job/And problems with the wife/But don't throw in the towel/'Cause there's a place right down the block/Where you can drink your misery away/At Flaming Moe's." Es muss enden wie es begann, in der miefigen Kneipe um die Ecke.[14]

Matt 'Rockwell' Groening

„[Norman] Rockwell shared with Walt Disney the extraordinary distinction of being one of the two artists familiar to nearly everyone in the U.S., rich or poor, black or white, museum goer or not, illiterate or Ph. D."
Time Magazine, 1978

Norman Rockwell (1894-1978) zählt zu den bedeutendsten Vertretern der amerikanischen Malerei des 20. Jahrhunderts. Seine Karriere begann er mit dem Zeichnen von Weihnachtsgrußkarten und seiner Arbeit für das landesweite offizielle Pfadfinder-Magazin „Boys' Life". Beinahe 50 Jahre arbeitete er für das renommierte Magazin „The Saturday Evening Post" und prägte mit seinen Titelbildern besonders das Amerika der 30er und 40er Jahre. In dieser Zeit hatte er den Höhepunkt seiner Kreativität erreicht. Das Hauptthema vor und während des Zweiten Weltkrieges war das Kleinstadtleben in den USA. Um den Eintritt Amerikas in den Krieg schuf Rockwell seine vier populärsten Werke, die er „Four Freedoms" taufte. Die einzelnen Bilder haben die Titel „Freedom of Speech", „Freedom to Worship", „Freedom from Want" und „Freedom from Fear" und definieren Amerikas konsensuellen Geist. „Rockwell invented ‚democratic history painting' by basing his art on an informing vision of history conceived and portrayed as the cumulative actions of millions of ordinary people, living in a historical time, growing up and growing old." heißt es in Dave Hickeys Essay „America's Vermeer", der 1999 im „Vanity Fair"[15] erschienen ist. Bis zum Kriegsende waren diese vier Werke in einer Wanderausstellung durch Amerika zu sehen, deren gewaltiger Erlös von 130 Millionen Dollar vollständig als Kriegsanleihe verwendet wurde.

Seit 1999 sind viele seiner Bilder wieder unterwegs in Amerika. Die Ausstellung nennt sich „Norman Rockwell: Pictures for the American People" und eröffnet einen Blick auf die Arbeit eines Mannes, die dazu beitrug, eine nationale Identität und einen Sinn für gemeinsame Werte in Zeiten der Krise aber auch des Wachstums zu formen. Mit der massiven Exhibitionierung seines Œuvres kurz vor und nach dem Jahrtausendwechsel findet die Rückbesinnung auf eine Zeit statt, in der die

---

14   Auch die Serie ROSEANNE hat ihre „bar right down the block". Das „Lobo" ist der Ort, an dem die Alt-68er Harley-Davidson-Fahrer Roseanne und Dan Conner ihren wilden Zeiten nachhängen oder frustriert über ihren Ehepartner mit Schwester oder Kumpel reden.
15   Hickey November 1999, S. 172-80.

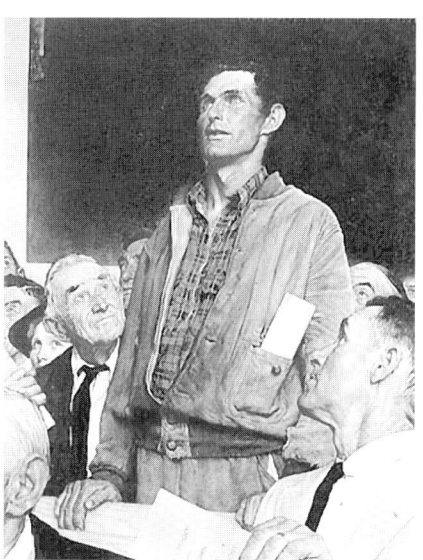

Amerikaner sich ihren regierenden Institutionen viel näher fühlten. Es ist ein anachronistisches Herbeisehnen solider Familienwerte (*family values*), die verankert waren in kleineren Gemeinden mit überschaubaren Strukturen der Macht. Springfield ist definitiv eine solche Gemeinde. Paul A. Cantor vergleicht die Kleinstadt mit einer klassischen Polis, die soweit autonom ist, wie es eine moderne Gemeinde heutzutage überhaupt sein kann.[16] Neben der umfangreichen Infrastruktur (vom Kernkraftwerk über den Freizeitpark bis zum Flughafen) weist Springfield nämlich auch eine ausgebildete soziale Topographie auf. Sie reicht vom korrupten Bürgermeister Quimby (Legislative), Chief Wiggum (Exekutive) und verschiedenen namenlosen Richtern und dem Anwalt Lionel Hutz (Judikative) über die Kirchengemeinde des Reverends Lovejoy bis hin zu einer eigenen lokalen Medienstruktur mit Krusty the Klown, Itchy & Scratchy, dem Nachrichtensprecher Kent Brockman und dem Entertainer Bumblebee Man. Mit

Springfield hat Groening das amerikanische Ideal verwirklicht, in dem jeder Bürger die Möglichkeit hat, direkten Einfluss auf die Politik und den American Way of Life zu nehmen.

Diese Zeichentrick gewordene Utopie hat die Gestalt einer Metapolis, weil sie stellvertretend für den Traum des amerikanischen Volkes stehen muß. Diese Metapolis darf daher keine eindeutige Topographie, und ihre Bürger dürfen daher auch keine eigene nachvollziehbare Chronographie entwickeln, weil sie sonst ihren

16   Paul A. Cantor: *The Simpsons*. Atomistic Politics and the Nuclear Familiy. In: Irwin 2001, S. 175.

Status als Utopie verlieren. Die ironischen Frakturen liegen (wie schon bei Jonathan Swift) fest verankert in der karikaturalen Natur – ob im Roman oder als Zeichentrick – der Utopie.[17] Rockwell selbst sagte zu seinem Werk „The view of life I communicate in my pictures excludes the sordid and ugly. I paint life as I *would* [Hervorhebung vom Autor] like it to be."

In der Metapolis Springfield lebt der amerikanische Nucleus, die Familie Simpsons, ein Kleinstadtleben, das eigentlich einer Utopie der Nachkriegsjahre entspringt. Durch die *americana* eines Norman Rockwell und die seinerzeit im Fernsehen aufkommenden Zeichentrickserien wie FAMILIE FEUERSTEIN (THE FLINTSTONES, ABC, 1960-1966) und DIE JETSONS (THE JETSONS, ABC, 1962/63) und die Sitcoms LEAVE IT TO BEAVER (CBS/ABC, 1957-1963), I LOVE LUCY (CBS, 1951-1957) und VATER IST DER BESTE (FATHER KNOWS BEST, CBS/NBC/ABC, 1954-1963) wurde der Topos der *nuclear family* geprägt. Auch wenn viele der traditionellen *family values* die Ironie der SIMPSONS überdauern, stellt die Serie keine reflexionsfreie Rückkehr in die Zeit der 50er-Jahre Sitcoms dar. Vielmehr wird der Fortbestand der *americana* durch Neucodierung, Variation und Dekonstruktion gesichert. Man könnte die SIMPSONS als eine Art postmoderne Sammlung von Nostalgia betrachten, die vor jedem Besuch neu geordnet und kommentiert wird. Dieser Kommentar oder diese Autoreferentialität sind ein besonderes Markenzeichen der Serie. Äußerst amüsant und spannend ist es, wenn der Zuschauer mal wieder eine der auftauchenden *americana* entdeckt und bei genauerer Betrachtung ein ganzes Geflecht an Referenzen freilegen kann.

In der Springfield History Society befindet sich ein Gemälde, das den Stadtgründer Jebediah Springfield bei einer Rede im Bürgersaal zeigt. Dieses Bild ist zwar nur für einen Augenblick in der Folge *Das geheime Bekenntnis* zu sehen, aber es verdeutlicht Groenings Umgang mit Mythen und *americana*. Die Vorlage für diese Zeichentrickadaption lieferte Norman Rockwell mit seinem Bild „Freedom of Speech", das 1943 erstmals auf der Titelseite der „Saturday Evening Post" zu sehen war. Rockwell stellte mit seinem Gemälde die Befindlichkeit seiner Zeit dar, den Traum eines starken Amerika, mit dem Recht auf freie Meinungsäußerung. Seine visuelle Metapher appropriiert Groening und fügt eine eigene und neue Interpretation und Intention hinzu. In der neu definierten *americana* verwischt die Grenze zwischen Trivialem und Kunst. Es entsteht aber kein Simulakrum im schlechten Sinne des Wortes, das Scheinbild ersetzt nicht den Gegenstand, das „reale" Objekt des Gemäldes. Ganz im Gegenteil wird im Sinne des „lateralen Apropos" eine historische und gesellschaftliche Orientierung gegeben.

Wie wir wissen, findet sich die Ironie der *americana* nicht weit entfernt. Denn Jebediah Springfield spricht, im wahrsten Wortsinne, mit falscher (silberner) Zunge. Das Wissen um diesen Umstand und das Wissen um das Nichtwissen der vielen Bürger von Springfield hebt den Zuschauer in eine Position, die Carl Matheson als „cleverer-than-thou-ness" bezeichnet.

Diese Kondition des speziellen Humors nennt er „hyper-ironism", und die Appropriation von Werken oder Zusammenhängen populärer Kultur fällt für Ma-

---

17   Matt Groening hat übrigens mit seiner neuen Serie FUTURAMA (Fox, 1999-) eine Variation der Utopie geschaffen, die Umberto Eco in seinem Essayband „Über Spiegel" als „Metatopie" bezeichnet. Sie stellt – trotz (oder gar ohne?) strukturelle(r) Verschiedenheiten von der „wirklichen" Welt in den SIMPSONS – eine mögliche Welt dar, weil die Wandlungen, denen sie unterlag, nichts anderes als eine Prolongierung tendenzieller Entwicklungslinien aus den SIMPSONS sind.

Das Coolidge-Gemälde ...   **... und die Adaption der SIMPSONS**

theson unter den Begriff „quotationalism".[18] Eine allgegenwärtige Präsenz historischer Appropriationen in und aus der Popkultur sind sicherlich eines der Hauptthemen der SIMPSONS. Sie lehren uns aber auch, je weiter man in die Dialektik des rückgewandten und idealisierten Nationalismus und der Trend angebenden Popkultur dringt, desto unschärfer werden die *americana*, weil sie beides in sich vereinen.

Ein weiteres und letztes Beispiel für Identitätssuche und die Suche nach Orientierung in der Geschichte soll an der Reproduzierbarkeit des Kitsches angeführt werden. Cassius Marcellus (CM) Coolidge (1844-1934) begann seine Karriere als Schildermaler und Drogerist, gründete eine Bank und eine Tageszeitung. Dann zog er aufs Land in eine Kleinstadt und begann, Bilder mit Hunden in menschlichen Situationen zu malen. Diese possierlichen Tiere stolzieren durch Vergnügungsparks der Jahrhundertwende, fahren in Nahverkehrszügen zur Arbeit und genießen eine gemütliche Männer-, pardon, Hunderunde beim Pokern, Biertrinken und Zigarrenrauchen. Zunächst gab es die Gemälde als Faksimiles auf kleinen Zigarrenbildchen, die den Kisten beigelegt waren, doch sehr schnell fand sich ein großer Verleger, der aus den kitschigen Bildchen eine Marketinglegende und eine *americana* machte. Bei den SIMPSONS tauchen die Poker spielenden Hunde einmal als McGuffin in der Episode *Die Fahrt zur Hölle (Treehouse of Horror IV)* auf. Bart behauptet, die Geschichte um dieses Bild sei so grausam, dass sie besser nicht in dieser Halloween-Folge erzählt werden sollte. Bart: „We come now to the final and most terrifying painting of the evening. To even gaze upon it is to go mad!" Homer tritt auf, betrachtet kurz das Bild und erleidet sofort einen Anfall von Irrsinn: „They're dogs! And they're playing Poker!" Besonders an dieser Folge ist, dass die einzelnen Teleepisoden darin mit einer erzählerischen Klammer zusammengehalten werden. Bart führt durch den Halloweenabend und knüpft die kleinen Geschichten an Gemälden an, die im Hintergrund seiner „Moderation" zu sehen sind. Die Bilder zu den beiden ersten Abenteuern sind frei erfunden, aber die übrigen haben Kunstwerke oder das Œuvre eines Künstlers zum Vorbild. Getreu der oben geschilderten Methodik wird auch hier verfahren. Da findet sich die Familie Simpson in Edvard Munchs „Der Schrei" (1893) wieder (Lisa schreit, die anderen stehen im Hintergrund), Barts Portrait, verdeckt von einem Apfel, erinnert an René Magrittes

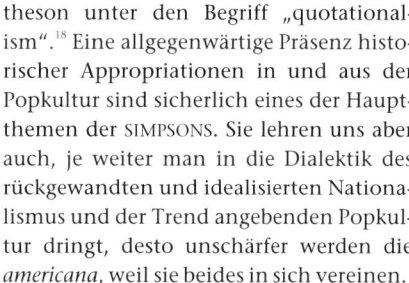

18   Carl Matheson: *The Simpsons*, Hyper-Irony, and the meaning of Life. In: Irwin 2001, S. 108-125.

Werk oder Maggie ist in Salvador Dalìs „Die Bestätigung der Erinnerung" (La persistance de la mémoire, 1931) an Haaren, Schnuller und Händen auf Krücken gestützt zu sehen. Das Erwähnenswerte nun ist, dass die Zeichentrickversion des Coolidge-Gemäldes dem „Original" so nahe wie nur irgend möglich kommt. Selbst im Detail (ein Hund reicht einem anderen unter dem Pokertisch heimlich eine Karte) bleibt man der Vorlage treu. Und darin liegt der wahre Horror ...

Collidges Hundebilder verkörpern eine Form des Vorstadtkitsches, der – wenn er schon nicht zu den urbanen, so doch zumindest zu den Flohmarkt-Legenden gehört – von einem Leben erzählt, das in den Wirren der amerikanischen Geschichte verloren ging oder dort nie existierte. Es sind samtene Totems, die nicht in einen heroisierenden Kitsch münden, wie manche Bilder Rockwells, sondern sie stellen sehr detailliert kleine Banalitäten des Alltags dar. Darum finden sich Coolidges Werke auch in anderen Fernsehhaushalten wie zum Beispiel bei den Conners im Wohnzimmer.[19] In der Darstellung verschiedener *americana* ist aber das Pokerspiel der Hunde das beliebteste von allen. Darum referieren die SIMPSONS auch ein zweites Mal (*Barneys Hubschrauber-Flugstunde/Days of Wine and D'oh'ses*) auf dieses Gemälde. Lisa und Bart sind auf der Suche nach einem Motiv für das neue Telefonbuch der Stadt Springfield. Das alte zierte, wie alle Jahre zuvor, das Konterfei von Montgomery Burns. Doch in diesem Jahr wird ein Preis (zwei Fahrräder) für das schönste Motiv ausgelobt. Diese Verlockung ist für die beiden Kinder Anlass genug, sie kramen eine verstaubte Kamera

aus dem Abstellschrank hervor und probieren diverse Möglichkeiten der Photographie durch. Dabei durchlaufen sie zwangsläufig verschiedene Stadien des modernen Bildjournalismus. Unter anderem kommen sie auf die Idee, jenes Gemälde von Coolidge mit echten Hunden nachzustellen und abzulichten. Als alles vorbereitet ist, müssen sie an ihrer Inszenierung die Tücken des exklusiven Bildmotives erfahren. Barney Gumble schaut durchs Küchenfenster herein und „schnappt" ihnen mit einem „Schuss" durch seine Kamera das wundervoll gestaltete Motiv weg.

Der Versuch der Kinder, die billige Reproduktion zu appropriieren, muss auch ohne Barney scheitern. Für einen kleinen Augenblick, einen *magic moment* lang, gelingt es ihnen zwar, doch muss im Sinne des „hyper-ironism" und des „quotationalism" der Erfolg mit diesem Photo ausbleiben. Denn die Erwartungen des Publikums dürfen nicht übererfüllt werden, der Zuschauer muss auch überraschbar bleiben. Und es dürfen in der Serie keine Simulakren von *americana* geschaffen werden, keine Mythen des Alltags sollen ihre Absolution erfahren, sondern alles soll an dem metamythischen Ort Springfield in einer Anthologie von Tradierungen versammelt sein.

Mythologia Americana

It's not a place you can get to by a boat or a train,
It's far, far away, behind the moon, beyond the rain.
[gesungen] Somewhere over the rainbow, way up high

19   In der ersten Staffel sitzt im Vorspann der Serie die gesamte Familie Conner am Küchentisch und spielt Poker. Ihre Einsätze bestehen aus Süßigkeiten und die Kamera beschreibt eine lange Fahrt rund um den Tisch. Dieses an Coolidge angelehnte Szenario taucht übrigens ebenso in den SIMPSONS wie in anderen amerikanischen Sitcoms (HÖR MAL WER DA HÄMMERT/HOME IMPROVEMENT, ABC, 1991-1999 und EINE SCHRECKLICH NETTE FAMILIE/MARRIED WITH CHILDREN, FOX, 1987-1997) immer wieder auf.

There's a land that I heard of, once in a lul-
laby
Somewhere over the rainbow, skies are
blue
And the dreams that you dare to dream
really do come true
Some day I'll wish upon a star, and wake
up where the clouds are far behind me
Where troubles melt like lemon drops
Away above the chimney tops, that's whe-
re you'll find me
Where troubles melt like lemon drops
Somewhere over the rainbow, bluebirds fly
Birds fly over the rainbow
Why then, oh why, can't I?
Dorothy, DAS ZAUBERHAFTE LAND

*There is no life I know to compare with pure
imagination. Living there, you'll be free if you
truly wish to be.*
Willi Wonka, CHARLIE UND DIE SCHOKOLA-
DENFABRIK *(Willi Wonka and the Chocolate
Factory,* 1971)

Das Schwinden einer verbindlichen
räumlichen und historischen Logik spiegelt sich auf witzige und allgemein verständliche Weise in Springfield und seinen
Einwohnern wider. Die Kleinstadt lässt
sich weder innerhalb der Zeichentrickwelt
noch in der realen Welt außerhalb des
Fernsehens verorten. Auch kann kein ein-
deutiger Stadtplan von Springfield entworfen werden, weil die traditionellen
Markierungen ständig changieren und in
ihrer Zahl zunehmen. Ebenso lässt sich
keine widerspruchsfreie Geschichte für die
Stadt Springfield und auch nicht für die
Welt der SIMPSONS nachzeichnen. Den-

noch ist die dargestellte Zeichentrickwelt
eine sehr menschliche und nachvollziehbare. Mit der Schaffung einer rudimentä-
ren, fast schon archetypischen Struktur in
dieser überschaubaren Gemeinde beleben
die Autoren einen alten Geist von Gemeinschaft wieder, der hauptsächlich den
Erfolg der Serie begründet. Näher als die
Familie Simpson kommt wohl heute niemand mehr an die Institutionen der Demokratie heran. Sie sind ihnen so nah wie
sie es sich selbst sind, und darin findet sich
auch immer wieder ihre Motivation zum
Erhalt und zur Kritik an der Gemeinschaft,
so dysfunktional die Familie auch sein
mag.

Neuerdings ist in der Fernsehland-
schaft der Amerikaner aber eine andere
Tendenz zu beobachten. Die dysfunktio-
nale *nuclear family* verschwindet in den
neuen Serien. Sie macht nicht etwa Raum
für die diversen Variationen der *non-
nuclear family,* die in den Serien der 70er
bis 90er Jahre (z.B. IMBISS MIT BISS/ALICE,
CBS, 1976-85, EIN VATER ZUVIEL/MY TWO
DADS, NBC, 1987-90) beim Publikum be-
liebt waren. Die klassische Familienstruk-
tur ist nun völlig aufgelöst, die separierten
Mitglieder – meist sind es Scheidungswai-
sen oder Kinder dysfunktionaler Familien
– leben in Ersatzgemeinschaften. Selbst
Matt Groening hat mit seiner neuen Serie
FUTURAMA diese Entwicklung thematisiert,
die eindrucksvoll zynisch schon in SEIN-
FELD (SEINFELD, FOX, 1990-1998) umgesetzt war. Diese beiden exemplarischen
post nuclear families[20] existieren in den anonymen Großstädten New New York bzw.
New York. Die *small town*-Atmosphäre ist

20   „If you love something enough, set it free. If it comes back, it isn't worthy of you. If it doesn't, then
     it's just like all your other miserable relationships." ist nur eine von 20 „philosophies" des neuen
     Serienzugpferdes TITUS (2000-), das der Sender Fox zur Zeit im Rennen um den Pokal des „most
     dysfunctional character" hat. „Comedy is cheaper than Therapy!" lautet das Credo der „No
     Future!"- bzw. „Atomkraft? Nein danke!"-Generation, die jetzt im *post nuclear family* (welche
     Ironie) Anschluss sucht. Die „Familie" von Christopher Titus besteht – vergleichbar der Serie
     FRASIER (FRASIER, NBC, 1993-), deren Hauptfigur Dr. Frasier Crane schon aus CHEERS (gleicher
     Schauspieler) stammt – bloß aus ihm, seinem Vater und einem (Ex-Stief-)Bruder.

der einer Megapolis gewichen, und die *oral traditions* wurden zu urbanen Legenden. Man lebt fern der regierenden Mächte, deren Gefüge ist nicht mehr durchschaubar. Die *frontier* beginnt nicht an der Stadtgrenze, sondern schon an der Wohnungstür im Apartmenthaus. Die Medien Fernsehen und Internet haben den Barbecue-Grill (das ehemalige Kaminfeuer) längst verdrängt; die Mythen und die Zeitgeschichte(n), die aus ihnen branden, lassen die einsamen Akteure orientierungslos in der Entropie zurück.

Bei den SIMPSONS hingegen wird der Zuschauer eingeweiht in die Geheimnisse der amerikanischen Geschichtsschreibung und Mythenbildung. Die Autoren der Serie begeben sich damit zwar in eine Abhängigkeit vom gespeicherten Bildrepertoire der unendlichen Mediathek. Sie haben aber mit den SIMPSONS ein lebendiges Wurzelgeflecht herangezogen, das die Wellen der Bilder und Simulakren begierig aufsaugt und dem Zuschauer im metamythischen Ort Springfield (Metapolis) ein ideales Zuhause bietet. Mit der Appropriation unterschiedlicher Bilder und Simulakren aus der amerikanischen Vergangenheit und Gegenwart, einem „lateralen Apro-

pos" des *American Way of Life*, wirken die Autoren indirekt dem Verlust des nationalen Raumes und der „Krise der Historizität"[21] entgegen. Gleichzeitig bewahren sie in den SIMPSONS „Inseln aus Sinn" (Diederichsen), die im Meer der Zeichen und Verweise immer wieder auftauchen: die *americana*. In der Zeichen(trick)welt werden diese aber nicht kritiklos ausgestellt, sondern sind ständig mit einer neuen Stellungnahme versehen. In diesen kommentierten *americana* findet der Zuschauer historische Orientierung und gesellschaftliche Identifikation. Im Zeitalter des *global village* spielt es dann auch kaum mehr eine Rolle, dass mit den SIMPSONS in den letzten zehn Jahren eine postmoderne Sammlung mythischer Überlieferungen des amerikanischen Volkes und seiner Geschichte geschaffen wurde. Diese *mythologia americana* lässt den Zuschauer über seinen Bildschirm nicht bloß einen Blick ins Herz Amerikas werfen. Sie zeichnet über das Psychogramm der amerikanischen *working class* nicht nur die Physiognomie einer gesamten Nation nach, sondern verfolgt zielstrebig und erfolgreich die Idee postmoderner Aufklärung. Animation follows Nation follows Notion.

---

21   Jameson 1986, S. 70.

Andreas Rauscher

The Hitchhiker's Guide To Society —
FUTURAMA

„Ich glaube nicht, dass die Zukunft so sein wird, wie wir sie in FUTURAMA *zeigen. Es geht darin mehr um die Idee von Science-Fiction, als um die tatsächliche Zukunft selbst. In* FU-TURAMA *wird im Prinzip wie heute verfahren."*
– Matt Groening[1]

Das Jahr 2001 findet nicht statt
„Space, it seems to go on and on forever ...", kommentiert voller Faszination eine Voice-Over-Stimme den Ausblick auf ein Sternenmeer. Dazu ertönt eine feierliche Fanfare, im Stil der STAR TREK-ORIGINAL SE-RIES (USA 1966-1969). Es erscheint lediglich etwas seltsam, dass die unendlichen Weiten seitwärts am Betrachter vorbei scrollen. Das vermeintliche Sternenmeer stammt aus einem Videospiel im Stil der Spielautoma-ten-Hits „Defender" und „Nemesis". „But then you get to the end and a gorilla starts throwing barrels at you", fährt die Stimme fort. Aus einem Planeten erscheint überra-schend der Riesenaffe Donkey Kong. Der Star des Nintendo-Automaten aus den frü-hen 80ern beginnt das hilflose Raumschiff mit Fässern zu bombardieren und erwischt es direkt beim zweiten Versuch. Vergeblich versucht der 25-jährige Lieferjunge Fry von seiner Niederlage abzulenken: „And that´s how you play the game." – Nach dem glei-chen gestalterischen Prinzip wie das fiktive Videospiel „Monkey Fracas Jr." funktioniert auch FUTURAMA – Willkommen in der Welt von Morgen – oder präziser ausgedrückt, was davon nach dem Ende der klassischen Utopien und Dystopien der Science Fiction (im folgenden abgekürzt als SF) übrig blieb.

Der Silvesterabend 1999 nimmt kei-nen besonders glücklichen Verlauf für Fry. Nicht nur, dass er sich vor einem jugendli-chen Videospielfreak am „Monkey Fracas Jr."-Automaten blamiert. Auf dem Weg zur nächsten Lieferung muss er feststellen, dass ihn seine Freundin betrügt und zu al-lem Überfluss erweist sich die Bestellung als schlechter Telefonscherz, der ihn zu ei-nem verlassenen Labor führt. Durch einen unglücklichen Zufall landet Fry, als er sich um Punkt 12 selbst zuprosten will, in einer Tiefkühlkammer und wird für tausend Jahre eingefroren. Dieses Szenario spielt mit bekannten SF-Standards; zu den popu-lärsten eingefrorenen Genre-Helden zäh-len Buck Rogers und Han Solo, und Frys folgende Zeitreise, in deren Verlauf im Bildhintergrund New York von Außerirdi-schen zerstört und wieder aufgebaut wird, erinnert an die H.G. Wells-Verfilmung DIE ZEITMASCHINE (THE TIME MACHINE USA 1960). Nach seinem Erwachen am Silves-terabend 2999 muss Fry feststellen, dass ihn die gleiche Aufgabe wie in der Vergan-genheit erwartet. Der automatisch zuge-wiesene Karrierechip sieht für ihn eine Laufbahn als Lieferjungen vor. Die Zu-kunft erinnert in ihrem Erscheinungsbild an die bunten Pop-Art-Phantasien alter Comicstrips. Der für die spekulative SF konstituierende *sense of wonder* hat jedoch seinen Sensationswert verloren und unter-liegt den Widrigkeiten des Alltags.

Die Protagonisten von FUTURAMA drin-gen nicht in unendliche Weiten vor, die nie ein Mensch zuvor gesehen hat. Sie ge-

---

1   Matt Groening im Interview mit dem *Jetzt-Magazin* der *Süddeutschen Zeitung* vom 4.9.00, S. 26.

hen ihrer schlecht bezahlten Arbeit beim Lieferservice eines leicht senilen, entfernt mit Fry verwandten *Mad Scientists* nach. Das Team um die selbstbewusste Zyklopin Leela, den naiven Fry und den Robot-Individualanarchisten Bender liefert Schrauben auf einen komplett von Robotern beherrschten Planeten, erleidet die arrogante Selbstinszenierung des William Shatner-Verschnitts Captain Zapp Brannigan und verbringt den mühsam erkämpften Urlaub auf einem Raumschiff-Nachbau der Titanic. Bezeichnenderweise nennt der FUTURAMA-Co-Produzent und langjährige SIMPSONS-Autor David X. Cohen als seine wichtigsten Vorbilder den Cartoonisten Don Martin vom MAD Magazine, Steve Martin und den SF-Schriftsteller Stanislaw Lem.[2] Comic-Traditionen und Einflüsse der literarischen SF ergänzen

sich im Serienkosmos von FUTURAMA nahtlos. Das Repertoire der SF, das früher den *sense of wonder* ausmachte, hat in der Serie die Aura des Besonderen verloren. Mit der gleichen melancholischen Ironie, die sich auch in den satirischen „Hitchhiker´s Guide to the Galaxy"-Bänden des viel zu früh verstorbenen Douglas Adams findet, demontiert FUTURAMA die fragmentarisierten großen Erzählungen der SF. In der bekannten fünfbändigen Trilogie von Adams wird die Erde gesprengt, um einer intergalaktischen Umgehungsstraße Platz zu machen, und die genretypische Apokalypse kann per Zeitreise im noblen Restaurant am Ende des Universums täglich betrachtet werden.

Auch in FUTURAMA muss Fry schnell erkennen, dass es in der Zukunft nicht so aussieht, wie er es sich auf Grund seiner

---

2   „20 Questions with FUTURAMA Executive Producer David X.Cohen", in: FUTURAMA Comics- Slimy Second Issue, Los Angeles 2000, S. 30-31.

klassischen SF-Vorbildung vorgestellt hat. Bereits der erste Lieferauftrag der Planet Express-Crew führt in *Sein erster Flug zum Mond (The Series Has Landed)* zum Mond. Völlig begeistert will Fry den Countdown herunterzählen, doch bevor er ihn beenden kann, ist das Schiff auch schon wieder gelandet. Auf dem Mond angekommen erwartet Fry nicht die atemberaubende Kulisse der ersten Landung, sondern ein an Disneyland angelehnter Luna Park, vor dem die zahlenden Gäste Schlange stehen. In einer Art Geisterbahn kann man an einer Rundfahrt mit einem auf Schienen befestigten Buggy über die Mondoberfläche teilnehmen. Die Rekonstruktion der vermeintlichen Mondlandung wird von den singenden „Walfängern vom Meer der Stille" und penetrant gut gelaunten mechanischen Erdhörnchen vorgeführt. Der von Diedrich Diederichsen in Bezug auf die SIMPSONS thematisierte ständige „Abgleich verschiedener Fiktionen" bestimmt deutlich auch FUTURAMA. Erst als sich Fry und Leela vor einem tobenden Redneck-Farmer (mit „The Moon will rise again"-Kappe) in die desolat zurückgelassene Mondlandefähre von Neil Armstrong und Buzz Aldrin flüchten, kann er ihr ungefähr erklären, welche romantischen Projektionen er mit dem Mond verbindet. Für einen kurzen Moment erhalten in Situationen wie diesen auch die demontierten Versatzstücke noch einmal eine neue Gültigkeit, auch wenn sie im nächsten Augenblick durch das „laterale Apropos" wieder relativiert werden.

Im Gegensatz zu den individualistischen Anhaltern der „Hitchhiker's Guide to the Galaxy"-Romane orientieren sich die Missionen der Planet Express-Crew an den anstehenden Lieferaufträgen. Leela sinniert in einer sehr melancholischen Szene in der Folge *Hochzeitstag auf Cyclopia (A Bi-Cyclops Built for Two)* über ihre unbekannte Herkunft. Diese Sequenz zitiert das bei STAR TREK häufig bemühte Motiv der

Quest, doch der romantische Blick zu den Sternen hat keine richtige Chance. Der *Mad Scientist* Dr. Farnsworth erinnert Leela daran, dass sie für die Suche nach ihrer Vergangenheit noch viel Zeit haben werde, wenn sie die Kosten für die durch ein Missgeschick vernichtete Popcorn-Ladung abarbeite. En passant erscheinen in FUTURAMA die Insignien bekannter SF-Erzählungen: Der Monolith aus Stanley Kubricks 2001 ist außer Betrieb und schwebt, mit einem symbolischen „Out of Order"-Schild versehen, zwischen Saturn und Jupiter (*Valentinstag 3000/Put Your Head On My Shoulders*). Der Todesstern aus George Lucas STAR WARS-Saga erweist sich in *Wie der Vater, so der Klon (A Clone of My Own)* als sagenumwobenes, von Robotern betriebenes Altersheim. Auch die Erkenntnis, dass der Nahrungsersatz Soylent Green aus Menschenfleisch besteht, kann im Gegensatz zum dystopischen SF-Klassiker JAHR 2022 ... DIE ÜBERLEBEN WOLLEN (SOYLENT GREEN, USA 1973) niemanden mehr schockieren und wird als alltägliche Banalität behandelt. Eine der FUTURAMA-Episoden (*Emotionschip gefällig?/I Second That Emotion*) wird sogar von einem erfundenen Sponsor präsentiert, der für seine kannibalischen Frühstücksflocken wirbt. Der Alltag beschränkt sich für Bender und Fry, wie schon für Homer Simpson, meistens auf Fernsehen und Routinearbeiten.

Die Außenseiterbande vom Planet Express
Fry und seine Kollegen repräsentieren auf den ersten Blick bekannte Motive der SF: Es gibt einen zeitreisenden (Anti-)Helden, eine, in ihrer Schlagfertigkeit an Sigourney Weavers Lieutenant Ripley aus der ALIEN-Serie erinnernde, Zyklopin, die als Captain die eigentliche Verantwortung übernimmt, und einen lustigen Roboter. Doch bei genauerer Betrachtung erweist sich die Crew als Außenseiterbande, die mit den tradierten Erwartungshaltungen des Gen-

res bricht. Leela, die von allen Charakteren am stärksten die klassische Heldenrolle erfüllt, beschäftigt ihre ungeklärte Herkunft. Als einzige Zyklopin im bekannten Universum wuchs sie in Armut in einem Waisenhaus auf. Von ihrer Kindheit an musste sich die spätere Kommandantin der Planet Express-Crew gegen den Chauvinismus der Gesellschaft durchsetzen. In einer Rückblende erfährt man in der Episode *Wie ein wilder Bender* (*Raging Bender*), dass ihr früherer Kampfsportlehrer sie trotz exzellenter Qualifikation aus reiner Ignoranz nicht fördern wollte. Ihre unglücklich verlaufenen Beziehungen verbinden Fry und Leela. Während Fry immer wieder auf Grund seiner Naivität und seines mangelhaften Einfühlungsvermögens scheitert, gerät Leela ausschließlich an Hochstapler und Egomanen wie Zapp Brannigan. Der egozentrische Captain Kirk-Verschnitt verführt Leela mit Hilfe eines gezielt einstudierten Appells an ihr Mitgefühl. Nach einer für ihn

erfolgreichen, für Leela traumatischen Liebesnacht teilt er die sexuelle Eroberung umgehend seiner gesamten Crew mit. Diese kurze Liaison verfolgt Leela bis zu den Mutanten in der Kanalisation unter New New York, die Brannigans Homepage im Internet verfolgt haben, und noch weit in die folgenden Staffeln hinein.

Gelegentlich kommt es zu vorsichtigen Annäherungen zwischen Leela und Fry, die jedoch im entscheidenden Moment unterbrochen werden. Die Episode *Parasites Lost* verdeutlicht zu Beginn der dritten Staffel schließlich, dass es sich bei der Beziehung zwischen Fry und Leela eigentlich um eine verhinderte Liebesgeschichte handelt. Durch eine Parasitenkultur, die sich in seinem Körper eingenistet hat, entwickelt Fry unerwartete intellektuelle und körperliche Fähigkeiten. Der zuvor nicht gerade sonderlich geschickte Fry gesteht der attraktiven Zyklopin seine Liebe. Diese hatte zuerst erwartet, dass es bei dem vertraulichen Gespräch um Frys Gefühle für seinen Mitbewohner Bender gehen würde. Die sich anbahnende Romanze scheitert jedoch daran, dass Fry beschließt auf die Hilfe der Parasiten zu verzichten. Ausgerechnet im entscheidenden Augenblick, als Leela ihn in ihre Wohnung einlädt, verfällt er wieder seinen alten Angewohnheiten und bietet ihr ohne bösen Hintergedanken eine Massage an, die ihre Vorgängerin besonders gemocht hätte.

Im Subtext handelt FUTURAMA von Entfremdung und Unsicherheiten, die trotz des SF-Formats sehr gegenwartsbezogen erscheinen. Auf angenehme Weise weicht die Serie von den konventionellen Film- und TV-Standards ab, indem sie ihre Themen ernstnimmt und nicht in einem falschen Verständnis von postmoderner Ironie alle inhaltlichen Aspekte den Pointen opfert. Gemeinsam können sich die FUTURAMA-Protagonisten gegen die Tücken des zukünftigen Alltags durchsetzen. Sowohl ihre skurrilen Eigenschaften als auch ihre Leidenschaften bewahren sie davor, wie die großindustrielle Usurpatorin Mom oder Captain Zapp Brannigan zu oberflächlichen Karikaturen ihrer selbst zu werden. Den Roboter Bender lernt Fry in einem Selbstmordautomaten kennen, den er mit einer Telefonzelle verwechselt hat. Bender wollte seinem mechanischen Leben ein Ende bereiten, nachdem er feststellen musste, dass seine Arbeit als Bending Unit 22 für die Produktion von Selbstmordzellen benutzt wird. Durch seine Freundschaft mit Fry, den er jedoch davor warnt, dass er nicht für „robosexuell" gehalten werden will, entwickelt sich Bender zum „lustigen Halunken" (Selbstdefinition) innerhalb der Planet Express-Crew. Die Nebenfiguren erhalten bei FUTURAMA über regelmäßige Standardsituationen hinaus ein eigenes Profil. Sie stellen für Fry, Leela und Bender eine Art Ersatz-Familie dar. Planet Express-Besitzer Dr. Farnsworth steht in der Tradition des klassischen Mad Scientists, der sich jedoch angesichts seiner mangelhaften Ressourcen mit einem alltäglichen Job herumschlagen muss. Auf Grund der finanziellen Lage kommt er erst gar nicht dazu, seiner Rolle gerecht zu werden. Zwar brät er Eier, aus denen gigantische Vögel schlüpfen, zum Frühstück, züchtet als Liebesbeweis für seine verflossene Angebetete eine Horde Albino-Gorillas im King Kong-Format und erwähnt beiläufig, dass er, wie jeder andere

Mad Scientist Experimente mit Hitlers Gehirn betreibt; doch diese Unternehmungen bleiben ohne Auswirkungen auf das restliche Geschehen. Sein Job als verrückter Wissenschaftler findet bei den Angestellten ebenso wenig Beachtung, wie die konfusen Anekdoten Grampas bei den SIMPSONS.

Die systematische Umcodierung tradierter Genre-Standards bestimmt auch die Rolle von Dr. Zoidberg, außerirdische Riesenkrabbe und Schiffsarzt der Planet Express-Crew. In den ersten Folgen beschränken sich die Gags auf seine mangelhaften Kenntnisse der menschlichen Anatomie, doch in den späteren Episoden vollzieht er eine überraschende Entwicklung. Er erweist sich als ständig in finanziellen Schwierigkeiten steckender, vereinsamter Melancholiker, dessen Kollegen seine aufopferungsvolle Haltung nicht zu schätzen wissen. Die running gags um seine Außenseiterrolle innerhalb der Außenseiterbande vom Planet Express thematisieren auf pointierte Weise die Genre-Konventionen um Alien-Sidekicks. Als in Tief im Süden (The Deep South) das Planet Express-Schiff im Meer versinkt, erklärt er stolz, dass er wenigstens zusammen mit seinen Freunden untergehen werde. Diese haben sich jedoch schon längst in das sichere Schiffsinnere begeben, während Zoidberg alleine an der Außenhülle hängt. Kurze Zeit später, nachdem man sicher auf dem Meeresgrund gelandet ist, versucht Fry, die anderen von seiner Begegnung mit einer Meerjungfrau zu überzeugen. Als Beispiel für die Existenz von rätselhaften Mutanten zeigt der Lieferjunge auf Dr. Zoidberg. Doch dieser hat sich gerade eine Muschel in ein Ferienhaus umgebaut und winkt Fry in biederer Hobbygärtner-Montur zu. Auf Grund seiner überdurchschnittlich ausgeprägten Durchschnittlichkeit findet Zoidberg bei seinen Kollegen keine Beachtung. Er freut sich über jede Art von sozialem Kontakt, selbst

wenn er bei einem Ausflug des verkrach-
ten Pärchens Amy und Fry als neutraler
Dritter und fünftes Rad am Wagen teilnehmen soll. Zoidberg bietet ein signifikantes
Beispiel für das Konzept der Autoren. Trotz
zahlreicher ironischer Elemente in der
Charakterisierung der Figuren geht man
nicht herablassend mit den Protagonisten
um. Ständig gibt es Augenblicke, die über
die reine Pointe hinausgehen. Als alle anderen Crew-Mitglieder in *Bendin'in the
Wind* ihren Roboterfreund Bender auf seiner Tour als Rockstar in einem alten
VW-Bus begleiten wollen, erklärt Zoidberg
niedergeschlagen, dass er es sich finanziell
nicht leisten könne, das Aussteiger-Retro
par excellence mitzumachen.

Sowohl bei den SIMPSONS als auch bei
FUTURAMA gelingt es dem Autorenkollektiv
um Groening immer wieder, Stereotypen
aufzugreifen und diese zu unterwandern.
Planet Express-Buchhalter Hermes Conrad
vereint skurrile Bürokratenleidenschaften
und jamaikanische Relaxtheit in einer Figur, ohne sich dabei auf die drohenden
Klischees des ständig breiten Rastamanns
einzulassen, wie sie etwa die Ikonographie
des „Smoke de Herb"–Black-Bart-Marley-
Bootlegs (siehe „Little Shop of Homers"-Artikel) bestimmen. Vor einer entscheidenden Inspektion verbringt Hermes
den Abend auf „traditionell jamaikanische
Weise" – ein Glas warme Milch und früh
zu Bett gehen. Die stilsichere Vermeidung
drohender Klischees zeigt sich auch in der

Charakterisierung der Planet Express-
Praktikantin Amy Wong. Sie repräsentiert
die Generation X des 31. Jahrhunderts.
Obwohl sie aus einer reichen Familie von
Mars-Kolonisten stammt, arbeitet sie als
Praktikantin im Lieferunternehmen ihres
Professors. Mit Vorliebe trägt sie einen ro-
safarbenen Mechaniker-Overall als Pro-
testaktion gegen ihre Eltern, die von ihr
ein „damenhaftes Verhalten" fordern.
Die Working Class, mit deren Insignien
sich Amy aus modischen Gründen
schmückt, vertritt hingegen Leela. Für diese bedeutet Luxus, sich neue rote Streifen
für ihre Stiefel zu kaufen. Die unterschwellige Überheblichkeit der Praktikantin gegenüber der vorgesetzten Zyklopin in Hip-
ness-Fragen zieht sich als roter Faden
durch die gesamte Serie. Dabei gibt sich
die sympathische und lockere Amy Wong
alle Mühe, ihre soziale Herkunft zu über-
spielen. Doch in den ungünstigsten Momenten tauchen dann doch immer wieder
ihre reichen Eltern auf und versuchen sie
mit einem potentiellen Schwiegersohn zu
verkuppeln, sei es auf dem Titanic-
Raumschiff (*Panik auf Raumschiff Titanic/A
Flight To Remember*) oder auf der Mars Universität (*Das Experiment der Mars-
Universität*). Wenn sie ihre Oberklassen-
Herkunft einholt, zeigt die ansonsten
selbstsicher auftretende Amy spontane
Ausbrüche von Nervosität.

Wenn sich Amy in *Valentinstag 3000
(Put Your Head On My Shoulders)*, motiviert
durch eine TV-Werbung, einen neuen Wagen kaufen will, verwandelt sich die Spon-
tanaktion unfreiwillig doch in eine Rich
Kid-Shopping-Tour. Ihre Begleiterin Leela
durchschaut auf Anhieb die schmierigen
Avancen des windigen Verkäufers, der es
„ausdrücklich bedauert", einer so modischen Frau wie Amy die Vorzüge des teure-
ren Luxus-Modells vorenthalten zu müssen.
Geschmeichelt erklärt die Praktikantin, dass
dies doch kein Problem sei. Ihre reichen Eltern würden für sämtliche Kosten, gleich-

gültig in welcher Höhe, aufkommen. Sichtlich überrascht muss der Verkäufer seine hochgezogene Augenbraue wieder geradeziehen. Leider versteht Amy nicht ganz, dass es sich bei einem Gebrauchtwagenkauf nicht um eine Versteigerung handelt. Leela versucht zu feilschen und erklärt, dass sie nicht bereit sei, mehr zu zahlen als … An dieser Stelle wird sie bereits von Amys 10.000 $ höherem Angebot unterbrochen. Der Verkäufer wittert sofort die Chance eine gewaltige Provision einzufahren und erwidert, dass sein Chef, der schielende Roboter Eddie, von diesem niedrigen Betrag gar nicht begeistert sein werde. Er verspricht, dieses Problem mit Eddie abzusprechen und verschwindet in das Büro des Roboterhändlers.

Während Amy sichtlich betrübt darauf reagiert, dass sie die Techniken und Taktiken des Gebrauchtwagenkaufs noch nicht durchschaut hat, sieht man durch das Fenster im Bildhintergrund den zuerst ungläubig dreinblickenden und anschließend vor Begeisterung aufspringenden Roboter Eddie und den Verkäufer bereits spontane Freudentänze im Büro vollführen. Der Angestellte kehrt wieder zurück und teilt mit, dass sein Chef das Angebot gerade noch so akzeptiert hätte. Die stark verunsicherte Amy bringt daraufhin ein

noch höheres Gebot ins Spiel. Die Naivität Amys ist selbst für den abgebrühten Roboter Eddie zu viel. Sein Kopf beginnt zu qualmen und explodiert. Diesen Input konnte er nicht mehr verarbeiten.

Beyond 1984 – A Warning of the Things To Come

„Let´s face it … comedy is a dead art form… Now tragedy. Heh heh –That´s funny!" – Bender

„Als Kind habe ich den 1956 gedrehten Film 1984 im Fernsehen gesehen. Ich habe dauernd darauf gewartet, dass alle von einer Raumpatrouille gerettet werden. Doch die Raumpatrouille kam einfach nicht! Da habe ich begriffen, dass Science-Fiction durchaus witzig sein kann – auch wenn ich das damals sehr beunruhigend fand." – Matt Groening[3]

Die Zukunft von FUTURAMA sieht trotz des bunten Ambientes relativ düster aus. An jeder Straßenecke finden sich in New New York Selbstmordzellen, die an die freiwilligen Exekutionsgelegenheiten aus John Carpenters Klapperschlangen-Filmen[4] erinnern. Wie die Charakterisierung der Protagonisten zwischen Ironie und Ernsthaftigkeit changiert, bewegen sich die stilisti-

---

3   im Interview mit Kultur-Spiegel 9/2000.
4   DIE KLAPPERSCHLANGE (ESCAPE FROM NEW YORK, USA 1981) und FLUCHT AUS L.A. (ESCAPE FROM L.A., USA 1996).

schen und inhaltlichen Referenzen der Serie in einem synthetischen Universum zwischen den utopischen Projektionen vergangener Jahrzehnte und den Dystopien
der neueren SF-Geschichte. Zwar entschei-
det ein Karrierechip über die weitere beruf-
liche Laufbahn, einzelne Konzerne bestimmen das gesamte wirtschaftliche Geschehen, im Weißen Haus hat Richard Nixon
wieder die Macht ergriffen und vor den
Selbstmordzellen (Amerikas favorisiertes
Modell seit 2008) stehen die Leute Schlange, doch das Erscheinungsbild der Metropole New New York erinnert verdächtig an
die futuristischen Pop-Art-Projektionen
aus Comics und Serien der 50er und 60er
Jahre, wie sie sich noch prototypisch in
den charmanten Pappmaché-Kulissen der
STAR TREK-ORIGINAL SERIES finden. Ein gi-
gantisches Rohrsystem lässt die Passanten
wie auf einer Achterbahn durch die gesamte Stadt rasen und im Unterschied zu den
zitierten Dystopien bestimmen in FUTUR-
AMA keine tristen Grautöne die Optik der
Serie, sondern grelle Pop-Art-Farben von
Hellgrün bis Pink.

Der Nostalgie, die Fry immer wieder
beim Anblick der zukünftigen mit zahlreichen Camp-Elementen versehenen Welt
überkommt, steht die systematische Ent-
mystifizierung tradierter Genre-Standards
gegenüber. Diese nimmt sowohl die großen postmodernen Genre-Erzählungen
wie STAR TREK und STAR WARS, als auch die
Mythen des „Space Age"-Fortschrittsglau-
bens ins Visier. *Wenn Außerirdische angrei-*
fen (When Aliens Attack), geht es ihnen
nicht um den alles entscheidenden Krieg
der Welten im INDEPENDENCE DAY-Stil – sie
wollen lediglich das Finale einer vor tausend Jahren ausgestrahlten Episode des
ALLY MCBEAL-Verschnitts „Weibliche ledige
Anwältin" zu Ende sehen. Die im Golden
Age der SF noch als außergewöhnlich geltenden Aliens integrieren sich bei FUTUR-
AMA mühelos in die Kulturindustrie des
31. Jahrhunderts. Kent Brockmans Nach-

folger heißt Morbo. Der grünhäutige Au-
ßerirdische moderiert regelmäßig die
Abendnachrichten und macht aus seiner
Verachtung für die Menschen keinen
Hehl. Neben dem TV-Koch Elzar und der
ausgebrannten Partyschnecke Slurm
McKenzie ist Morbo nur einer von zahlrei-
chen Alien-Medienstars.

Matt Groening, David X. Cohen und
die anderen Autoren überprüfen die Vergangenheit der Zukunft auf ihre Gültigkeit. Die für die 60er Jahre charakteristische Vision des humanistischen STAR
TREK-Universums findet sich auch in der
Welt von FUTURAMA wieder. Doch diese ist
in Form der DOOP (Democratic Order of
Planets) zur Bedeutungslosigkeit verdammt und bringt Egozentriker wie Captain Zapp Brannigan hervor. Der außerirdische erste Offizier, bei STAR TREK in Gestalt von Mr. Spock noch die rationale Kor-
rekturinstanz für die emotionalen Entscheidungen des Captains, tritt auf Brannigans Schiff als der schüchterne, stets gequält dreinblickende Alien Kif in Erscheinung. Dieser wird von Zapp auf der bereits
sinkenden Titanic zum Captain ernannt
und dazu verdammt „ruhmreich" mit
dem Schiff unterzugehen, während er
selbst mit einer Fluchtkapsel das Weite
sucht. Auch wenn Brannigan in einem Anfall von Größenwahn bei einer Präsentati-
on versehentlich das Hauptquartier der
Democratic Order of Planets in die Luft
jagt, wird er nach kurzer Zeit schon wieder
rehabilitiert. Den Ärger bekommt wieder
einmal sein Adjutant Kif ab, der während
Brannigans feurigem Plädoyer dazu verdammt ist, die Flagge der Föderation für
ihn im Hintergrund zu schwenken.

Zu Beginn der dritten Staffel entdeckt
Brannigan, unterstützt von Richard Nixon, ein bewährtes Mittel um von innen-
politischen Schwierigkeiten abzulenken.
In der raffinierten STARSHIP TROOPERS-Per-
siflage[5] *War is the H-Word* verwickeln Nixon und Brannigan einen Planeten voller

hüpfender Gehirnbälle in eine kriegerische Auseinandersetzung. Fry und Bender geraten als Soldaten in diesen Konflikt, protegiert von der verkleideten Leela. Es stellt sich heraus, dass der Krieg von Nixon und Brannigan begonnen wurde, ohne dass zuvor irgendeine Kontaktaufnahme mit der bekämpften Spezies stattgefunden hätte. Zu den fadenscheinigen Friedensverhandlungen mit den Gegnern entsendet der hinterhältige Präsident schließlich Außenminister Henry Kissinger und Bender, der ohne sein Wissen mit einer Zeitbombe bestückt wurde. FUTURAMA vereint Hommage und Abgesang auf die optimistischen Zukunftsentwürfe des STAR TREK-Universums. Jene Brüche und kritischen Reflexionen, die STAR TREK-Nachfolger wie DEEP SPACE NINE und VOYAGER auf dramatische Weise realisieren, vollführt FUTURAMA mit einer bissig-ironischen Haltung, die, gerade indem sie konsequent von den Autoren ernstgenommen wird, der drohenden unverbindlichen Retrofalle entgeht. In einer Zeit, in der sich die USA unter der Regierung von George W. Bush wieder auf dem besten Weg in die regressive Paranoia und den aggressiven Gestus der Reagan-Ära befinden, haben Groening und

Cohen durch die Renaissance klassischer Gegenkultur-Standards im Mainstream vielleicht das adäquateste Serienformat für die frühen 2000er Jahre gefunden.

Die Dekonstruktionsstrategie der FUTURAMA-Autoren kombiniert die bunten Fortschrittsphantasien einer noch verspielten und vermeintlich unschuldigen 50´er und 60er Jahre-SF mit dem späteren desillusionierten Wissen um ihre Kehrseiten aus den 70er und 80er Jahren. Ein gutes Beispiel dafür bieten die als Merchandising vertriebenen FUTURAMA-Metallplaketten, die im Fifties-Retro-Design gehalten sind, aber zu diesem Erscheinungsbild konträre Slogans, wie „You're not paid to think. A mindless worker is a happy worker. Shut Up And Do Your Job!" verkünden.

Douglas Adams trifft bei FUTURAMA auf William Gibson. Die Episode *Hochzeitstag auf Cyclopia* bietet die pointierteste Darstellung des Cyberspaces seit Gibsons Roman „Neuromancer" (1984). Nach jahrelangem Warten hat es Professor Farnsworth endlich geschafft sich ins Internet einzuloggen. Den Cyberpunk-Entwürfen der 80er Jahre entsprechend, bewegt sich die Planet Express-Crew mit Hilfe technischer Apparaturen körperlich durch den

---

5   Der raffinierte Fortsetzungsprozess, den FUTURAMA in einigen Fällen vollführt, zeigt sich hier besonders deutlich: Paul Verhoevens STARSHIP TROOPERS (USA 1997) ist bereits eine Persiflage auf den Militarismus der Romanvorlage von Robert A. Heinlein. Daran knüpft FUTURAMA an und entwirft in *War is the H-Word* einen Rahmen, in den außerdem Elemente aus Robert Altmans Antikriegskomödie MASH und die Außenpolitik der Nixon-Ära einfließen.

virtuellen Raum. Doch im Gegensatz zur impressionistischen Cyberspace-Landschaft Gibsons müssen sich Leela, Fry und Bender auf dem extrem langsamen Datenhighway erst einmal mit gezielten Tritten und Schlägen gegen eine ganze Armada von dreidimensionalen Werbebannern zur Wehr setzen. In den Dating-Chat-Rooms, die an ein heruntergekommenes Bordell erinnern, kann die geschlechtliche Identität beliebig gewählt werden und in einem interaktiven Videospiel bewegt man sich durch die Szenerien klassischer Jump'n'Run-Games à la Super Nintendo.

Wie in William Gibsons Romanen regieren profitsüchtige Konzerne die Welt. Doch die Kontrolle der *Old Fashioned Robot Oil Company* durch eine machtgierige Großmutter und ihre drei Söhne, die debile Variante von Tick, Trick und Track, gibt diesem Szenario eine absurde Wendung. Die dramaturgischen Ausgangsbedingungen der Firma könnten von Gibson stammen, die Visualisierung hingegen erinnert an Carl Barks. Um ihrem Image gerecht zu werden, gibt sich die von allen liebevoll nur mit Mom angesprochene Konzernchefin in ihren Werbespots als fürsorgliche Wohltäterin. In den Schaltzentralen der Macht legt sie jedoch die bei öffentlichen Anlässen gepflegte rührselige Fassade der besorgten Großmutter ab und verwandelt sich in eine profitgierige Manipulatorin, gegen die Dagobert Duck wie Donald erscheint. Mit einer geheimen Vorrichtung, die an sämtlichen von der Company produzierten Robotern angebracht wurde, versucht Mom aus einer Laune heraus die Weltherrschaft zu erobern (*Muttertag/Mother's Day*).

Wie schon in einigen Episoden der SIMPSONS haben sich in FUTURAMA die dramaturgischen Konventionen zu Gunsten des Groeningschen Cartoon-Realismus bereits so weit aufgelöst, dass keiner der Planet Express-Crew Mom als Gegenspielerin wahrnimmt. Dass selbst der sonst völlig abgebrühte Bender auf die vor Kitsch triefende Inszenierung Moms zum Muttertag hereinfällt, erweist sich in diesem Zusammenhang als äußerst signifikant. Nixon kann in *Getrennt von Kopf und Körper* durch die reine Politikverdrossenheit ungehindert mit einer einzigen Stimme die Macht ergreifen. Am Wahltag vergessen alle ihre Stimmen abzugeben, und Fry und Bender schlafen wie von ihnen gewohnt während der Übertragung politischer Debatten vor dem Fernseher ein. Die Konfrontationen mit Mom und Nixon unterliegen den Gesetzen des alltäglichen lateralen Apropos. Es gibt im Unterschied zu STAR WARS und STAR TREK keinen dezidierten Gegenspieler wie Darth Vader oder die Borg.

Auch die Schreckensvisionen einer totalitären Zukunft, wie sie in „1984" skizziert wurden, nehmen in FUTURAMA keine Orwellschen, sondern vielmehr Pythoneske Formen an. Aus Terry Gilliams 1984-Update BRAZIL (USA 1985) übernahmen die FUTURAMA-Autoren die Strukturen der Verwaltung von New New York. In diesen Paragraphendschungel müssen sich Fry und Leela in der Episode *Die Rhythmus-Rückerstattung (How Hermes Requisitioned His Groove Back)* begeben, um Benders Seele zu retten. Eine sadistisch veranlagte Aufseherin der Kontrollkommission hatte seine gesamte Programmierung auf eine Diskette gespeichert und in die Tiefen der Verwaltungsbehörde geschickt. Seitdem gibt der ansonsten ausgesprochen wortgewandte Roboter nur noch die monotone Aufforderung „I´m Bender – please insert girder" von sich. Das Design der karikaturhaft kafkaesken Behörde wurde unmittelbar von BRAZIL beeinflusst. Unübersichtliche Rohrleitungen, durch die nie bearbeitete Anträge gejagt werden, führen in die Unendlichkeit der dunklen Katakomben. Im Unterschied zum tragischen Ausgang von Gilliams Anti-Utopie gibt es für Bender jedoch ein Happy-End. Bürokrator Hermes Conrad bringt es fertig, innerhalb der ihm gewährten Zeit von fünf Minuten aus einem gigantischen Stapel den richtigen Umschlag auszusortieren und aus Anlass dieses Vorgangs auch noch eine Musical-Nummer über seine Rolle als jamaikanischer Bürokrat zu improvisieren. Bender erhält seine Programmierung zurück und verkündet stolz: „I´m Bender, baby, please insert liquor."

In New New York liegen die verspielten Entwürfe von Luc Bessons buntem Esoterik-SF-Spektakel DAS FÜNFTE ELEMENT (THE FIFTH ELEMENT, Frankreich 1997), die sich in den Fly-Through-Filialen diverser Fast Food-Ketten wiederfinden, unmittelbar neben dem Ministerium für Informationswiederbeschaffung aus BRAZIL. Nicht zufällig wurde die Metropole auf den Fundamenten des zerstörten Big Apples erbaut. Wie kaum eine andere Stadt prägte die Skyline New Yorks die urbanen Zukunftsvisionen zu Beginn des 20. Jahrhunderts. Thematisch ziehen sich die von New York beeinflussten Stadtbilder durch die Filmgeschichte, von Fritz Langs METROPOLIS (Deutschland 1927) bis hin zu John Carpenters DIE KLAPPERSCHLANGE (USA 1981) und Tim Burtons BATMAN-Filmen (USA 1989 und 1992). New New York bildet ein *Global Village* der SF-Geschichte. Unter der Stadt befinden sich die Ruinen des alten New York. Wie die Bewohner der verbotenen Zone in RÜCKKEHR ZUM PLANETEN DER AFFEN (RETURN TO THE PLANET OF THE APES, USA 1969) beten die im Untergrund der Stadt lebenden Mutanten eine Atombom-

be als Heiligtum an. Doch dieser Angewohnheit gehen sie nur an Weihnachten und Ostern nach. Der Madison Square Garden wurde durch einen würfelförmigen Nachbau ersetzt, in dem die im Kopfmuseum archivierten Beastie Boys ihr mittlerweile siebtes Album vorstellen. Und wie in der Vergangenheit des 20. Jahrhunderts behandelt man die Nachbarn aus dem angrenzenden New Jersey stilisiert herablassend. Auf der Suche nach einer gemeinsamen Wohnung werden Fry und Bender unter anderem ein von Monstern umgebenes Unterwasser-Appartement und eine Unterkunft im Escher-Look mit Extra-Dimension angeboten. Schließlich finden sie eine ganz gewöhnliche, komplett eingerichtete Wohnung. Doch die Tatsache, dass sie sich geographisch bereits in New Jersey befinden, schreckt sie so sehr ab, dass Fry doch in Benders enges Roboter-Appartement einzieht.

„Bite My Shiny Metal Ass" – Benders Gesetze der Robotik

„Manchmal sind mir die Menschen und ihr Verhalten einfach unbegreiflich. Ich wollte doch nur nach bestem Wissen ..." – C3PO
„So just because a robot wants to kill humans, that makes him ´radical´?" – Bender

Zwei Roboter spielen gegen einen Wookie holographisches Schach – eine Szene, die zu den *Magic Moments* aus STAR WARS IV- A NEW HOPE gehört. Der tonnenförmige An-

droid R2D2 entwickelt eine erfolgreiche Taktik gegen den Affenmenschen Chewbacca. Doch nach einem dezenten Hinweis von Captain Han Solo schlägt R2s Freund C3PO in bestem Oxford-Englisch vor, besser Chewbacca gewinnen zu lassen, da dieser dem Roboter sonst nach Wookie-Art beide Arme ausreiße. Zu einer anderen Zeit in einer gar nicht so weit entfernten Galaxis wiederholt sich diese Szene. Fry setzt Bender an einem nahezu identischen Holo-Schachtisch Matt. Doch der Roboter sieht nicht ein, weshalb er sich vorzeitig geschlagen geben sollte, und hetzt die elektronischen Schachfiguren, deren Vertrauen er, von Maschine zu Maschine, leicht gewinnen kann, mit dem Befehl „Schnappt ihn Jungs!" auf seinen menschlichen Gegenspieler. Fry geht unter dem Ansturm der schwer bewaffneten Schachfiguren zu Boden.

C3PO, Benders entfernter Verwandter aus der neueren SF-Geschichte, scheut keine Verrenkung, um einem penetrant nörgelnden Menschen wie Han Solo einen Gefallen zu erweisen. Zum Dank wird der gesprächige und larmoyante Roboter meistens im Satz unterbrochen oder gleich ganz abgeschaltet. Bei FUTURAMA verhält es sich etwas anders. Stolz betont Bender: „You just think robots are machines built by humans to make their life easier. I've never made anyone´s life easier and you know it." Mit betroffenem Blick erklärt der Roboter in einem der FUTURAMA-Comics, als er und Amy den mit Alien-Schoßtier Nibbler spielenden Fry beobachten: „He never acts like that when we play! It's always, Bender, you´re crushing my spine, or, Bender, I can smell my burning flesh." Im Schlaf spinnt der sympathische Individual-Anarchist Phantasien darüber, wie er die Menschheit auslöscht. Als ihn sein Mitbewohner Fry aus dem Land der Träume holt, erwidert Bender trocken: „I was having the most wonderful dream … and I think you were in it!"

Die Kombination des kumpelhaften Begleiters mit der bedrohlichen misanthropen Haltung des ersten TERMINATORS (USA 1984) macht Bender zum avanciertesten Innovator des Roboters im SF-Film seit Brent Spiners Data aus der STAR TREK – NEXT GENERATION (USA 1987-1994). Der trotz (oder als Abgrenzung zum devoten Roboter-Sidekick gerade wegen) seiner negativen Eigenschaften äußerst sympathische Anarchist stammt aus der mexikanisch-amerikanischen Grenzstadt Tijuana und hört eigentlich auf den Namen Bender B. Rodriguez. Sein Hang zu Alkoholismus, Kleptomanie, zwielichtigen Geschäften und Roboter-Pornographie wird von allen Planet Express-Mitarbeitern nicht nur toleriert, sondern aufrichtig geschätzt. Benders gelegentliche Depressionen verbinden ihn mit dem Roboter Marvin aus Douglas Adams „Hitchhiker´s Guide to the Galaxy"-Büchern, doch im Gegensatz zu diesem kultiviert er nicht eine resignierte und larmoyante Haltung, sondern legt die Situation geschickt nach seinen eigenen Regeln aus.

Bender unterwandert gezielt Sentimentalitäten und dekonstruiert erfolgreich Standardsituationen. In *Valentinstag 3000* gründet er eine Partnervermittlung, durch die im letzten Moment eine mittelschwere Katastrophe für Fry und Leela verhindert werden kann. Am Ende erklärt Bender, dass seine Aktion doch sicher kein Zufall gewesen sei und zwinkert in einer sich herzchenförmig schließenden Kreisblende in die Kamera. Als Leela einwendet, dass Bender doch lediglich aus reiner Profitgier gehandelt habe, öffnet sich die Blende wieder. Bender gibt ihr recht, ergänzt aber, dass kommerzieller Gewinn doch der eigentliche Sinn des Valentinstages sei. Der vielseitige Roboter persifliert nicht nur bekannte Szenen seiner Vorgänger aus der Genregeschichte wie das Schachspiel aus STAR WARS IV. Er dekonstruiert in *Panik auf Raumschiff Titanic* mühelos die Rolle, die Leonardo Di Caprio im Film von James Cameron spielte, und realisiert in *Allein gegen die Roboter-Mafia (Bender Gets Mate)* in der Tradition von Martin Scorseses GOOD FELLAS (USA 1991) den Quereinstieg in das Syndikat des Don Bots aus Little Bitaly.

Neben Data aus der NEXT GENERATION ist Bender einer der ersten Roboter, der im Konzept einer SF-Serie eine Hauptrolle übernimmt. Doch ihre Gemeinsamkeiten verdeutlichen in erster Linie die extremen Unterschiede zwischen den beiden. Die FUTURAMA-Folgen *Gefühlschip gefällig? (I Second That Emotion)* und *Die Wahl zur Miss Universum (The Lesser of Two Evils)* beziehen sich unmittelbar auf STAR TREK-Plots um Data. Für den sensiblen künstlichen Menschen von der Enterprise-D bedeutet der Einbau eines Emotionschips in STAR TREK–TREFFEN DER GENERATIONEN (STAR TREK-GENERATIONS, USA 1994) eine *education sentimentale*. Als er in den Trümmern der abgestürzten Enterprise seine Katze Spot wiederfindet, zeigt er sich zu Tränen gerührt. Bender bekommt hingegen unfreiwillig einen Chip dieser Art verpasst. Er hatte Leelas Schmusetier Nibbler, das ihm permanent die Show stahl, kurz entschlossen die Toilette hinuntergespült. Zur Strafe soll er mit Hilfe des Chips Leelas Verlust nachempfinden. Benders Einstellung bleibt, wie nicht anders zu erwarten war, von den übermittelten Emotionen weitgehend unberührt. Seine Gestik wechselt jedoch auf abrupte Weise, da ihn Leelas Gefühle zumindest rein mechanisch überwältigen. Data erhielt in der NEXT GENERATION einen unheimlichen Doppelgänger, der sich in bester Gothic Novel-Tradition als das hinterhältige, menschenverachtende Gegenstück zu ihm erwies. Auch Bender trifft in *Die Wahl zur Miss Universum* auf einen Doppelgänger, der sich spontan der Crew anschließt und auf Anhieb Frys Misstrauen erweckt. Doch Benders neuer Verwandter Flexo wird zum Opfer einer

heimtückischen Intrige. Bender missbraucht den vermeintlichen dunklen Zwilling als Sündenbock, um von seinen eigenen Diebstählen abzulenken. Flexo wird anstelle von Bender verhaftet, und der völlig verwirrte Fry sinniert darüber, wie der „gute Bender" in Wirklichkeit bloß der „böse Bender" sein konnte.

Bei einer Lieferung auf einen von separatistischen Robotern bewohnten Planeten nutzt Bender in *Planet der Roboter (Fear of a Bot Planet)* die Gelegenheit, sich abzusetzen. In der Maschinenzivilisation, in der täglich eine ritualisierte, meistens ergebnislos verlaufende Menschenjagd stattfindet und in der Horrorfilme wie IT CAME FROM PLANET EARTH zur ideologischen Schulung des Roboternachwuchses in 3D gezeigt werden, avanciert Bender zum allseits beliebten Pop-Star. Er produziert Spielzeugpüppchen von sich selbst, die auf Knopfdruck seine Catchphrase „Bite my shiny metal ass" wiedergeben, und sein mit Platin ausgezeichnetes Spoken World-Album heißt, „Why Humans Suck – A Philosophical Essay". Obwohl er die Menschen mit Vorliebe als „meat bags" und „skin tubes" beschimpft, verhält Bender sich gegenüber Leela und Fry ausgesprochen loyal, auch wenn er dies niemals öffentlich zugeben würde.

Darüber hinaus gibt es unerwartete Ansätze in Benders Charakterisierung, die so gar nicht zu seinem stilisierten Image passen. Dazu gehört seine schon beinahe fana-

tische Begeisterung für die Kochsendung des außerirdischen Gourmets Elzar. In *Sein erster Flug zum Mond* rastet Bender aus, nachdem ihm ein Magnet angesteckt wurde. Der Button hat seine Hemmungseinheit außer Gefecht gesetzt. Sichtlich engagiert gibt er bekannte Folk-Songs zum Besten. Fry bemerkt zu Benders Performance von „Blowing in the Wind", dass sich der Roboter wie ein verrückter Folksänger aufführe. Mit einem melancholischen Blick, der von den anderen gar nicht erst wahrgenommen wird, erwidert Bender: „Yes, yes, a robot must be crazy, if he wants to be a folk singer." Sein Gesichtsausdruck deutet ganz beiläufig und zugleich pointiert an, dass er sein Vorhaben Folk-Sänger zu werden ziemlich ernst nimmt. Bevor die Situation um die geheimen Wünsche des Roboters zu kitschig gerät, gibt Bender ein weiteres Traditional zum Besten. „She´ll be riding six white horses" covert er als „I´ll shoot her with my ray-gun when she comes. I´ll be blasting all the humans in the world." Wie in den späteren Staffeln der SIMPSONS sind auch bei FUTURAMA die Folgen miteinander verknüpft. Durch Rückbezüge und spätere Fortsetzungen erhalten Szenen Bedeutung über die ironische Pointe hinaus. Nach einem schweren Unfall realisiert Bender in der Folge *Bendin´in the Wind* mit Hilfe des Indie-Stars Beck seine Pläne Folksänger zu werden. Den vorläufigen Höhepunkt von Benders kurzer Karriere bildet das „festival of vaguely alternative folk rock" *Bend-Aid*, auf dem unter

anderem ein Nachfahre Art Garfunkels, begleitet von einem Roboter, der Paul Simon abgelöst hat, auftritt. Die Sympathie für alle Zweitbesten setzt sich bis ins Jahr 3000 fort. Leonard Nimoy (spricht wie schon bei den SIMPSONS sich selbst) steht an exponierter Stelle im Kopfmuseum – während Captain William Shatner das eindeutige Vorbild für den Karikatur-Macho Zapp Brannigan abgab – und tausend Jahre nach dem Folk-Duo Simon und Garfunkel darf wenigstens der Nachkomme Garfunkels einmal die erste Geige spielen. Entsprechend beschränkt sich auch die Rolle der Roboter in FUTURAMA nicht auf die gewohnten Funktionen. Sie agieren nicht einfach als schmückendes Beiwerk und Sidekicks. Sie verfügen sogar über eine ausdifferenzierte Subkultur.

Neben dem anti-humanoiden Blockbuster IT CAME FROM PLANET EARTH zählt die – mehrfach mit dem Preis für die beste „pre-programmed performance" ausgezeichnete – Soap-Opera ALL MY CIRCUITS zu den erfolgreichsten Roboter-Produktionen. Im Verlauf der zweiten FUTURAMA-Staffel bringt es ALL MY CIRCUITS sogar zu einem eigenen Kinofilm. Ganz im Sinne der gewohnten Umcodierungen übernimmt die Rolle des Sidekicks in dieser Serie innerhalb der Serie ein Mensch, der als Gaglieferant mit den Robotern um den smarten Calculon zusammenlebt. Als sich Fry bei Bender erkundigt, welche dramaturgische Funktion der humanoide Nebendarsteller erfülle, erklärt der erfahrene

ALL MY CIRCUITS-Fan, der Mensch mache jene belanglosen Dinge, die typisch für Menschen sind. Er liebt, leidet und langweilt die Zuschauer. Neben eigenen Serien, Filmen und Popstars wie Calculon und dem vierten Beastie Boy, einem sprechenden Fender-Verstärker, verfügen die Roboter auch über eigene Religionen wie die „Church of Robotology". Bender tritt nach einem ausgeprägten Suchtproblem mit Starkstromstössen in *Ein Höllenspektakel (Hell Is Other Robots)* dieser Vereinigung bei. Sein Vorhaben in völliger Askese zu leben, scheitert jedoch an seinen Kollegen, die schon sehr bald auf Benders Moralpredigten und die endlosen binären Tischgebete sichtlich entnervt reagieren. Mit einer Einladung zur Roboter-Strip-Show und einer leicht zu stehlenden Handtasche bewirken sie Benders Rückkehr zu seinen alten Tugenden. Doch als Leela und Fry ihren Freund am nächsten Morgen aus dem Hotel abholen wollen, ist er spurlos verschwunden. Die Predigten über die Verlockungen Satans und die damit verbundenen „severe and ironic punishments" erweisen sich als bittere Realität. Bender wurde in die sagenumwobene Roboterhölle verschleppt. Die Robotology-Vereinigung unterhält tatsächlich eine komplett ausgestattete Hölle im Breughel-Design, die sie in einem verlassenen Vergnügungspark in New Jersey eingerichtet hat. Über das Fegefeuer für Roboter, die von ihrem Glauben abgewichen sind, herrscht ein mechanischer Teufel namens Belzebot, der Eindringlinge zum Geigenduell auffordert. Bizarre Szenarien, die bei den SIMPSONS nur in den, im Bereich des Phantastischen angesiedelten, Halloween-Folgen oder in Traumsequenzen umgesetzt wurden, nehmen in FUTURAMA in mechanischer Form reale Gestalt an.

Die FUTURAMA-Roboter haben merkwürdige *Urban Legends* herausgebildet. Die Hölle existiert in New Jersey. Eine Gruppe von Robotern im Kostüm des Sensenmanns verschleppt Rentner im Alter von 160 Jahren in ein geheimes Altersheim. Doch die mit Abstand bizarrste Gestalt der Serie ist der serienmordende Weihnachtsmann. Der vor zweihundert Jahren durch einen Programmfehler wahnsinnig gewordene Santa Claus-Roboter sucht während der Weihnachtsfeiertage die Menschen heim. Durch seine übertriebenen moralischen Ansprüche hat er sich in ein mörderisches Monster verwandelt, das, ausgestattet mit einem Sack voller High Tech-Waffen und mechanischen Rentieren, auf Menschenjagd geht. In *X-Mas Story* und der bisher noch nicht ausgestrahlten Episode *A Tale of Two Santas* befindet sich FUTURAMA in unmittelbarer Nähe zu den Spielzeug-Alpträumen Tim Burtons. Die obligatorische Weihnachtsepisode hat sich bei FUTURAMA in einen einzigen NIGHTMARE BEFORE CHRISTMAS verwandelt. Geschickt operiert die *X-Mas Story* mit den Motiven und Standardsituationen des Horrorfilms. Fry macht sich an Heilig

Abend alleine auf den Weg, um Leela, die er mit seinem ignoranten Verhalten verletzt hat, ein Weihnachtsgeschenk zu kaufen. Der von ihm in letzter Minute erworbene Papagei flüchtet jedoch auf dem Rückweg zum Planet Express-Gebäude aus seinem Käfig. Eine ausgedehnte Verfolgungsjagd nimmt ihren Lauf. An deren Ende hängt Fry, wie einst Harold Lloyd in AUSGERECH-NET WOLKENKRATZER (SAFETY LAST, USA 1923) hilflos an einer Turmuhr, deren Zeiger zu allem Überfluss auch noch durch eine digitale Anzeige ersetzt wurden. Leela, die sich auf Grund der einbrechenden Dunkelheit Sorgen um Fry macht, rettet ihn im letzten Moment. Doch unglücklicherweise ist die Sonne bereits untergegangen. Zurück auf der Strasse sehen sich die beiden Planet Express-Angestellten mit dem personifizierten Grauen in Gestalt des unheimlichen Weihnachtsmanns konfrontiert. Den tödlichen Geschenkebringer mit der Stimme von John Goodman zieht es an Weihnachten nach New New York, wie den psychopathischen Serial-Killer Michael Myers in die Kleinstadt Haddonfield an HALLOWEEN.

Charaktere wie Bender und die Roboter-Subkultur sorgen dafür, dass FUTURAMA die Utopien und Ängste der spekulativen SF nicht nur dekonstruiert, sondern sie auf

eine dialektisch und reflexiv gebrochenen Weise wiederbelebt und aktualisiert. An die Stelle von verklärender Nostalgie tritt bei Groening und den anderen Autoren eine kritische Bestandsaufnahme der SF, die in unterhaltsamer Form von den Hoffnungen erzählt, die in die großen Erzählungen der SF gesetzt wurden und dabei aber auch die daraus resultierenden Enttäuschungen nicht ausspart. Die aus den SIMPSONS bekannten Genrevariationen werden im Kosmos von New New York auf die Anekdoten und Standards der SF übertragen. In einer raffinierten Spielart des selbstbewussten Camp und durch die Vertiefung der Protagonisten und ihrer Konflikte auf eine unaufdringliche Weise hat FUTURAMA bereits nach wenigen Folgen eine eigene Form entwickelt. Die Strategien der Serie hatten ihre Ursprünge im virtuellen Versuchslabor Springfield. Doch mittlerweile dringt FUTURAMA in Bereiche vor, in die sich noch keine Zeichentrickserie zuvor begeben hat. Für FUTURAMA gilt, wie schon für die SIMPSONS: Dieser (post-)modernisierte „Hitchhikers Guide to the Galaxy" führt nur auf den ersten Blick in unendliche Weiten. Letztendlich handelt er von nichts anderem als den Neurosen und Projektionen des Alltags.

Episoden-Guide

Der erstgenannte Titel bezeichnet das US-amerikanische Original, das folgende Datum den Zeitpunkt der Erstausstrahlung auf FOX. Der zweitgenannte Titel bezeichnet die deutsche Fassung, das folgende Datum die Erstausstrahlung im ZDF bzw. auf Pro7. Die mit ⌘ markierten Folgen erscheinen der Redaktion als besonders wichtig für die Entwicklung der Serie, ein → verweist auf die entsprechenden Kapitel in diesem Buch.

1. Staffel (1989-90)

1. Simpsons Roasting on an Open Fire (*The Simpsons Christmas Special*) 17.12.89/ 12. *Es weihnachtet schwer* 06.12.91
Routine-Plot um einen heimlich von Homer angenommenen Zweitjob. Erste Auftritte von Ned und Todd Flanders, Knecht Ruprecht und Patty und Selma. → „Von Bier trinkenden Männern … "
2. Bart the Genius 14.01.90/2. *Bart wird ein Genie* 20.09.91
Bart vertauscht seinen Intelligenztest mit dem von Martin Prince und landet als Aussenseiter auf einer Schule für Hochbegabte.
3. Homer's Odyssey 21.01.90/5. *Der Versager* 11.10.91
Erster Auftritt: Montgomery Burns und Waylon Smithers. Homer wird wegen Unfähigkeit aus dem Atomkraftwerk entlassen und wendet sich gegen seine Arbeitgeber.
4. There's No Disgrace Like Home 28.01.90/ 1. *Eine ganz normale Familie* 13.09.91
Ein Familienstreit provoziert die berühmte Stromschlagtherapie-Sitzung bei Dr. Marvin Monroe (†). Erste „Itchy und Scratchy"-Szenen.
5. Bart the General 04.02.90/3. *Bart schlägt eine Schlacht* 27.09.91
Von Bart angeführter Kinder-Krieg gegen Nelson Muntz. Erster Auftritt von Opa Abe

Simpson. Referenz an die Drillsequenz von FULL METAL JACKET.
6. Moaning Lisa 11.02.90/4. *Lisa bläst Trübsal* 04.10.91
Erster Kontakt zwischen Lisa und ihrem musikalischen Idol Bleeding Gums Murphy.
7. Call of the Simpsons 18.02.90/11. *Vorsicht, wilder Homer* 29.11.91
Die Simpsons gehen in der Wildnis verloren. Homer wird bei dieser Verirrungsgeschichte mit dem Waldmenschen Bigfoot verwechselt und so erstmals mit Medienrummel konfrontiert.
⌘ *8. The Telltale Head* 25.02.90/8. *Bart köpft Ober-Haupt* 08.11.91
Anarchist Bart sägt den Kopf der Statue des Stadtgründers, Jebediah Obadiah Zachariah Jedediah Springfield ab und erfährt damit erstmals Resonanz in einem größeren Wirkungskreis. Erster Auftritt von Reverend Lovejoy.
9. Life on the Fast Lane (*Jacques to be Wild*) 18.03.90/6. *Der schöne Jacques* 18.10.91
Marge hat eine Affaire mit ihrem Bowling-Lehrer Jacques. Erster Auftritt von Helen Lovejoy.
10. Homer's Night Out 25.03.90/7. *Homer als Frauenheld* 25.10.91
Versteckte Kamera-Routine um Homer und eine Striptease-Tänzerin auf einer Junggesellenparty. Der Originaltitel ist eine Anspielung auf die Hollywood-Komödie BOY'S NIGHT OUT.
⌘ *11. The Crêpes of Wrath* 15.04.90/13. *Tauschgeschäfte und Spione* 13.12.91
Erste internationale Eskapaden der Simpsons, um einen Auslandsaufenthalt Barts bei französischen Weinpanschern (der weltbewegende Glykol-Skandal) und einen minderjährigen albanischen Spion als Austauschschüler bei den Simpsons (US-

amerikanische Paranoia-Satire)
12. *Krusty Gets Busted* 29.04.90/9. *Der Clown mit der Biedermaske* 15.11.91
Als Hobby-Detektiv beweist Bart die Unschuld von Krusty dem Klown in einem Kriminalfall, zieht jedoch dadurch den Zorn des wahren Täters auf sich. Beginn der Erzfeindschaft mit Sideshow Bob.
13. *Some Enchanted Evening* 13.05.90/10. *Der Babysitter ist los* 22.11.91
Versöhnungsgeschichte zwischen Marge und Homer.

2. Staffel (1990-91)
14. *Bart Gets An F* 11.10.90/14. *Der Musterschüler* 20.12.91
Barts Versetzung ist gefährdet. Underachiever-Routine.
⌘ 15. *Simpson and Delilah* 18.10.90/16. *Karriere mit Köpfchen* 10.01.92
Einer der frühen metaphysischen Plots, in dem Sage, SF und Gesellschaftskritik bodenständige Cartoon- und Soap-Konzepte aus den Angeln heben. Der mit dem Sprachwitz der 50er Jahre formulierte deutsche Titel führt Langeweile verheissend in die Irre. Durch ein wirkungsvolles Haartonikum erblüht Homers Männlichkeit und er wird zum potenten Alltagsstar und Karrieremenschen. Ein mysteriöser Sekretär arrangiert selbstlos und aufopfernd Homers Karrieremoves, bis alles unter genialen Verwicklungen selbstverständlich im restaurativen Ende mündet und Erkenntnis alles ist, was von der verblühten Haarpracht übrigbleibt.
⌘ 16. *Treehouse of Horror* 25.10.90/17. *Horror frei Haus* 17.01.92
Hier verschenkt die deutsche Steifheit in der Titelgebung die Möglichkeit den Start einer Spin-Off-Reihe zu etablieren. Was hätte man sich abbrechen müssen um das Ding „Baumhaus des Horrors" zu nennen? Die einzelnen Episoden widmen sich tradierten Pulp-Routinen. In *Das Haus der bösen Träume* dem Haus-Horror, zwischen Urbanität und Gothic, in *Hungrig sind die Ver-*

dammten außerirdischen Gourmets und in *Der Rabe* Edgar Allen Poe's klassischer Horror-Ballade.
⌘ 17. *Two Cars in Every Garage and Three Eyes on Every Fish* 01.11.90/18. *Frische Fische mit drei Augen* 24.01.92
Umwelt-Politsatire um Kernkraftwerke und reiche Geizhälse. Erster Auftritt einer der unauffälligsten Nebenfiguren: des dreiäugigen Fisches.
⌘ 18. *Dancin', Homer* 08.11.90/19. *Das Maskottchen* 31.01.92
15 minutes of fame, die spurlos vorübergehen: Homer wird mit beleidigenden und vulgären Tänzen zum Baseball-Maskottchen.
⌘ 19. *Dead Putting Society* 15.11.90/20. *Der Wettkampf* 07.02.92
Eine der schönsten Understatement Folgen. Eigentlich eine Routine-Sitcom, die in ihrer Ausarbeitung jedoch sehr fein ist und besonders im Original über einen raffinierten Sprachwitz verfügt. → „Family Ties"
20. *Bart vs. Thanksgiving* 22.11.90/21. *Bart bleibt hart* 14.02.92
Mikro-Rebellion von Bart, der sich bei Lisa entschuldigen soll und stattdessen von Zuhause wegläuft.
⌘ 21. *Bart the Daredevil* 06.12.90/22. *Der Teufelssprung* 28.02.92
Die vielleicht größte Slapstick-Einlage der SIMPSONS ziert den dramatischen Höhepunkt dieser Episode. Der Beginn einer langen und einfallsreichen Karriere Homers als *quasi-human-crash-test-dummy.*
⌘ 22. *Itchy & Scratchy & Marge* 20.12.90/30. *Das Fernsehen ist an allem Schuld* 08.05.92
Beginn der Serialisierung medientheoretischer Diskurse. → „Prügelviehzeug ..."
23. *Bart Gets Hit By A Car* 10.01.91/23. *Bart kommt unter die Räder* 06.03.92
Bart wird von Monty Burns angefahren. Das amerikanische Hobby des Prozessierens steht im Mittelpunkt dieser Episode. Erster Auftritt von, natürlich, Lionel Hutz.
24. *One Fish, Two Fish, Blowfish, Blue Fish* 24.01.91/24. *Die 24-Stunden-Frist* 13.03.92

Erster Kontakt mit japanischer Kultur. Ein schlampig zubereiteter Kugelfisch schickt Homer auf die letzte Reise, zumindest durch die Kraft der Suggestion.

25. *The Way We Was* 31.01.91/25. *Wie alles begann* 20.03.92

Im wahrsten Sinne des Wortes eine RETRO-spektive zurück ins Jahr 1974. Marge und Homer verlieben sich, erster Auftritt McBains.

26. *Homer vs. Lisa and the 8th Commandment* 07.02.91/26. *Das achte Gebot* 27.03.92

Homer hängt sich zu Lasten von Lisas Gewissen illegal ans Kabelfernsehen und entdeckt die Vielfalt der Langeweile.

27. *Principal Charming* 14.02.91/27. *Der Heiratskandidat* 03.04.92

Erste Verkuppelungsgeschichte um Patty und Selma. Der Originaltitel gibt Auskunft über die Identität des Heiratskandidaten: Seymour Skinner.

⌘ 28. *Oh Brother, Where Art Thou?* 21.02. 91/28. *Ein Bruder für Homer* 10.04.92

Erste Begegnung mit Homers Halbbruder Herbert Powell. Der schwerreiche Autobaron wird von Homer in den Ruin getrieben.

29. *Bart's Dog Gets An F* 07.03.91/29. *Betragen mangelhaft* 24.04.92

Barts Hund muß in die Hundeschule. Viel interessanter ist hingegen der Subplot um Homers Prestige-Turnschuhe der Marke *Assassins*. Eine Ode an die Konsumkultur.

30. *Old Money* 28.03.91/32. *Die Erbschaft* 22.05.92

Abe Simpson widerfährt eine Liebesgeschichte im Altersheim. Die beiden alten Menschen bekommen Sexualität und Leidenschaft zugesprochen, deren Darstellung sich über gesellschaftliche Konventionen erhebt. Die wohlhabende Geliebte stirbt und eröffnet somit die zweite Plotline um Abes Erbschaft, die er schließlich in den Wohlstand des Altersheims investiert. Eine Stütze für das Selbstbewußtsein aller Matlock-Junkies dieser Welt.

31. *Brush with Greatness* 11.04.91/33. *Mar-*

ges Meisterwerk 29.05.92

Der Original-Titel ist ein Wortspiel, mit einem feststehenden amerikanischen Begriff. *Von der Größe gestreift* bedeutet die soziale Berührung mit einer *Celebrity*. Marge wird auf Anregen Ringo Starrs hin zu einer Malerin (→ „Method Acting im Kwik-E-Mart"), sie pinselt (*to brush*) dann ein Auftragsporträt von Montgomery Burns.

32. *Lisa's Substitute* 25.04.91/34. *Der Aushilfslehrer* 12.06.92

Lisa verliebt sich in ihren Aushilfslehrer.

33. *The War of the Simpsons* 02.05.91/15. *Kampf dem Ehekrieg* 31.12.91

Ehekrise zwischen Marge und Homer.

34. *Three Men and a Comic Book* 09.05. 91/31. *Drei Freunde und ein Comic-Heft* 15.05.92 → „Family Ties – Die hermetische Welt der Kinder"

35. *Blood Feud* 11.07.91/35. *Der Lebensretter* 19.06.92

Burns benötigt eine Bluttransfusion, Bart ist der Spender.

3. Staffel (1991-92)

⌘ 36. *Stark Raving Dad* 19.09.91/36. *Die Geburtstagsüberraschung* 05.01.93

Nach einem Waschunfall muß Homer mit einem rosa Hemd auf die Arbeit und wird in eine psychiatrische Heilanstalt eingewiesen. Dort trifft er auf Michael Jackson → „Method Acting ..."

⌘ 37. *Mr. Lisa Goes to Washington* 26.09. 91/39. *Einmal Washington und zurück* 12.01.93

Variation auf MR. SMITH GOES TO WASHINGTON mit Lisa in der Hauptrolle (→ sämtliche Artikel).

38. *When Flanders Failed* 03.10.91/40. *Ein Fluch auf Flanders* 13.01.93

Gründung des Leftoriums [des Linkshänderladens] von Ned Flanders. Klassische Nachbarschafts-Hass-Story.

⌘ 39. *Bart The Murderer* 10.10.91/37. *Verbrechen lohnt sich nicht* 07.01.93

Groening goes Scorsese. Bart wird Laufbursche bei der Mafia.

⌘ 40. *Homer Defined* 17.10.91/41. *Der Ernstfall* 14.01.93
Homer wird ungerechtfertigter Weise zum Held, worauf ihn sein schlechtes Gewissen plagt.

41. *Like Father Like Clown* 24.10.91/38. *Der Vater eines Clowns* 11.01.93
Die Inkarnation aller amerikanischen Showbusiness-Clowns Herschel Krustowsky wurde von seinem Vater, einem Rabbi, verstoßen. Lisa und Bart wollen helfen. Krustys Persönlichkeit gewinnt hier ebenso an Plastizität wie sein Bauchumfang bei einem Abendessen mit der Familie Simpson.

⌘ 42. *Treehouse of Horror II* 31.10.91/42. *Alpträume* 18.01.93
Großartige Genre-Variationen. Eine glücksbringende Affenpfote bewirkt eine Diktatur von Rigelianern mit Holzknüppeln in *The Monkey's Paw*. In *Bart the Monster* herrscht die Diktatur eines mit psychokinetischen Kräften begabten Bart. Und in *Homer's Brain* werden Gehirne und Körper getauscht.

43. *Lisa's Pony* 07.11.9/43. *Lisas Pony* 19.01. 93
„Man muss nicht alles haben"-Plot.

44. *Saturdays of Thunder* 14.11.91/44. *Das Seifenkistenrennen* 20.01.93
Vater & Sohn-Krise zwischen Homer und Bart. Um an einem Hobby seines Sohnes teilzuhaben bastelt Homer mit Bart eine Seifenkiste. Da Martin Prince sich bei einem Rennen verletzt bietet er Bart an seine Rakete im nächsten Rennen zu fahren.

⌘ 45. *Flaming Moe's* 21.11.91/45. *Das Erfolgsrezept* 21.01.93
Magic Brause-Plot. →„Topographia Americana ..."

⌘ 46. *Burns Verkaufen der Kraftwerk* 05.12.91/53. *Kraftwerk zu verkaufen* 04.02.93
Deutschen-Verarschung, um die die Synchro nicht herumkam. Deutsche Unternehmer kaufen Burns Kraftwerk und führen es nach bestem Wissen der sozialen Marktwirtschaft. Als der Ruin droht, kauft Burns es für einen lächerlichen Betrag zurück.

⌘ 47. *I Married Marge* 26.12.91/49. *Blick zurück aufs Eheglück* 28.01.93
Homer und Marge in den 80ern. Legendäres Wer-hätte-gedacht, dass-Luke-Skywalker-der-Sohn-von-Darth-Vader-ist-Zitat Homers, vor einer blocklangen Schlange die für THE EMPIRE STRIKES BACK ansteht.

⌘ 48. *Radio Bart* 09.01.92/50. *Wer anderen einen Brunnen gräbt* 01.02.93
Bart hält die Stadt in Atem indem er vortäuscht, dass ein kleiner J‚unge in einen Brunnen gefallen wäre.

49. *Lisa the Greek* 23.01.92/46. *Der Wettkönig* 25.01.93
Moralischer Konflikt zwischen Homer und Lisa, die ihm sichere Tipps für seine Wetten liefert.

⌘ 50. *Homer Alone* 06.02.92/52. *Wenn Mutter streikt* 03.02.93
Homer als vorübergehender Allein-Erzieher-Plot.

⌘ 51. *Bart the Lover* 13.02.92/47. *Die Kontaktanzeige* 26.01.93
Bart simuliert über Kontaktanzeige eine Beziehung mit seiner männerhungrigen Lehrerin Ms. Krabapple.

⌘ 52. *Homer at the Bat* 20.02.92/51. *Der Wunderschläger* 02.02.93
Das Softball-Team des Kraftwerks wird mit Profi-Spielern aufgepeppt. Vage Erinnerungen an M*A*S*H.

⌘ 53. *Separate Vocations* 27.02.92/48. *Der Eignungstest* 27.01.93
Nach einem Eignungstest soll Lisa Hausfrau werden und Bart Polizist. Aus Protest wird Lisa jedoch ein böses Mädchen.

54. *Dog of Death* 12.03.92/54. *Auf den Hund gekommen* 08.02.93
Knecht Ruprecht muss operiert werden.

⌘ 55. *Colonel Homer* 26.03.92/55. *Homer auf Abwegen* 09.02.93
Homer wird Country-Produzent. Vage Erinnerungen an NASHVILLE.

⌘ 56. *Black Widower (The Return of Side-*

show Bob) 09.04.92/56. *Bis dass der Tod euch scheidet* 10.02.93
Sideshow Bob heiratet Selma. Barts Erzfeind returns.
57. *The Otto Show* 23.04.92/57. *Der Fahrschüler* 11.02.93
Schulbusfahrer Otto zieht bei den Simpsons ein.
⌘ 58. *Bart's Friend falls in Love* 07.05.92/58. *Liebe und Intrige* 15.02.93
Beziehungskrach zwischen Bart und Milhouse, der hat sich nämlich verliebt und erscheint somit seinem Freund zum erstenmal begehrenswert. →„Family Ties …"
⌘ 59. *Brother, can you spare two Dimes?* 27.08.92/60. *Der vermisste Halbbruder* 07.04.94
Aufgeschoben ist nicht aufgehoben. Fortsetzung des Plots um Homers Halbbruder Herbert H. Powell.

4. Staffel (1992-93)
⌘ 60. *Kamp Krusty* 24.09.92/61. *Krise im Kamp Krusty* 14.04.94
Bully Diktatur im Feriencamp.
61. *A Streetcar Named Marge* 01.10.92/59. *Bühne frei für Marge* 16.02.93
„Endstation Sehnsucht"-Musical, mit Marge und Ned Flanders als Tennessee Williams-Paar.
Die Produktionsfirma der SIMPSONS *wechselt von Klasky-Csupo zu Film Roman*
⌘ 62. *Homer the Heretic* 08.10.92/62. *Ein gotteslästerliches Leben* 21.04.94
Homers Religionsfaulheit wird von Gott gesegnet.
63. *Lisa the Beauty Queen* 15.10.92/63. *Lisa, die Schönheitskönigin* 28.04.94
Pubertätsdrama: Lisa macht sich aufgrund von Hänseleien ihrer Mitschülerinnen Sorgen um ihr Aussehen. Um ihr Selbstbewusstsein zu stärken, meldet Homer sie bei einem Schönheitswettbewerb an.
⌘ 64. *Treehouse of Horror III* 29.10.92/65. *Bösartige Spiele* 12.05.94
Wie immer solider Genre-Klamauk in expliziten MAD-Anführungszeichen. Das

Horror-Subgenre „Böse Puppe" erfährt mit CHUCKY-Bezügen eine Renaissance in *Die Klauen des Clowns*. *King Homer* variiert KING KONG mit leicht gesenktem Intelligenz-Quotienten, und die dritte Episode ist als genial verkürzte Romero-Hommage die vielleicht schockierendste Horror-Episode jenes anything goes SIMPSONS-Formats: *Dial 'Z, for Zombies*. Homer erschießt den lebendtoten Flanders und gibt auf den Jubel seiner Familie den Zombie beseitigt zu haben seinen One-Liner „Ach, das war ein Zombie?" zum Besten.
⌘ 65. *Itchy & Scratchy: The Movie* 03.11.92/64. *Bart wird bestraft* 05.05.94
Die Strafe ist das Verbot das *must see*-Ereignis I&S:The Movie zu sehen. Großartige Geschichte über die Ignoranz gegenüber generationsverhafteten Sozialisationsprozessen. →„Prügelviehzeug …".
66. *Marge gets a Job* 05.11.92/66. *Marge muss jobben* 19.05.94
Marge beginnt im Atomkraftwerk zu jobben. Burns wird auf sie aufmerksam.
⌘ 67. *New Kid on the Block* 12.11.92/67. *Laura, die neue Nachbarin* 26.05.94
Barts neue Slacker-Liebe verliebt sich in Jimbo Jones. Wie US#58 führt auch diese Folge pubertäre Themen in die Welt der SIMPSONS-Kinder ein.
⌘68. *Mr. Plow* 19.11.92/68. *Einmal als Schneekönig!* 09.06.94
Micropopstar-Plot à la Donald Duck. Homer avanciert als Ein-Mann-Unternehmen „Mr. Plow" zum lokalen Helden. Dieser Ruf wird ihm bald von einem unmotivierten Gustav Gans (Barney) streitig gemacht. In Wirklichkeit geht es jedoch darum, dass ihn (Homer) seine „Mr. Plow"-Jacke so verdammt sexy macht.
⌘ 69. *Lisa's First Word* 03.12.92/69. *Am Anfang war das Wort* 16.06.94
Künstliche Historisierung ist wieder einmal angesagt. Es wird Zeit- und Kulturgeschichte parallel zu Lisas ersten Sprechversuchen geschrieben. Nachdem Bart und Lisa mit ihrem ersten gesprochenen Wort

Homer nur „Homer" und nicht „Daddy"
nennen, erfüllt wenigstens Maggie seinen
Wunsch. Doch niemand hört es.

70. *Homer's Triple Bypass* 17.12.92/70. *Oh
Schmerz, das Herz!* 03.07.94
Der Wille zum Fett und die Wohlstands-
krankheit Herz-Infarkt. Homer wählt die
preisgünstige Variante: die Spar-Operation
bei Dr. Nick Riviera.

⌘ 71. *Marge vs. the Monorail* 14.01.93/71.
Homer kommt in Fahrt 10.07.94
Das Leben ist auch ein Chanson. Marge
protestiert musikalisch gegen das überflüssige neue Wahrzeichen der Stadt: Monorail. Zur *Musical*isierung von Springfield →
„Method Acting ..."

72. *Selma's Choice* 21.01.93/77. *Selma will
ein Baby* 21.08.94
Marges Schwester will ein Baby. Das von
vornherein aussichtslose Vorhaben wird
dann durch eine Echse kompensiert, die sie
allerdings genauso lieb hat.

⌘ 73. *Brother from the same Planet* 04.02.
93/72. *Großer Bruder – Kleiner Bruder*
17.07.94
Father & Son-Plot. Die größte Krise zwischen den beiden wird immer dann beschworen, wenn Homer nachträglich Liebe
gibt oder einfordert. Über eine Organisati-
on für Teilzeit-Vaterschaften bekommen
beide einen neuen Partner zugewiesen.
Wie sich herausstellt hatte Bart seine Freude auf der Schaukel, wenn Homer ihn an-
schubste, nur vorgetäuscht.

⌘ 74. *I love Lisa* 11.02.93/78. *Ralph liebt
Lisa* 28.08.94
Ein mitleidiges Valentins-Geschenk an
Ralph Wiggum bewirkt dessen Zuneigung.

75. *Duffless* 18.02.93/79. *Keine Experimente!*
04.09.94
Homer versucht alkoholfrei zu leben. Trotz
des hoffnungsvollen Endes dieser Episode
wird er damit in der Chronologie der Serie
keinen Erfolg haben.

⌘ 76. *Last Exit to Springfield* 11.03.93/149.
Prinzessin von Zahnstein 31.12.96
Working Class-Homer wird Gewerkschafts-

führer. Lisa engagiert sich mit ihm als Pro-
testsängerin.

77. *So it's come to this: A Simpsons Clip Show*
01.04.93/80. *Nur ein Aprilscherz ...* 11.09.94
Ein genialer, apokalyptischer Slapstick-Gag
und der Rest olle Kamelen im Zusammenschnitt. Entgegengesetzt zu den sonst üblichen Verhohnepiepelungen solcher Pro-
duktionsmaßnahmen, gönnt sich das
Team hier selbst eine wohlverdiente Ruhe-
pause.

⌘ 78. *The Front* 15.04.93/124. *Wir vom
Trickfilm* 31.10.96
Der Original-Titel ist entlehnt von dem
gleichnamigen Martin Ritt-Film (dt. DER
STROHMANN) über einen Phantom-Autoren
in der McCarthy-Ära.

⌘ 79. *Whacking Day* 29.04.93/73. *Das
Schlangennest* 24.07.94
Eine der vielen absurd-dadaistisch erfun-
denen Traditionen bei den SIMPSONS: der
Schlangen-Knüppel-Tag. Parallel dazu soll
Bart von der Schule verwiesen werden.
→ „Mythen des Springfield-Alltags ..."

⌘ 80. *Marge in Chains* 06.05.93/75. *Marge
wird verhaftet* 07.08.94
Aus Schusseligkeit begeht Marge Laden-
diebstahl und kommt für kurze Zeit ins Gefängnis.

⌘ 81. *Krusty gets Kancelled* 13.05.93/74.
Krusty, der TV-Star 31.07.94
Krusty bekommt von der noch weitaus
anachronistischeren Puppe Gabbo Konku-
renz. Lisa und Bart versuchen, ihn ins Busi-
ness zurückzubringen.

5. Staffel (1993-94)

⌘ 82. *Homer's Barbershop Quartet*
30.09.93/76. *Homer und die Sangesbrüder*
14.08.94
Persiflage auf die Mythen um die Beatles.
→ „Method Acting..."

⌘ 83. *Cape Fear* 07.10.93/198. *Am Kap der
Angst* 02.10.99
Sideshow-Bob Again ...
Erste US-Folge, ab nächster auch die
deutschsprachigen Folgen, in Dolby Sur-

round. Die deutsche Fassung dieser Episode wurde mit fünfjähriger Verspätung gezeigt, da sie angeblich für Jugendliche nicht geeignet war. Nachdem die Videofassung mit FSK 6 bewertet wurde, zeigte auch PRO7 diese Folge.

⌘ 84. *Homer goes to College* 14.10.93/81. *Homer an der Uni* 01.04.95
Homer findet an der Uni ein paar aufgeschlossene Cyber-Geeks, die er für unpassende Scherze und respektlose Anarchie begeistern kann.

⌘ 85. *Rosebud* 21.10.93/82. *Kampf um Bobo* 02.04.95
Der wissende Original-Titel verkündet es bereits: CITIZEN KANE-Origin-Story um C. Montgomery Burns.

86. *Treehouse of Horror IV* 28.10.93/83. *Die Fahrt zur Hölle* 08.04.95
Der Teufel und Homer Simpson: Seelenhandel um einen Donut, *Terror in ein Meter sechzig Höhe:* TWILIGHT ZONE-Geschichte um Bart, der als einziger das Monster sieht, das den Bus während seiner Fahrt zerstört. *Bart Simpson's Dracula* spricht eigentlich für sich. →„Von Bier trinkenden Männern … ". Zur Struktur dieser Episode als Horror-Galerie →„Topographia Americana ...“

⌘ 87. *Marge on the Lam* 04.11.93/ 84. *Die rebellischen Weiber* 09.04.95
Thelma & Louise-Story um Marge und ihre Nachbarin. →„Von Bier trinkenden Männern … " →„Family Ties ...“

⌘ 88. *Bart's Inner Child* 11.11.93/85. *Bart, das innere Ich* 15.04.95
Barts Underachiever-Mentalität wird von einem esoterischen Quacksalber zur Methode erklärt. Wobei es Bart in einer Welt voller Barts ziemlich unbehaglich wird.

⌘ 89. *Boy-Scoutz N The Hood* 18.11.93/86. *Auf Wildwasserfahrt* 16.04.95
Im Squishy-Rausch tritt Bart einer Pfadfinder-Truppe bei. Wunderbare Anti-Para-Militaria-Episode. Backwood-Thriller-Ästhetik à la DELIVERANCE.

⌘ 90. *The Last Temptation of Homer* 09.12.93/87. *Homer liebt Mindy* 22.04.95

Cartoon-Wagnis: Homer verliebt sich in eine neue Kollegin. Und das, wo die FLINTSTONES die Existenz der Liebe doch so erfolgreich widerlegten.

91. *Springfield (or, How I learned to stop worrying and love legalized Gambling)* 16.12.93/88. *Vom Teufel besessen* 23.04.95
Nach anfänglicher Abneigung wird Marge spielsüchtig, als das Glücksspiel in Springfield legalisiert wird.

⌘ 92. *Homer the Vigilante* 06.01.94/89. *Die Springfield Bürgerwehr* 29.04.95
Plot um Homer, der sich für reaktionäre Ideale begeistert: er gründet eine Bürgerwehr, die bald zum marodierenden Schlägertrupp wird.

⌘ 93. *Bart gets Famous* 03.02.94/90. *Bart wird berühmt* 30.04.95
Bart wird als I didn´t do it-Boy zum Pop-Star. In dieser Folge wird Barts eigener anfänglicher Starruhm reflektiert. Ay Carumba, don't have a cow, man!

⌘ 94. *Homer and Apu* 10.02.94/91. *Apu der Inder* 06.05.95
Eines der größten Hobbys Homers ist die Lebensmittelvergiftung. Die Gesundheitsbehörde nutzt dies aus und schickt ihn als verdeckten Ermittler erneut zum Kwik E-Mart, bei dem er sich erst vor kurzem vergiftet hat.

⌘ 95. *Lisa vs. Malibu Stacy* 17.02.94/92. *Lisa kontra Malibu Stacy* 13.05.95
Lisa Simpson engagiert sich gegen sexistisches Spielzeug. Die dunkle Seite von Barbie. Gemeinsam mit der Erfinderin von Malibu Stacy will Lisa nun eine Puppe gestalten, die den 90er Jahren angemessen ist.

⌘ 96. *Deep Space Homer* 24.02.94/93. *Homer der Weltraumheld* 20.05.95
Der wohl am liebevollsten zitierte Film der SIMPSONS ist immer wieder 2001 – A SPACE ODYSSEY. Homer überprüft Kubricks Essay hier anhand der real-existierenden Raumfahrt.

⌘ 97. *Homer loves Flanders* 17.03.94/94. *Homie und Neddie* 27.05.95
Stereotypen-Experiment: Statt Flanders,

wie gewohnt, zu hassen, liebt ihn Homer in dieser Folge. Und das weit über die Schmerzgrenze hinaus.

98. *Bart gets an Elephant* 31.03.94/95. *Bart gewinnt Elefant!* 03.06.95
Polarisierung von Lisas Pony-Episode: Bart will die Dimensionen des Überflüssigen natürlich entsprechend steigern und fordert statt dem Geldgewinn den scherzhaft zur Wahl gestellten Elefant bei einem Radio-Sender ein.

⌘ 99. *Burns' Heir* 14.04.94/96. *Burns Erbe* 10.06.95
Burns wählt Bart als seinen Erben aus, fortan soll dieser auch bei ihm wohnen.

⌘ 100. *Sweet Seymour Skinner's Baddasssss Song* 27.04.94/97. *Freund oder Feind!* 17.06.95
Flanders wird anstelle von Skinner Direktor der Grundschule, ein Zustand, den Bart bald wieder rückgängig machen will.

101. *The Boy who knew too much* 05.05.94/98. *Bart packt aus* 24.06.95
Als Zeuge einer Straftat gerät Bart in einen Gewissenskonflikt.

⌘ 102. *Lady Bouvier's Lover* 12.05.94/99. *Liebhaber der Lady B.* 01.07.95
Senioren-Liebe mit Abe Simpson, Marges Mutter Mrs. Bouvier und THE GRADUATE-Zutaten.

103. *Secrets of a successful Marriage* 19.05.94/100. *Ehegeheimnisse* 08.07.95
Homer verrät Intimitäten seiner Ehe mit Marge in der Öffentlichkeit.

6. Staffel (1994-95)

⌘ 104. *Bart of Darkness* 04.09.94/101. *Ein grausiger Verdacht* 15.07.95
Joseph Conrad-Referenz im Titel, REAR WINDOW-Plot mit Bart. →„Method Acting ...“

⌘ 105. *Lisa's Rival* 11.09.94/102. *Lisas Rivalin* 22.07.95
Eine Meister-Streberin macht Lisa in der Schule Konkurrenz. Lisa sieht sich daraufhin bereits zu einer Karriere als Zweitbeste verdammt und träumt bereits von einer

Jam-Session an der Seite mit Art Garfunkel. →„Simpsons der Gesellschaft ...“

106. *Another Simpsons Clip Show* 25.09.94/103. *Romantik ist überall!* 29.07.95
Wir sparen und schneiden mal wieder alte Szenen aneinander.

⌘ 107. *Itchy & Scratchy Land* 02.10.94/104. *Der unheimliche Vergnügungspark* 05.08.95
→„Prügelviehzeug ...“

⌘ 108. *Sideshow Bob Roberts* 09.10.94/105. *Tingeltangel-Bob* 12.08.95
Original-Titel ist eine Referenz an Tim Robbins BOB ROBERTS. Politsatire um Sideshow Bob, der Bürgermeister wird.→„Mythen des Springfield-Alltags ...“

⌘ 109. *Treehouse of Horror V* 30.10.94/222. *Furcht und Grauen ohne Ende* 27.12.99
SHINING Referenz an Grauen erregende Englisch-Lehrer, in *Zeit und Strafe* regiert eine totalitäre biblische Zukunft und in *Nightmare Cafeteria* ist Soylent Green.

⌘ 110. *Bart's Girlfriend (Lovejoy's Little Devil)* 06.11.94/106. *Barts Freundin* 19.08.95
Bart goes Noir. Er entwickelt eine fatale Abhängigkeit gegenüber einer *fille fatal*.

111. *Lisa on Ice* 13.11.94/107. *Lisa auf dem Eise* 03.09.95
Eishockey-Konkurrenz-Routine zwischen Bart und Lisa.

⌘ 112. *Homer: Bad Man* 27.11.94/108. *Die Babysitterin und das Biest* 10.09.95
Sexual Harrassment-Episode um Homer. Gleichzeitig geht es um Reality-Dämagogie. →„Method Acting ...“

⌘ 113. *Grampa vs. Sexual Inadequacy* 04.12.94/109. *Grandpa gegen sexuelles Versagen* 17.09.95
Anachronistischer Quacksalber-Plot um Simpson & Son.

⌘ 114. *Fear of Flying* 18.12.94/110. *Angst vorm Fliegen* 24.09.95
Marges Flugangst wird von einer Psychiaterin analysiert.

⌘ 115. *Homer the Great* 08.01.95/111. *Homer der Auserwählte* 01.10.95
Homer dekonstruiert eine Loge und ebenso Logen-Mythen für eine klassenfreie Ge-

sellschaft.

116. *And Maggie makes Three* 22.01.95/112.
Und Maggie macht drei 08.10.95
Wenn die Familie ein Fotoalbum durch-
blättert, ist es mal wieder an der Zeit für
eine weitere Rückblende in die imaginäre
Familienchronik.

117. *Bart's Comet* 05.02.95/113. *Barts Ko-
met* 15.10.95
That´s Armageddon! Ein Komet versucht
Springfield zu zerstören.

⌘ 118. *Homie the Clown* 12.02.95/114. *Homie der Clown* 22.10.95
Wunderschöne Clownerei um die Clownerie.

⌘ 119. *Bart vs. Australia* 19.02.95/115. *Bart
gegen Australien* 29.10.95
Familie, vor allem Bart Simpson, legt sich
mit einem ganzen Kontinent an.

120. *Homer vs. Patty & Selma* 26.02.95/116.
Homer gegen Patty und Selma 05.11.95
Homer leiht Geld von Patty & Selma und
Bart nimmt Ballett-Unterricht. →„Von Bier
trinkenden Männern ...“

⌘ 121. *A Star is Burns* 05.03.95/117. *Springfield Film-Festival* 12.11.95
Um das Image ihrer unbeliebten Stadt zu
verbessern, beschließen die Bewohner von
Springfield ein Filmfestival zu veranstal-
ten. Zu den Highlights des cineastischen
Happenings zählen: der Alkoholiker Barney Gumble mit einem sensiblen Selbstportrait in Schwarz-Weiß, Mr. Burns als er
selbst in einem aufwändigen Biopic, vom
mexikanischen Starregisseur Senor Spielbergo mit Referenzen an E.T. und BEN HUR
inszeniert, und Homers Favorit, der Kurz-
film „Der Ball, der in die Leisten ging“.

⌘ 122. *Lisa's Wedding* 19.03.95/118. *Lisas
Hochzeit* 19.11.95
Auf einem Renaissance-Jahrmarkt bekommt Lisa von einer Wahrsagerin die Geschichte ihrer ersten großen Liebe prophezeit. In der Zukunft studiert Lisa an einem
Luxus-College im Osten der USA und verliebt sich in einen snobistischen Hugh
Grant-Verschnitt, den sie auch prompt hei-

raten will. Doch die geplante Trauung
scheitert an der Ignoranz des arroganten
Geliebten gegenüber Lisas Familie. Die
Sound-Effekte der Episode spielen auf die
Hannah-Barbera-Serie THE JETSONS an.

123. *Two Dozen and One Greyhounds* 09.04.
95/119. *25 Windhundwelpen* 26.11.95
Bart und Lisa retten zwar nicht 101 DALMA-
TINER, aber dafür 25 Windhundwelpen aus
den Klauen des hinterhältigen Mr. Burns,
der als männliche Cruella De Ville die
niedlichen Tierchen zu einer Weste verarbeiten will.

124. *The PTA Disbands* 16.04.95/120. *Der
Lehrerstreik* 03.12.95
Ein Lehrerstreik legt die Grundschule von
Springfield lahm. Bart spielt geschickt die
verschiedenen Parteien gegeneinander
aus, bereut diesen Entschluss jedoch, als er
Marge als Ersatzlehrerin für seine Klasse
zugewiesen bekommt.

125. *'Round Springfield* 30.04.95/123. *Zu
Ehren von Murphy* 31.12.95
Lisas großes Vorbild, der Jazz-Saxophonist
Bleeding Gums Murphy, stirbt einsam und
verlassen. Mit Hilfe Barts organisiert Lisa
das seit Jahren vergriffene, in Vergessenheit geratene Klassiker-Album von Murphy
„Sax on the Beach“, um es als eine letzte
Hommage an den verstorbenen Musiker
beim örtlichen Jazz-Radiosender spielen zu
lassen.→„Method Acting ...“

⌘ 126. *The Springfield Connection* 07.05.
95/121. *Die Springfield Connection*
Marge beschließt Polizistin zu werden. Neben den Vorurteilen ihrer männlichen Kollegen muss sie sich auch mit der Ignoranz
und Tollpatschigkeit ihres Gatten Homer
herumschlagen.→„Von Bier trinkenden
Männern ...“

127. *Lemon of Troy* 14.05.95/122. *Auf zum
Zitronenbaum* 17.12.95
Die Bewohner von Shelbyville stehlen den
legendären Zitronenbaum aus Springfield.
Unter der Beteiligung von Bart Simpson
formiert sich ein Notfallkommando, das
den Vorstoß ins benachbarte feindliche

Terrain wagt. →„Topographia Americana"
⌘ 128. *Who shot Mr. Burns?* – Part One
21.05.95/125. *Wer erschoss Mr. Burns?* Teil 1
Einfallsreiche Variante des zum TV-Klassiker
avancierten DALLAS-Cliffhangers „Who shot
J.R.?". Mr Burns zieht den Zorn der gesamten Stadt auf sich: Die Grundschule bringt er
um das Vermögen aus ihrer zufällig entdeckten Ölquelle. Homer dreht durch, da sich
sein Boss trotz Pralinen-Geschenkpackung
und demonstrativ in seinem Büro hinterlas-
senen Graffitis nicht an den Namen seines
langjährigen Angestellten aus Sektor 7G erinnern kann. Sogar das Altersheim und
Moes Taverne fallen Burns heimtückischen
Plänen zum Opfer. Schließlich versucht der
größenwahnsinnige Atommogul der Stadt
mit einer Anlage, die jeden James Bond-
Schurken vor Neid erblassen lassen würde,
für immer das Sonnenlicht zu rauben. Nach
einer Sondersitzung des Stadtrats fällt ein
Schuss, und Mr. Burns bricht schwer verletzt
vor der Town Hall zusammen. Ca-
meo-Auftritt von Latin-Legende Tito Puente, den Lisa als neuen Musiklehrer an der
Grundschule von Springfield unterbringen
will.

7. Staffel (1995-96)
⌘ 129. *Who shot Mr. Burns?* – Part Two
17.09.95/126. *Wer erschoss Mr. Burns?* Teil 2
04.11.96
Wie bei den zitierten DALLAS und TWIN
PEAKS-Cliffhangern kommt auch bei den
SIMPSONS fast jeder Protagonist als Attentä-
ter in Frage. Doch auch ein Besuch im ge-
heimnisvollen Red Room aus David
Lynchs TWIN PEAKS kann Chief Clancy
Wiggum nicht auf die Sprünge helfen.
Nachdem zuerst fälschlicherweise Burns
Assistent Smithers als vermeintlicher Täter
verhaftet wurde, führen die Ermittlungen
zu einer überraschenden Auflösung. Erneut mit Tito Puente als potentiellem Verdächtigen. →„Method Acting ..."
⌘ 130. *Radioactive Man* 24.09.95/127.
Filmstar wider Willen 05.11.96

In Springfield soll die millionenschwere
Verfilmung der erfolgreichen Radioactive
Man-Comics realisiert werden. Der Regisseur, der über eine gewisse Ähnlichkeit mit
BATMAN FOREVER-Regisseur Joel Schuhma-
cher verfügt, wählt aus zahlreichen Bewer-
bern ausgerechnet Milhouse für die Rolle
des Superhelden-Sidekicks Fallout Boy. Im
Gegensatz zum haarscharf wegen seiner
geringen Körpergröße beim Casting gescheiterten Bart, hat Milhouse jedoch gar
keine Lust Hollywood-Star zu werden. Die
Dreharbeiten, entwickeln sich zum Fiasko.
Zu den Highlights der Folge zählt neben
dem Ed Wood-artigen Ergebnis des von
Milhouse sabotierten Blockbusters ein
Rückblick auf die RADIOACTIVE MAN-
TV-Serie aus den 60er Jahren. In ihrem
trashig, knallbunten Pop-Art-Design spielt
sie auf die BATMAN-Fernsehserie an, von der
sich Tim Burton mit seinen ersten beiden
düsteren BATMAN-Filmen (USA 1989 und
1992) deutlich abgrenzen wollte. Cameo
des in die Jahre gekommenen Kinderstars
Mickey Rooney, der als psychologische
Stütze Milhouse zur Rückkehr in die
Traumfabrik bewegen soll.
⌘ 131. *Home Sweet Home-Diddily-Dum-
Doodily* 01.10.95/128. *Bei Simpsons stimmt
was nicht!* 06.11.96
Durch eine Reihe unglücklicher Zufälle,
die Homer und Marge als inkompetente Eltern erscheinen lassen, werden die Kinder
den Flanders zur Pflege übergeben. Während Bart und Lisa die bibelfesten Nach-
barskinder mit Itchy und Scratchy vertraut
machen, zeigt Maggie jedoch gefährliche
Anzeichen einer drohenden Assimilation.
Können Homer und Marge in letzter Minute die drohende Nottaufe verhindern,
die ihre jüngste Tochter in eine vollwertige
Flanders verwandeln würde?→„Prügelviehzeug ..."
⌘ 132. *Bart sells his Soul* 08.10.95/129. *Bart
verkauft seine Seele* 07.11.96
Bart verkauft seine Seele für 5 $ als Gut-
schrift auf einem Zettel an Milhouse. Als er

sie wieder zurückhaben will, muss er feststellen, dass Milhouse den Zettel beim Comic Book Guy gegen eine Sammlung von ALF-Buttons eingetauscht hat.

133. *Lisa the Vegetarian* 15.10.95/130. *Lisa als Vegetarierin* 08.11.96
Mit Hilfe von Paul und Linda McCartney, die sich gelegentlich mit dem B-Sharps-Star Apu auf seiner geheimen Dachterrasse treffen, beschließt Lisa Vegetarierin zu werden.

⌘ 134. *Treehouse of Horror VI* 29.10.95/ 223. *Die Panik-Amok-Horror-Show* 27.12.99 Video 10.06.99
Als Homer den Riesendonut einer Werbefigur stiehlt, greifen der Donut-Lard Lad und seine überdimensionalen Kollegen die Stadt an (→„Little Shop of Homers ..."). In einer Parodie auf die NIGHTMARE ON ELM STREET-Serie sucht der Geist des verstorbenen Hausmeisters Willie die Kinder seiner Peiniger in ihren Träumen heim. Das dritte Segment schildert Homers phantastische Reise in die dritte Dimension.

135. *King-Size Homer* 05.11.95/131. *Der behinderte Homer* 11.11.96
Homer steigert sein ohnehin schon beachtliches Gewicht, um nach einer Sonderregelung für Behinderte von zu Hause aus arbeiten zu dürfen.

⌘ 136. *Mother Simpson* 19.11.95/132. *Wer ist Mona Simpson?* 12.11.96
Homer erfährt, dass seine Mutter eine im Untergrund lebende Ex-Terroristin ist, die sich seit dreißig Jahren auf der Flucht vor Mr. Burns befindet. →„Method Acting ..."

137. *Sideshow Bob's Last Gleaming* 26.11. 95/133. *Tingeltangel-Bobs Rache* 13.11.96
Serienbösewicht und Kulturpessimist Sideshow-Bob versucht, mit einer gestohlenen Atombombe die Stadt zum Abschalten sämtlicher Fernsehprogramme zu zwingen. Cameo von R. Lee Ermey (FULL METAL JACKET)

⌘ 138. *The Simpsons 138th Episode Spectacular* 03.12.95/152. *Die 138. Episode, eine Sondervorstellung* 27.10.97
Troy McClure präsentiert Kuriositäten und geschnittene Szenen aus der Serie, sowie einige SIMPSONS-Shorts aus der Tracy Ullman-Show. →„Method Acting ..."

139. *Marge be not Proud* 17.12.95/134. *Das schwarze Schaf* 14.11.96
Kurz vor Weihnachten stiehlt Bart ein Videospiel und wird dabei vom Kaufhausdetektiv (gesprochen von Lawrence Tierney) erwischt. Gelungene Episode, die aber im Vergleich zu den späteren Weihnachtsfolgen nicht mit den konventionellen Formen dieser Pflichtveranstaltung bricht.

⌘ 140. *Team Homer* 07.01.96/135. *Homers Bowling-Mannschaft* 15.11.96
Homer gründet eine Bowling-Mannschaft mit Moe, Apu und Otto. Burns, der Homer in einem Anfall von Ätherrausch für den Marshmellow-Mann hält, stellt den Scheck für die notwendige Gebühr aus. Das Team tritt unter anderem gegen die Holy Rollers (Familie Flanders und Reverend Lovejoy) und die Stereotypes (Hausmeister Willie, Luigi und der frittierende Holländer – Apu wundert sich, weshalb diese Mannschaft ihn abwerben wollte. Problematisch wird die Situation, als der Sponsor wider Willen darauf besteht, ins Team aufgenommen zu werden.

⌘ 141. *Two bad Neighbors* 14.01.96/136. *Die bösen Nachbarn* 18.11.96
George Bush zieht als neuer Nachbar der Simpsons nach Springfield.→„Method Acting ..."; →„Mythen des Springfield-Alltags ..."

142. *Scenes from the Class Struggle in Springfield* 04.02.96/137. *Eine Klasse für sich* 19.11.96
Marge begegnet einer alten Schulfreundin, die sie in einen vornehmen Country-Club einlädt. Obwohl die Simpsons mit offenen Armen empfangen werden, besinnen sie sich am Ende doch auf ihre Working Class-Wurzeln und bleiben den luxuriösen Treffen fern. In einer SIMPSONS-typischen Umkehrung bedauert die High Society Springfields in der letzten Sequenz das

Fernbleiben ihrer neuen Freunde.
143. *Bart the Fink* 11.02.96/138. *Bart ist an allem Schuld* 20.11.96
Durch einen ungeschickten Zwischenfall bringt Bart die Steuerfahndung auf die Spur von Krustys krummen Geschäften. Der an den Rand des Ruins getriebene Clown täuscht seinen eigenen Tod vor und taucht mit einer neuen Identität unter, bis Bart und Lisa ihn ausfindig machen.
⌘ 144. *Lisa the Iconoclast* 18.02.96/139. *Das geheime Bekenntnis* 21.11.96
Mythen-Demontage de luxe. Lisa entdeckt die Wahrheit über den Stadtgründer Jebediah Springfield. Gastsprecher: Donald Sutherland. → →„Mythen des Springfield-Alltags ...“; →„Topographia Americana ...“
145. *Homer the Smithers* 25.02.96/140. *Butler bei Burns* 22.11.96
Homer übernimmt die Urlaubsvertretung für Burns favorisierten Speichellecker Smithers und gibt dem alten Millionär durch seine konsequente Weigerung den Job zu erfüllen, mehr zufällig als absichtlich, sein Selbstwertgefühl zurück.
⌘ 146. *The Day the Violence died* 17.03.96/141. *Wer erfand Itchy und Scratchy?* 25.11.96
Bei einer Parade zum großen Jubiläum von „Itchy and Scratchy“ lernt Bart den wahren Erfinder der populären Cartoon-Figuren kennen, der von Zeichentrickmogul Roger Meyers um die Einkünfte aus seiner Erfindung betrogen wurde – die Stimme des betrogenen „Itchy und Scratchy“-Erfinders Chester J. Lampwick übernahm Hollywood-Legende Kirk Douglas. →„Prügelviehzeug ...“
⌘ 147. *A Fish Called Selma* 24.03.96/142. *Selma heiratet Hollywoodstar* 26.11.96
Selma heiratet Trash-Film-Ikone Troy McClure. Dessen ganz Zuneigung gilt jedoch seinen Aquariumsfischen. Bereits das furiose PLANET DER AFFEN-Musical macht diese Episode zum Klassiker. Cameo von Jeff Goldblum. →„Method Acting...“

⌘ 148. *Bart on the Road* 31.03.96/143. *Die Reise nach Knoxville* 27.11.96
Ein Road-Movie mit Bart und seinen Freunden.
⌘ 149. *22 Short Films about Springfield* 14.04.96/144. *22 Kurzfilme über Springfield* 28.11.96
Eine der besten SIMPSONS-Folgen. In einem Patchwork aus raffiniert miteinander verknüpften Kurzgeschichten wirft die Episode einen Blick auf den Alltag von Nebenfiguren wie dem mexikanischen Bumblebee-Man und dem Vorzeige-White Trash-Tollpatsch Cletus. Chief Wiggum hält Monologe über die Unterschiede zwischen den Hamburgern im McDonald´s von Shelbyville und denen von Springfields Krusty Burger. Nach dieser kurzen Hommage an Quentin Tarantinos PULP FICTION muss Wiggum auch noch zusammen mit dem Ausbrecher Snake im Keller des Waffenhändlers von Springfield eine weitere berühmt-berüchtigte Sequenz aus diesem Film in einer jugendfreien Version über sich ergehen lassen. Jeder Bewohner der Stadt hat einen eigenen markanten Auftritt in dieser halben Stunde. Nur Professor Frink kommt zu spät. Seine mit einem selbstgemalten Insert sorgfältig vorbereitete Geschichte fällt dem Abspann zum Opfer.
⌘ 150. *Raging Abe Simpson and his Grumbling Grandson in „The Curse of the Flying Hellfish“* 28.04.96/145. *Simpson und sein Enkel in „Die Schatzsuche“* 29.11.96
Grampa Simpson hat nicht nur wirre Anekdoten und Elegien über den Fernsehanwalt Matlock, sondern ab und zu auch echte Überraschungen auf Lager. Neben Monty Burns ist er der einzige Überlebende eines Bataillons, das im zweiten Weltkrieg einen wertvollen Kunstschatz entdeckt hat. Gemeinsam mit Bart macht er sich auf die abenteuerliche Suche danach, nur um, nachdem der fiese Burns überwunden werden konnte, die Beute wieder an einen deutschen Millionenerben, der

sich auf dem Weg zu einem Kraftwerk-Konzert befindet, zu verlieren.

⌘ 151. *Much Apu about Nothing* 05.05. 96/146. *Volksabstimmung in Springfield* 02.12.96

Im Rahmen einer Volksabstimmung soll über die Abschiebung von Immigranten entschieden werden. Auch Supermarktverkäufer Apu, langjähriger Freund der Simpsons, ist von dieser rechtspopulistischen Aktion bedroht. →„Die Mythen des Springfield Alltags ...“

⌘ 152. *Homerpalooza* 19.05.96/147. *Homer auf Tournee* 03.12.96

Homer quält die Erkenntnis, dass die Kids auf der Fahrt zur Schule reichlich wenig Interesse an seinen Vorträgen über die Geschichte der Rockmusik haben. Um sein Ansehen bei Bart und Lisa aufzubessern, lädt er sie zum Hullabalooza ein. Auf dem Festival, das gewisse Ähnlichkeiten zum real existierenden 90'er Jahre-Indie-Grungeathon Lollapalooza aufweist, stoppt Homer zufällig mit seinem gewaltigen Bierbauch eine Kanonenkugel. Das Publikum zeigt sich von diesem Ereignis so begeistert, dass sich Homer als weitere Attraktion der Hullabalooza-Tour anschließt. Seine Reisebegleiter sind die Hip Hop-Kiffer-Combo Cypress Hill, die New Yorker Noise-Rocker Sonic Youth, die depressiven Teenies von Smashing Pumpkins und Altrocker Peter Frampton mit einem fliegenden Schwein, das er Pink Floyd abgekauft hat. →„Method Acting ...“

⌘ 153. *Summer of 4 Ft. 2* 19.05.96/148. *Ein Sommer für Lisa* 04.12.96

Lisa versucht, ihre Identität als Streberin in einer Clique von Generation X-Kids während der Sommerferien hinter sich zu lassen. Die raffinierte und melancholische Episode enthält einige Anspielungen auf George Lucas´ AMERICAN GRAFFITI. →„Family Ties ...“

8. Staffel (1996-97)

154. *Treehouse of Horror VII* 27.10.96/193. *Hugo, kleine Wesen und Kang* 31.10.98

Bart findet heraus, dass er einen verunstalteten Zwillingsbruder hat. Lisa züchtet eine Zivilisation kleiner Wesen in einem Biotop, und das Alien Kang mischt sich in die Präsidentschaftswahlen ein.

⌘ 155. *You only move twice* 03.11.96/153. *Das verlockende Angebot* 28.10.97

Homer wird von einem Erzfeind des britischen Superagenten James Bond zu seinem neuen Sicherheitsinspektor ernannt. →„Method Acting ...“

156. *The Homer they fall* 10.11.96/154. *Auf in den Kampf!* 29.10.97

Homer wird Boxer.

157. *Burns, Baby Burns* 17.11.96/155. *Mr. Burns' Sohn Larry* 30.10.97

Komiker Rodney Dangerfield spricht Burns verstoßenen Sohn, der sich (dem Film-Image Dangerfields entsprechend) als exzessiv feiernder Partylöwe ganz nach Homers Geschmack erweist.

⌘ 158. *Bart after Dark* 24.11.96/156. *Der beliebte Amüsierbetrieb* 02.11.97

Bart muss die Schäden eines Streichs auf Homers Anweisung beim Besitzer des betroffenen Hauses abarbeiten. Der traditionelle Amüsierbetrieb erweist sich jedoch als ein Bordell am Rand der Stadt.

159. *A Milhouse divided* 01.12.96/157. *Scheide sich, wer kann* 03.11.97

Milhouses Eltern lassen sich scheiden. →„Family Ties ...“

⌘ 160. *Lisa's Date with Density* 15.12. 96/ 158. *Lisa will lieben* 04.11.97

Lisa verliebt sich in den Schläger Nelson, dessen sanfte Seiten sie in diesem *juvenile delinquent*-Drama fördern will.

161. *Hurricane Neddy* 29.12.96/159. *Der total verrückte Ned* 05.11.97

Ein Rückblick enthüllt Ned Flanders traumatische Erfahrungen mit seinen Beatnik-Eltern.

⌘ 162. *El Viaje Misterioso de Nuestro Jomer (The Mysterious Voyage of Homer)*

05.01.97/162. *Homer's merkwürdiger Chili-Trip* 10.11.97
Ein Beispiel für den gelungenen Cartoon-Surrealismus à la SIMPSONS. Um die unerschütterlichen Geschmacksnerven des Homer J. Simpson aus dem Gleichgewicht zu bringen, mischt Chief Wiggum seinem gierigen Kunden beim jährlichen Chili-Festival halluzinogene Pilze ins Essen. Kurze Zeit später begibt sich Homer, begleitet von einem mit der Stimme von Johnny Cash sprechenden Coyoten, auf eine mysteriöse Reise. Unterwegs begegnet er Motiven aus den Büchern des Drogenforschers Carlos Castaneda und stellt fest, dass er seinen Seelenpartner finden muss. Nach seinem Erwachen erkennt Homer frustriert, dass es sich dabei weder um Moe, Bürgermeister Quimby, noch um den mysteriösen, in einem einsamen Leuchtturm lebenden EARL handelt, der sich als Leuchtturm-Wartungsroboter (Electronic Automatic Robotic Lighthouse) entpuppt.
⌘ 163. *The Springfield Files* 12.01.97/151. *Die Akte Springfield* 24.10.97
Homer begegnet im Wald einem Außerirdischen. Diese Begegnung der unheimlichen Art ruft die Agenten Mulder und Scully aus der Serie AKTE X (THE X-FILES) auf den Plan. Cameos von Leonard Nimoy, David Duchovny und Gillian Anderson. →„Method Acting ...“
⌘ 164. *The twisted World of Marge Simpson* 19.01.97/160. *Marge und das Brezelbacken* 06.11.97
Marge gründet einen Brezelservice. Um die anfänglichen Startschwierigkeiten zu überwinden, wendet sich Homer an die örtliche Mafia. Cameo von Jack Lemmon
165. *Mountain of Madness* 02.02.97/161. *Der Berg des Wahnsinns* 07.11.97
Um die Zusammenarbeit im Atomkraftwerk zu verbessern, verordnet Burns seinen Mitarbeitern einen Orientierungsmarsch zu seiner Berghütte.
⌘ 166. *Simpsoncalifragilisticexpiala(Annoyed Grunt)cious* 07.02.97/185. *Das magische Kindermädchen* 21.10.98
Die magische Fee Shary Bobbins verzweifelt am systematischen Chaos der Simpsons.
⌘ 167. *The Itchy & Scratchy & Poochie Show* 09.02.97/150. *Homer ist „Poochie der Wunderhund"* 05.09.97
Als Mittel gegen die schwindende Popularität der „Itchy & Scratchy"-Show will der Sender einen neuen Charakter einführen. Der rappende Hund Poochie soll als „the kung fu hippie from gangsta city" für bessere Quoten sorgen. Homer wird die Ehre zuteil, dem „right in your face dude" seine Stimme zu leihen. Immerhin erlebt Homer im Vorfeld der Serie weitere fünfzehn Minuten Ruhm, bevor sich bereits der Poochie-Pilotfilm als ein einziges Fiasko entpuppt. →„Prügelviehzeug ...“
⌘ 168. *Homer's Phobia* 16.02.97/163. *Homers gewisse Ängste* 11.11.97
John Waters erteilt als homosexueller Ladenbesitzer Homer eine education sentimentale in Sachen Camp. →„Method Acting ...“
169. *The Brother from another Series* 23.02.97/164. *Die beiden hinterhältigen Brüder* 12.11.97
Sideshow Bob wird als ein besserer Mensch vorzeitig aus dem Gefängnis entlassen. Doch sein Bruder Cecil, der eigentlich an seiner Stelle Clownsassistent werden wollte, zieht ihn in den Sumpf des Verbrechens zurück.
170. *My Sister, my Sitter* 02.03.97/165. *Babysitten – ein Alptraum* 13.11.97
Lisa bewährt sich erfolgreich als Babysitterin, gerät jedoch in ein echtes Dilemma, als sie auf ihren eigenen Bruder aufpassen soll. ⌘ 171. *Homer vs. the Eighteenth Amendment* 16.03.97/166. *Der mysteriöse Bier-Baron* 14.11.97
Durch ein in Vergessenheit geratenes Gesetz wird in Springfield die Prohibition wieder eingeführt. Ein penetranter FBI-Agent in der Tradition des UNTOUCHABLE--Helden Eliot Ness lässt nicht lange auf sich

warten.   →„Mythen des Springfield-
Alltags"
172. *Grade School Confidential* 06.04.97/
167. *Wenn der Rektor mit der Lehrerin* ...
17.11.97
Skinner und Mrs. Krabappel entdecken
ihre geheimen Gefühle füreinander. Ausgerechnet Bart wird zum eingeweihten Schüler ihres Vertrauens.
173. *The Canine Mutiny* 13.04.97/168. *Der
tollste Hund der Welt* 18.11.97
Knecht Ruprecht bekommt unerwartete
Konkurrenz, als Bart über eine Kreditkarte
(die auf den Namen des Hunds ausgestellt
ist) einen edlen Lassie-Verschnitt bestellt.
⌘   174. *The Old Man and the Lisa*
20.04.97/169. *Der alte Mann und Lisa*
19.11.97
Lisa lässt sich auf Geschäfte mit Mr. Burns
ein, da sie dem Trugschluss erliegt, dass
dieser ein Umweltbewusstsein entwickelt
hätte. Die vermeintliche Teamarbeit erweist sich als teuflischer Pakt.
⌘ 175. *In Marge we Trust* 27.04.97/170.
Marge als Seelsorgerin 20.11.97
Um den frustrierten Reverend Lovejoy zu
entlasten, übernimmt Marge einen ehren-
amtlichen Job als Telefonseelsorgerin. Homer geht inzwischen in einem der besten
Subplots der gesamten Serie der existentiel-
len Frage nach, weshalb auf der Verpackung des japanischen Putzmittels „Meister
Glanz" (Mr. Sparkle) sein Gesicht zu sehen
ist. →„Method Acting ..."
⌘ 176. *Homer's Enemy* 04.05.97/171. *Homer
hatte einen Feind* 21.11.97
Homer setzt sich gegen den Bilder-
buch-Karrieristen Frank „Grimey" Grimes
durch und hat selbst auf dessen Beerdigung
die Lacher auf seiner Seite.
⌘ 177. *The Simpsons Spin-Off Showcase*
11.05.97/172. *Ihre Lieblings-Fernsehfamilie*
25.11.97
Ein weiteres Special mit dem unnachahm-
lichen Troy McClure. Mit drei Spin-Offs
wollen die SIMPSONS-Produzenten dem
Sender FOX noch einige weitere Quoten-

hits bescheren. Chief Wiggum ermittelt als
Privatdetektiv in New Orleans, Moe erhält
seine eigene Kneipen-Sitcom und die
Simpsons (bis auf Lisa, die durch eine grinsende Cheerleaderin ersetzt wurde) quälen
sich durch eine „Smile Time Variety
Hour". →„Method Acting ..."
178. *The Secret War of Lisa Simpson* 18.05.
97/173. *Lisas geheimer Krieg* 26.11.97
Lisa begleitet Bart als einziges Mädchen in
eine Militärakademie. Gemeinsam können
sie sich gegen den brutalen Rekrutendrill
durchsetzen. Gaststimme von Willem Da-
foe (PLATOON, WILD AT HEART, NEW ROSE HO-
TEL)

9. Staffel (1997-98)

⌘ 179. *The City of New York vs. Homer Simpson* 21.09.97/175. *Homer und New York*
07.10.98
Auf einem Ausflug nach New York stellt
sich Homer seinem urbanen Trauma, Lisa
und Marge besuchen den Broadway und
Bart trifft Alfred E.Neuman. →„Method Acting ..."
180. *The Principal and the Pauper*
28.09.97/176. *Alles Schwindel* 08.10.98
Skinner wird als Betrüger überführt, der in
Vietnam die Identität eines anderen GIs
angenommen hat. Der echte Seymour
Skinner (gesprochen von APOCALYPSE NOW-
Darsteller Martin Sheen) kehrt nach
Springfield zurück, um den Schwindel aufzudecken. Den Bewohnern von Springfield
ist diese spektakuläre Enthüllung jedoch
ziemlich gleichgültig.
⌘ 181. *Lisa's Sax* 19.10.97/177. *Die Saxophon-Geschichte* 09.10.98
Homer berichtet in einer Rückblende ins
Jahr 1990 (ein Jahr, in dem The Artist Formerly Known As Prince mal wieder als
Prince bekannt war) über den Kauf von Lisas Saxophon, Barts erstes Schuljahr und
von seiner Faszination für die Serie TWIN
PEAKS.
⌘   182. *Treehouse of Horror VIII*
26.10.97/178. *Neutronenkrieg und Hallo-*

ween 12.10. 98
Nach einem Atombombenangriff auf Springfield irrt Homer als der „Homega Man" durch das post-apokalyptische Springfield und nutzt die Gelegenheit, ein ganzes Kino für sich alleine zu haben. Bart begibt sich auf die Spuren von Vincent Price und David Cronenberg, indem er die FLIEGE um eine neue Variante bereichert, und eine weitere Geschichte erklärt die Ursprünge von Halloween.

⌘ 183. *The Cartridge Family* 02.11.97/179. *Homer und der Revolver* 13.10.98
Homer kauft sich einen Revolver und tritt der NRA bei. Es könnte ja sein, dass der König von England auf einmal die Familie bedroht. →„Mythen des Springfield-Alltags ..."

184. *Bart Star* 09.11.97/180. *Bart ist mein Superstar* 14.10.98
Homer übernimmt das Training der Schul-Footballmannschaft, nachdem er seinen Lieblingsfeind Ned Flanders erfolgreich aus diesem Posten herausgemobbt hat. Von seiner Idee, Bart zum Star der Mannschaft zu machen, sind die anderen Kinder jedoch alles andere als begeistert.

⌘ 185. *The Two Mrs. Nahasapeemapetilons* 16.11.97/ 181. *Hochzeit auf indisch* 15.10.98
Apu heiratet Manjula, der er als Kind in Indien versprochen wurde. Nachdem auch die Frage nach Manjulas Lieblingsfilm, -buch und -gericht (in allen drei Fällen lautet die Antwort GRÜNE TOMATEN) geklärt worden ist, steht der Hochzeit nichts mehr im Weg.

⌘ 186. *Lisa the Skeptic* 23.11.97/182. *Der Tag der Abrechnung* 16.10.98
Bei einem Schulausflug entdeckt Lisa an einer Ausgrabungsstätte das vermeintliche Skelett eines Engels. Angesichts dieses himmlischen Zeichens erwartet Springfield die bevorstehende Apokalypse, die sich jedoch lediglich als Werbegag eines neuen Einkaufszentrums entpuppt. Im Streit über das Verhältnis zwischen Religion und Wis-

senschaft, den die Skeptikerin Lisa entfacht, trifft ein Gericht die wegweisende Entscheidung, dass beide Disziplinen sich in Zukunft nur auf einen festgesetzten Sicherheitsabstand hin nähern dürfen.

187. *Realty Bites* 07.12.97/183. *Todesfalle zu verkaufen* 19.10.98
Marge bewährt sich erfolgreich als Makler. Als sie Ned Flanders ein Anwesen mit einer unheimlichen Vergangenheit verkauft, plagt sie jedoch ihr schlechtes Gewissen.

⌘ 188. *Miracle on Evergreen Terrace* 21.12.97/184. *Die Lieblings-Unglücksfamilie* 20.10.98
Nach den bisherigen Morality Tales endlich eine echte SIMPSONS-Weihnachtsgeschichte – Bart vernichtet aus Versehen den Weihnachtsbaum, mitsamt Geschenken. Die verräterischen Spuren beseitigt er und erklärt, dass ein Einbrecher alles geklaut habe. Die Geschichte wird medienwirksam von Medienprofi Kent Brockman aufbereitet, und kurz darauf hilft ganz Springfield dabei, der notleidenden Familie ein schönes Fest zu bereiten. Barts schlechtes Gewissen befördern zusätzlich der kleine Patches und die arme Violet, zwei Waisenkinder, die als wandelnde Versatzstücke aus der Romanwelt von Charles Dickens dem Schuldigen sogar noch ihre letzten, eigentlich dringend für Medikamente benötigten Groschen überlassen. Das „Miracle on Evergreen Terrace" wird natürlich sofort wieder rückgängig gemacht, als der verräterische verbrannte Baum unter dem Schnee vor dem Haus auftaucht. Die Abrechnung mit den Simpsons erfolgt auf ähnlich medienwirksame Weise wie die große Beschenkung. Doch Kent Brockman, der sie vor laufenden Kameras als Lügner und Betrüger gegeißelt hat, bedankt sich immerhin nach der Aufzeichnung bei den Simpsons für die hervorragende Geschichte.

⌘ 189. *All Singing, All Dancing* 04.01.98/ 225. *Und nun alle singen und tanzen* 16.01.00

Zusammenschnitt diverser Musical-Nummern aus den vorangegangenen Episoden. Die Rahmenhandlung enthält das furiose Clint Eastwood/Lee Marvin-Duett „Gonna Paint Your Wagon".

190. *Bart Carny* 11.01.98/186. *Die armen Vagabunden* 22.10.98
Vagabundierende Schausteller versuchen die Simpsons um ihren Besitz zu bringen.

⌘ 191. *The Joy of Sect* 08.02.98/187. *In den Fängen einer Sekte* 23.10.98
Ganz Springfield gerät in die Fänge einer dubiosen Sekte, deren Anführer seine ausgebeuteten Jünger zu einem fernen Planeten bringen will.

⌘ 192. *Das Bus* 15.02.98/199. *Der blöde Uno-Club* 04.11.99
Nachdem Otto einen abstrusen Schulbus-Unfall verursacht hat, stranden die Schüler der Springfielder Grundschule auf einer einsamen Insel. Ein Drama vom Ausmaß des HERRN DER FLIEGEN (LORD OF THE FLIES) nimmt seinen Lauf.

⌘ 193. *The Last Temptation of Krust* 22.02.98/197. *Krustys letzte Versuchung* 02.10.99
Krusty versucht sich bei einem Festival als Stand Up-Komiker und scheitert kläglich. Die Medienwelt außerhalb Springfields hat wenig für die Zoten eines abgehalfterten Kinderstars übrig. Erst als er in Moes Kneipe zynische Kommentare über die Wirren des Alltags abgibt, gelingt ihm ein Überraschungserfolg. Krustys (echte) Kollegen bei dem (fiktiven) Festival sind die Entertainer Jay Leno, Steven Wright, Janeane Garofalo, Bobcat Goldthwait und Bruce Baum.

194. *Dumbbell Indemnity* 01.03.98/188. *Eine Frau für Moe* 26.10.98
Homer soll Moe bei einem Versicherungsbetrug helfen. Schauspielerin Helen Hunt spricht Moes Flamme Renee.

⌘ 195. *Lisa the Simpson* 08.03.98/195. *Vertrottelt Lisa?* 31.12.98
Lisa befürchtet vom Simpsons-Gen betroffen zu sein, das im höheren Alter zur zunehmenden Verdummung führt. Doch

überraschenderweise sind nur die männlichen Simpsons davon betroffen.

196. *This Little Wiggy* 22.03.98/226. *Der merkwürdige Schlüssel* 15.05.00
Widerwillig freundet sich Bart mit Ralph Wiggum an. Weitaus interessanter als sein neuer Spielgefährte, erscheint ihm der Generalschlüssel von Polizeichef Wiggum.

⌘ 197. *Simpson Tide* 29.03.98/196. *Homer geht zur Marine* 24.05.99
An Bord eines U-Boots verursacht Homer aus Versehen beinahe einen Konflikt zwischen Ost und West. Persiflage auf DIE JAGD NACH ROTER OKTOBER (THE HUNT FOR RED OCTOBER) und CRIMSON TIDE mit einer sehr amüsanten Aufführung des Village People-Hits „In The Navy". Cameo von Rod Steiger.

⌘ 198. *The Trouble with Trillions* 05.04.98/189. *Die Trillion-Dollar-Note* 27.10.98
Der Sozialismus auf Kuba ist dank Homer Simpson für ein paar weitere Jahre gerettet. Mr. Burns, der nach dem zweiten Weltkrieg eine Trillionen-Dollar-Note unterschlagen hat, flüchtet, begleitet von Homer und Smithers, vor den Regierungsbehörden. Leider lässt sich die Insel, auf die sich Burns zurückziehen wollte, nicht mehr käuflich erwerben, und die Trillionen-Dollar-Note landet in den Händen von Fidel Castro.

⌘ 199. *Girly Edition* 19.04.98/190. *Die neuesten Kindernachrichten* 28.10.98
Lisa beteiligt sich an einer von Kent Brockman betreuten Kindernachrichtensendung. Doch schon nach kurzer Zeit stiehlt ihr Bart mit geschickt kalkulierten Betroffenheitsnummern die Schau.

⌘ 200. *Trash of the Titans* 26.04.98/174. *Die sich im Dreck wälzen* 06.10.98
Homer verursacht als Mülldezernent der Stadt irreparables Chaos, mit dem Resultat, dass die gesamte Stadt umgesiedelt wird. Cameos von U2 und Steve Martin.→„Method Acting ..."

⌘ 201. *King of the Hill* 03.05.98/191. *König*

der Berge 29.10.98

Homer beginnt nach einer fatalen Niederlage beim „Capture the Flag"-Spielen im Fitness-Studio von Springfield-Schwarzenegger Rainer Wolfcastle zu trainieren. Dabei entwickelt er eine neue Leidenschaft für den Gesundheitsriegel „Powersauce" (besteht nicht wie in der Webung angegeben aus Apfelmus, sondern aus alten chinesischen Zeitungen, aber das spielt für Homer keine Rolle). Als ihr eifrigster Kunde lässt er sich von den „Powersauce"-Herstellern dazu überreden, für eine Werbeaktion auf den höchsten Berg Springfields zu steigen. Ein Bergsteigerdrama (inklusive surrealer Traumvision mit Yeti) nimmt seinen Lauf.

202. *Lost Our Lisa* 10.05.98/192. *Die Kugel der Isis* 30.10.98

Lisa verirrt sich in der ausufernden Topographie Springfields, als sie und Homer eine Ausstellung besuchen wollen. Zum ersten Mal wird das russische Viertel Springfields gezeigt.

⌘ **203.** *Natural Born Kissers* 17.05.98/194. *Die Gefahr, erwischt zu werden* 02.11.98

Homer und Marge bringen eine neue Qualität in ihr etwas tristes Sexualleben, nachdem sie den Reiz spontaner Liebesabenteuer an öffentlichen Orten entdeckt haben. Die Episode erinnert ein wenig an die Latin Lover-Episode aus Woody Allens WAS SIE SCHON IMMER ÜBER SEX WISSEN WOLLTEN ... (WHAT YOU EVER WANTED TO KNOW ABOUT SEX ...). Während Homer und Marge auf der Mini-Golfbahn in ein echtes Dilemma geraten, erforschen Bart und Lisa eine im Garten des Springfielder Altersheim vergrabene Filmrolle mit dem ursprünglichen Ende des Humphrey Bogart/Ingrid Bergman-Klassikers CASABLANCA.

204. *Lard of the Dance* 23.08.98/201. *Ein jeder kriegt sein Fett* 16.11.99

Lisa muss sich in dieser CLUELESS-Variante gegen eine schicke neue Mitschülerin durchsetzen, die wenig für ihre „kindlichen" Vorlieben übrig hat. Gaststimme von Lisa Kudrow (FRIENDS).

10. Staffel (1998-99)

205. *The Wizard of Evergreen Terrace* 20.09.98/200. *Im Schatten des Genies* 15.11.99

Homer beschließt, Erfinder zu werden. Seine Begeisterung für Thomas Edison können die anderen Familienmitglieder nicht so ganz teilen.

206. *Bart the Mother* 27.09.98/202. *Bart brütet etwas aus* 17.11.99

Bart pflegt ein Paar verwaister Echsenkinder.

⌘ **207.** *Treehouse of Horror IX* 25.10.98/ 224. *Das unheimliche Mord-Transplantat* 27.12.99

Homer bekommt die Haare des Verbrechers Snake als Toupet implantiert und wird dadurch besessen. Die zweite Geschichte „The Terror of Tiny Toon" zählt zu den Höhepunkten der Halloweenfolgen. – Lisa und Bart geraten in die Welt von Itchy und Scratchy. (→ „Prügelviehzeug ...") In „Starship Poopers" streiten sich Homer und der Alienkommandant Kang in Jerry Springers Talk-Show um das Sorgerecht für Maggie.

Im Vorspann erwartet die Simpsons niemand geringeres als Freddy Krueger (mit der Original-Stimme von Robert Englund) auf der Couch.

208. *When You Dish Upon A Star* 08.11.98/ 203. *Kennst du berühmte Stars?* 18.11.99

Durch einen Zufall entdeckt Homer, dass die Hollywood-Stars Kim Basinger und Alec Baldwin ein Ferienhaus in Springfield besitzen. Der scheinbare Beginn einer wundervollen Freundschaft nimmt ein vorschnelles Ende, da Homer es sich nicht verkneifen kann, die Geheimnisse der Promis auszuplaudern. Durchschnittliches Vehikel für die Gaststars Basinger, Baldwin und Ron Howard.

⌘ **209.** *D'oh-in In The Wind* 15.11.98/204. *Homer ist ein toller Hippie* 19.11.99

Etwas verspätet versucht Homer das gegenkulturelle Erbe seiner Mutter anzutreten und beschließt Hippie zu werden. Leider kann er nicht so ganz verstehen, weshalb „Uptown Girl" von Billy Joel keine revolutionäre Hymne ist.

⌘ *210. Lisa Gets an A* 22.11.98/220. *Die große Betrügerin* 13.12.99 Video 09.09.99
Während einer Erkältung bereitet sich Lisa nicht auf einen bevorstehenden Test vor, sondern verbringt die Zeit mit Barts Videospielen, die sie zwar auf Anhieb als kulturindustrielles Produkt durchschaut, denen sie aber dennoch bereitwillig verfällt. Um sich aus der Affäre zu ziehen und ihrem Ruf als Musterschülerin gerecht zu werden, betrügt sie erstmals bei einer Prüfung. Die Rechnung geht auf – Lisa bekommt ein A+++ und die Schule soll für diese beispielhafte Leistung einen dringend benötigten Zuschuss erhalten. Ausgerechnet in dieser Situation erliegt Lisa ihrem schlechten Gewissen und will den Schwindel aufdecken. Doch sowohl Direktor Skinner als auch Oberschulrat Chalmers versuchen sie vehement davon abzuhalten, zumindest bis der Prämienscheck für die Grundschule überreicht wurde.

211. Homer Simpson in: „Kidney Trouble" 06.12.98/205. *Grandpa's Nieren explodieren* 22.11.99
Homer sträubt sich hartnäckig dagegen, Grampa Simpson eine seiner beiden Nieren zu überlassen.

⌘ *212. Mayored to the Mob* 20.12.98/206. *Der unerschrockene Leibwächter* 23.11.99 Video 07.10.99
Homer lässt sich zum Leinbwächter ausbilden und beschützt Mayor Quimby und den ehemaligen STAR WARS-Star Mark Hamill.

213. Viva Ned Flanders 10.01.99/207. *Wir fahr'n nach Vegas* 24.11.99
Der mit 60 Jahren in eine verspätete Midlife-Crisis geratene Ned Flanders nimmt gegen Bezahlung Nachhilfeunterricht in Sachen Coolness bei Homer. Dieser nimmt ihn auf eine chaotische Tour nach Las Vegas mit.

⌘ *214. Wild Barts Can't Be Broken* 17.01.99/

208. Allgemeine Ausgangssperre 25.11.99
Die Kinder wehren sich gegen eine ungerecht verhängte Ausgangssperre. Cameo von Cyndie Lauper.

215. Sunday, Cruddy Sunday 31.01.99/209. *Nur für Spieler und Prominente* 26.11.99
Homer besucht den Superbowl. Cameo von FOX-Besitzer Rupert Murdoch.

⌘ *216. Homer to the Max* 07.02.99/210. *Namen machen Leute* 29.11.99
Ein schwergewichtiger und extrem tollpatschiger Namensvetter von Homer macht in der Serie THE POLICE COPS die Mattscheibe unsicher. Frustriert beschließt Homer seinen Namen in Max Power zu ändern. Tatsächlich avanciert er dadurch zum Jet Set-Darling Springfields, bis es zu einer folgenschweren Protestkundgebung gegen das Abholzen eines Waldes kommt. →„Method Acting ..."

217. I'm With Cupid 14.02.99/211. *Apu und Amor* 30.11.99
Apus aufwändige Liebesbeweise für seine Frau Manjula erwecken den Neid von Homer und den anderen.

218. Marge Simpson in: „Screaming Yellow Honkers" 21.02.99/212. *Marge Simpson im Anmarsch* 01.12.99
Marge muss auf Grund ihres rasanten Fahrstils Nachhilfestunden nehmen.

⌘ *219. Make Room for Lisa* 28.02.99/213. *Es tut uns leid, Lisa* 02.12.99
Homer versucht die Interessen seiner Tochter besser zu verstehen und erlebt einen esoterischen Trip der besonderen Art, der ohne sein Wissen sehr physische Ausmaße annimmt.

220. Maximum Homerdrive 28.03.99/214. *Das Geheimnis der Lastwagenfahrer* 03.12.99
Homer wird Trucker.

⌘ *221. Simpsons Bible Stories* 04.04.99/215. *Bibelstunde, einmal anders* 06.12.99
Während einer langatmigen Lovejoy-Predigt stellen sich die Simpsons ihre eigenen Varianten biblischer Geschichten vor.

⌘ *222. Mom and Pop Art* 11.04.99/216. *Überraschung für Springfield* 07.12.99

Homer wird zum „Outsider-Artist" und setzt nach einer kurzen Laufbahn als Pop-Art-Künstler die Stadt unter Wasser. Cameos von Isabella Rossellini und Jasper Johns
⌘ 223. *The Old Man and The „C" Student* 25.04.99/217. *Seid nett zu alten Leuten!* 08.12.99
Nachdem Bart erfolgreich verhindert hat, dass Springfield die olympischen Spiele zugesprochen bekommt, muss er zur Strafe im Altersheim arbeiten. Dort verursacht er einem Aufstand alter Männer und Frauen – inklusive einer Hommage an den Beatles-Film A HARD DAY´S NIGHT.
224. *Monty Can't Buy Me Love* 02.05.99/218. *Burns möchte geliebt werden* 09.12.99
Burns will die Zuneigung seiner Mitmenschen gewinnen, indem er das Ungeheuer von Loch Ness einfängt.
⌘ 225. *They Saved Lisa's Brain* 09.05.99/ 219. *Die Stadt der primitiven Langweiler* 10.12.99
Bürgermeister Quimby flieht aus der Stadt, und ein Gremium der intelligentesten Stadtbewohner, darunter Lisa, Skinner und der Comic Book Guy, übernimmt sein Amt. Cameo von Stephen Hawking.→„Mythen des Springfield-Alltags ..."
⌘ 226. *Thirty Minutes Over Tokyo* 16.05.99/ 221. *Die Japanische Horror-Spiel-Show* 14.12.99
Die Simpsons reisen nach Tokio, nehmen an einer zynischen Spielshow teil und treffen Godzilla.

11. Staffel (1999-2000)

227. *Beyond Blunderdome* 26.09.99/227. *Mit Mel Gibson in Hollywood* 04.09.00
Nach einer Preview des neuesten Mel Gibson-Films in Springfield überredet Homer Simpson den LETHAL WEAPON-Star dazu das Werk zu überarbeiten. Gemeinsam verwandeln sie das Gibsonsche Remake des James Stewart-Klassikers MR. SMITH GOES TO WASHINGTON in ein brutales Action-Spektakel, das bei Publikum und Studio auf

wenig Gegenliebe stößt. Trotz zahlreicher Insider-Gags (unter anderem liefern sich Homer und Mel Gibson eine Verfolgungsjagd mit den Produzenten ihres Films im Endzeit-Vehikel aus MAD MAX 2) beschränkt sich die Episode, wie schon *Kennst Du berühmte Stars?*, lediglich darauf, einen schnell angefertigten Rahmen für den prominenten Gaststar zu bieten. Neben Mel Gibson tritt auch John Travolta in einem Cameo auf.
⌘ 228. *Brother's Little Helper* 03.10.99/228. *Ist alles hin, nimm Focusin!* 11.09.00
Eine der gelungensten Folgen der 11. Season. Um Barts Nonkonformismus unter Kontrolle zu bringen, verabreichen ihm Ärzte das umstrittene Medikament Focusin mit dem Resultat, dass er permanent Verschwörungsphantasien spinnt. Bart entführt einen Panzer und legt damit Springfield in Schutt und Asche. Zur Überraschung aller bestätigt sich am Ende seine Vermutung: Die NBA kontrolliert tatsächlich mit Hilfe eines Satelliten die Konsumgewohnheiten der Bevölkerung.
229. *Guess Who's Coming to Criticize Dinner* 24.10.99/*Homer als Restaurantkritiker* 18.09.00 Video 23.06.00
Erstes markantes Beispiel für die SIMPSONS-Krise in der 11. Season. Homer entwickelt sich mit Hilfe seiner Ghost-Writerin Lisa zum gefeierten Star-Gourmet. Nach einem fehlgeschlagenen Attentat der Gastronomie Springfields auf den gefürchteten Feinschmecker endet die pointenlose Episode damit, dass Homer von seinen kulinarischen Feinden verprügelt wird. Die Anspielung auf Stanley Kramers Bürgerrechtsdrama GUESS WHO´S COMING TO DINNER ist mit Abstand das originellste an dieser Folge.
230. *Treehouse of Horror X* 31.10.99/*Ich weiß, was du getudel-tan hast* 30.10.00
Etwas unausgewogene Treehouse of Horror-Episode. Die drei Segmente bieten eine einfallslose Werwolf-Geschichte um Ned Flanders und eine originelle Superhel-

den-Parodie, in der Bart und Lisa Serienheldin Xena aus den Klauen des heimtückischen Comic Book Guys befreien müssen. Trotz der originellen THE COLLECTOR-Variante würde man sich wünschen, die Autoren der exzellenten Comic-Serie, in der unter anderem MAD-Zeichner Sergio Aragones eine Halloween-Story gestaltete, würden ihren Tätigkeitsbereich auf die Serie erweitern.

⌘ 231. *E-I-E-I-(Annoyed Grunt)* 07.11.99/ 230. *Duell bei Sonnenaufgang* 25.09.00
Homer fordert, ohne weiter nachzudenken, einen Südstaaten-Dandy zum Duell heraus. Als ihm die Konsequenzen seiner Kurzschlussreaktion bewusst werden, verlässt er mit der Familie fluchtartig die Stadt. Auf der Farm der Familie Simpson beginnt er mit Erfolg genmanipulierte Tomaten anzubauen.

232. *Hello Gutter, Hello Fadder* 14.11.99/ 231. *Die Kurzzeit-Berühmtheit* 02.10.00
Homer wird zum Bowlingstar und muss feststellen, dass er Maggie vernachlässigt hat. Unspektakuläre Durchschnittsfolge.

233. *Eight Misbehavin'* 21.11.99/232. *Schon mal an Kinder gedacht?* 09.10.00
Manjula bringt Achtlinge zur Welt. Nachdem sie und Apu kurzzeitig zu den Lieblingen der Stadt avancieren, erlischt das Interesse an ihnen, nachdem in Shelbyville Neunlinge geboren wurden. In einer Verzweiflungstat überlassen sie ihre Kinder einem Zirkus. →„Mythen des Springfield-Alltags ...“

234. *Take My Wife, Sleaze* 28.11.99/233. *Der Kampf um Marge* 16.10.00
Homer legt sich mit einer Gruppe Biker an, die den gleichen Namen wie seine spontan gegründete Gang beanspruchen. Die Rocker entführen Marge, die ihnen spontan einen Nachhilfekurs in Sachen formal korrekte Jobsuche gibt.

⌘ 235. *Grift of the Magi* 19.12.99/*Die böse Puppe Lustikus* 18.12.00
Originelle Weihnachtsfolge, in der die Simpsons die Bewohner Springfields vor einer psychopathischen Spielzeugpuppe beschützen müssen, die bereits als Geschenk unter den meisten Weihnachtsbäumen liegt. Vergleichbar mit *Der beste Missionar aller Zeiten,* verzichtet auch diese Episode auf eine konventionelle Auflösung und nimmt stattdessen eine gelungene Wendung ins Absurde. Statt die gängigen Plots eines obligatorischen Weihnachtsspecials zu wiederholen, endet die Folge damit, dass Homer, Bart und Lisa mit dem Gastsprecher Gary Coleman auf der Müllkippe über die Pros und Contras der Kommerzialisierung des Weihnachtsfests diskutieren. Am Ende erwähnt der Erzähler beiläufig, dass in der gleichen Nacht Mr. Burns von drei Geistern heimgesucht wurde (eine Anspielung auf Charles Dickens Klassiker A CHRISTMAS CAROL) und dass Moe gerade noch vom Selbstmord abgehalten wurde (zitiert den Frank Capra-Film IT'S A WONDERFUL LIFE).

236. *Little Big Mom* 09.01.00/234. *Lisa und ihre Jungs* 23.10.00
Als Marge nach einem Skiunfall im Krankenhaus landet, muss Lisa sich um den Haushalt kümmern. Paraphrase eines bereits ausgereizten Standardthemas, oder wie Homer S. sagen würde – „Laaangweilig!!!“

237. *Faith Off* 16.01.00/*Bart hat die Kraft* 6.11.00 Video 07.09.00
Bart fällt auf die Tricks eines Wunderheilers herein. Nach erfolgreicher Teilnahme an dessen Show, hält ganz Springfield Bart für ein übernatürlich begabtes Genie.

238. *The Mansion Family* 23.01.00/*Wenn ich einmal reich wär* 13.11.00
Mr. Burns engagiert Homer während seiner Abwesenheit als Hausmeister für seine Villa. Doch im Gegensatz zu den Ducks, die diesen Job auf dem Anwesen von Onkel Dagobert immer wieder gewissenhaft erledigen, wissen weder die Autoren noch die Simpsons mit der nicht gerade sonderlich originellen Situation etwas anzufangen.

239. *Saddlesore Galactica* 6.02.00/*Ein Pferd*

für die Familie 20.11.00
Nach der Devise „Angriff ist die beste Verteidigung" ergriffen die Autoren der Serie die Flucht nach vorne und packten sämtliche den vernetzten Fans verhassten Elemente in diese Folge. Etwas unpointiert legen sich die Simpsons mit einer Gruppe Troll-Jockeys an, die in einer grell bunten Elfenwelt unter der Rennbahn von Springfield leben. Der Comic Book Guy erklärt auf seinem T-Shirt Ein Pferd für die Familie zur „Worst Episode Ever" und gibt damit die Einschätzung zahlreicher Fans wieder.
240. *Alone Again Natura-Diddly* 13.02.00/ *Ned Flanders: Wieder allein* 27.11.00
Oh my God, they killed Maude Flanders... You Bastards! Durch einen skurrilen Unfall verliert Ned Flanders seine Frau. Die SIMPSONS versuchen im Niemandsland zwischen SOUTH PARK und Soap Opera die Kontinuität der Serie zu akzentuieren. Falls Sie es vergessen haben sollten, erinnert Reverend Lovejoy noch mal daran, dass in Springfield doch so einiges in den letzten Jahren passiert ist: Apu ist inzwischen verheiratet und auf dem Friedhof der Stadt finden sich auch die Gräber von Frank „Grimey" Grimes, Bleeding Gums Murphy und Dr. Marvin Monroe. Aber nun wieder zu etwas ganz anderem ...
⌘ 241. *Missionary: Impossible* 20.02.00/*Der beste Missionar aller Zeiten* 4.12.00
The Continuing Adventures of the Meta-SIMPSONS. Homer verspricht einem Kabelsender eine ungedeckte Spende in Millionenhöhe. Eine Horde psychopathischer Hooligans verfolgt, unterstützt von den Teletubbies und Elmo aus dem Grummelland, Homer in einer atemlosen Hetzjagd durch die Stadt. Reverend Lovejoy dreht dem notleidenden Serienhelden einen Job als Missionar auf einer Südseeinsel an. Als Homer am Ende in eine lebensgefährliche Situation gelangt, wechselt die Episode komplett auf die Metaebene. FOX-Besitzer Rupert Murdoch bittet, unterstützt von Roboter Bender und den X-Files Agents Mulder und Scully, um finanzielle Unterstützung für seinen Sender. Bart Simpson rettet (nach eigenen Angaben nicht zum ersten Mal) mit einer entsprechend hoch dotierten Spende das Franchise.
242. *Pygmoelian* 27.02.00/*Moe mit den zwei Gesichtern* 11.12.00
Nach einer Gesichtsoperation wird Moe zum begehrten Star.
⌘ 243. *Bart to the Future* 19.03.00/*Barts Blick in die Zukunft* 8.01.01
Nachdem Lisa in *Lisas Hochzeit* einen Blick in ihre Zukunft werfen konnte, bekommt auch Bart von einem Schamanen im örtlichen Indianer-Casino seine mäßig erfolgreiche Karriere als Rockmusiker prophezeit. In der alternativen Realität sitzt Lisa als Präsidentin im Weißen Haus, und Homer sucht nach einem verborgenen Goldschatz, der angeblich von Abraham Lincoln dort versteckt wurde. Eine der besten Folgen der 11. Season, die sich wieder stärker auf die Charaktere als auf zotige Standardsituationen konzentriert.
244. *Days of Wine and D'oh'ses* 09.04.00/*Barneys Hubschrauber Flugstunde* 15.01.01
Barney versucht, vom Alkohol loszukommen und Hubschrauber-Pilot zu werden.
245. *Kill the Alligator and Run* 30.04.00/*Kill den Alligator und dann ...* 22.01.01
Nachdem Homer einen Nervenzusammenbruch erlitten hat, fahren er und die Familie zur Erholung nach Florida. Ohne zu zögern stürzt sich Homer in die wüsten Feiern des jährlichen Spring-Break. Die Situation eskaliert, als die Simpsons bei einem Bootsausflug ein von der Community als Ehrenbürger behandeltes Krokodil über den Haufen fahren. Die Episode verdeutlicht, wie sich im Lauf der letzten beiden Seasons die Narration der Serie verändert hat. Während früher selbst die kuriosesten Ereignisse geschickt ins Plotgeflecht eingebunden wurden, funktionieren die Folgen der 11. Staffel nach dem Stakkato-Schema einer turbulenten Nummernrevue, in der

skurrile Slapstick-Momente isoliert für sich stehen. Mit einem Gastauftritt von Kid Rock.

246. *Last Tap Dance in Springfield* 07.05.00/ *Sie wollte schon immer Tänzerin werden* 29.01.01

Lisa versucht sich als Balletttänzerin. Mit Hilfe elektrischer Schuhe aus der Werkstatt des verrückten Professors Frink kann sie auch einige Erfolge für sich verbuchen, doch dann kommen ihre gewohnten moralischen Zweifel. Zur gleichen Zeit verbarrikadieren sich Milhouse und Bart aus Spaß in einem geschlossenen Einkaufszentrum.

⌘ 247. *It's a Mad, Mad, Mad, Mad Marge* 14.05.00/*Wird Marge verrückt gemacht?* 5.02.01

SIMPSONS-Psycho-Thriller im Stil von WEIB-LICH, LEDIG, JUNG SUCHT ... (SINGLE WHITE FE-MALE, USA 1991) und DIE HAND AN DER WIE-GE (THE HAND THAT ROCKS THE CRADLE, USA 1993). Nachdem Ottos Hochzeit auf Grund seiner ungebremsten Liebe zum Rockismus geplatzt ist, zieht seine Freundin bei den Simpsons ein. Obwohl sie sich mühelos in das Familienleben einfügt, hegt Marge einen grausamen Verdacht.

⌘ 248. *Behind the Laughter* 21.05.00/*Hinter den Lachern* 12.02.01

Effektives Krisen-Management. Der Trend zu den Meta-Simpsons wird von dieser mit einem Emmy ausgezeichneten Episode produktiv genutzt, indem man ihn selbst zum Thema der Geschichte macht. Im Stil einer typischen Fake-Dokumentation berichten die Simpsons über die Dreharbeiten zur Serie und über die Schattenseiten des Ruhms. Das engagierte Eingreifen des Country-Stars Willie Nelson garantiert im letzten Moment die Reunion der zerstrittenen Familie. Zufrieden begutachten die Simpsons am Ende der Episode das Ergebnis im Schneideraum und wenden sich nach der gerade noch so überstandenen Krise, die durchaus als Metapher für den Backlash während der elften Staffel verstanden werden kann, neuen Plänen zu.

Im von den Simpsons kommentierten Rückblick tauchen umstrittene Episoden, die als Tiefpunkte der Serie galten, sogar explizit als solche auf. →„Mythen des Springfield-Alltags ...“; →„Little Shop of Homers ...“

12. Staffel (2000-2001)

249. *Treehouse of Horror XI* 01.11.00
250. *A Tale of Two Springfields* 05.11.00
251. *Insane Clown Poppy* 12.11.00
252. *Lisa the Tree Hugger* 19.11.00
253. *Homer vs. Dignity* 26.11.00
254. *The Computer Wore Menace Shoes* 03.12.00
255. *The Great Money Caper* 10.12.00
256. *Skinner's Sense of Snow* 17.12.00
257. *HOMR* 07.01.01
258. *Pokey Mom* 14.01.01
259. *Worst Episode Ever* 11.02.01
260. *Tennis the Menace* 11.02.01
261. *Day of the Jackanapes* 18.02.01
262. *New Kids on the Blecch* 25.02.01
263. *Hungry, Hungry Homer* 4.03.01
264. *Bye Bye Nerdie* 11.03.01
265. *Simpson Safari* 1.04.01
266. *Trilogy of Error* 29.04.01
267. *I'm Goin' to Praiseland* 6.05.01
268. *The Kids Stay in the Picture* 13.05.01
269. *A Hunka Hunka Burns in Love* 20.05.01
270. *Simpsons Tall Tales*

FUTURAMA

1. Staffel (1999)

1. ⌘ *Space Pilot 3000/Zeit und Raum 3000*
2. *The Series Has Landed/Sein erster Flug zum Monday*
3. ⌘ *I, Roommate/Auf Wohnungssuche in Neu-New York*
4. *Love´s Labor Lost in Space/Begegnung mit Zapp Brannigan*
5. ⌘ *Fear of a Bot Planet/Planet der Roboter*
6. ⌘ *A Fishful of Dollars/Das Geheimnis der Anchovis*
7. *My Three Suns/Die Galaxis des Terrors*
8. ⌘ *A Big Piece of Garbage/Müll macht erfin-*

derisch

9. ⌘ *Hell is Other Robots/Ein echtes Höllenspektakel*

2. Staffel (1999/2000)

10. ⌘ *A Flight to Remember/Panik auf Raumschiff Titanic*

11. *Mars University/Das Experiment der Mars-Universität*

12. ⌘ *When Aliens Attack/Wenn Außerirdische angreifen*

13. ⌘ *Fry and the Slurm Factory/Die Party mit Slurm McKenzie*

14. ⌘ *I Second That Emotion/Gefühls-Chip Gefällig ?*

15. *Brannigan Begin Again/Brannigan, fang wieder an*

16. ⌘ *A Head in the Polls/Getrennt von Kopf und Körper*

17. ⌘ *X-Mas Story/X-Mas Story*

18. *Why Must I Be A Crustacean in Love?/Das merkwürdige Verhalten geschlechtsreifer Krustentiere zur Paarungszeit*

19. *Lesser of Two Evils/Die Wahl zur Miss Universum*

20. *Put Your Head on my Shoulder/Valentinstag 3000*

21. *Raging Bender/Wie ein wilder Bender*

22. ⌘ *A Bicyclopes Built For Two/Hochzeitstag auf Cyclopia*

23. *A Clone of my Own/Wie der Vater, so der Klon*

24. ⌘ *How Hermes Requisitioned His Groove Back/Die Rhythmus-Rückerstattung*

25. ⌘ *The Deep South/Tief im Süden*

26. ⌘ *Bender Gets Mate/Allein gegen die Roboter-Mafia*

27. ⌘ *Mother´s Day/Muttertag*

28. ⌘ *The Problem with Popplers/Kennen Sie Popplers?*

29. *Anthology of Interest 1/Geschichten von Interesse 1*

3. Staffel (2000/2001)

30. *The Honking*

31. *War is the H Word*

32. *The Cryonic Woman*

33. *Amazon Women in the Mood*

34. *Parasites Lost*

35. *A Tale of Two Santas*

36. *The Luck of the Fryish*

37. *The Birdbot of Ice-catraz*

38. *Bendless Love*

39. *The Day the Earth Stood Stupid*

40. *That´s Lobstertainment*

41. *The Cyber House Rules*

42. *Where the Buggalo Roam*

43. *Insane in the Mainframe*

44. *The Route of All Evil*

45. *Bendin´in the Wind*

46. *Time Keep´s On Slippin´*

47. *I Dated A Robot*

48. *A Leela of Her Own*

49. *A Pharaoh To Remember*

50. *Anthology of Interest 2*

Bibliographie

Zu den SIMPSONS

Bücher

Dörner, Andreas: Politische Kultur und Medienunterhaltung. Zur Inszenierung politischer Identitäten in der amerikanischen Film- und Fernsehwelt. Konstanz 2000.

Gimple, Scott M.: Are we there yet? The Simpsons Guide to Springfield. New York 1998.

Groening, Matt: Die Simpsons. Der ultimative Serienguide. Stuttgart 2001.

Groening, Matt/Morrison, Bill: Simpsons City Guide Springfield. Stuttgart 1999.

Irwin, William/Conard, Mark T./Skoble, Aeon (Hg.): *The Simpsons* and Philosophy. The D'oh! of Homer. Peru/Illinois 2001.

Pinsky, Mark I.: The Gospel According to The Simpsons. The Spiritual Life of America's Most Animated Family. Westminster 2001. (erscheint im September)

Walcker-Mayer, Carola: Prosoziale Wirkungen von Fernsehserien am Beispiel der Fernsehserie „Die Simpsons". Diplomarbeit 1999.

Artikel

Diederichsen, Diedrich: Die Simpsons der Gesellschaft. In: *SPEX* 1/1999, S. 39-42.

Diederichsen, Diedrich: Apus Lehren. *die tageszeitung*, 13. März 2000.

Dörner, Andreas: Zivilreligion als politisches Drama. Politisch-kulturelle Traditionen in der populären Medienkultur der USA. In: Willems, Herbert/Jurga, Martin (Hg.): Inszenierungsgesellschaft. Ein einführendes Handbuch. Opladen, Wiesbaden 1998, S. 543 -564.

Friebe, Holm: Philosophen in Gelb. *Jungle World*, 32/1997.

Friebe, Holm: Einsicht in die Weltenläufte. *Jungle World*, 5/2000.

Glynn, Kevin: Bartmania: The Social Reception of an Unruly Image. In: Camera Obscura, Nr. 38, Mai 1996, S. 60-91.

Goldfisher, Alastair: Intel plants new brain in Homer. *Silicon Valley/San Jose Journal*, 09.11.1998.

Karon, Paul: Merchandising madness to milk major mass appeal. *Variety*, 23. April 1998. (Zu finden unter: http://snpp.com/other/articles/merchandising.html)

Klein, Thomas: I will not mess with the opening credits. Der Vorspann der *Simpsons*. In: Felix, Jürgen u.a. (Hg.): Die Wiederholung. Festschrift für Thomas Koebner zum 60. Geburtstag. Marburg 2001, S. 592-602

Maier, Angela: Mit Zeitschriften zur Fernsehserie von null auf hunderttausend. *Frankfurter Allgemeine Zeitung*, 07.12.1999.

Marsh, Jason: Who Shot Mr. Burns? The Simpsons new season opens with a bang. *The Brown Daily Herald*, 29.09.1995.

Maurstadt, Tom: „Simpsons" selling out – in funny, satirical hip ads. *Dallas Morning News*, 13.10.2000.

McClellan, Jim: The Yellow Peril. *The Face*, Vol. 2, No. 30, March 1991.

N.N.: Aufgeklärtes Bewußtsein. In: *Der Spiegel*, 23.09.1991.

Schröder, Andreas: Dinos bringen SIMPSONS nach Frankreich. *Stuttgarter Zeitung*, 14.08.2000.

Screenshot, Nr. 3/98, S. 25-29.

Strauß, Thomas: Die Simpsons. In: Comic Speedline. Heft 58, München 1996, S. 19-24.

Sutherland, Alastair: Simpsons, In Theory. *Montreal Mirror*, 29. September 1999.

Interviews
Matt Groening
Jetzt-Magazin der *Süddeutschen Zeitung*, 4.9.2000, S.26.
Kultur-Spiegel, Hamburg 9/2000.
Paul, Alan: Life in Hell. An interview with Matt Groening. *Flux Magazine*, Issue #6, September 30, 1995. Zu finden unter: http://www.snpp.com/other/interviews/groening95.html
Interview mit Matt Groening (1998):http:// members.aol.com/bartfan/matt4.htm
David X. Cohen
20 Questions with FUTURAMA Executive Producer David X. Cohen. In: FUTURAMA Comics – Slimy Second Issue, Los Angeles: Bongo Entertainment 2000, S.30 f.

Internet
Chan, Vince: Bongo Comics (1997) http:// www.irsburger.com/bongo.html
LaRue, William: The Big Picture (2000) und folgende Seiten: http://members.aol. com/bartfan/overview.htm
LaRue, William: Comic Books and Bongo Reprints featuring the Simpsons (2001),http://members.aol.com/bartfan/comics.htm
LaRue, William: Collecting Simpsons! ! http://members.aol.com.bartfan/features.htm
Inhaltsangaben zu den SIMPSONS-Werbespots finden sich unter: http://www. snpp.com/episodes.html.
Eine recht ausführliche SIMPSONS-Merchandise-Geschichte bietet:http://tomacco.hypermart.net/merchandise.htm
Die kompakteste deutschsprachige Seite zu den Simpsons-Comics ist: http://www. tzi.de/~tokra/simcomic/index.html
Reinschmidt, Achim: A guide to Bongo Comics (1996), http://www.snpp.com/guides/bongo.comics.html
Die beste deutschsprachige „Radioactive Man-Quelle" findet sich unter: http:// www.asta.uni-essen.de/-simpsons/radioactive.html.

Eine gute Übersicht über das Universum des „Radioactive Man" bietet die Homepage: www.geocities.com/dh374/radio.html.
Zu Copyright-Prozessen in bezug auf Internet-Seiten: http://www.ananova.com/ entertainment/story/sm_53228.html
Zum Duff-Prozeß: *The Herald-Sun*, Melbourne. Zu finden unter: http:// www. labyrinth.net.au/~kwyjibo/articles/article08a.html

Zeichentrick allgemein
Barrier, Michael: Hollywood Cartoons. American Animation in Its Golden Age. New York, Oxford 1999.
Hoffmann, Hilmar/Schobert, Walter (Hg.): Bugs Bunny & Co. Die Stars der Warner Bros. Cartoons. Schriftenreihe des Deutschen Filmmuseums, Frankfurt/Main 1997.
Hofmann, Hilmar/Schobert, Walter (Hg.): Mickey Mouse Asterix & Co. Die Stars des Zeichentrickfilms. Frankfurt/Main 1986.
Schickel, Richard: The Disney Version. The Life, Times, Art and Commerce of Walt Disney. Chicago ³1997.
Smoodin, Eric (Hg.): Disney Discourse. Producing the Magic Kingdom. New York, London 1994.
Theunert, Helga: Einsame Wölfe und schöne Bräute. Was Mädchen und Jungen in Cartoons finden. München 1993.

Weiterführende Literatur
Adorno, Theodor W.: Ohne Leitbild. Frankfurt/Main 1969.
Andriopoulos, Stefan, New Historicism und Illegal Aliens: Die Durchlässigkeit diskursiver und nationaler Grenzen. In: Diederichsen, Diedrich (Hg.): Loving the Alien. Berlin 1998, S. 192-201.
Baudrillard, Jean: Viralität und Virulenz. Ein Gespräch. In. Rötzer, Florian (Hg.): Digitaler Schein. Ästhetik der elektronischen Medien. Frankfurt/Main 1991, S. 81-92.

Bellow, Saul: The Victim, Middlesex 1971.

Benayon, Robert: Der Augenblick des Schweigens, München 1983

Bratze-Hansen, Miriam: Dinosaurier sehen und nicht gefressen werden: Kino als Ort der Gewalt-Wahrnehmung bei Benjamin, Kracauer und Spielberg. In: Koch, Gertrud (Hg.): Auge und Affekt. Wahrnehmung und Interaktion. Frankfurt/Main 1995, S. 249-271.

Connell, Robert W.: Der gemachte Mann. Konstruktion und Krise von Männlichkeit. Opladen, Wiesbaden 1999.

Eco, Umberto: Über Spiegel und andere Phänomene. München 1988.

Eco, Umberto: Apokalyptiker und Integrierte. Zur kritischen Kritik der Massenkultur, Frankfurt/Main 1986.

Forster, Edgar J.: Die unsichtbare Allgegenwart des Männlichen in den Medien. In: Mühlen Achs, Gitta/Bernd Schorb (Hg.): Geschlecht und Medien. München 1995, S. 57-69.

Fiedler, Leslie A.: Liebe, Sexualität und Tod: Amerika und die Frau. Berlin 1987.

Hickey, Dave: America's Vermeer. Vanity Fair, November 1999.

Horkheimer, Max/Adorno, Theodor W.: Dialektik der Aufklärung. Philosophische Fragmente. Frankfurt/Main 1991.

Jameson, Frederic: Zur Logik der Kultur im Spätkapitalismus. In: Huyssen, Andreas/Scherpe, Klaus R. (Hg.): Postmoderne. Zeichen eines kulturellen Wandels. Hamburg 1986, S. 45-102.

Klemperer, Victor: LTI, Leipzig 1975.

Kracauer, Siegfried: Dumbo, der neue Walt Disney-Film. In ders.: Kino. Essays, Studien, Glossen zum Film. Frankfurt/Main 1974, S. 57-61.

Kubisch, Susanne: Fern-Sehen ohne Distanz? Zum Fernsehgebrauch von Vorschulkindern. In: tv diskurs. Verantwortung in neuen Medien. Ausgabe 11, Januar 2000, S. 80-85.

Lazzarato, Maurizio: Verwertung und Kommunikation. Der Zyklus immaterieller Produktion. In: Atzert, Thomas (Hg.): Umherschweifende Produzenten. Immaterielle Arbeit und Subversion. Berlin 1998, S. 53-65.

Seeßlen, Georg: David Lynch und seine Filme. Marburg 1997. ([4]2000)

Sontag, Susan: „Anmerkungen zu Camp". In: Kunst und Anti-Kunst. München, Wien 1982, S. 322-341.

Tidey, Wolfram: Buster Keaton, Hamburg 1983

Die Autoren

Emanuel Ernst, *1974, studiert Geschichte und Romanische Philologie. Arbeitet als freier Journalist für das ZDF und verschiedene Zeitschriften.

Michael Gruteser, *1970, studiert Filmwissenschaft, Ethnologie und Amerikanistik an der Johannes Gutenberg-Universitat Mainz. Redakteur der Filmzeitschrift *Screenshot.* Zuletzt Beiträge in Thomas Koebner (Hg.) „Filmregisseure" (Stuttgart 1999), Bernd Kiefer/Marcus Stiglegger (Hg.) „Die bizarre Schönheit der Verdammten – Die Filme von Abel Ferrara" (Marburg 2000) und in Marcus Stiglegger (Hg.) „Splitter im Gewebe – Filmemacher zwischen Autorenfilm und Mainstreamkino" (Mainz 2000).

Christian Hißnauer, *1973, studierte Soziologie, Theater- und Filmwissenschaft in Mainz. Seit 1999 als Kommunikationsberater und Projektleiter bei PRIME consult. Promoviert über das Thema Medienkonsum.
Veröffentlichungen: *Wissen aus zweiter Hand: Unser Bild von Familie und Singles – Zur Konstruktion von Leitbildern im und durchs Fernsehen.* (Alfeld/Leine, 2000); *Medienerfolg durch Medienhype. Wie im zunehmenden Wettbewerb um die Aufmerksamkeit des Publikums die selbstreferenziellen Mechanismen des Mediensystems an Bedeutung gewinnen (zusammen mit Rainer Mathes und Alexander Möller).* In: Karin Böhme-Dürr und Thomas Sudholt (Hg.): Hundert Tage Aufmerksamkeit. Das Zusammenspiel von Medien, Menschen und Märkten bei „Big Brother"(Konstanz, 2001) S. 63 - 78

Jörg C. Kachel, *1968, studiert Filmwissenschaft und Kulturanthropologie an der Johannes Gutenberg-Universität Mainz. Seit 1993 freier Mitarbeiter in der Hauptabteilung Fernsehen des SWR Mainz. Schreibt regelmäßig u.a. für SCREENSHOT und das Internet-Magazin. Zahlreiche Artikel zu Film, Fernsehen und Neuen Medien. Zuletzt Beiträge in Thomas Koebner

(Hg.) „Genre-Lexikon: Science Fiction" (Reclam).

Thomas Klein, *1967, Doktorand und Wissenschaftlicher Mitarbeiter am Seminar für Filmwissenschaft an der Johannes Gutenberg-Universitat Mainz. Redakteur der Filmzeitschrift *Screenshot.* Regelmäßige Beiträge für *filmforum.* Publikationen: „Komödiantinnen im frühen 20. Jahrhundert: Liesl Karlstadt und Adele Sandrock" (Alfeld/Leine 1999), Artikel in Thomas Koebner (Hg.) „Filmregisseure" (Stuttgart 1999), Norbert Grob/Susanne Marschall „Ladies, Vamps, Companions – Schauspielerinnen im Kino" (St. Augustin 2000)

Andreas Rauscher, *1973, Doktorand am Seminar für Filmwissenschaft an der Johannes Gutenberg-Universität Mainz. Schreibt regelmäßig für *Testcard* und *Splatting Image.* Mitbegründer und Redakteur der Filmzeitschrift *Screenshot.* Zahlreiche Artikel zu Film, Politik und Popkultur. Zuletzt Beiträge in Thomas Koebner (Hg.) „Filmregisseure" (Stuttgart 1999), Bernd Kiefer/Marcus Stiglegger (Hg.) „Die bizarre Schönheit der Verdammten – Die Filme von Abel Ferrara" (Marburg 2000), Norbert Grob/Susanne Marschall (Hg.) „Ladies, Vamps, Companions – Schauspielerinnen im Kino" (St. Augustin 2000) und in Marcus Stiglegger (Hg.) „Splitter im Gewebe – Filmemacher zwischen Autorenfilm und Mainstreamkino" (Mainz 2000).

Devrim N. Tuncel, *1975, Student der Rechtswissenschaften u. freier Journalist in Berlin, ehem. Vorstandsmitglied der Jungdemokraten u. Jungen Presse in Rheinland-Pfalz, diverse rechtspolitische und filmwissenschaftliche Veröffentlichungen

Sven Werkmeister, *1974, studiert deutsche Literatur, Philosophie und Publizistik in Berlin. Verschiedene Tätigkeiten im Kulturbereich